中国语言文学文库·学人文库

吴承学 彭玉平 主编

训诂学与古汉语论集

陈焕良 著

中山大学出版社
·广州·

版权所有　翻印必究

图书在版编目（CIP）数据

训诂学与古汉语论集/陈焕良著. —广州：中山大学出版社，2018.11
（中国语言文学文库·学人文库/吴承学，彭玉平主编）
ISBN 978-7-306-06445-5

Ⅰ.①训… Ⅱ.①陈… Ⅲ.①训诂—文集 ②古汉语—文集
Ⅳ.①H13-53 ②H109.2-53

中国版本图书馆 CIP 数据核字（2018）第 215708 号

出版人：	王天琪
策划编辑：	嵇春霞
责任编辑：	陈　霞
封面设计：	曾　斌
责任校对：	粟　丹
责任技编：	何雅涛
出版发行：	中山大学出版社
电　　话：	编辑部 020-84110771，84113349，84111997，84110779
	发行部 020-84111998，84111981，84111160
地　　址：	广州市新港西路 135 号
邮　　编：	510275　传　真：020-84036565
网　　址：	http://www.zsup.com.cn　E-mail: zdcbs@mail.sysu.edu.cn
印刷者：	佛山市浩文彩色印刷有限公司
规　　格：	787mm×1092mm　1/16　22.75 印张　401 千字
版次印次：	2018 年 11 月第 1 版　2018 年 11 月第 1 次印刷
定　　价：	76.00 元

如发现本书因印装质量影响阅读，请与出版社发行部联系调换

中国语言文学文库

##

主　编　吴承学　彭玉平

编　委（按姓氏笔画排序）

王　坤　王霄冰　庄初升

何诗海　陈伟武　陈斯鹏

林　岗　黄仕忠　谢有顺

总　序

吴承学　彭玉平

中山大学建校将近百年了。1924年，孙中山先生在万方多难之际，手创国立广东大学。先生逝世后，学校于1926年定名为国立中山大学。虽然中山大学并不是国内建校历史最长的大学，且僻于岭南一地，但是，她的建立与中国现代政治、文化、教育关系之密切，却罕有其匹。缘于此，也成就了独具一格的中山大学人文学科。

人文学科传承着人类的精神与文化，其重要性已超越学术本身。在中国大学的人文学科中，中国语言文学学科的设置更具普遍性。一所没有中文系的综合性大学是不完整的，也几乎是不可想象的。在文、理、医、工诸多学科中，中文学科特色显著，它集中表现了中国本土语言文化、文学艺术之精神。著名学者饶宗颐先生曾认为，语言、文学是所有学术研究的重要基础，"一切之学必以文学植基，否则难以致弘深而通要眇"。文学当然强调思维的逻辑性，但更强调感受力、想象力、创造力和语言表达能力。有了文学基础，才可能做好其他学问，并达到"致弘深而通要眇"之境界。而中文学科更是中国人治学的基础，它既是中国文化根基的重要组成部分，也是中国文明与世界文明的一个关键交集点。

中文系与中山大学同时诞生，是中山大学历史最悠久的学科之一。近百年中，中文系随中山大学走过艰辛困顿、辗转迁徙之途。始驻广州文明路，不久即迁广州石牌地区；抗日战争中历经三迁，初迁云南澄江，再迁粤北坪石，又迁粤东梅州等地；1952年全国高校院系调整，始定址于珠江之畔的康乐园。古人说："艰难困苦，玉汝于成。"对于中山大学中文系来说，亦是如此。百年来，中文系多番流播迁徙。其间，历经学科的离合、人物的散聚，中文系之发展跌宕起伏、曲折逶迤，终如珠江之水，浩浩荡荡，奔流入海。

康乐园与康乐村相邻。南朝大诗人谢灵运,世称"康乐公",曾流寓广州,并终于此。有人认为,康乐园、康乐村或与谢灵运(康乐)有关。这也许只是一个美丽的传说。不过,康乐园的确洋溢着浓郁的人文气息与诗情画意。但对于人文学科而言,光有诗情是远远不够的,更重要的是必须具有严谨的学术研究精神与深厚的学术积淀。一个好的学科当然应该有优秀的学术传统。那么,中山大学中文系的学术传统是什么?一两句话显然难以概括。若勉强要一言以蔽之,则非中山大学校训莫属。1924年,孙中山先生在国立广东大学成立典礼上亲笔题写"博学、审问、慎思、明辨、笃行"十字校训。该校训至今不但巍然矗立在中山大学校园,而且深深镌刻于中山大学师生的心中。"博学、审问、慎思、明辨、笃行"是孙中山先生对中山大学师生的期许,也是中文系百年来孜孜以求、代代传承的学术传统。

一个传承百年的中文学科,必有其深厚的学术积淀,有学殖深厚、个性突出的著名教授令人仰望,有数不清的名人逸事口耳相传。百年来,中山大学中文学科名师荟萃,他们的优秀品格和学术造诣熏陶了无数学者与学子。先后在此任教的杰出学者,早年有傅斯年、鲁迅、郭沫若、郁达夫、顾颉刚、钟敬文、赵元任、罗常培、黄际遇、俞平伯、陆侃如、冯沅君、王力、岑麒祥等,晚近有容庚、商承祚、詹安泰、方孝岳、董每戡、王季思、冼玉清、黄海章、楼栖、高华年、叶启芳、潘允中、黄家教、卢叔度、邱世友、陈则光、吴宏聪、陆一帆、李新魁等。此外,还有一批仍然健在的著名学者。每当我们提到中山大学中文学科,首先想到的就是这些著名学者的精神风采及其学术成就。他们既给我们带来光荣,也是一座座令人仰止的高山。

学者的精神风采与生命价值,主要是通过其著述来体现的。正如司马迁在《史记·孔子世家》中谈到孔子时所说的:"余读孔氏书,想见其为人。"真正的学者都有名山事业的追求。曹丕《典论·论文》说:"盖文章,经国之大业,不朽之盛事。年寿有时而尽,荣乐止乎其身,二者必至之常期,未若文章之无穷。是以古之作者,寄身于翰墨,见意于篇籍,不假良史之辞,不托飞驰之势,而声名自传于后。"真正的学者所追求的是不朽之事业,而非一时之功名利禄。一个优秀学者的学术生命远远超越其自然生命,而一个优秀学科学术传统的积聚传承更具有"声名自传于后"的强大生命力。

为了传承和弘扬本学科的优秀学术传统，从 2017 年开始，中文系便组织编纂中山大学"中国语言文学文库"。本文库共分三个系列，即"中国语言文学文库·典藏文库""中国语言文学文库·学人文库"和"中国语言文学文库·荣休文库"。其中，"典藏文库"（含已故学者著作）主要重版或者重新选编整理出版有较高学术水平并已产生较大影响的著作，"学人文库"主要出版有较高学术水平的原创性著作，"荣休文库"则出版近年退休教师的自选集。在这三个系列中，"学人文库""荣休文库"的撰述，均遵现行的学术规范与出版规范；而"典藏文库"以尊重历史和作者为原则，对已故作者的著作，除了改正错误之外，尽量保持原貌。

一年四季满目苍翠的康乐园，芳草迷离，群木竞秀。其中，尤以百年樟树最为引人注目。放眼望去，巨大树干褐黑纵裂，长满绿茸茸的附生植物。树冠蔽日，浓荫满地。冬去春来，墨绿色的叶子飘落了，又代之以郁葱青翠的新叶。铁黑树干衬托着嫩绿枝叶，古老沧桑与蓬勃生机兼容一体。在我们的心目中，这似乎也是中山大学这所百年老校和中文这个百年学科的象征。

我们希望以这套文库致敬前辈。

我们希望以这套文库激励当下。

我们希望以这套文库寄望未来。

2018 年 10 月 18 日

吴承学：中山大学中文系学术委员会主任、教授，长江学者特聘教授
彭玉平：中山大学中文系系主任、教授，长江学者特聘教授

序

焕良先生，余敬重之老师也。1978年，余有幸入中山大学中文系求学，其古代汉语课程，即由新魁先生、焕良先生共同讲授。是谓先生为余古代汉语之启蒙老师，可也。而后，余考上汉语史硕士生，从赵师仲邑先生治训诂。再后，余执教于暨南大学。先生作为潮汕乡贤，学界前辈，而为人谦和，待人至诚。余既操同样方言，又做同样学问，遂倍感亲切而时相过从，而先生乃以朋友视余，先生于余，亦师亦友矣。日者，先生告余曰，大作《训诂学与古汉语论集》行将付梓，命余聊记数语以弁卷端。是诚"当之有愧，却之不恭"之事，然某敢不从命？

先生此书，为数十年治古汉语、训诂学之结晶。今观其篇，正所谓文如其人：文风平实，不事渲染；言之有物，开卷获益。全书大抵包括"训诂之理论探讨与实践""古汉语语法、词汇研究与教学经验谈""古籍校注示例与批评"三端，下姑据此略谈个人心得。

先生研治训诂有年，早于1995年即有教材《训诂学概要》面世。李新魁先生于该书卷首《序》文、孙雍长先生于书评《训诂学教材建设的重要新成果——评陈焕良〈训诂学概要〉》（见《中山大学学报》1996年第6期）中，均予极高评价（此不赘述），可见先生训诂造诣之高。今此集中论文，可归入训诂者计9篇，量虽不大而内容涉及颇广，给人启示良多。《〈尔雅·释器〉义类分析》《论〈释名〉含声训字复音词》二篇，是对辞书训诂经典之作——《尔雅》《释名》之研究。前一篇，先生创造性地利用《尔雅》依义类编排之特点，以《释器》为范例，建立语义场，以探求《尔雅》词义系统。此于加深对《尔雅》之认识，考察古今词义之演变，皆有重要之价值。先生此文发表之后，先后又有学者撰文对《尔雅》之《释宫》《释天》《释地》《释乐》等篇进行义类分析，显然是受到先生文章之启发。后一篇，先生从"含声训字复音词"之角度，对《释名》释例进行研究，为此，全面考察并分析了《释名》中含声训字复音词之构成形式及作用。人皆知《释名》

为声训之书，历来学者研究《释名》，多注重与被释字语音同、近之声训字，至于训释短语中包含声训字在内之整个复音词，则极少有关注者。其实，含声训字复音词于《释名》释义作用至巨；而对其正确理解，于弄清《释名》义例亦有十分重要之意义。先生此文，系统而全面地考察了《释名》声训字复音词，给人别开生面之感。《训诂在〈四书集注〉中的运用》一篇，是对宋代传注训诂之典范《四书集注》之研究。传注训诂乃训诂研究中十分重要之内容。汉唐传注，玩习者众；清人故训，向所推崇；独宋人疏注，多以之奢谈义理、强经就我、标新立异而问津者偏少。然宋人传注并非一无是处，诚如先生《训诂学概要》所言："（宋）理学家的训诂，所用语言简明朴素。通俗易懂，是他们的特色，也是他们的优点。"尤其朱熹，"博学务实，深通故训而不墨守，对旧说能择善而从，也每有新解，故其训释古书，较为准确恰当，胜前人一筹。"而《四书集注》则是朱氏传注训诂之代表作。先生此文，于宋人传注研究，颇开风气之先。《古书文例在训诂中的运用》《"古人语急"献疑》二篇，皆有关乎古书文例研究，前者意在探求文例于训诂之应用价值及使用方法，后者则是对于文例个案试作科学之解释。清人训诂所以取得前所未有之成就，与善于利用古书文例有莫大关系。先生前文，实际上是在认真总结前人相关经验之基础上写成，于有志研治训诂之青年学者，颇具指导意义。先生后文，于顾炎武"古人语急"之说，就顾氏书证一一进行分析，得出结论：顾氏所谓"语急"，实际包括多种情况，且多与"语急"无关。辨证客观，自可信从。《刍论古代笔记中的训诂》《刍论〈札朴〉之鲁方言研究》《〈广东新语〉中的地名训诂》三篇，分别是关于古代笔记、方言、地名之训诂研究。余以为，此三篇之重要意义在于：先生以自己之训诂实践，为治训诂者展示了三个有待进一步开发的新领域，古代笔记、方言、地名中所蕴藏之训诂资源，具有不容低估之价值。《"茶""荼"异同考略》一篇，先生通过旁征博引、细密考证，厘清了"茶""荼"二字之使用演变史及其间关系，文章虽短小，而颇见功力。

先生一生以古汉语教学为事业，情所倾注，心得自多。集子中属于"古汉语语法、词汇研究与教学经验谈"之论文有十余篇，涉及古汉语教学内容多个方面：《名词用如动词的语法结构及词汇意义》《古汉语宾语前置辨议》二篇，讨论古汉语语法中之结构分析问题；《"皆"为"总指代词"说》《表因虚词"以"的词性》二篇,研究古汉语语法中之虚词类别问题;《古汉语的比喻句式》,揭示古汉语语法中之句式问题;《文言朗读中的句读》,实为探讨词语划分问题,亦即如何正确理解句子内部结构之问题;《古今词义辨异》《利用潮汕方言掌握古词古义》《利用潮汕方言掌握古今词义的异同》三篇,着意于如何探求古汉语词义;而《古代汉语教学内容刍议》《授"鱼"亦授"渔"——古代汉语教学管窥蠡测》二篇,则属于古汉语教学法范畴。末二篇,主要根据现时高校中文系古代汉语课时情况,试作教学内容改革之探索,纯属经验之谈,足供同道参考。余诸篇,则皆从学生学习古代汉语之角度出发,着重就语法、词汇学习中之难点问题、方法问题撰文;而条分缕析,细致入微,深入浅出,释疑解惑,学者自开卷有益矣。

先生教学之余,时从事古籍整理。先后点校之古籍有〔清〕梁章钜等之《巧对录》,注译之古籍有〔清〕金缨之《格言联璧》,又与人合作译注《山海经》、撰写《白话史记》、校注《农政全书》、点校《汉书》《后汉书》《旧唐书》《新唐书》等,又有专著《〈潮阳县志〉校议》(未出版)。今集中《必须掌握前人注释古书的方法方式》《注释古书怎样吸收前人的成果》《古籍用字述论》《从〈说文〉看繁简字的关系》《〈潮阳县志〉"物产"卷校议》《〈潮阳县志〉"风俗""纪事"等卷校议》《顽石隐良玉,寒灰寓星火——评介〈格言联璧〉》《〈农政全书〉(校注)前言》《〈史记·张仪列传〉译后记》九篇论文,正是先生古籍校注实践之经验总结及副产品。其中,前四篇分别从借鉴前人注释古书成果与辨明古籍用字两个方面,与读者分享心得。借鉴旧注、辨明用字,乃古籍整理中两个最为重要之问题,先生就此撰文,可谓切中肯綮。至于《潮阳县志》校议二篇,先生指谬正讹,目光如炬,异采纷呈,尽显朴学功力,此则读者自可领会,毋庸多言者。《〈史记·张仪列传〉译后记》,先生试图通过对岳麓书社先后出版之两部《白话史记》中《张仪列传》之译文比较,说明"古书今译并非易事"。显然,先生所译者比之旧译,胜出多多。虽说后出转精,势所必然,而先生治学一丝不苟,精益求精之精神仍然令人感动。学者若能于是篇细加咀嚼,获益必夥。

集中尚有附录,亦颇具锦上添花之效。《古词语丛谈(29则)》以轻松活泼、幽默风趣之短文,传授古词语知识,普通读者可于愉悦之阅读中获得新知。

上乃余拜读先生大作后之点滴体会，谨为记。

四十年前从师游，先生讲坛飒英姿。而今吾已早华发，但愿夫子春长驻！

王彦坤

2018年2月10日　于暨南园无名室

目 录

前 言 ………………………………………………………… 1

上编　训诂学

训诂在《四书集注》中的运用 ……………………………… 3
刍论古代笔记中的训诂 ……………………………………… 23
刍论《札朴》之鲁方言研究 ………………………………… 32
《广东新语》中的地名训诂 ………………………………… 48
论《释名》含声训字复音词 ………………………………… 52
《尔雅·释器》义类分析 …………………………………… 70
古书文例在训诂中的运用 …………………………………… 82
"古人语急"献疑 …………………………………………… 95
"荼""茶"异同考略 ……………………………………… 100

中编　古汉语

古今词义辨异 ……………………………………………… 107
利用潮汕方言掌握古词古义 ……………………………… 111
利用潮汕方言掌握古今词义的异同 ……………………… 119
"皆"为"总指代词"说 ………………………………… 127
表因虚词"以"的词性 …………………………………… 143
名词用如动词的语法结构及词汇意义 …………………… 147
古汉语宾语前置辨议 ……………………………………… 153
古汉语的比喻句式 ………………………………………… 163
文言朗读中的句读 ………………………………………… 171
古代汉语教学内容刍议 …………………………………… 175

授"鱼"亦授"渔"
　　——古代汉语教学管窥蠡测……………………………… 180

下编　古籍整理

必须掌握前人注释古书的方法方式…………………………… 191
注释古书怎样吸收前人的成果………………………………… 204
古籍用字述论…………………………………………………… 210
从《说文》看繁简字的关系…………………………………… 219
《潮阳县志》"物产"卷校议…………………………………… 226
《潮阳县志》"风俗""纪事"等卷校议………………………… 238
顽石隐良玉，寒灰寓星火
　　——评介《格言联璧》…………………………………… 247
《农政全书》（校注）前言……………………………………… 254
《史记·张仪列传》译后记…………………………………… 257

附录一

《史记·张仪列传》原文　司马迁著………………………… 272
《史记·张仪列传》译文一　颜昆阳译……………………… 282
《史记·张仪列传》译文二　陈焕良译……………………… 299

附录二

古词语丛谈（29则）…………………………………………… 315

后　记…………………………………………………………… 340

前　言

《训诂学与古汉语论集》之文，分而为三：训诂学、古汉语、古籍整理。合而为一："诂者，古也。古今异言，通之使人知也。"（孔颖达《毛诗故训传》正义）皆系"古"字。三"古"密切，界域难分。前二"古"之知识运用于古籍整理，即古为今用，拙著《训诂学概要》（中山大学出版社1995年9月出版）立"古书今注"一章，正是此意。

既然一分为三，就姑且以三为序，言述其内容梗概。

其一，训诂学：

《训诂在〈四书集注〉中的运用》，关于身处训诂变革时期，朱熹如何运用训诂来成就其代表作《四书集注》。内容包括校勘文字、分析句读、注释字音、解释词义、考证名物、阐释语法、论述表达方式、说明修辞手法，分析篇章结构等。旨在吸取其训诂之精华，运用于当今的古籍整理。

《刍论古代笔记中的训诂》，关注训诂学中有待进一步开发的新领域。内容有：历代笔记若干要籍简介；介绍古代笔记较为突出之训诂内容；分析笔记体式训诂的特点；指出其不足之处及通病。最后强调要充分挖掘古代笔记中的训诂资源，发挥其在汉语研究中难以估量的作用。

《〈广东新语〉中的地名训诂》及《刍论〈札朴〉之鲁方言研究》，是以清代两部笔记为研究对象。两部笔记中都有丰富的训诂资料。

前篇仅论述关于地名训诂的问题。时代迁移，地理沿革，地名词的名与实存在种种复杂情况。《〈广东新语〉中的地名训诂》，对广东某些地名的合理解释，从中可以看到地名的种种来源。但其地名训诂不可能皆为确诂，沿袭旧说之非亦间有所见。地名训诂与语言学关系尤为密切，地名词中的音、形、义都是值得语言学深入研究的。地名词中蕴藏着丰富的语言"资源"，而地名训诂正是发掘、利用"资源"的必要手段。

后篇关于桂馥的考证笔记《札朴》中之鲁方言研究。《札朴》记录了大量的鲁方言材料：或从文献求方言本源；或用方言考证古词；或考释鲁方言的本字。文中对《札朴》所有的鲁方言材料进行全面地整理分析，重点论述桂馥对鲁方言词义之说解及鲁方言本字之考释方法及特点，并且将《札朴》中的鲁方言材料与《汉语大辞典》和《汉语方言辞典》的有关词条作对比，择其要者举例说明其于现代鲁方言研究和词书编纂之重要价值。

《论〈释名〉含声训字复音词》，以关于刘熙《释名》释例的研究以及误读《释名》的实例为引论，旨在论述《释名》卓著的训诂特色：即声训中充分使用含声训字复音词。为此，首先分析了《释名》中含声训字复音词的三种构成形式：合成词、叠音词、附加后缀。其次论述含声训字复音词的作用：区分声训字与被训字同源还是谐声、限定义项和区别词性。最后指出《释名》中存在分裂连绵词为训的缺陷。

《尔雅》是训诂学经典，在词语类属编排上有其独特之处：全书 19 篇，前 3 篇所释有形容词、名词、动词。后 16 篇，几乎全是名词，有的条目收的是一组意义紧密相对的字。因此后 16 篇都可以做单独的义类分析。《〈尔雅·释器〉义类分析》，仅就《释器》一篇 47 个词条试作语义分析，从而构建了该篇的语义场，同时也发现了该篇存在的问题。如果能把这一作法推广至全书，将会使《尔雅》对训诂研究发挥更大的作用。就词条而言，有利于究词义之演变，就单篇而言，有利于考《尔雅》内容之增益；就全书而言，有利于助训诂之研究。

《"古人语急"献疑》，对始自顾炎武《日知录》"古人多以语急而省其文者"之说，提出质疑，窃以为对古书中某些特殊语言现象必须作具体分析；旧注已有确诂可从者，不必更以"语急省文"释之；有本属反问句式者，亦与"语急"无关；与"语急"有联系的，其所不及尽言者，可称之为"潜语"，以别一般所说的"省略"。

《"荼""茶"异同考略》，对"荼"与"茶"之异同略加考释，以期弄清"荼""茶"纠纷之缘由。结论是："荼"及其异称"茗""荈""荈""选"等，都是指"苦菜"。"茶"本名"槚"（字或作"櫀"），即"苦茶"。二者本自不同：一为草本，可食用；一为木本，可入药、饮用。"荼"与"槚"相混，始自晋。及唐，始见"茶"字，并以代称本属"苦菜"之"荼""茗"等。此后，文献中"荼"与"茶"混用尤甚。

其二，古汉语：

《古今词义辨异》，重点在于辨古今词义之异，分别从义项多少、词义范围大小、词义感情色彩、语意轻重、词义侧重点、词性对应关系等不同角度，举例分辨古今词义之间的各种差异，避免以今释古，误解古文。

《利用潮汕方言掌握古词古义》，举例说明潮汕话口头说的与古书里记载的词语，从语音到词义都有相应的关系。正是由于潮汕方言保留了大量的古代汉语词语，使它成为研究古代汉语的"活化石"。在词汇研究方面，既可以利用潮汕方言训解古籍里生僻字词的意义，又可以充分利用潮汕方言诠释常见字词的古义。

《利用潮汕方言掌握古今词义的异同》，指利用现代潮汕方言所保留的古代汉语词语，从古今汉语中部分词语义项多少、范围大小、词性类别等异同，作为比较研究，说明利用潮汕方言的词义，有助于释读古代文献。

上述二文的共同意旨，在于说明母语是潮汕方言的人，在学习古代汉语、阅读古籍的时候，应当充分利用母语和古代汉语的关系之有利条件。在潮汕方言区进行文言教学，利用潮汕方言进行比较，对于掌握古今词义的异同，避免以今律古、望文生义，都是十分有益的。

《"皆"为"总指代词"说》，从《马氏文通》的"约指代字"说起，以至"皆"类词的词义指向和语法功能，再从句式的转换看"皆"类词的语义和语法关系，最后从"皆"和"莫"的关系看"皆"的词性。结论是，《马氏文通》把"皆"归于代词中，有其合理性，只是称为"约指代词"，概念比较模糊，故笔者称之为"总指代词"。窃以为"皆"有副词和代词之分，语义是"都"或"全"的"皆"是"总指代词"，具有总括和指代的作用，其语法功能是所指对象的同位成分，其语义指向可以复指主语、宾语、兼语、状语等。"皆"在句中位置比较灵活，从句式转换得以证实。"总指代词"的确立能比较客观地反映古代汉语"皆"类词在句中的语义指向和语法地位。此外，"总指代词"的确立，使之与"分指代词"（或称"逐指代词"）相对应，能够更加准确地揭示古代汉语指示代词的系统性和完整性。

《表因虚词"以"的词性》，则有关"以"表因时的属性问题。虚词"以"，可作介词，也可作连词，当其表因时难以辨别，以至于同一例子，或说介词，或说连词。亦有统称"以"为关系词，或统归于介词一类。笔者通过实例分析，表因虚词"以"可以而且应当区分为介词和连词，并概括了两者区别的四种不同情况。

《名词用如动词的语法结构及词汇意义》，有感于一般语法书对名词的意动用法和使动用法论述较为详细清楚，而对名词用如动词却语焉不详，忽略了名词用如动词的复杂性，尤其是对其词汇意义注意不够，往往只简单地指出某名词用如动词，至于如何用法，如何解释其意义，有无规律可循，便无下文。拙文通过实例论证，认为名词用如动词的语法结构有带宾语、补语和不带宾语、补语两种情况，其词汇意义可以在原名词之前或者之后加上一个动词，但所加之词是适当的而不是唯一的，不能在原名词的前后加上动词来理解的，可以由原来的名词进行联想，但必须符合情理。

《古汉语宾语前置辨议》，在前修时哲的研究基础上，对古汉语宾语前置的问题加以归纳综合，并陈一得之见。文以前置殊异五种情况加以分辨。从中可以看出，古汉语宾语前置情况复杂，句式灵活多变，以致同一句子，有不同语法分析，语法分析不同，则语意悬殊。

《古汉语的比喻句式》，是从语法的角度，对古汉语比喻句式进行分析，阐述其类型、结构以及与比较句式之区别，以利正确理解古书文意。

《文言朗读中的句读》，文虽短小，却关乎古今汉语词汇结构异同问题。古代汉语以单音词占优势，现代汉语以双音词占优势，两者既有区别又有联系，分辨为难：既与形诸标点符号的句读有关，又与未形诸标点符号的句读有关。而未形诸标点符号的句读，即朗读中听觉所感知的词与词，词语与词语之间短促的语气停顿，是学界稍少措意的问题。

《古代汉语教学内容刍议》与《授"鱼"亦授"渔"——古代汉语教学管窥蠡测》，是本人多年从事古代汉语教学之心得体会，不惮浅陋，抛砖引玉。

前篇关于教学内容，针对现实课程门类增多，课时有限，如何给古代汉语减负，如何处理与其他语言类课程的关系，稍作刍荛之议，并主张古汉语教学堂上应突出"通论"及"文选"的重点，课外应加强标点、今译、工具书的实践。

后篇关于教学法的问题。结合教学实践，举证实例，阐述在古代汉语文选教学中，怎样启发学生利用今语、利用方言掌握古词古义以及利用文例说词释句等教学法。

其三，古籍整理：

古籍整理离不开使用工具书及利用相关古文献，吸收前人的经验教训。《必须掌握前人注释古书的方法方式》与《注释古书怎样吸收前人的成果》二篇，正是为此而作。

古书注释，前人称之为训诂。为了充分利用历代的训诂资料，就必须正确地理解训诂的术语，掌握各个术语的含义和用法。因此，前篇首先把常用的训诂术语用法上有共同的地方归并为11类，逐一介绍。其次强调必须掌握训诂的三种方法：即以形说义之"形训"、因声求义之"音训"、直陈词义之"义训"。最后强调掌握训诂的多种体例：传注类、章句类、音义类、义疏类、集解类。

后篇对吸收前人成果注释古书，提出三点粗浅看法：其一，宏观众说，择善而从。今人新注古书，应当尽可能利用先行注本，汇集众说，加以比较、参证。当众说纷纭时，要能择善而从，作为今注的依据。其二，既要利用，又不迷信。今人注释古书，需要参考旧注。但必须加以分析，去伪存真、去粗取精，不可盲从。其三，繁简适中，深入浅出。利用前人成果时，不能原文照抄旧注。从广大读者的视角出发，古书今注既要简明扼要，又要通俗易懂。

《古籍用字述论》《从〈说文〉看繁简字的关系》二篇主要论述关于古籍用字的问题。无论是阅读原版古书，还是经今人整理的古书，都必须掌握古籍用字的有关情况。而对于从事古籍整理者来说，尤为重要。

前文分别介绍了古籍中存在古今字、通假字、异体字和繁简字的复杂情况，以及它们之间的联系和区别，并希望大家尤其是有关部门都来重视古籍整理用字规范化的问题。

后文侧重于繁简字的关系，笔者把《简化字总表》所收553个简化字及其所代替的繁体字和《说文解字》逐一加以对照，从中足以反映繁简字的复杂关系：异形同音同义、异形同音异义、异形异音异义。弄清繁简字之间的对应关系，对于阅读和整理古籍意义非常重大。

《〈潮阳县志〉"物产"卷校议》及《〈潮阳县志〉"风俗""纪事"等卷校议》是笔者先后参加第五届、第八届潮学国际研讨会提交的二篇论文,会后均收入大会论文集(分别由公元出版有限公司 2005 年 3 月出版,中华书局 2012 年 6 月出版)。二文分别条列各卷校勘之失误,标点之失误各种情况,指出致误原因、改正依据等。

《顽石隐良玉,寒灰寓星火——评介〈格言联璧〉》,原是注译《格言联璧》时所写的"前言",后以今题,略加文字修改,以之为参加第七届潮学国际研讨会的论文,并被收入大会论文集(花城出版社 2009 年 2 月出版)。《格言联璧》是金缨选录其所揖《觉觉录》中浅近格言另刻之单行本。近代出版家潮阳郭辅庭取所校定本,"就正通人","复加雠勘","重付精刊"。不才应岳麓书社之约请,于格言原文原注之外,复加今注今译,以利一般读者理解其意旨。"前言"主要就其所辑录诸类格言,可引为镜鉴之论,择其要者归类条陈之。

《农政全书》作者徐光启,"雅负经济才,有志用世。及柄用,年已老。值周延儒、温体仁专政,不能有所建白。"(《明史·徐光启传》)却以其杰出之科学成就彪炳于中国历史上。其主要代表作《农政全书》,于中国农学史,诚如《诗经》之于古典诗歌,《本草》之于古代医药,成为我国传统农学代名词,堪与后魏贾思勰《齐民要术》同悬诸日月,并列为我国农学著述两大丰碑。"前言"认为徐氏《农政全书》主导思想是"富国必以本业","农本"思想不但符合泱泱农业大国既往之历史,而且未必无补于今时。徐氏重视兴修水利、提倡因地制宜、充分利用土地资源,以期富国利民,以及重视备荒救灾之农政思想,皆值得借鉴。全书最有学术价值者,为"树艺""种植"等目所载植物及其栽培方法。总之,该书是我国农业科技史上一部重要历史文献,又是至今仍有实用价值的"经济之书"。

二篇"前言",皆从思想内容而言之,未及校注及注译题旨,卑之以为"充数",实亦无乖古为今用之大义。

《〈史记·张仪列传〉译后记》(以下简称《译后记》),试图通过岳麓书社先后出版之两部《白话史记》中《张仪列传》之译文比较,说明古书今译并非易事,也是本人作为"岳麓本"《白话史记》第二作者并审读部分稿件之后的心得体会。"台湾本"出书在前,"岳麓本"出书在后,如若后者较之前者有所改进,后出转精纯属理所当然。所选二译文,并非最有代表性,难免有失偏颇。陈某《译后记》,取其差异较大者,妄发刍议,不中肯綮,偏离鹄的之说,在所难免,有请见谅。

上述篇目之外,复有"附录",可视为正编内容之延伸。

附录一:收录司马迁《史记·张仪列传》原文及二篇译文,以便读者阅读《史记·〈张仪列传〉译后记》详查原文及译文之所需。

附录二:《古语词丛谈(29则)》,都是报刊上发表过之旧作,虽然并非学术味甚浓之词语考释,但亦不无干系。权当通俗文读之也罢。较之枯燥之考释,或许别有异趣。

以上三分而言,正附兼述,皆沾"古"字,自愧食"古"不化,敬请方家学者,不吝赐正。

上编

训诂学

训诂在《四书集注》中的运用*

朱熹为《大学》《中庸》《论语》《孟子》分别作了注释,对《大学》还区分了经传并重新编排了章节,作为一套书同时刊行,称为《四子》。《大学》《中庸》的注释基本上是朱熹写的,较少引用别人的话,因此称为"章句",《论语》《孟子》的注释因为引诸家说法较多,称为"集注"。后人合称之为《四书章句集注》,简称《四书集注》。

《四书集注》是朱熹的重要训诂著作。朱熹倾注了一生的心血来注这部书,他曾说:"熹于《论》《孟》《大学》《中庸》,一生用功,粗有成就。"(《晦庵文集》卷五十二《答胡季随》)又说:"某于《语》《孟》,四十余年理会。中间逐字称等,不教偏些子,学者将注处宜仔细看。"(《朱子语类》卷十九)他的门徒,李性传也说,他在临死前一天还在修改《大学章句》。

《四书集注》的特点,是用程朱理学注《四书》,以阐发义理为主,与传统经注不一样。但其解词释句,还是力求符合本文的原意的,而且简明扼要,深入浅出,明白易懂,对前人的注释多能择善而从,因此能脱去隋唐义疏及宋初经说的烦冗之弊,而成为独具特色的训诂著作。如能从训诂的角度对《四书集注》进行深入的研究,对于正确评价朱熹在训诂学史上的地位,以及如何从《四书集注》中汲取训诂上的精华,运用于古籍整理还是颇有意义的。

《四书集注》的注文主要是朱熹写的。本文所谈的实际上是朱熹如何运用训诂来注《四书》,因此所引注文均为朱注。

《四书集注》训诂的内容十分广泛。概括起来如次:

---

* 《训诂在〈四书集注中的运用〉》,原载于《中山大学学报》1987年第2期,中国人民大学《语言文字学》1987年第6期转载。结集时订补。

一、校勘文字

文字校勘包括异文、衍字、误字、脱文、错简等。例如：

> 曰："无倦。"（《论语·子路》）注：无，古本作毋。
>
> 子曰："桓公九合诸侯，不以兵车，管仲之力也。如其仁，如其仁。"（《论语·宪问》）注：九，《春秋传》作纠，督也。古字通用。
>
> 阳货欲见孔子，孔子不见，归孔子豚。（《论语·阳货》）注：归，如字。一作馈。
>
> 子绝四：毋意、毋必、毋固、毋我。（《论语·子罕》）注：毋，《史记》作无，是也。……程子曰：此毋字非禁止之辞。
>
> 唐棣之华，偏其反而。（《论语·子罕》）注：偏，《晋书》作翻，然则反亦当与翻同，言华之摇动也。
>
> 子曰：好学近乎知，力行近乎仁，知耻近乎勇。（《中庸》章二十）注：子曰二字，衍文。
>
> 素隐行怪，后世有述焉。（《中庸》章十一）注：素，按《汉书》当作索。盖字之误也。索隐行怪，言深求隐僻之理，而过为诡异之行也。
>
> 孟子曰："孔子不得中道而与之，必也狂獧乎！狂者进取，獧者有所不为也。"（《孟子·尽心下》）注："不得中道"至"有所不为"，据《论语》，亦孔子之言，然则孔子字下当有"曰"字。《论语》道作行，獧作狷。
>
> 子曰：与其进也，不与其退也，唯何甚？人洁己以进，与其洁也，不保其往也。（《论语·述而》）注：疑此章有错简。"人洁"至"往也"十四字，当在"与其进也"之前。

如上所举关于文字方面的校勘，都是十分精当的。但是，也有主观武断的地方。朱熹在《记〈大学〉后》一文中说，《大学》"简编散脱，传文颇失其次，子程子盖尝正之。"朱熹又因二程遗说，"复定此本"。其中有些章从程本，有些章从旧本，有些章则朱熹自定。他还补写了非《大学》原文一章，他说："传的五章，盖释格物致知之义，而今亡矣。间尝窃取程子之意以补之。"这段补传共一百三十四字。这种不经考订，妄改古书的学风却是不可取的。

二、分析句读

关于句读的注释，通检《四书集注》全书，仅见六、七例，具录于下：

> 子曰："十室之邑，必有忠信如丘者焉，不如丘之好学也。"（《论语·公冶长》）注：焉，如字，属上句。

朱注意在表明"焉"字表示确定语气，与副词"必"相应，当属上读，而不能误为疑问代词从下读。

> 子曰："吾尝终日不食，无益，终夜不寝，以思，不如学也。"（《论语·卫灵公》）"益""思"字下分别加注"句"。
> 必有事焉而勿正，心勿忘，勿助长也。（《孟子·公孙丑上》）注：赵氏、程子以七字为句，近世或并下文心字读之者亦通。
> 且许子何不为陶冶，舍皆取诸其宫中而用之？（《孟子·滕文公上》）注：舍，止也，或读属上句。舍，谓作陶冶之处也。

笔者按：舍，相当于今语"啥"，当属下读。

> 交闻文王十尺，汤九尺，今交九尺四寸以长，食粟而已，如何则可？（《孟子·告子下》）"长"字下注曰"句"。
> 山径之蹊间，介然用之而成路；为间不用，则茅塞子之心矣。（《孟子·尽心下》）"间""路"字下分别注曰"句"，释义曰："介然，倏然之顷也"，"为间，少顷也。"

三、注释字音

按《四书集注》的体例，注音在释义之前，中间用〇隔开，现按所用的术语，分别举例：

1. 某音某。

  贤者与民并耕而食，饔飧而治。(《孟子·滕文公上》) 注：饔，音雍。飧，音孙。
  治于人者食人，治人者食于人。(《孟子·滕文公上》) 注：食，音饲。
  见而民莫不敬，言而民莫不信，行而民莫不说。(《中庸》章三十一) 注：见，音现。说，音悦。
  今之人修其天爵，以要人爵。(《孟子·告子上》) 注：要，音邀。
  不税冕而行。(《孟子·告子下》) 注：税，音脱。

从例句中可以看出，朱注用"音"这个术语，除了注一般的同音字以外，还用以注通假字，这时候，除了注音的作用以外，还有释义的作用。也正因为如此，遇上通假字，注音时读为本字之后，一般情况下就不再释义了。如"要，音邀"，"税，音脱"。

2. 某读作（为、曰、如）某。

"读作（为、曰、如）"用以解释通假字，有注音兼释义的作用。

  日知其所亡，月无忘其所能。(《论语·子张》) 注：亡，读作无。亡，无也。
  此之谓自谦。(《大学传之六章》) 注：谦，读为慊，苦劫反。谦，快也，足也。
  日省月试，既禀称事，所以劝百工也。(《中庸》章二十) 注：既，许气反。既，读曰饩。饩禀，稍食也。

3. 某与某同，某同某，某某同。

"同"这个术语，在朱注中，除了注异体字以外，也用以注通假字。

  庶人不传质为臣。(《孟子·万章下》) 注：质，与贽同。质者，士执雉，庶人执鹜，相见以自通者也。
  取色之重者与礼之轻者而比之，奚翅色重？(《孟子·告子下》)

注：翅，与啻同，古字通用，施智反。
　　故为渊敺鱼者，獭也；为丛敺爵者，鹯也。(《孟子·离娄上》)
注：敺，与驱同。爵，与雀同。
　　诗曰："奏假无言，时靡有争。"(《中庸》章三十三) 注：假，与格同。
　　学而时习之，不亦说乎？(《论语·学而》) 注：说，与悦同。

4. 某如字。

　　夷子怃然，为间曰："命之矣。"(《孟子·滕文公上》) 注：间，如字。为间者，有顷之间也。

5. 某某声。

　　以约失之者，鲜矣。(《论语·里仁》) 注：鲜，上声。
　　小人之过也必文。(《论语·子张》) 注：文，去声。文，饰之也。
　　舜往于田，号泣于旻天。(《孟子·万章上》) 注：号，平声。

此外，朱注还用反切注音。

可以看出，朱熹注音有这样的特点：①所用术语没有严格的界限，比如"音"和"读作（为、曰）""同"，都可以注通假字，都有释义的作用，因此同一个字可以用不同的术语来注音，如"辟，音譬"；"辟，读作譬"；"辟，譬同"。②朱注很重视破读音，"某，某声"在注音中占很大的比例，这是宋元时代重视破读法、强调以四声别义，在朱注中的反映。朱熹在《孟子·梁惠王章句上》中说："凡治字，为理物之义者，平声；为已理之义者，去声。"朱注中以四声别义的破读法有不少在现代汉语中还保留着。

四、解释词义

解释词义涉及所用的术语及其训释方法。这是传注体训诂著作的主要内容，也是《四书集注》的主要内容。

1. 解释词义的术语。

(1) 为、曰。这两个术语相当于现在的"叫"或"叫作",用以解释的词语放在被解释的词语前边。例如:

臣闻郊关之内,有囿方四十里。(《孟子·梁惠王下》) 注:国外百里为郊,郊外有关。

奔而殿。(《论语·雍也》) 注:军后曰殿。

《四书集注》中还常用"曰"来解释同义词:

鱼馁而肉败,不食。(《论语·乡党》) 注:鱼烂曰馁,肉腐曰败。

(2) 谓、谓之、之谓、之称、之意。"谓",即"说的是",或"指的是"。被解释的词语在前,用以解释的词语在后。使用"谓",往往是用较具体、形象的事物来解释较抽象、笼统的概念。例如:

三代之得天下也以仁。(《孟子·离娄上》) 注:三代,谓夏、商、周也。

"谓之","叫作"的意思。它的用法与"谓"有区别,用以解释的词语,在其所解释的词语之前。例如:

不素餐兮,孰大于是?(《孟子·尽心上》) 注:无功而食禄,谓之素餐。

"谓之"也作"之谓",意思是一样的。例如:

《康诰》曰:"作新民"。(《大学》引《书》) 注:鼓之舞之之谓作。

依于仁,游于艺。(《论语·述而》) 注:依者,不违之谓。游者,玩物适情之谓。

"之称"等于说"的说法","之意"等于说"的意思"。例如:

鄙夫，可以事君也与哉？（《论语·阳货》）注：鄙夫，庸恶陋劣之称。

子谓卫公子荆，"善居室。始有，曰：'苟合矣。'少有，曰：'苟完备矣。'富有，曰：'苟美矣。'"（《论语·子路》）注：苟，聊且粗略之意。

（3）言、犹言、之为言。"言"，用以解释词语时，相当于"说"的意思。例如：

为东周乎？（《论语·阳货》）注：为东周言兴周于东方。

《四书集注》中用"言"解释词语的不多，常用的是串讲文意，阐述章旨。

"犹言"意为"等于说"，用以解释词语。例如：

先进于礼乐，野人也，后进于礼乐，君子也。（《论语·先进》）注：先进后进，犹言前辈后辈。

《四书集注》中还用"之为言"来解释词义，仅见三例，具录于下：

①子曰："唯仁者能好人，能恶人。"（《论语·里仁》）注：唯之为言独也。
②心之官则思，思则得之，不思则不得也。（《孟子·告子上》）注：官之为言司也。
③齐明盛服，以承祭祀。（《中庸》章十六）注：齐之为言齐也，所以齐不齐而致其齐也。

汉唐经注中"之为言"与"之言"一样，用于以音义相通的词语作解释。而以上三例中，除了第③例用同字为训，有语音上的联系以外，其余被解释的词与用来解释的词都没语音上的联系。

（4）犹。《四书集注》中使用"犹"这个术语，往往是所解释的词语与用以解释的词语意义是相近的。例如：

今夫天，斯昭昭之多。(《中庸》章二十六) 注：昭昭，犹耿耿，小明也。

(5) 指。"指"这个术语，在汉唐时代的传注著作中，似未曾见过。而《四书集注》则常用以随文释义。例如对"夫子"一词的解释：

蘧伯玉使人于孔子，孔子与之坐而问焉，曰："夫子何为？"对曰："夫子欲寡其过而未能也。"(《论语·宪问》) 注：夫子，指伯玉也。

(6) 名。《四书集注》中说"某，某名"者，所解释的都是专用名词，注解很简略，只指出某名，一般不加详释。例如（正文略）：

石门，地名。
互乡，乡名。
淇，水名。
武城，鲁邑名。
三苗，国名。
大宰，官名。
司败，官名，即司寇也。

(7) 貌。《四书集注》中用"貌"解释的都是形容词。例如：

肫肫其仁，渊渊其渊，浩浩其天。(《中庸》章三十二) 注：肫肫，恳至貌。渊渊，静深貌。浩浩，广大貌。

(8) 属、类。"属""类"表示事物的种类。例如：

衽金革，死而不厌。(《中庸》章十) 注：金，戈兵之属。革，甲胄之属。
鸢飞戾天，鱼跃于渊。(《中庸》章十二引《诗》) 注：鸢，鸱类。

(9) 所以。"所以"表示事物的功能、用途。例如:

①孟子曰:"离娄之明,公孙之巧,不以规矩,不能成方圆;师旷之聪,不以六律,不能正五音;尧舜之道,不以仁政,不能平治天下。"(《孟子·离娄章句上》)注:"规,所以为圆之器也。矩,所以为方之器也。"

②孟子曰:"仁言,不如仁声之入人深也。善政,不如善教之得民也。"(《孟子·尽心章句上》)注:"政,谓法度禁令,所以制其外也。教,谓道德模范齐礼,所以格其心也。"

例②先用"谓"释"政""教"之所指,再用"所以"说明其功用。此外,还用"某者,某也"或"某,某也""某,某"等格式释义。例如:

我亦欲正人心,息邪说,距诐行,放淫辞,以承之三圣者,岂好辩哉?(《孟子·滕文公下》)注:辞者,说之详也。

文王之囿,方七十里,有诸?(《孟子·梁惠王下》)注:囿者,蕃育鸟兽之所。

驱而纳诸罟护陷阱之中,而莫之知辟也。(《中庸》章七)注:罟,网也。护,机槛也。陷阱,坑坎也。皆所以掩取禽兽者也。

笾豆之事,则有司存。(《论语·泰伯》)注:笾,竹豆。豆,木豆。

《四书集注》训释词义的方法,除了个别地方用音训(如"征,正也。")(《孟子·梁惠王章句上》)和形训(如"或曰:中心为忠,如心为恕,于义亦通。")(《论语·里仁》)主要是用义训。

2. 解释词义的方法。

(1) 同义相训。例如:

君子坦荡荡,小人长戚戚。(《论语·述而》)注:坦,平也。

(2) 同义辨析。例如：

丈夫生而愿为之有室，女子生而愿为之有家，父母之心，人皆有之。(《孟子·滕文公章句上》)注："男以女为室，女以男为家。"
故理义之悦我心，犹刍豢之悦我口。(《孟子·告子章句上》)注："草食曰刍，牛羊是也。谷食曰豢，犬豕是也。"
有澹台灭明者，行不由径，非公事，未尝至于偃之室也。(《论语·公冶长》)注："径，路之小而捷者。"
(中山之木)是日夜之所息，雨露之所润，非无萌蘖之生焉，牛羊又从而牧之，是以若彼濯濯也。(《孟子·告子章句上》)注："萌，芽也。蘖，芽之旁出者也。"

同义相训的方法，对词义的解释是宽泛、含混的。而同义辨析，相对比较具体、确凿，能辨别同义词之间的细微差异。

(3) 以狭义释广义。例如：

去其金，发乘矢。(《孟子·离娄下》)注：金，镞也。

(4) 以共名释别名。例如：

百姓闻王钟鼓之声，管籥之音。(《孟子·梁惠王下》)注：钟鼓、管籥，皆乐器也。
虽有镃基，不如待时。(《孟子·公孙丑上》)注：镃基，田器也。

(5) 设立界说。例如：

不逆诈，不亿不信。(《论语·宪问》)注：逆，未至而迎之也。亿，未见而意之也。
子曰："毋！以与尔邻里乡党乎！"(《论语·雍也》)注：五家为邻，二十五家为里，万二千五百家为乡，五百家为党。

（6）宛述情状。例如：

子曰："禘，自既灌而往者，吾不欲观之矣。"（《论语·宪问》）注：灌者，方祭之始，用郁鬯之酒，灌地以降神也。

大车无輗，小车无軏，其何以行之哉？（《论语·为政》）注：輗，辕端横木，缚轭以驾牛者。軏，辕端上曲，钩衡以驾马者。

（7）比拟事物。例如：

方寸之木可使高于岑楼。（《孟子·告子下》）注：岑楼，楼之高锐似山者。

五、考证名物

《四书集注》对词语的解释，力求简明扼要，不重考据，但有关古代的名物、礼俗、典章制度时，则征引文献，略加考证。例如对《孟子·梁惠王上》"不违农时，谷不胜食也；数罟不入洿池，鱼鳖不可胜食也；斧斤以时入山林，材木不可胜用也。……王道之始也"一节，在注音释义之后，便引证古代有关保护自然资源的规定说："古者，网罟必用四寸之目，鱼不满尺，市不得鬻，人不得食。山林川泽，与民共之，而有厉禁，草木零落，然后斧斤入焉。此皆为治之初，法制未备，且因天地自然之利，而撙节爱养之事也。"又如：

虽疏食菜羹，瓜祭，必齐如也。（《论语·乡党》）注：古人饮食，每种各出少许，置之豆间之地，以祭先代始为饮食之人，不忘本也。

仲尼曰：始作俑者，其无后乎！（《孟子·梁惠王上》）注：古之葬者，束草为人，以为从卫，谓之刍灵，略似人形而已。中古易之以俑，则有面目机发，而太似人矣，故孔子恶其不仁，而言其必无后也。

三年之丧，齐疏之服，飦粥之食，自天子达于庶人，三代共之。（《孟子·滕文公上》）注：《丧礼》："三日始食粥，既葬，乃疏食。"

此古今贵贱通行之礼也。

以上所举诸例的注释，在赵岐《孟子注》及何晏《论语集解》中均未见，因此保留在朱注中关于古代名物的考证，不但有助于后代读者理解文意，而且对后代读者了解古代社会生活也是很有帮助的。

六、阐述语法

寓语法于训诂，在《四书集注》中颇为突出。阐述语法，与用词造句的原则有关，说清楚了词法、句法，也就有助于理解词义、句意，因此阐述语法与解释词义两者是相辅相成的。

《四书集注》很着重虚词的用法，注文中凡称"辞""语辞""语助""语助词"等，都表明所释的词语是虚词。例如（正文略）：

> 于，叹辞。可者，仅辞。肆，发语辞。
> 恶，惊叹辞。所，誓辞也。抑，反语辞。
> 其诸，语辞也。诺，应辞也。之，语助也。
> 乎哉，疑辞。勿者，禁止之辞。只，语助辞。

此外，还有"声""语助声""发语声"等术语：

> 意，心不平之声。
> 姑，语助声。
> 施，发语声。

《四书集注》中对于活用的实词也一一注解。例如：

> 犹彼白而我白之。(《孟子·告子上》) 注：我以彼为白也。

按：第二个"白"字，是形容词的意动用法。又如：

> 涕出而女于吴。(《孟子·离娄上》) 注：女，以女与人也。

按：女，名词用如动词。又如：

> 子庶民也，来百工也。（《中庸》章二十）注：子，如父母之爱其子也。

按：子，名词的意动用法。又如：

> 以其兄之子妻之。（《论语·公冶长》）注：妻，为之妻也。

按：妻，名词用如动词。又如：

> 孟子去齐，充虞路问曰：夫子若有不豫色然。（《孟子·公孙丑下》）注：路问，于路中问也。

按：路，名词作状语。

以上所解释的词，按照原来的词义，都是比较浅白易懂的，但在各例句中，它们已经活用了，不能按照原来的词义解释，必须按照活用后与其前后有关的词语一起来解释，才能得出其准确的词义，因此，朱熹对活用的实词一一加以注解。

七、论述表达方式

《四书集注》中有些注解，既不是解释词义，又不是解释语法，而是论述表达方式、说明修辞手段的。

表达方式包括省文、称数、谦恭等。

1. 省文。例如：

> 郊社之礼，所以事上帝也。（《中庸》章十九）注：郊，祭天。社，祭地。不言后土者，省文也。

按：社，土地神，世人谓社为后土。朱注既说明社与后土同义，又说明这里用的是省文手段。

记载人物对话，省略某问某答的提示文字，这是古今共有的表达方法，但在没有使用标点符号的文言文中，这种表达方法不利于阅读，不加注释，不容易分辨是谁说的话。有两种情况：记一人之言中加"曰"字，例如：

曰：管仲，曾西之所不为也，而子为我愿之乎？（《孟子·公孙丑上》）注：曰，孟子言也。

这是记载公孙丑与孟子的一段对话。公孙丑问曰："夫子当路于齐，管仲、晏子之功，可复许乎？"孟子在答话中又引用了曾西的话，加曰字表更端，后代读者不一定明了古书中这种表达方法，因此朱熹特别加注："曰，孟子言也。"又如：

子路问成人，子曰："……"曰："今之成人者何必然？……"（《论语·宪问》）注：复加曰字者，既答而复言也。

这个注解，说明"曰"字下也是孔子所言，也是记载一人之言中加"曰"字例。又有记二人之语省"曰"字者。例如：

孟子曰："善人也，信人也。""何谓善？何谓信？"（《孟子·尽心下》）注：不害问也。

以上是浩生（姓）不害（名）与孟子的问答。又如记载公孙丑与孟子的问答：

"何谓知言？"曰："诐辞知其所蔽，……必从吾言矣。"（《孟子·公孙丑上》）注：此公孙丑复问，而孟子答之也。

这个注表明"曰"字之前是公孙丑之问，而略"曰"字。二人之言而省"曰"字，在书中很多，朱熹都一一加注某问某答。

这两种情况的注解，在没有使用标点符号之前尤为重要，并为后代整理古书、为原文标点断句提供重要的依据。

2. 称数。例如：

> 子曰："《诗》三百，一言以蔽之，曰：'思无邪'。"（《论语·为政》）注：《诗》三百十一篇。言三百者，举大数也。
>
> 且以文王之德，百年而后崩，犹未洽于天下。（《孟子·公孙丑章句上》）注："文王九十七而崩，言百年，举成数也。"

以上二注有关文言中的称数法，所谓举大数，举成数，表明该数是虚数，不能视为确数。与称数有关的还有倍数、分数。例如：

> 大国地方百里，君十卿禄，卿禄四大夫，大夫倍上士，上士倍中士，中士倍下士。（《孟子·万章章句上》）注："十，十倍之也。四，四倍之也。倍，加一倍也。徐氏曰……"
>
> 次国地方七十里，君十卿禄，卿禄三大夫，大夫倍上士，上士倍中士，中士倍下士，下上与庶人在官者同禄，禄足以代其耕也。（《孟子·万章章句上》）注："三，谓三倍之也。徐氏曰……"
>
> 小国地方五十里，君十卿禄，卿禄二大夫，大夫倍上士，上士倍中士，中士倍下士。下士与庶人在官者同禄，禄足以代其耕也。（《孟子·万章章句上》）注："二，即倍也。徐氏曰……"

朱注中关于"大国""次国""小国"诸君和卿、大夫、士之田禄及其所养之数的计算，其中尤为值得注意的是"大国""次国"条中"倍"字注："倍，加一倍也"；"小国"条"二，即倍也。"（"二"如同下文"大夫倍上士，上士倍中士，中士倍下士"之"倍"，亦即"加一倍也"。）今人有以"倍"为"一倍"，少一"加"字，则谬矣。朱注引"徐氏曰"（详原注）尤证明"倍，加一倍也"是正确的。

上例有关倍数，下例则有关分数：

> 哀公问于有若曰："年饥，用不足，如之何？"有若对曰："盍彻乎？"（《论语·先进》）注："彻，通也，均也。周制，一夫受田百亩，而与同沟共井之人，通力合作，计亩均收，大率民得其九，公取其一，故谓之彻。鲁自宣公税亩，又逐亩什取其一，则为什而取其二

矣。故有若但请专行彻法，欲公节用以厚民也。"曰："二，吾犹不足，如之何其彻也？"（《论语·先进》）注："二，即所谓什二也。"

"彻"是周代实行的税法，从朱注（详见原注）可知是"什一"（十取其一）。"什一""什二"即十分之一、十分之二。朱注阐述"二"表分数。

3. 谦恭。

古人交际，遣词用语，讲究感情色彩之褒贬谦恭，以免失礼乃至冒犯尊长。凡此，朱注皆以揭示出注。例如：

哀公问曰："何为则民服？"孔子对曰："举直错诸枉，则民服；举枉错诸直，则民不服。"（《论语·为政》）注："哀公，鲁君，名蒋。凡君问，皆称孔子对曰者，尊君也。"

这正如孔子与学生对话，用"子曰"与"（学生）对曰"，庶几是通例。又如：

哀公问于有若曰："年饥，用不足，如之何？"（《论语·先进》）注："称有若者，君臣之辞。"

有若，字子有。自称以名，称人以字。《论语》中，学生一般称字，此称其名，以示君臣有别。又如：

子曰："述而不作，信而好古，窃比于我老彭。"（《论语·述而》）注："述，传旧而已。作，则创始也。故作者非圣人不能，而述则贤者可及。窃比，尊之之辞。我，亲之之辞。老彭，商贤大夫。见《大戴礼》，盖信古而传述者也。孔子删《诗》《书》，定《礼》《乐》，赞《周易》，修《春秋》，皆传先王之旧，而未尝有所作也。"
子曰："默而识之，学而不厌，诲人不倦，何有于我哉？"（《论语·述而》）注："三者已非圣人之极至，而犹不敢当，则谦而又谦之辞也。"
子曰："文，莫吾犹人也。躬行君子，则吾未之有得。"（《论语·述而》）注："莫，疑辞。犹人，言不能过人，而尚可及人。未之有得，则全未有得。皆自谦之辞，而足以见言行之难易缓急，欲人之勉其实也。"

子曰："若圣与仁，则吾岂敢？抑为之不厌，诲人不倦，则可谓云尔已矣。"（《论语·述而》）注："此亦夫子之谦辞也。"

曾子有疾，孟敬子问之。曾子言："鸟之将死，其鸣也哀；人之将死，其言也善。"（《论语·泰伯》）注："言，自言也。鸟之畏死，故鸣哀；人穷则反本，故言善。此亦曾子之谦辞，欲敬子知其所言之善而识之也。"

其事则齐桓、晋文，其文则史。孔子曰："其义则丘窃取之矣。"（《孟子·离娄章句上》）注："窃取者，谦辞也。"

昔者有王命，有采薪之忧，不能造朝。（《孟子·公孙丑章句下》）注："采薪之忧，言病不能采薪，谦辞也。"

诸例中所谓"君臣之辞""尊之之辞""亲之之辞""谦而又谦之辞""自谦之辞""谦辞"云云，都是尊人或自谦的表达方式。

八、说明修辞手法

粗略地检查，有以下几种：

1. 有关反复。例如：

子曰："贤哉，回也！……贤哉，回也。"（《论语·雍也》）注：故夫子再言贤哉回也，以深叹美之。

孟子对曰："王！何必曰利？……王亦曰仁义而已矣，何必曰利？"（《孟子·梁惠王上》）注：重言之，以结上文两节之意。

2. 有关比喻。例如：

人虽欲自绝，其何伤于日月乎？（《论语·子张》）注：日月喻其至高。

是以君子恶居下流，天下之恶皆归焉。（《论语·子张》）注：下流，地形卑下之处，众流之所归。喻人身有污贱之实，亦恶名之所聚也。

3. 有关互文。例如：

是故君子动而世为天下道，行而世为天下法，言而世为天下则。（《中庸》章二十九）注：动，兼言行而言。道，兼法则而言。法，法度也。则，准则也。

4. 有关呼告。例如：

曾子有疾，召弟子曰："启予足！启予手！诗云：'战战兢兢，如临深渊，如履薄冰。'而今而后，吾知免夫！小子！"（《论语·泰伯》）注：小子，门人也。语毕而又呼之，以致反复丁宁之意，其警之也深矣。

5. 有关比兴。例如：

《诗》云："桃之夭夭，其叶蓁蓁。"（《大学》章九）注：夭夭，少好貌。蓁蓁，美盛貌。兴也。

6. 有关引用。例如：

思天下之民，匹夫匹妇有不被尧、舜之泽者，若己推而内之沟中。（《孟子·万章上》）注：《书》曰："昔先正保衡作我先王，曰：'予弗克俾厥后为尧、舜，其心愧耻，若挞于市'。一夫不获，则曰'时予之辜'。"孟子之言，盖取诸此。

以上推求暗引的出处，又有明引典籍，但只有书名无篇名，或只有篇名无书名，朱熹也一一为之详注。例如：

《诗》云："潜虽伏矣，亦孔之昭。"（《中庸》三十三）注：《诗》，《小雅·正月》之篇。
《太誓》曰："我武惟扬，侵于之疆，则取于残，杀伐用张，于汤有光。"（《孟子·滕文公下》）注：《太誓》，《周书》也。

九、串讲文意

《四书集注》是章句体的注疏,除了注音、释义以外,串讲文意,归纳章旨则为其要务。例如:

> 夫子循循然善诱人,博我以文,约我以礼。(《论语·子罕》)注:循循,有次序貌。诱,引进也。博文约礼,教之序也。言夫子道虽高妙,而教人有序也。

从"循循"到"进也",是解释词义,以下就是串讲文意,可以帮助读者理解文意的深层意义。又如:

> 不揣其本,而齐其末,方寸之木,可使高于岑楼。(《孟子·告子下》)注:本,谓下。末,谓上。方寸之木,至卑,喻食色。岑楼,楼之高锐似山者至高,喻礼。若不取其下之平,而升寸木于岑楼之上,则寸木反高,岑楼反卑矣。

"方寸之木"以下便是串讲文意,其中"至卑,喻食色""至高,喻礼"等语是句中表层文意所无的,朱熹根据上文提到食、色、礼,作如此串讲,便把其言外之意揭示出来了。

串讲文意和解释词义紧密结合,互相补充。有时串讲文意近似直译,寓释词于译句中,使注文更加简练,是《四书集注》的一大特点。例如:

> 兆足以行矣。而不行,而后去,是以未尝有所终三年淹也。(《孟子·万章》)注:兆,犹卜之兆,盖事之端也。孔子所以不去者,亦欲小试行道之端,以示于人,使知吾道之果可行也。若其端既可行,而人不能遂行之,然后不得已而必去之。盖其去虽不轻,而亦尝不决,是以未尝三年留于一国也。

释义中未注"淹"字,但我们从串讲中便可知道"淹"就是"留"的意思。又如:

孔子曰："过我门而不入我室，我不憾焉，其唯乡原乎！……"（《孟子·尽心下》）注：乡原，非有识者。原，与愿同。荀子原悫字，皆读作愿。谓谨愿之人也，故乡里所谓愿人，谓之乡原。孔子以其似德而非德，故以为德之贼。过门不入而不恨之，以其不见亲就为幸，深恶而痛绝之也。万章又引孔子之言而问也。

释义未注"憾"的词义，但串讲中说："过门不入，而不恨之，以其不见亲就为幸，深恶而痛绝之也。"据此可知"憾"即"恨"也。又如：

于卒也，摽使者出诸大门之外，北面稽首再拜而不受。（《孟子·万章》）注：卒，末也。摽，麾也。数以君名来馈，当拜受之。非美贤之礼，故不悦。而于其末后复来馈时，麾使者出，拜而辞之。

"卒"释义曰"末也"，串讲作"末后"，更浅白易懂。

十、分析篇章结构

分析篇章结构，是为了弄清文章的脉络，更深入地掌握某些词、句，以及章节在全文中所表达的意义，因此它也是训诂的范围。历代的训诂学家都重视篇章结构的分析，朱注中也有不少文字是分析篇章结构的。例如《大学章句》每章之后标明章次，说明章旨。有时还在章旨之后说明该章在全文的布局中所起的作用。例如《大学章句》传之七章之后言："此亦承上章以起下章。"又如《中庸章句》："右第七章。承上章大知而言，又举不明之端，以起下章也。"

《论》《孟》章句分析形式相同，均在篇名之后说明全篇章数，章与章之间用〇隔开，有的章节后说明章旨与作用，或不写。比较全面说明章旨的是《论语·乡党》，其篇目下注："……旧说，凡一章，今分为十七节"。本篇除个别章节外，都在章末扼要地说明章旨。例第一章说："此一节，记孔子在乡党宗庙朝廷言貌之不同。"第二章说："此一节，记孔子在朝廷事上接下不同也。"如此等等，通过分析章节，说明章旨，揭示大意，使全文的脉络更清晰地展现于读者面前，便于掌握中心思想。

以上从训诂的角度对《四书集注》作极其肤浅的分析，以就正大家。

刍论古代笔记中的训诂＊

我国古代的笔记中保存着丰富的训诂资料，其中既保存了先秦两汉的古训，也阐明了许多词语的新义以及近代的方言俗语，是训诂学中有待进一步开发的新领域。

一、古代笔记要籍简介

为了充分地发掘和利用古代笔记中丰富的训诂资料，必须对历代的笔记有个大致的了解。

"笔记"也叫"杂识""杂记""笔谈""笔录""札记""随笔"等，历代史书中记载书目的《艺文志》《经籍志》常把它归于"小说"类。明代胡应麟《少室山房笔丛》中又把"小说"分为"志怪""传奇""杂录""丛谈""辨订""箴规"六类。清乾隆中，纪昀等撰《四库全书总目提要》则将"小说家类"分为"叙述杂事""记录异闻""缀辑琐语"三派。胡应麟所说的"志怪"和"传奇"，后来发展为文艺创作的"小说"；而"杂录""丛谈""辨订"等就是现在一般所说的"笔记"。《四库全书总目提要》所分三类中的"叙述杂事"和"缀辑琐语"也可以说是"笔记"，而"记录异闻"亦即"志怪"。今人刘叶秋《历代笔记概述》把从魏晋到明清的笔记分为三大类：其一，小说故事；其二，历史琐闻；其三，考据辨证。这三类笔记中，与训诂关系最为密切的是第三类。下面简介其中若干要籍。

考据、辨证类的笔记早在汉代就已经出现，最早的一部就是后汉班固所撰的《白虎通义》，一名《白虎通德论》，简称《白虎通》。此书虽为讲说五经而作，但与一般的经传注疏不同，它对于了解古代的政教制度乃至古代的词语很有帮助。稍后有应劭所撰的《风俗通义》，应氏沿袭班氏《白虎通义》的体例，分门别类地论述事物，把训诂与考订辨证地结合起

＊《刍论古代笔记中的训诂》，原载于《学术研究》1997年第3期。

来。作者自序曰："谓之《风俗通义》者，言通于流俗之过谬，而事该于义理也。"应劭的《汉官仪》、蔡邕的《独断》也属于这一类的著作。

魏晋南北朝主要有晋崔豹所撰《古今注》（或题为《古今杂志》《古今杂记》），共分舆服、都邑、音乐、鸟兽、鱼虫、草木、杂注、问答释义八类，是以考证名物制度为主的。

唐代得首推封演所撰《封氏闻见记》，今本十卷，前六卷记叙掌故、考证名物，以考证的部分为最有价值。其次苏鹗所撰《苏氏演义》，原书十卷，今本仅存二卷，系清人辑自《永乐大典》。这是一部考究经传、订正名物、解释语词、辨证讹谬的笔记。另外有李匡义所撰《资暇集》，旧本题李济翁撰，乃因宋人避赵匡胤之讳，故以李匡义之字署名。本书分三卷：上卷多纠正俗说之谬；中卷多论述事物的原由，可借以探索语源；下卷多述物品，皆有益于考据。

宋代以《容斋随笔》和《困学纪闻》最为显著。《容斋随笔》，洪迈撰，计《随笔》《续随笔》《三笔》《四笔》各十六卷，《五笔》十卷，共七十四卷，兼载经史典故、诸子百家之言以及诗文语词等等，于解释语词、考证名物之中足见其详明之至。王应麟所撰《困学纪闻》二十卷，是一部读书杂记，计有讲解经书的八卷，谈论天道地理和诸子的二卷，考订史实的六卷，评论传文的三卷，杂识一卷。其中不乏训诂所需资料。其他讲求文字训诂，内容较为充实的，还有王观国所撰《学林》。此书专门考辨六经史传以及他书文字之形音义，罗列众说，参校异同，加以订正，附及语词，兼释名物。

元代以考辨为主的笔记不多，值得重视的有《敬斋古今黈》，李治撰，《元史》及本书旧题误作李冶。书名取"黈纩充耳，所以塞聪"之义，表示专心著述，贯穿古今，不为外物所扰。"黈"为塞耳之具。《元史》本传等误题书名作《古今难》。此书于考辨古籍，疏通文字，多所可取。

明代以杨慎的撰述为最多，其中著名的有《谭苑醍醐》八卷。作者原序曰："醍醐者，炼酥之綦昌。佛氏借以喻性也，吾借之以名吾谭苑也。夫从乳出酪，从酪出酥，从生酥出熟酥，从熟酥出醍醐，犹之精义以入神，非一蹴之力也。"序言说明书名寓意，明其谈说之有味，乃经反复提炼而成。

有清一代，考据成风，因而考辨类的笔记，数量之多为往古所不及。

其中有顾炎武历时30多年的笔记《日知录》,卷帙宏大,内容广博,是一部价值较高的考证笔记,历来很受重视。又有赵翼的《陔馀丛考》,内容之广不在《日知录》之下。又有钱大昕的《十驾斋养新录》,以其关于经义和文字、训诂、音韵等方面的内容最为可取。此外,桂馥的《札朴》,其着重通过文字训诂来解说经义,考证名物部分也很有价值。

二、古代笔记的训诂内容

古代笔记的训诂内容,涉及面很广,各书各有所侧重,难以一概而论。但其中比较突出的有以下几个方面:

首先,关于经典歧义的注释。我国传统训诂学其主要目的是为经学服务的。因此解释经义便成为训诂的主要内容,它不但集中表现在注疏体式的训诂中,而且也反映到笔记体式的训诂中来。古代笔记不像注疏类一样系统地全面地解释某一经典,而是解释某一经典中的有关语句,时有新解,与原有的注疏每有歧义。兹举钱大昕《十驾斋养新录》与《孟子》有关的二例如下:

> "被袗衣",朱氏章句训"袗"为画,钱塘梁侍讲同书尝告予云:"古书,'袗'训'单'又训'同',皆无盛服之意。《三国志·魏文帝纪》注有云:'舜承尧禅,被珍裘,妻二女,若固有之。'此必用《孟子》之文,'袗衣'当是'珍裘'也"。(卷三"袗衣"条)

> 《孟子》"狗彘食人食而不知检","检"当依《汉书·食货志》作"敛"。古者三年耕必有一年之食,九年耕必有三年之食,自农而外工商贾皆不耕而食,则必粜籴以通之。而岁有丰歉,谷有贵贱,则不能无伤农夫之患,于是有发敛之法。丰岁则敛之于官,凶岁则粜之于民,记所谓虽遇凶旱水溢民无菜色者,用此道也。'狗彘食人食',犹言乐岁粒米狼戾耳。惠王不修发敛之制,丰岁任其狼戾,一遇凶歉,食廪空虚,不得已为移民之计,自以为尽心,惑矣!(卷三"检"条)

上举二例,都是《孟子》中有歧义的语句,历来有不同的解释,钱氏所记,可聊备一说。

其次,关于名物典制的考证。名物有异同,典制有沿革,古代笔记所及者甚多。例如：

> 唐卢氏《杂说》："文宗问宰臣：'条脱是何物？'宰臣未对。上曰：'《真诰》言安妃有金玉条脱为臂饰，即今钏也。'又《真诰》：'萼绿华赠羊权金玉条脱各一枚。'"余案，周处《风土记》曰："仲夏造百索系臂，又有条达等组织杂物，以相赠遗。"唐徐坚撰《初学记》，引古诗云："绕臂双条达"。然则条达之为钏必矣，第以达为脱，不知又何谓也。徐坚所引古诗，乃后汉繁钦《定情篇》云："何以致契阔，绕腕双跳脱。"但跳脱二字不同。（吴增《能改斋漫录》卷三"条脱为臂饰"）

据此可知，后世的钏，前代叫条脱，字也作"条达""跳脱"，名异物同。

> 刘熙《释名》曰："过所，至关津以示之。"张晏注《汉书》"关传"云："传，信也。若今过所。"过所者，今之行路文引也。（杨慎《谭苑醍醐》卷七）

据此可知，同是过关的通行证汉代以前叫"传"，汉时叫"过所"，明代叫"行路文引"，简称"路引"。

> 《南史·阮长之传》："宋以前，郡邑官田禄，以芒种为断。芒种前去官者，则一年禄悉归后人。至元嘉末，始改此科，计月分禄。"是按月分俸，自宋元嘉末始也。然《封氏闻见记》："准例替人五月五日以前到者，得职田米，高利自濠州改楚州，欲以米让前人，乃到处淹泊。候过数日始到。士论称之。"则唐制又不按月也。或此职田米又是俸外所得，另有一例耳。（赵翼《陔馀丛考》卷二七"按月分俸"）

> 《北史》："崔浩定律令：妇人当刑而有孕者，许产后百日乃决。"后世孕妇缓刑始此。《魏书》："北海王元愉以谋逆诛，将并诛其孕妾李氏。崔光奏曰：'李今怀妊，例待分产。乞停李狱，以俟孕育。'帝从之。"此浩定律后事也。然《汉刑法志》："景帝诏孕而未乳当鞫

系者，皆颂系之。"又《王莽传》："莽子宇以血洒莽门，发觉饮药死。宇妻怀子系狱，须产子乃杀。"干宝《晋书》："毋邱俭起兵被诛，其孙女适刘氏，以孕系廷尉。"则孕妇迟刑，本汉魏之制。岂元魏时此律已废，至浩而又著为令欤。（赵翼《陔馀丛考》卷二七"孕妇缓刑"）

以上二条皆与古代的典章制度有关，分别考证"按月分俸""孕妇缓刑"的起始。

最后，关于方言俗语的研究。历代笔记尤其是宋明以来的笔记，都注重方言俗语的研究，有的对方言俗语进行解释，有的用方言俗语来印证文献中的古语，有的刻意探索方言俗语的源流。例如：

江西俚俗骂人，有曰客作儿。案：陈从易《寄荔枝与盛参政诗》云："樱桃真小子，龙眼是凡姿，橄榄为下辈，枇杷客作儿。"盛问其说，云："樱桃味酸，小子也。龙眼无文采，凡姿也。橄榄初涩后甘，下辈也。枇杷核大肉少，客作儿也。凡客作儿者，佣夫也。"（吴曾《能改斋漫录》卷二"俗骂客作"）

这是对江西俚俗骂人的话"客作儿"进行解释的。

《庄子》云："程生马。"尝观《文字注》："秦人谓豹曰程。"予至延州，人至今谓虎豹为"程"，盖言"虫"也。方言如此，抑亦旧俗如此。（沈括《梦溪笔谈》）

沈括根据他所接触到的方言解释了《庄子》中这个"程"字，为后来的注家提供了重要的依据，前代注家对它并无确定的解释。

世俗以小食为点心，不知所始。按吴曾《能改斋漫录》云："唐郑修为江淮留后，家人备夫人晨馔。夫人顾其弟曰：'治妆未毕，我未及餐，尔且可点心。'其弟举瓯已罄，俄而女仆请饭库钥匙，备夫人点心。修诟曰：'适已点心，今可得又请。'"是唐时已有此语也。亦见《辍耕录》。又《癸辛杂识》记，南宋赵温叔丞相善啖，阜陵闻之曰："朕欲作小点心相请。"乃设具饮玉海至六七，又啖笼炊百枚。(赵翼《陔馀丛考》卷四三"点心")

这一条考证俗语"点心"的由来，材料非常丰富。同书卷四三"成语"条胪列世俗称引成语 200 条，亦皆有所自。

今人谓牝驴为草驴，《北齐书·杨愔传》："选人鲁漫汉在元子里坊骑秃尾草驴。"是北齐时已有此语。山东河北人谓牝猫为女猫。《隋书·外戚独孤陁传》："猫女可来无住宫中。"是隋时已有此语。(顾炎武《日知录》卷三二"草驴女猫")

顾氏同书同卷中还有"草马""雌雄牝牡"二条，可与上例参阅，从中可以看到古今对动物性别的称呼之异同，方言俗语的称说从古籍中可找到其源流。又"月半"条云：

"今人谓十五为月半，盖古经已有之。《仪礼·士丧礼》：'月半不殷奠。'《礼记·祭义》'朔月月半，君巡牲。'"皆其例也。洪迈《容斋随笔》卷三"俗语有所本"也可为证。

三、笔记体式的训诂特点

古代笔记中的训诂与随文释义的注疏以及通释语义的专著等其他体式相比起来，有它自己的特点，其不足之处又是比较明显的。因此在运用古代笔记中的训诂资料时，必须根据其特点认真地分析，以便更好地发挥古代笔记的作用。

运用散文笔法，可读性较强，这是笔记体式的训诂一个突出的特点。"笔记"一词原本就指与辞赋等文体相对而言的散文，与其他体式的训诂相比，笔记体式的训诂更具有散文笔法，加之文字短小精悍，可读性较强。例如洪迈《容斋续笔》卷一五"注书难"一则谈到：

注书至难，虽孔安国、马融、郑康成、王弼之解经，杜元凯之解《左传》，颜师古之注《汉书》，亦不能无失。王荆公《诗新经》"八月剥枣。"解云："'剥'者，剥其皮而进之，所以养老也。"毛公本注云："剥，击也。"陆德明音"（剥）普卜反。"公皆不用。后从蒋山郊步至民家，问其翁安在？曰："去扑枣。"始悟前非。即具奏乞除去十三字，故今本无之。

这一则把议论和记叙有机地结合起来，其用讲故事的形式来达到训诂的目的，较之直接说明文字的通假，更为通俗易懂，令人过目不忘。

利用目验材料，可信度较高，这是笔记体式的训诂另一突出的特点。古代笔记的作者，尤其是宋明时期的人，比较注重利用身经目验的材料来证成词义，例如前面提到的沈括根据他接触到的方言解释了《庄子》中的"程"字，王安石根据亲身经历改正了原来对《诗经》"八月剥枣"的误解，都是实例。又如宋人庞元英《文昌杂录》卷二云：

余昔知安州，见荆湘人家多以草竹为卜。《楚辞》云："索琼茅以筳篿兮，命灵氛为余占之。"其注曰："琼茅，灵草。筳，小破竹。楚人名结草折竹而卜曰篿"。盖因遗俗之旧也。

庞元英以目验材料论证王逸注之成义，使其可信度更高。

资料分散，不便检索，这是笔记体式的训诂不足之处。古代笔记中的训诂资料虽然丰富，但它们都是散见于各书之中，于各书之中所占的比例殊不相同，加之各书的分类、编目也不一致，有的据编目可获查检线索，有的则需披览全文之后方能"沙里淘金"。

随时记录，不加诠次，这是笔记体式的训诂又一缺憾。古代笔记多为作者研读之时偶有所得、所疑、所思而旋即记录，积日成帙。正如顾炎武自述《日知录》之所由来："愚自少读书，有所得辄记之，……积三十余年乃成一编。"由于这类笔记大都是随时记录，因此缺乏严密的体例，因而也就不成系统，内容难免芜杂。这一点可以洪迈《容斋随笔》为代表，洪氏自序云："予老去习懒，读书不多，意之所之，随即记录，因其后先，无复诠次，故目之曰'随笔'。"

互相抄袭，陈陈相因，这是各类笔记的通病。即使是与训诂关系较为密切的杂考笔记亦在所难免，同一个材料，同时出现于几种笔记之中，例如前面提到的《谭苑醍醐》"过所"一则与《容斋四笔》"过所"一则，详略不同而已。《陔馀丛考》"点心"一则，亦见《能改斋漫录》《辍耕录》等书。不同书对同一材料的引用，有时文字完全雷同，有时互有抵牾，引用书证，又往往只凭记忆，不查原文，或者任意删改原文，不合作者原意。因此引用笔记中的训诂资料必须加以鉴别，去伪存真，于其中的引证，必须查对原文，避免以讹传讹。

四、充分挖掘古代笔记中的训诂资源

古代笔记尽管有这样那样的通病，但它们的价值是不容抹杀的，其所积累的训诂资料非常丰富，有的直接为训诂专著提供了依据，为所征引。例如《古今注》卷上"都邑"类的"杨沟"一条：

> 长安御沟，谓之杨沟，谓植高杨于其上也。一曰羊沟，谓羊喜抵触垣墙，故为沟以隔之，故曰羊沟也。

这里的"杨沟""羊沟"两说，即为《辞源》和《辞海》所引用。又《辞源》《辞海》"过所"一词都引用了《容斋随笔》的材料。

杂考笔记中的训诂，于解说经史、考证名物方面，每有独到的见解，有的可与训诂专书加以参照，有的则可纠正其非，例如《谭苑醍醐》卷六"四载"一条，不墨守《说文》等成说，以为"四载"即"行涂以楯，行险以撮，行山乘樏，行沙乘轨"。言之成理。而《札朴》卷二"温经"的"贯三人耳"一条，根据《司马法》的"小罪，联"和《说文解字》的"联，军法以矢贯耳也"的解释，指出"贯耳是一种军法。"纠正了孔颖达疏《左传·僖公二十七年》"鞭七人，贯三人耳"两句，以"耳"为助词的错误。

杂考笔记中的训诂，于研究古代的汉语词汇，比较古今词义的异同，探索方俗词语的源流，都是很有参考价值的。例如《陔馀丛考》卷三六、三七、三八、四二，可资参考者多，仅举卷三十"舅"一则：

> 舅之称有三。《尔雅》"母之晜弟为舅。"《秦风》所谓"我送舅氏"是也。妻父曰外舅。《孟子》注"谓我舅者，吾谓之甥"是也。夫之父曰舅。《礼记》所谓"舅姑"，《尔雅》所谓"姑舅在，则称君舅君姑，没则曰先舅先姑"是也。后人呼妻兄弟曰舅，本非古法。

《尔雅》谓妻之昆弟为甥,刘熙《释名》谓之外甥。是今之所谓舅,正古之所谓甥,乃俗呼正相反。盖妻之昆弟,方谓我之子为甥,而我呼妻之兄弟亦为甥,本无差别,故从乎己之子之称以尊之耳。《唐书·朱延寿传》:"延寿为杨行密妻弟。行密以其私附朱全忠,乃诳其妻曰:'我丧明,诸子幼,得舅来代,我无忧矣。'及至,乃杀之。"《通鉴》则云:"军府事当悉授三舅。"胡三省注云:"延寿第三,呼妻之兄弟为舅,始见于此。"则五代时已有此称也。

古代笔记积累了丰富的训诂资料,只可惜还没有认真地进行整理。如果能够对古代笔记中的训诂资料作一次全面的收集,然后用科学的方法分类排比,以便检索,那么,它在汉语研究中的作用将是难以估量的。

刍论《札朴》之鲁方言研究[*]

山东历史悠久，被称为"齐鲁之邦"。先秦时期，鲁国和齐国分处于泰山南北，国学大师钱穆认为："若把代表中国正统文化的，譬之于西方的希腊般，则在中国首先要推山东人。"[①] 而山东的曲阜位于济宁市东北部，东邻泗水，西接兖州，南连邹县，北靠宁阳，曾为鲁国故都，有着悠久的人文历史和丰富的文化底蕴。于语言方面，曲阜方言保留了不少古汉语成分，是研究古今汉语不可或缺的宝贵资源。

曲阜方言属于北方方言的中原官话，在西汉扬雄《方言》中属于鲁方言。鲁在《方言》中总共出现27次，1次单独出现，26次与其他地名并举，其中"齐鲁"组合最多，13次，占并举情况的50％。[②] 齐语、鲁语关系紧密，齐鲁方音被认为是"雅言"。古今学者都曾致力于鲁方言研究，其中清代小学家桂馥功不可没，其考证笔记《札朴》就有不少内容是鲁方言研究的成果，最为集中的是第九卷《乡里旧闻》及附录《乡言正字》，另有10个包含方言内容的条目散见于其他篇章。《札朴》之鲁方言研究，无论是材料内容，还是研究方法、学术价值，时至今日都有可资借鉴之处。遗憾的是现代学者对此关注不够，张志静、丁振芳的《曲阜方言词汇管窥》及钱曾怡的《山东方言研究》均未足够重视和系统研究《札朴》的鲁方言材料。

有鉴于此，本文将对《札朴》所有的鲁方言材料进行全面的整理和分析，重点论述桂馥对鲁方言词义之说解及鲁方言本字之考释的研究方法及特点，并且将《札朴》中的鲁方言材料与《汉语大词典》和《汉语方言大词典》的有关词条作对比，文中择其要者举例说明其对于现代鲁方言研究和辞书编纂的重要价值。

---

[*] 《刍论〈札朴〉之鲁方言研究》，原载于《中山大学学报》2004年第2期。吴生连英合作。
[①] 钱穆：《论中国历史精神》，东大图书股份有限公司1986年版，第101页。
[②] 吴永焕：《从〈方言〉所记地名看山东方言的分区》，载《文史哲》2000年第6期。

一、词义之说解：方言与文献相互参证

方言俗语世代相传，不少方言俗语仍然保存着古词古义，词汇史的研究需要以其为线索，训诂释义也不可忽视其证据作用。"以方言俗语与古代书面语相互比较，相互证发，成为训诂的重要方法。""用后代的方言俗语与前世经传文献语言互相参证，以阐明语义的方法，汉魏经师已经使用。"[1] 这种方法在清代尤为盛行。流风所及，使桂馥在其《札朴》中顺理成章地运用方言与文献相互参证的考据方法说解词义，既显现一代的学术风气，而又不失个人的学术特色。兹举数例，以见其概。

例如对"昩"字的考释：

> 襄二十七年《公羊传》"昩雉彼视"，何云："昩，割也。时割雉以为盟。"《释文》云："昩，旧音刎，亡粉反。一音末，又音蔑。"案：文从本末之末，传写或从午未字者误，《玉篇》："昩，莫割切。"《广韵》："莫拨切。"《春秋》"吴子夷昩卒"，《释文》："昩音末。"馥谓昩训割，以声为义。今俗谓刎为抹脖子。（卷二"昩"）

关于《公羊传》"昩雉彼视"句，首字作"昩"还是作"昧"，有不同看法。清代学者黄生引《公羊传》及何注作"昧"，并云："昧之训割，他无所据。愚谓，昧雉犹死雉也，雉死目瞑，故曰昧雉。"[2] 这是牵强之说，按其观点则所有死去的动物都可以"昧"称之，然于文无征。桂馥认为"昩"应从本末之末，传写误从"未"旁，他有多方的证据：一是文献证据，《玉篇》《广韵》及《春秋》的例证；二是方言证据，"抹脖子"之"抹"与"昩"均从"末"得声，以声为义，今"抹"训"割"，"昩"同训为"割"，符合"右文说"之理论；三是正确的推理，传写中将"昩"误为"昧"完全可能。桂说以活方言为证尤为可靠。

桂馥是曲阜人，乾隆五十五年（1790）中进士，直至嘉庆元年

---

[1] 程俊英、梁永昌：《应用训诂学》，华东师范大学出版社1989年版，第136页。
[2] 〔清〕黄生、黄承吉：《字诂义府合按（义府卷上）》，中华书局1984年版，第122页。

（1796），时年60，才出任云南永平知县①，其一生大部分时间都在曲阜度过，对于家乡的方言耳熟能详。考释词义用鲁方言作证据准确而有力。

在名物词之说解方面，桂馥每每以方言为佐证，以现存的实物为参照，如此贯通古今，深入浅出，使本来晦涩难通的古语词变得浅白易懂，例如：

> 《乡射》记："楅韦当。"注云："直心背之衣曰当。"济阳张蒿庵说云："韦当者，以韦束楅之中央，如人心背之衣也。"馥谓即两当。《释名》"其一当胸，其一当背"，是也。今谓之背心。（卷一"韦当"）
>
> 阮籍《大人先生传》"动不敢出裈裆"。案：裆，本作当，遮也，遮前后也，上古有袯，但知蔽前，不知蔽后。故复作裈，而加当其上。两裆亦应作当，前当心、后当背也。（卷七"裆"）

"韦当"实为皮制背心，即桂馥所谓"两当"，由《释名》可知"两当"之名源自"当胸、当背"，曲阜方言称之为"背心"。"两当"亦作"两裆"，见《乡言正字》："两裆曰背心"。

桂馥用"背心"解释"韦当"是正确的，得到后人的认可，例如《辞源》对"韦当"的解说与桂说相符："古射者所用，以红色熟皮制成，形如今之背心，设于楅上以承矢。"②

由此可见，方言保留的古语词能够反证传世的书面材料，使后人能在活方言中寻找已经在普通话中较少使用或已经消失的词义依据，准确地理解文献。

反之，从另外一个角度，今天的方言词可以从古代文献中找到本字来源。古代的字书、辞书、文学作品、笔记杂谈等都有古代方言的记载，善于利用文献探求方言本字，也是桂馥方言研究的重要方法。如：

> 北方伎人，足系木竿上跳舞，作八仙状，俗呼高橇。案：《列子·说符篇》"有异伎"，张注云："侨人。"又《山海经》"长股

---

① 孔宪彝：《永平县知县桂君未谷墓表》，见《说文解字义证（附录）》，中华书局1987年版，第2页。

② 《辞源》，商务印书馆1979年版，第3372页。

国",郭注云:"今伎家侨人像此。"馥案:《说文》:"侨,高也。"当言高侨。《左传》"长狄侨如",侨如者,高如也。(卷七"高橇")

桂馥认为,"高橇"本作"高侨",据《列子》注及《山海经》注,"侨人"早已有记载,按《说文》则"高侨"为同义复合词,指的就是"侨人"。"侨人"之戏,源远流长,现在北方依然流行,亦称"高橇",即古之"高侨"。

《札朴》之鲁方言研究于《乡里旧闻》一卷更为集中。据统计,《乡里旧闻》111 个条目有 46 个是描述方言的,占了 41.44%,内容涉及天文、饮食、器具、称谓等,其行文特点为先描述方言词,后引用文献,探求词源,勾勒方言轨迹,或从文字,或从语音,多角度解释方言词。如:

虹,俗谓之绛。裴注《三国志》:"虹音降。"吾乡声讹如酱,他处又讹如杠。高注《吕氏春秋》"虹,兖州谓之订。"馥疑订字写误,当为江。江,中止也。祷雨有应,致祭曰谢绛,亦讹作酱音。盖虹出则雨霁,不出则雨足,故得雨而谢绛也。(卷九"绛")

虹,现在曲阜一带仍称为"绛",读音与南朝宋裴松之所注相同。清代李光庭《乡言解颐》:"(虹)又入绛韵,义同,音降。乡谚云:东虹日头西虹雨,南虹出来卖儿女。"[①] 曲阜一带如今仍然有类似的谚语:"东虹(音绛)呼噜西虹雨,南虹出来卖儿女"[②]。又道光二十五年(1845)《胶州志·方音》:"虹曰酱。……谢降曰谢酱。"("绛"鲁方言又作"降")其说与桂说同。

桂馥指出鲁方言"酱"是由"绛"音讹变而来,这里涉及语音演变的复杂性。曲阜方言二字今音同,但在《切韵》时代,"酱"属宕摄(漾韵),"绛"属江摄(绛韵)。今音江宕两摄汇合,酱、绛同韵。"酱":《广韵》子亮切,属精母齿头音、开口、四等,而今音声母为"j"。"绛":《广韵》古巷切,属见母、开口、二等,中古音或为[kɔŋ]。"古"音一二等为洪音,三四等为细音。牙音字发展到现在,洪音大部分

---

① 李光庭:《乡言解颐》,中华书局 1982 年版,第 10 页。
② 来自对泗水人王悠军的调查。

念为g、k、h一类的音,细音大部分念为j、q、x一类的音。牙音二等开口(本属洪音)特别一些,与三四等(细音)合流,念为j、q、x。"绛"属开口二等,声母念为j。可见,中古时期,"降(或绛)"与"酱"读音不同,后来才演变为一致。

语音的变化很复杂,但桂馥引用方言词的初现材料,从声转角度准确论证了方言语音的变化,从而解决了方言词的真正来源。如:

乡语呼钱幕声如闷,盖漫之转也。《汉书·西域传》:"钱文为骑马,幕为人面。"如淳曰"幕音漫。"(卷九"钱幕")

"钱幕"即钱的背面,曲阜称为"闷"。现代的年青人几乎都不大知道,但年龄稍大的仍然将金属钱币有字一面称为"字"(一般带儿化"字儿"),无字一面即钱的背面称为"闷"("闷儿"),按桂馥考证,"闷"与"漫"为一声之转。在反映清代山东方言的文学作品《聊斋俚曲集·增补幸运曲》中又写作"慢":"这不过是拿着六个钱撩下去,以慢多的为赢。"

蒋礼鸿《义府续貂》:"幕、漫义皆为背。钱之背曰幕。……宋赵彦卫《云麓漫钞》卷五:'今人目钱有文处为字,背为漫。'礼鸿案:幕、漫一声之转。嘉兴谓钱之文面为字,背面为无,无亦幕也。幕、无重唇轻唇音微别,其发声之部位甚近也。"可见,同是"幕",在不同的方言有不同的方音变化,桂馥所言之"闷"(莫困切)与"漫"(莫半切)声母相同、韵母相近,声转相通。

对于家乡的方音特征,桂馥也有所揭示:

电光曰打颎(《乡言正字·名称》)
宣六年《传》引《周书》"殪戎殷",注云:"义取周武王以兵伐殷尽灭之。"案:成二年《传》云:"左轮朱殷。"注云:"血色久则殷,殷音近烟。今人谓赤黑色为殷色。"馥谓"殪戎殷",殷亦血色,犹言"血流漂杵",皆史之盛词也。《中庸》作"壹戎衣",齐人言"殷"如"衣"。(卷二"殪戎殷")

闪电,现曲阜人称为"打闪"。按《龙龛手鉴·页部》:"颎,光也。""頍"才是本字,《汉语大词典》"頍"字条就采用了桂馥的解释。

打頍,曲阜音为 ta sā,无 n 尾。这是鲁方言较早形成的语音规律,"齐人言'殷'如'衣'。"早在汉代,齐鲁方言以鼻音字母 n 结尾的复合韵母的实际读音就已经掉失 n 尾,"殷""衣"相通。① 现代的曲阜方音韵母表中也没有带 n 的复合韵母,普通话所有以 n 结尾的韵母都变成了鼻化元音,如 an 变成 ā。

除了语音角度,桂馥还从文字角度来考查方言词语的使用历史。如:

> 吾乡造酒者既漉复投以他酒更酿,谓之酘酒。《字林》:"酘,重酝也。"《抱朴子》:"一酘之酒,不可以方九酝之醇。"字通作"投"。梁元帝诗:"宣城投酒今行熟"。《晋书·刘弘传》:"酒室中云齐中酒、听事酒、猥酒,同用曲米而优劣三品,投醪当与三军同其厚薄,自今不得分别。"(卷九"酘酒")

"酘酒",即投别的酒重酿,字又通作"投",这使古代文献的用例得以贯通。桂馥利用文字通假多方论证,说明曲阜重酿之法渊源甚远。"酘"由重酿之法引申出"重饮"这一义项,指饮酒过多,次日仍感不适,再饮以解宿醒。元代无名氏《朱砂担》:"大碗里醋的酒来,将些干盐来我吃两碗,酘过我那昨日的酒来。"清代西周生《醒世姻缘传》第四回:"(萧北川)只是我不投他一投,这一头宿酒,怎么当得?"② 两个作品都源于山东生活,反映山东方言特色,前者作"酘",后者作"投",若不知二字相通,则后者的解释难免有困难,由桂馥的探源可知,"酘"通作"投"始自梁代。

值得一提的是,桂馥对方言词的解释反映了他对鲁文化的深刻认识。"酘酒"体现了鲁地造酒、喝酒的风俗习惯,"孔府家酒"驰名中外,也说明该地酒文化的丰富底蕴。曲阜的饮食词汇保留着相当多古语词,如:

> 《梁书》:"高昌国人多啖麨滑,国人以麨为粮。"《玉篇》:"麨与麵同,糗也,音充小切。"馥案:吾乡和蜜或盐作饼,切小方块,

---

① 何耿镛:《汉语方言研究小史》,山西人民出版社 1984 年版,第 11 页。
② 西周生:《醒世姻缘传》,齐鲁书社 1980 年版,第 29 页。

鬻干，谓之鬻，即麨也。颜注《急就篇》："糗者，糒也。甘糗者，以蜜和糒，故其味甘也。"（卷九"麨"）

郑注"六饮之凉"云："今寒粥，若糒饭杂水。"《楚语》："设糒一筐，以羞子文。"韦云："糒，寒粥也。"

陆翙《邺中记》："并州俗，冬至一百五日为介子推断火，冷食三日，作干粥，是今之糒也。"馥案：干粥即寒粥，此皆糒之未捣而和水食者。吾乡行人炒大麦小麦面，夏则和冷水，冬则和热水，俗称炒面、亦称面茶，即此。则先面后炒之糒名糒齃也。饭而磨之使齃碎，此则先饭后面之糒。（卷九"寒粥"）

"麨"和"炒面"均是现在曲阜一带流行的食物，前者是一种饼干，用白面揉进盐或糖，有时加上芝麻，或炒或炸，切成方片食用，盛行于农历二月初二的传统节日；后者是将面粉炒熟后和上热水，冲成面疙瘩食用，农历六月初六流行。这些条目都反映了曲阜自古以来的民俗。

俗称二月二为"龙抬头"，有很多习俗活动，如往墙根撒青灰："二月二，撒青灰，蝎子、蚰蜒死成堆。"① "麨"现又称"蝎子皮"或"蝎子爪"，传说吃了它当年就不会遭蝎子蜇。"六月六，看谷秀"，麦子新出，制成面粉炒熟，按桂馥所述可知，古来行人"炒大麦小麦面，夏则和冷水，冬则和热水"，四季都可以食用。

这两种食物都有悠久的历史。据桂馥考证，《梁书》记载魏晋时期高昌国人"以麨为粮"，唐代颜师古注《急就篇》所谓"以蜜和糒"的食用方法，正与曲阜人完全一致。"炒面"之食用方法古今亦然。

综合上述，桂馥运用方言考证词义，用经典文献考证鲁方言词的来源，这种方言与训诂相互结合的方法甚有成效：既给有争议的文献注释提供正确的证据，又能够以古通今，明确方言词的本字。方言本字之考释也是桂馥鲁方言研究的重要特点，下文将作进一步论述。

二、本字之考释：注音与释义并举

用文字记录方言并非易事。因为语音与文字的联系不是必然的，不是所有的语音都能找到相对应的文字，特别是方言口语。即使有相应的文

---

① 山曼：《齐鲁之邦的民俗与旅游》，旅游教育出版社1995年版，第89页。

字，而对于一般民众来说，也不一定了解，只闻其音、知其义而不晓其字者甚众。为帮助乡民，桂馥集录了《乡言正字》："吾乡言词质野，声音讹转，循习不察，有日出于口而不识其字者。今举所知，分疏于左。"

《乡言正字》附录在《札朴》的第九卷，共收录了430个方言词，分门别类，计"身体"16条，"饮食"7条，"服饰"13条，"器具"30条，"禾稼"8条，"疾病"34条，"名称"58条，"杂言"264条。其训释格式全部采用"某某（词语意思）曰某（方言词）"，如：

头曰顶门　　　　　　头后曰脑门
两股曰胯　　　　　　踵曰后跟　　　　　（"身体"）
豆粥曰粖　　　　　　酒肴曰咸案
蒸饼曰糫头　　　　　　　　　　　　　　（"饮食"）
首饰曰幅巾　　　　　新妇盖巾曰幪
妇人怀中小衣曰袜胸　　　　　　　　　　（"服饰"）
打饼器曰鏊　　　　　刈器曰艿刀
牛桊曰鼻拘　　　　　草荐曰苫子　　　　（"器具"）
鼻窒曰齆齈　　　　　胀曰膨闷
手足寒裂曰皲　　　　心恶曰忾悙　　　　（"疾病"）
养娘曰奶子　　　　　月晕曰风圈
灰合土曰叉灰　　　　牛虫曰牛螕虱　　　（"名称"）
儿含乳曰哑　　　　　鸡不将更伏曰健窠
米谷相杂曰糙　　　　横抶曰挑　　　　　（"杂言"）

对于异体字、难字、多音字等，桂馥都加以注释。整理如下：
1. 注释异体字（共8条）。

指纹曰蜗牛（或作朒由）
饼屑馈干曰麨（即麺字）
规木转轴曰镟床（周成《难字》作摝）
金银成饼曰钉（俗作锭）
马去势曰劚（或作劇）
吹竹筒象鸟声曰筊（俗作哨）

女工曰箴蒿（俗作针旨）

指取曰抧（俗作捻）

2. 难字注音和解释。

(1) 直接注音，采用同音字、音近字和反切的注音方法，计"音某"（11 条），"声（音）如某"（15 条），"声若某"（1 条），"读如某"（1 条），"某某切"（9 条）：

干煎曰黏饼（音帖）　　小儿褥曰褯（音藉）
纺丝铨曰筳子（音如定）　犁鏍曰钁（音华）
摩田器曰鑢（音如罢）　　腹中积食曰䏻（音宛）
鞍上曰枬（音拗）　　　　度长短曰长量（长音仗）
著物曰钻（音帖）　　　　器裂曰璺（音问）
力极曰疼（音摊）　　　　木折邪锐曰桗（音茶）
剌木上杀曰梢（音哨）　　装绵曰褚（声如绪）
杖下钢铁底曰䥷（声如篡）织机持经曰榛（声如憎）
啮牛飞虫曰牛蝨（声如猛）小犬曰猈（声如巴）
体不伸曰䟒趍（声如缩）　手披曰拨㩡（声如辣）
觉悟曰諭（声如鹞）　　　扰戏曰瘝瘝（瘝声如顽）
仿佛曰僾俙（声如倚希）　长短相等曰偡齐（偡声如斩）
收束曰鬏（声如抽）　　　手推曰搰（声如衮）
物伤湿曰潎（声若煤）　　烦扰曰訬（读如挠）
木实多垂曰磊碪（丁罪切）热水沃曰汤（他浪切）
言语强拗曰譏（沙瓦切）　束缚曰捆（邱陨切）
披张曰鮨沙（鮨音陟加切）
相著曰缪絮（缪，竹下切。絮，奴下切）
洗器曰涮（生患切）　　　不工致曰拘齵（七句切）
以重物系丝缕使下垂曰鰲（徒对切）

(2) 对多音字，以四声标出调值（5 条）：

瓮边曰缘（去声）　足拨曰排（上声）　脂辖曰膏（去声）

剖鱼曰治（平声）　　手折曰拘（上声）

（3）对有语音变化的方言词，简单揭示缘由（11条）：

烧新麦曰籑䴲（音讹为碾转）
虹曰绛（声讹如酱）
春草初生似蝼蛄可食曰蝼蛄嘴（或讹为驴驹嘴）
白杨生稊曰木始萌（或讹为没事忙）
隐拒曰抵躏（讹为低答）
器币有余曰宽绰（音转如潮）
呼猪曰唠唠（声转为罗）
狠曰秃楬（秃音讹促。《广韵》作"秃瘑"。又云："鸞鸛，秃貌。"）
竹筐底方上圜用以漉米曰缩（声转近错。案：《方言》："炊谓之缩。"）
足骨曰踝子（声如怀。案：踝，胡瓦切，与蓶同音。《广韵》"蓶又音怀"，故踝亦转为怀。）
鸟媒曰囮（五禾切，吾乡谓之户，皆化字一声之转。字又作䍐，音由，云南人谓之游子。潘岳《射雉赋》："恐吾游之晏起。"）

这些方言词的注释言简意赅、词义确定，不但鲁方言区的人能一目了然，非鲁方言区的人也能够看懂方言字，拼出读音，为后人阅读和研究鲁方言提供了便利。桂馥所录的方言词有相当一部分沿用至今，而且进入了普通话词汇系统，如：

两股曰胯	两裆曰背心	门牡曰闩	爪按曰掐
木工平木器曰刨	遏水曰闸	提拔曰抬举	弃水曰泼
行不正曰跟跄	去物垢曰刷	水淹曰涝	毕竟曰到底
刃断曰剁	蜂虿行毒曰蜇	颤曰寒冷凛	水中取物曰捞
盐藏鱼菜曰腌	打破物曰磕破	跛曰瘸	求细曰磨
装饰曰打扮	疑惑曰懵懂	食败曰馊	洗器曰涮
解车马曰卸	摩挲曰揉搓	积财物曰攒	收拾曰拾掇

语言是不断变化的，古代汉语在现代不同的方言区都有所保留，但文字书写形式以及语音可能有不一致的地方。如《札朴》有"铁生锈曰鉎鏉"，"鉎鏉"是同义复合词，"鉎"与"鏉"都指"锈"，现在的闽南方言和粤方言都用"鉎"表示金属生锈。普通话用"生锈"，这可能为更好理解而加动词"生"，也可能是将古代北方方言如鲁方言的"鉎鏉"变为简化的书写方式，因为从文字来看，很多鲁方言词的用字与普通话既有联系又有区别，或者是异体字的关系，或者是古今字的关系，音形虽异，而义无别，例如：

硬戾曰屈强（倔强）	粗急曰譟譟（暴躁）
补孔曰补靪（补丁）	对扯物裂曰斯（撕）
不洁曰蝲𧎢（邋遢）	针刺曰札（扎）
阔张曰挥攉（挥霍）	欠伸曰打瞌欠（打呵欠）

另外还有两种情况：一是单音词复音化，如"黠诈曰猾"（狡猾）；二是词序颠倒，如"气牾解曰嚏喷"（喷嚏）。

方言与共通语的关系，正如西汉扬雄《方言》所指出，"别国不相往来"的方言词和"古雅之别语"，"今则或通"。不过在发展过程中也有不解原意、积非成是的讹变现象。例如现在人们口耳熟悉的歇后语"打破沙锅——问到底"，都知道其后半句的意思是指追问事情的根底，但与前半句有什么关系呢，未必都清楚。原来"问"是"璺"的借字，本义是指器物的裂纹。桂馥《乡言正字·杂言》："器裂曰璺（音问）"。桂馥对"璺"这个较为复杂的方言字作了注释，使人对这个歇后语的来源豁然开朗。

桂馥对鲁方言词本字的考释，除能为鲁方言提供正确的方言字、揭示鲁方言历史原貌之外，还提供了一批宝贵的古语词材料，对于词源研究和辞书编纂都很有价值。

三、价值之所在：为方言研究、辞书编纂提供借鉴和依据

桂馥的鲁方言研究非常注重本字本词的考释，注重方言的历史性。众所周知，语言是滚动发展的，但每个阶段的变化不可能将人们的使用习惯完全刷新，当中必然有继承。要准确地研究现代方言，必须将方言放进方

言史的长河中去窥探。

据钱曾怡《山东方言研究》，清代山东方言的材料有几种来源：一是小说《醒世姻缘传》，二是蒲松龄《日用俗字》及其戏曲脚本《聊斋俚曲集》，三是桂馥《乡里旧闻》及《乡言正字》，四是山东籍学者著作中散见的方言材料，如郝懿行的《方言笺疏》等，五是方志中的方言。如此看来，《札朴》的方言材料相对更为集中，它给今天的鲁方言研究者提供了非常有意义的启示。

1. 为鲁方言研究提供借鉴。

方言字的正确书写一直是个难题。清代汉学盛行，考据成风，方言研究学者也难免有复古倾向，他们以"古字"为"正"、为"雅"，以考据为"止后世之伪字"。方言研究就是在现代方言中发掘古语之遗留，为现代方言求取本字。

桂馥也受到这种风气的影响，他考证家乡方言的历史渊源，如"绛"条，指出"虹"的曲阜方音，并将此追溯到汉代，校勘了高诱《吕氏春秋》注解之误，又阐明古之"谢绛"礼及其成因，使方言词"虹"的古用、今用串连成线，内容丰富完整，使人对"虹"的理解不仅仅停留在一个事物名称之上。

更可贵的是，桂馥非常尊重活语言，用《乡言正字》记下了430条包括各方面内容的口语，有文字，有注音，即便非当时当地人也能一目了然。这点胜于蒲松龄的《日用俗字》。

蒲松龄编写《日用俗字》是为了解决农村日常用字的问题，其《自序》云："每需一物，苦不能书其名。旧有《庄农杂字》，村童多诵之。无论其脱漏甚多，而即其所有者，考其点画，率皆杜撰。故立意详查《字汇》，编为此书。"全书分为31章，所录词语现在鲁中地区人民口语中仍有所使用，但其编写目的主要在用字，而且以歌谣体行文，又给阅读者带来理解上的困难。[①]

如前所引，桂馥的出发点与蒲松龄相近，不同的是他并不是着眼于辞书字典，而是立足于方言口语，这更能反映当时的语言现实。其次，《乡言正字》收词虽不及《日用俗字》之多，但它全部均有释义，而且桂馥作为一个精通声义的小学家，有深厚的文字根底，对于方言字之释义更为

---

① 钱曾怡：《山东方言研究》，齐鲁书社2001年版，第373页、第371页。

准确、贴切。笔者根据《乡言正字》对曲阜人①作过方言调查，发现《乡言正字》有相当部分词条完整不变沿用至今，如：

小疣曰瘊子　　月晕曰风圈　　尘曰坋土　　不省事曰俊僜

有些方言词虽然有变化，但基本上与桂馥所录一致。如：

尻曰臀腄　　现称腚腄子。指臀部肌肉。
打饼器曰鏊　　现称鏊子。烙饼的平底锅。
牝牛曰牸　　现称牸牛。指小母牛。

桂馥所录方言词材料全面、记音准确、释义简明，甚有学术价值，从上文与普通话词汇的对比也说明了这一点。

2. 为辞书编纂提供依据。

桂馥对于曲阜一带的方言集释已经成为辞书编纂的宝贵资料，有些辞书收录《札朴》的词条名作为词目，并直引其释义为书证，如饮食类词汇，《汉语大词典》就收录了以下 7 个词条：

酵子　　＊酘酒　　䴵　　＊䬬糊　　＊䴷　　麦饭　　＊麦粥

如"䬬糊"条

【䬬糊】：方言。用大豆粉、大麦粉做的稀饭。《札朴·乡里旧闻·䬬糊》："沂州南境以大豆大麦细屑为鬻，谓之䬬糊。"②

7 个条目中有 4 条（带＊）都是引用桂馥的释义，可见《札朴》语料价值之宝贵。《汉语方言大词典》大量收录了其中的方言材料，据笔者穷尽性的查阅，统计如下：

《汉语方言大词典》收录《乡里旧闻》23 条，占《乡里旧闻》方言

---

① 来自对曲阜人杜宝莲的调查。
② 《汉语大词典》（卷12），汉语大词典出版社1989年版，第102页。

材料的50%；收录《乡言正字》294条，占《乡言正字》63.9%。

这些引用材料中也有很多是该辞书中唯一的方言引文，如：

【梢长】：〈形容词〉个儿高。中原官话。山东曲阜。清·桂馥《札朴·乡言正字》："人长曰梢长。"①

【俊僜】：〈形〉不通晓事理。中原官话。山东曲阜。清·桂馥《札朴·乡言正字》："不省事曰俊僜。"②

这些材料大大扩充了这部方言工具书的词汇量，为方言研究者提供了更加全面的参考。此外，这部分鲁方言原材料还能够为辞书工作者的失误提供修改的证据。如《乡言正字·杂言》："按物投水曰抐"，把东西按住挤出水来，桂馥记作"抐"，今曲阜人仍有如此用法，如做饺子时"用布包住馅抐出水来"。《汉语方言大词典》"抐"条引用桂馥此语，却又解释为"把物体按入水中"，显然将桂馥之"投水"理解错了。

又如对"体大"词的释义：

北方谓粗钝人为体汉。案：《广韵》："体，粗貌，又劣也，蒲本切；今转为甫闷切。"《通鉴》："唐懿宗葬文懿公主，赐饼餤四十橐驼，以饲体夫。"注云："体夫，舆柩之士也。"（卷五"体汉"）

"体汉"指从事粗活之人，今人多有将"体"读为"身体"之"体"，又有以"体汉"为"笨汉"者，皆误。语音与文字的联系不是必然的，简化后的汉字多数已不能看出其本义，加之汉语同音字众多，在语言流传过程中容易产生误会。事实上，"体汉"之"体"并非"體"之简体。按《广韵》，"体"唐时由"蒲本切"转为"甫闷切"，与今"笨"同音，指"粗貌"。《通鉴》"体夫"指扛抬灵柩之人，从事粗重活，意思即是桂馥所指"粗钝人"，北方方言所说的"体汉"。又见《乡言正字》："粗鲁曰体汉"。李堂《俗语考原》："山东人谓粗鲁人曰体汉。"

---

① 许宝华、〔日〕宫田一郎：《汉语方言大词典》（卷4），中华书局1999年版，第258页。
② 许宝华、〔日〕宫田一郎：《汉语方言大词典》（卷4），中华书局1999年版，第258页。

《汉语大词典》"笨汉"条曰："指身体粗壮的男子。"① 该词典收录"体夫"词条而未收"体汉"，却收有"笨汉"，显然大意地以"体汉"为"笨汉"，这是未能正确理解古字"体"的意义和忽略方言证据所致的过失。

　　总而言之，《札朴》涉及的内容广泛，尽管其中难免有失误之处②，然而并不失为有价值的学术著作。其学术价值是多方面的，本文仅就其鲁方言研究方面略作刍荛之议，至于全面的评述，将另行文。就鲁方言研究而言：从内容上，《札朴》所保存的鲁方言材料弥足珍贵，它是鲁方言书面语的客观反映，既有当时口语的记录，又有古代书面语的传承，尤其是对鲁方言本字的考释，为后人正确记录鲁方言提供了范例；从方法上，《札朴》对词义之说解，用活的鲁方言口语与古代文献相互参证，追源溯本，古今贯通，既能纠正历史文献中对词义诠释的错误，又能指出方言口语讹变之缘由，这是至今行之有效的语言研究方法。除其内容、方法都有学术价值之外，还充分体现在现代字典辞书对《札朴》的利用上，为了说明这一点，我们把《札朴》中的鲁方言材料与《汉语方言大词典》及《汉语大词典》中有关的鲁方言词条作对比，其中《汉语方言大词典》就有 317 个词条直接引用《札朴》作为书证，说明其语料价值之高，而且有的语料还可以纠正后代字典词书编纂中的错误，也是其语料价值的进一步体现。

参考文献：

[1] 钱穆．论中国历史精神［M］．台北：东大图书股份有限公司，1986．

[2] 吴永焕．从《方言》所记地名看山东方言的分区［J］．文史哲，2000（6）．

[3] 程俊英，梁永昌．应用训诂学［M］．上海：华东师范大学出版社，1989．

[4]〔清〕黄生，黄承吉．字诂义府合按（义府卷上）［M］．北京：中华

---

① 《汉语大词典》（卷8），汉语大词典出版社 1989 年版，第 1117 页。

② 前人对《札朴》印证或论述失当之处有所指正，如李慈铭《越漫堂读书记·子部·札朴》则指出十余条。

书局，1984.
[5] 孔宪彝．永平县知县桂君未谷墓表．说文解字义证（附录）[M]．北京：中华书局，1987.
[6] 辞源[M]．北京：商务印书馆，1979.
[7] 李光庭．乡言解颐[M]．北京：中华书局，1982.
[8] 何耿镛．汉语方言研究小史[M]．太原：山西人民出版社，1984.
[9] 西周生．醒世姻缘传[M]．济南：齐鲁书社，1980.
[10] 山曼．齐鲁之邦的民俗与旅游[M]．北京：旅游教育出版社，1995.
[11] 钱曾怡．山东方言研究[M]．济南：齐鲁书社，2001.
[12] 汉语大词典[M]．上海：汉语大词典出版社，1989.
[13] 许宝华，[日]宫田一郎．汉语方言大词典[M]．北京：中华书局，1999.
[14] 丁振芳，张志静．曲阜方音记略[J]．齐鲁学刊，1987（2）．
[15] 钱曾怡．博山方言研究[M]．北京：社会科学文献出版社，1993.
[16] 游汝杰．汉语方言学导论[M]．上海：上海教育出版社，2000.
[17] 张志静，丁振芳．曲阜方言词汇管窥[J]．齐鲁学刊，1988（2）．

《广东新语》中的地名训诂*

清初广东番禺人屈大均（1630—1696）所著《广东新语》（下简称《新语》），是清人笔记中的名著。其中保留着丰富的名物训诂资料，既保存了先秦两汉的古训，也阐明了近代的俗语方言（以粤语为主），其训诂的方法，形训、音训、义训，同时施用。兹仅就与地名有关的训诂试陈己见。

《新语》全书二十八卷列二十八语，每卷述事物一类，即天、地、山、水、石、神、人、女、事、学、文、诗、艺、食、货、器、宫、舟、坟、禽、兽、鳞、介、虫、木、香、草、怪共二十八语。其中《地语》固然不乏地名词，其余诸语，也时涉地名，对某些地名的由来，屈翁详加诠释，追本溯源，务在使人读其名而知其义。但字有通假，义有引申，有些地名词是不能望文生义的。

就地名而言，古往今来，某地某名，有一定的命名规律，命名时有其历史背景，反映该地的地理环境、文化特征等。但因时代迁移，地理沿革，地名词的名与实存在种种复杂的情况。有的虽沿用已久，但至今仍可望文知义，明其立意；有的则需加考证，方能悟其原委。

《新语》中的地名训诂，其可贵之处，首先在于对广东某些地名的合理解释，使我们从中看到地名的种种来源。例如，雷州之名与天象有关。《天语·雷风》云："雷州在海北，多阴，雷生于阴之极，故雷州多雷。……州之名曰雷，言多雷之变也。"南海之县名，反映了地理的变化。《地语·南海》云："古时五岭以南皆大海，故地曰南海。其后渐为洲岛，民亦蕃焉。"东莞以物产名县。《器语·席》引宋《起居注》曰："广州刺史韦朗，作白莞席三百二十领。莞音完，又音官。"翁源县则因翁水得名。《山语·翁山》云："翁源县有山曰翁山，有水曰翁水。而县名翁源，论者谓山以水而使人寿，饮其流当思其源，以翁源名县者，欲人

---

* 《〈广东新语〉中的地名训诂》，原载于《地名地识》（山西）1989 年第 3 期。

不忘其源也。"三水县,据名思义也与水有关,然则指哪三水呢?《水语·三水》曰:"三水者,自肇庆而来者曰牂牁江(今西江),为一水;自清远而来者曰湞江(今北江),为一水;自广宁而来者曰绥江,为一水;皆会于三水县东南之昆都山下,是为三水。"海丰县有甲子镇,何以称甲子?恐怕当地人也有心中无数者。《地语·甲子门》曰:"甲子门,距海丰二百五十里,为甲子港口,有石六十,应甲子之数。"一经训解,读者心中皆有数。从《新语》训解的地名来看,地名来源多种多样。

考证广东地名的来源必须考虑到广东有过古为百越之地的历史,兄弟民族语言对广东地名词有一定的影响。因此广东的地名词除了具有全国性的特点以外,还有本地的特点。这就给《新语》对广东地名的考源带来了一定的困难。既然如此,那么《新语》的地名训诂就不可能皆为确诂,其中难免有沿袭旧说之非。例如,广州之地旧称番禺,长期以来,存在"二山说"(因有番山、禺山二山合称)、"一山说"(番山之隅)和"黄帝曾孙名命名说"。《山语·三山》对番禺的由来,仍然沿用旧说。但据今人考证,"番禺"原为"蕃禺",有1953年广州西村石头冈一号秦墓以及1983年在广州象冈发现的第二代南越王墓之出土文物的铭刻"蕃国"为证。

地名间往往都有鲜明的地方特性,而这种地方特性是受当地的历史背景、地理环境、风俗习惯、语言特征所制约的。《新语》所收集的地方性地名词则反映了广东的历史、地理、文化、语言特征。《文语·土言》云:"化州石城间,贫者欲避火,门于野外,构茅以栖,名曰芀(后面"芀"用"～"代替)。雷州有～村,有蒲～,有新～岛;吴川有芷～镇;琼有芒～港;儋有郎～墟;定安有坡～市;万宁有黎～都;乐会有薄～漷陂;会同有季～塘;文昌有罟～墩;黎同有岑～、黑～、陈婆～。""～"通用作"寮"。"寮"是通行于闽台粤桂的闽方言、客方言、粤方言地区的通名。在闽南、闽西的37个县市中,带寮字地名就有368处。但"寮"在广东多写作"～",有115处。"寮"意思是简易的棚子。"芀"从草指草棚,即所谓"构茅以栖,名曰～"。《文语·土言》所收集的广东方言土语中也有直接与地名有关的词语。例如:"(广州)谓港曰涌。涌,衝也。音冲。凡池沼皆曰塘,其在江中者亦曰塘。若白蚬塘、蠔塘、菱角塘是也。犹合浦海中之珠池也。"又:"二水相通曰滘。"从珠江三角洲及广州地名中多用"涌""塘""滘"等通名的现状及历史来看,正与屈翁所言相吻合。

屈翁注意收集地方性地名，并力图给以解释，为新兴的地名学积累了有价值的资料。但是由于条件的限制，其中有的解释不免有牵强附会之处，今人已逐一考证辨正。例如《地语·新兴村落》以为"新兴村落，多以云为名。……盖新兴在万山中，其地多云，居人所见无非云。"这只是从表面现象来解释。其实"云"是壮文的汉译，作村解。正如新兴"布"字地名特多，部分作泉水解，部分作村解一样。又因为壮语地名语法结构上的倒装，通名位于专名之前，因此新兴村落名云某，实即某村。《水语·㴐》解释海南以㴐名水说："㴐之称，惟琼独有，他处无之。岂以琼在天下之南，名水多以㴐者，其犹曰南之水耶。"其实㴐或南是壮语汉译音浪一音之转，南之称也非琼独有，实乃壮人对河的统称。也即黎语的译音，意为水，字或作"弄"，今多作"南"，如"南什峒""南劳村""南托村"等。黎语属于汉藏语系壮侗语族中的黎语支，海南岛黎语本身就属壮语系。

屈翁也注意到兄弟民族语言在广东地名词中的沉积，如《文语·土言》所举："自阳春至高、雷、廉、琼，地名多曰那某、罗某、多某、扶某、过某、牙某、羕某、陀某、打某。"经今人研究，这些地名都是按壮侗语族各语的语音，以汉字音译而成的，不少作村解。广东地名中上述用字频繁，这是符合广东历史上曾经是百越之地的实际情况的，这些地名用字正是广东先民足迹的历史记录。

地名训诂与语言学关系尤为密切。地名是语言词汇，它涉及音、形、义的各个方面。

地名词是专有名词的一种，它总有一定的含义，而且一经用开，也就稳定下来。所以说，地名词是词汇中相对稳定的一部分。因此可以借助地名训诂掌握词的古义或者罕见义。如对东莞县名莞字的释义。又如《地语·澳门》说："凡番船停泊，必以海滨之湾环者为澳。澳者，舶口也。……澳有南台、北台。台者，山也。以相对，故谓澳门。"这一条很能帮助读者掌握"澳"的词义，推而广之，汕头的南澳、广澳的含义也就显而易见了。

有些地方的名字，首先是流行于口头上的称呼。口头上怎样称呼其地，一般是世代相传，相对稳定的，因此地名词的稳固性也就表现在语音上。时有古今，地有南北，南北语音的发展变化是不平衡的。因而出现

《山语·三山》引故谚所谓"北人不识番禺，南人不识辈厔"的现象。番禺县的"番"字，广州方言读 p 声母而不读 f 声母，音藩，这是地名词保留古音的一例。又一例，东莞县的"莞"字，广州方言读 g 声母而不读 u，因此东莞亦曰东官（《器语·席》）。地名词的读音有相对的稳固性，因此普通话依照"名从主人"的原则，对于保留古音的地名词仍按古音呼读。

有些地名，人们不满足于口头上的称呼，需付诸文字记载，方能传之久远。但是同一个地名，不同的人，不同地区，不同时代的记载，可能有差异。例如"埠""埗""步""埗""布""埔"诸字，音近义同而形异，各地有不同的使用习惯。因此地名词的形体问题，也就成了地名训诂的重要内容。有的地名词由于形体的变化，命名时的寓意隐晦了，通过训诂，使之显而易见。例如《草语·莲菱》云："广州郊西，自浮丘以至西场，自龙津桥以至蚬涌，周回二十余里，多是池塘，故其地名曰半塘。"据此可知，今泮塘实乃半塘之变，泮非取泮水意。半字加水，大概受塘字的影响，或出自五行说水土俱全之美意；或出自为书法艺术的匀称美观。又据《山语·顶湖山》可知肇庆的鼎湖原作"顶湖"，以"其顶多有积水"，故谓之顶湖，与《史记·封禅书》所说的荆山之下的"鼎湖"（在今河南省内）同形异地、异义，易"顶湖"为"鼎湖"虽显得典雅，但初名的寓意隐晦了。"半"之与"泮"、"顶"之与"鼎"，音同义异，与古书中的文字通假，有相似之处。

总而言之，地名词中的音、形、义问题都是值得语言学深入研究的。地名词中蕴藏着丰富的语言学"资源"，而地名训诂正是发掘、利用这"资源"的必要手段。这是我从语言学的角度阅读《新语》所得到的一点启发。

［本文参考李如龙《地名中的同形异名和同名异形》（《地名知识》1987.3）、梁广模《广东壮语地名初探（续二）》（《地名工作通讯》第四十一期）、王一生《试谈海南黎语地名》（《地名工作通讯》第四十八期）等文章，文内未一一注明。——作者］

论《释名》含声训字复音词*

一、引论

"声训在汉代成为一种风尚。"① 刘熙《释名》成书于声训发展已臻成熟的东汉时代,又是成书于汉语词汇从单音词向复音词过渡的历史阶段。时代风尚以及语言自身发展规律,使《释名》以其独特风格有别于《尔雅》《说文》《方言》等训诂专著,凸现自己的特色,那就是以声训为主要的训诂方式,在训释短语中大量运用复音词,尤其注重运用"含声训字复音词"(下文或简称"复音词")。

《释名》旨在求名物之语源。作者自序中明确宣称:"夫名之于实,各有义类,百姓日称而不知其所以之意,故撰天地、阴阳、四时、邦国、都鄙、车服、丧纪,下及庶民应用之器,论叙指归,谓之《释名》。"可见《释名》之作,在于责名求实,求"其所以之意",其根本途径就是"因声求义",即"声训"。有其条例贯串书中。

关于《释名》的条例,清代顾广圻有《释名略例》(以下简称《略例》,以下称引顾说,皆出此书)专书总括为"本字"(如《释天》:"冬曰上天,其气上腾,与地绝也。"以"上"释"上"。)"易字"(如《释天》:"天,显也,在上高显也。"以"显"释"天"。)两例,细分则为十例。张金吾在《言旧录》中又就顾氏《略例》于"本字""易字"外增加"借字"一例。顾张两家把《释名》复杂的声训分析出一些条理来,但《释名》是以声为训的训诂专著,应从语音上着眼探求它的义例,不应当拘泥字形。杨树达《释名新略例》分"同音""双声""叠韵"三例,又细分"以本字为训""以同音字为训""以同符字为训""以音符

---

* 《论〈释名〉含声训字复音词》,原载于《中山大学学报》1998 年第 2 期,中国人民大学《语言文字学》1998 年第 5 期转载。王生君霞合作。

① 王力:《中国语言学史》,山西人民出版社 1981 年版,第 42 页。

之字为训"等九例。他虽然以语音为主，但所分细类仍未能摆脱字形的束缚。现代学者或把《释名》的义例分为"以同音字为训"（如《释水》："渎，独也。"）"以音近字为训"（如《释山》："陵，陆也。"双声。《释丘》："阿，何也。"叠韵。《释疾病》："痒，扬也。"声韵相同，音调相异。）总之，皆着眼于被释字和训释字（即声训字）之间的音形关系。而忽视了两者之间的语义关系。特别是忽视了《释名》的训释短语中为什么大量使用复音词的问题。有人虽然接触到复音词的问题，却受到异议。顾氏把"本字"和"易字"析为十例时说："本字者何也？则冬曰上天，其气上腾与地绝也，以上释上，如此之属也。"显然，他只注意到被训释语中的"上"和训释语中的"上"字面相同的关系，而忽视了两者之间词性和词义的差异，"一为向上之上为动词，一为在上之上为名词"①，更准确地说，应当是以"上腾"释"上"（说见下文）。顾氏又说："易字者何也？则天显也，以显释天，如此之属四也。"同样，他只注意到被训释语中的"天"和训释语中的"显"字面相异的关系，而不以"高显"连言为意。他如"再易字例""转易字例""省易字例"之属的例说，皆有类似的疏漏。而其隐约注意到训释短语中以复音词为训的有以下诸说："本字而易字者何也？则宿，宿也，星止宿其处也，以止宿之宿释星宿之宿，如此之属三也。""叠易字者何也？则雲犹云云，众盛意也，以云云释雲，如此之属五也。""省叠易字者何也？则夏曰昊天，其气布散颢颢也，如此之属九也。""易双字者何也？则摩娑犹末杀也，以末杀双字释摩娑双字，如此之属十也。"最为明确指出以复音词训释单音词的是齐佩瑢，他说："语词的分化，于音方面，或仍为单音节而有双声叠韵之变，或附加他音而成复音节；于形方面，或连书二字为一词，或就原字而增改其偏旁以为区别。"② 齐氏析其类例为四，其（4）说：

"音由单音而变为复音者（先以单音释之，再以复音释此单音之训释字而别其义。）如：

《释天》：'雾，冒也，气蒙乱覆冒也。'
《释形体》：'髦，冒也，覆冒头颈也。'（此外如木冒、毛冒、帽

---

① 胡朴安：《中国训诂学史》，中国书店1983年版，第203页。
② 齐佩瑢：《训诂学概论》，中华书局1984年5月版，第106页。

冒、矛冒等皆覆冒义。)

《释天》:'卯,冒也,载冒土而出也。'(载冒义)。

《释形体》:'牟子,牟冒也,相裏冒也。'(此外如母冒等并为裏冒义。)"①

从齐氏的引例来看,他只是注意到《释名》中异名同训时复音词有区别词义的作用,其实在(1)、(2)、(3)类例②中也与复音词有关。

据台湾学者徐芳敏介绍,较系统研究《释名》复音词的当推李维棻《释名研究》(台北大化书局,1979),该书第四章专门探究《释名》的复词。徐氏认为,"作者又举《释名》(书名号为笔者所加,下同)声训的诠释短句里,双声、叠韵或叠字复词为证(如《释天》'火,毁也,物入中皆毁坏也。''毁'与'毁坏'),说明由单词进为复词的过程中,《释名》是很好的线索。此言极是,也是前人未曾注意到的。"③ "另外,复词的确可能区分词类。如《释天》'宿,宿也,星各止宿其处也。''附录'将《释名》复词做一番整理,很可参考。"④ 但是,徐氏又说:"至于用复词来分辨词义,如《释天》'日,实也,光明盛实也。'与《释言》'吉,实也,有善实也。''盛实''善实'不同,起于'日''吉'不同。……如李氏所举'日''吉'之外。尚有《释宫》'室,实也,人物实满其中也。'《释丧制》'绖,实也,伤摧之实也。'四者的不同极为显著:'日''室''绖'是普通名词,'吉'是抽象名词。'日''室'是平常生活习见('绖'虽不常用,古人也不陌生),不必经由'盛实''实满''伤摧之实'而后明白。"⑤ "有时候,刘熙似乎以两字释一字,如《释州国》'鲁,鲁钝也,国多山水民性朴鲁也。'以'鲁'对'鲁钝'。但是,比较下条'卫,卫也,既灭殷,立武庚为殷后,三监以守卫之也。'显示刘熙只是以'鲁'释'鲁','鲁钝也'不过随笔而至。同样的情形有《释用器》'铚,获禾铁也;铚,断禾穗声也。'比较《释州国》'郑,町也,其地多平町町然也。'可知刘熙也只是以'铚'释

---

① 齐佩瑢:《训诂学概论》,中华书局1984年版,第108页。
② 齐佩瑢:《训诂学概论》,中华书局1984年版,第106-107页。
③ 徐芳敏:《释名研究》,国立台湾大学出版委员会1989年版,第76页。
④⑤ 徐芳敏:《释名研究》,国立台湾大学出版委员会1989年版,第77页。

'铤'。"① 我们认为，复音词的积极作用是不容置疑的，下文将专论复音词的作用。

强调复音词的作用，不但与正确理解《释名》义例有关，而且对于避免误读《释名》也有所帮助。《释名》的复音词，有的是同时代文献常用，并为后代所沿用，但也有后代不习用的，因而容易造成误解。例如有论述《释名》之文中有作如下读的引例：（一）"例《释天》：'年，进也。进而前也。唐虞曰载，载，生物也。殷曰祀，祀，巳也。新气升故气已也。'"（二）"例《释天》：'雲犹云，云，众盛意也，又言运也，运行也。'"（三）"例《释地》：'徐州贡土五色，色有青黄赤白黑也。土青色曰黎，似藜草色也。土黄而细密曰埴，埴，职也，粘胧如脂之职也。土赤曰鼠肝，似鼠肝也。土白曰漂，漂，轻飞散也。土黑曰卢，卢然解散也。'"② 我们认为，引例（一）"载，生物也。""载生"当连读，同义复词。"载"有"生"义。《文选·嵇康琴赋》："披重壤以诞载兮。"诞载，犹诞生也。引例（二）"雲，犹云，云，众盛意也。""云云"亦当连读，此乃顾氏《略例》"叠易字"例所举"以云云释雲"，顾氏之释亦有所本，《吕氏春秋·圜道篇》"雲气西行云云然"是也。引例（三）"漂，轻飞散也。""漂轻"亦当连读，同义复词。王先谦引孙诒让曰："漂，即《周礼·草人》之'轻爨'，先郑注：'轻爨，轻脆'者，《说文》：'漂，漂爨也。'"③ 据孙说，"轻爨"与"漂爨"异文而同义，则"漂"亦有"轻"意。以上所引误读《释名》三例，究其原因，与没有掌握《释名》的训释短语中运用复音词这一特点不无关系。因此探讨《释名》复音词，分析、研究其构成形式和作用，对于正确理解《释名》的义例，避免误读《释名》，自有重要意义。

二、含声训字复音词的构成形式

一般认为，《尔雅》主义训，《说文》主形训，《释名》主声训，这只是就主体而言。其实，《说文》中也有声训，如"天，颠也"；"户，护也"。《释名》中亦有形训，如《释长幼》："老而不死曰仙。仙，迁也，

---

① 徐芳敏：《释名研究》，国立台湾大学出版委员会1989年版，第36－37页。
② 李开：《〈释名〉论》，载《南京大学学报》1989年第6期。
③ 王先谦：《释名疏证补》，上海古籍出版社影印本1984年版。

迁入山也。故其制字人旁作山也。"《释亲属》："舅谓姊妹之子曰甥。甥，亦生也，出配他男而生。故其制字男旁作生也。"《释采帛》："锦，金也，作之用功，重其价如金，故其制字从帛与金也。"《释长幼》："无妻曰鳏。鳏，昆也。昆，明也。目恒鳏鳏也。故其制字从鱼，鱼目恒不闭者也。""故其制字""故其字"云云，皆属形训。其中还有集义训、形训、声训于一体者，如前两例。义训常用术语"曰"字。《释名》中还有纯用义训例，如《释天》："朒，月未成明也。"此即胡朴安所谓"不释例"。① "不释例"当然不用含声训字复音词。含声训字复音词的基本格式是：被训字（A）+声训字（B）+训释短语（S）。例如《释地》："土，吐也。吐生万物也。"有时声训字省而隐含在训释短语中，如《释兵》："甲，似物有孚甲以自御也。"如不省则曰："甲，甲也，似物有孚甲以自御也。"又如《释采帛》："绨，似螩虫之色，绿而泽也。"如不省则曰："绨，螩也，似螩虫之色，绿而泽也。"《释饮食》："寒粥，末稻米投寒水中育育然也。"王先谦引毕沅曰："（粥）字本作鬻，今本省。"② 笔者按：鬻、育音同。省"粥，育也"三字。还有其他格式，都是从基本格式变易而来。

含声训字复音词，如果从词的结构形式来分，可以分为合成词、单纯词、附加后缀三大类。

1. 合成词。

合成词以联合式为主，其中又以词素的意义相同、相类者居多，也有词素的意义是相反的。例如：

《释天》："冬曰上天，其气上腾，与地绝也。"

"上"和"腾"都有"升"义。"上腾"同义复词。《易·需》："云上于天。"上，升也。《淮南子·原道》："蹈腾昆仑。"腾，上也。《释天》"冬曰上天"下引《礼·月令》曰："天气上腾，地气下降。""上腾"正与"下降"对文。

---

① 胡朴安：《中国训诂学史》，中国书店1983年版，第204页。
② 王先谦：《释名疏证补》，上海古籍出版社影印本1984年版。

《释姿容》:"蹙,遒也。遒迫之也。"

"遒"也有"迫"义,"遒迫"同义复合。《说文》:"酋,迫也。或作遒。"《广雅》:"蹙、遒、迫,急也。"又:"蹙、遒,迫也。"《楚辞》王逸注:"遒,亦迫也。"

《释言语》:"省,瘦也,膄瘦约少之言也。"

"膄瘦"亦同义复词,又与"约少"义近。"瘦"同"膄"。《说文》:"瘦,膄也,谓肌肉不丰也。"《淮南子·脩务》:"尧瘦膄舜黴黑。"引而申之。凡不丰者皆曰瘦。《释言语》用其引申义,为简省之意。

《释饮食》:"脬,赴也,夏月赴疾,作之久,则臭也。"

"赴"有"疾"义,"赴疾"意同"急疾"。《礼记·少仪》:"毋拔来,毋报往。"郑玄注:"报,读为赴疾之赴。拔、赴皆疾也。同急疾也。"

《释亲属》:"夫之兄曰章。章,灼也,章灼敬奉之也。"

单言"章""灼",连言"章灼",皆明也。《吕氏春秋·勿躬篇》:"名号已章矣。"高诱注:"章,明也。"《广雅·释训》:"灼灼,明也。"

《释饮食》:"糁,黏也,相黏糁也。"

"黏"为通语,糁为方言,相类为义曰"黏糁"。扬雄《方言》卷二:"勒、糁,黏也。齐鲁青徐自关而东或曰勒或曰糁。"

《释言语》:"视,是也,察其是非也。"

"是非"本谓分别是与非,《孟子·公孙丑》:"是非之心,人皆有之。"亦谓事之是与非。"是非"相反为义,亦可偏指其中一个词素,如俗称"惹是非"。

合成复音词除了联合式以外，还有偏正式、后补式、支配式、表述式，为数不多，约略举例如下：

《释宫室》："户，护也，所以谨护闭塞也。"（谨护，偏正）
《释丧制》："丧祭曰奠。奠，停也，言停久也。"（停久，后补）
《释丧制》："从前引之曰绋。绋，发车使前也。"（发车，支配）
《释首饰》："梳，言其齿疏也。"（齿疏，陈述）

2. 单纯词。
单纯词按音节结构可分为双声、叠韵、叠音等。例如：

《释姿容》："跪，危也，两膝稳地，体危娩也。"

"危娩"，双声，端坐貌。

《释衣服》："留幕，冀州所名大襡，下至膝者也。留，牢也。幕，络也。言牢络在衣表也。"

"牢络"为"寥落"之声转，双声，谓络幕周帀也。

《释形体》："尻，寥也，尻所在廖牢也。"

"廖牢"，双声叠韵，空虚貌。

《释山》："山旁曰陂，言陂陁。"

"陂陁"，叠韵，地势不平貌。

《释水》："人所为之曰滴，滴，术也，偃水使鬱术也。"

"鬱术"同"鬱述"，叠韵，迂回曲折貌。

《释山》:"山多小石曰磝,磝,尧也,每石尧尧独处而出见也。"

"尧尧"同"峣峣",叠音,高貌。

《释形体》:"血,濊也,出于肉,流而濊濊也。"

"濊濊",叠音,流动貌。

《释书契》:"板,昄也,昄昄平广也。"

"昄昄",叠音,平广貌。

3. 附加后缀。

后缀主要用"然",附加于单音节或双音节之后,构成形容词或副词。例如:

《释天》:"气,忔也,忔然有声而无形也。"
《释姿容》:"僵,正直亘然也。"
《释兵》:"翏矛,长九尺者也。翏,霍也,所中霍然即破裂也。"

以上皆单音节附加"然"。"忔然",叹息声。"亘然",界域分明貌。"霍然",破裂声。

《释床帐》:"筵,衍也,舒而平之,衍衍然也。"
《释床帐》:"簟,覃也,布之覃覃然平正也。"
《释乐器》:"筝,施弦高急筝筝然也。"
《释乐器》:"埙,喧也,声浊喧喧然也。"
《释乐器》:"箫,肃也,其声肃肃然清也。"
《释山》:"山小而高曰岑。岑,嶃也,嶃嶃然也。"
《释宫室》:"宫,穹也,屋见于垣上,穹隆然也。"

以上皆双音节附加后缀"然"。"衍衍然",平正貌。"覃覃然",亦平正貌。"筝筝然",形容筝声之高急。"喧喧然",形容埙声之混浊。"肃肃然"，形容箫声之清脆。"嶄嶄然"，山石高峻貌。"穹隆然"，高貌。

三、含声训字复音词的作用之一：确定声训字与被训字同源还是谐声

声训是以声训字和被训字音同或音近为依据的。综观《释名》的声训字，与被训字音同音近者，意义大多也相同或相近，这些声训字和被训字属于同源字。这是构成《释名》声训方式的主体。以同源字而言，王力《同源字典》从词义方面分析同源字有三种情况：一、实同一词；二、同义词；三、各种关系。① 这样，具有同源关系的声训字和被训字，音同、音近，意义也相同、相近或相关。在训释过程中甚至可直接用"被训字"（A）+"声训字"（B），形成"A，B也"这种貌似义训的形式，但一般要用"训释短语"（S），形成"A，B也，S也。"训释短语S中所含复音词的意义和被训字A、声训字B是相同、相近或者相关的。例如：

《释姿容》："负，背也，置项背也。"

"负"和"背""项背"义皆相关。《礼记·曲礼上》："负剑辟咡诏之。"注："负谓置之于背。"《尔雅·释丘》："丘背有丘为负丘。""负"为背负，即驮，与动词的"背"同义。然"背"本为名词，《说文》："背，脊也。"单言"背"与连言"项背""脊背"，义一也。背、负二字帮并旁纽，职之对转，为同源字。

《释形体》："足后曰跟。在下方著地，一体任之，象木根也。"

此省略"跟根也"三字。《说文》："根，木株也。"又："跟，足踵也。"根、跟二字古同音，见纽文部。脚后跟在人体最下部，支撑躯体，部位及作用，与草木之根相似，二字实同源，复音词"木根"与之相关。

《释长幼》："儿始能行曰孺子。孺，濡也，言濡弱也。"

---

① 王力：《同源字典》，商务印书馆1987年版，第20-38页。

"孺"与"濡"同从"需"得声,泥纽侯部。需,柔滑貌。《国策·秦策》:"其需弱者来使,则王必听之。"《说文》:"孺,乳子也。一曰输也,输,尚小也。""濡"本为水名,义与水有关,水性柔弱。王先谦曰:"凡从需之字多有弱义,孺弱、儒弱、濡弱皆是。"①

《释言语》:"辱,衄也,言折衄也。"

"辱""衄"同属泥纽,屋觉旁转。王先谦曰:"《说文》:'衄,鼻出血也。'引申为凡挫伤之称。《文选·吴都赋》注:'衄,折伤也。'《奏弹曹景宗》注:'衄,折挫也。'辱人者,挫伤之,亦谓之折辱。《史记·项羽纪》:'轻折辱秦吏卒'是也。故辱言折衄矣。"② 由此可见,"辱""衄"相近义相关,实为同源字。

《释宫室》:"亭,停也,亦人所停集也。"

"亭""停"定纽耕部。《说文》:"亭,民所安定也。亭有楼。"人民所停集、安定之处,为亭。《后汉书·高祖纪》:"为泗上亭长。"颜注:"亭,停留行旅宿食之馆。""停"是停留,"亭"是停留之所在,义相因,音相同,实同源。"停集"与之相关。

《释名》中还有为数不少的声训字与被训字音虽近而义不同,因而训释短语中的复音词仅与声训字相关,而与被训字没有意义上的联系。这纯属谐声关系。因而不能形成"A,B也"这种表述方式,训释短语S是不可缺少的,否则其声训将毫无意义。相反,有时声训字可以省略。例如:

《释疾病》:"酸,逊也,逊遁在后也。言脚疼力少,行遁在后,似逊遁者也。"

"酸""逊"心纽文部。《说文》:"酸,酢也。关东谓酢曰酸。"《广韵》:"醋也。"由酱醋味酸引申为人体之辛酸,《释名》训其引申义,犹

---

① 王先谦:《释名疏证补》,上海古籍出版社影印本1984年版。
② 王先谦:《释名疏证补》,上海古籍出版社影印本1984年版。

今语"腰酸腿疼"。《说文》:"逡,遁也。"又:"遁,迁也。一曰逃也。"单言"逡",连言"逡遁",其义一也,然与"酸"义无涉。

《释乐器》:"人声曰歌。歌,柯也,所歌之言是其质也。以声吟咏,有上下,如草木之有柯叶也。故兖冀言歌,声如柯也。"

"歌""柯"见纽歌部。《说文》:"柯,斧柄也。"又植物名,属壳斗科,常绿乔木。柯叶表面深绿色,下面色淡。《释名》以柯叶上下颜色深淡不同,喻歌声"有上下"之别,然言语实际中"柯""歌"虽然音相近,但义相去远矣!"柯叶"仅与"柯"相关。

《释州国》:"宋,送也,地接淮泗而东南倾,以为殷后,若云滓秽所在,送使随流,东入海也。"

"宋"心纽冬部、"送"心纽东部,音相近义不同。《说文》:"宋,居也,读若送。""宋"当以"居"为本义,此义虽未见经传,但古人不以封国为子名,鲁定公名"宋",当取"居"义,《释名》曰"宋,送也。"纯以《说文》读若为据,于释义无缘。《说文》:"送,遣也。"又:"使,令也。""送使"当为同义复词,差使、遣送之意。"送使"义与"宋"无关。

这种纯以谐声为训,有人称为"谐释修辞格"[1],作为一种修辞的语言现象,其词义往往是在特定的语言环境中产生的,并不是被训字与声训字本身有词义的等值关系。《释名》中许多谐声为训都有"历史渊源"[2],即承袭前人书文或注释,例如《释长幼》"妇,服也,服家事也。"《白虎通·嫁娶》:"妇者,服也,服于家事,事人者也。"《释长幼》:"士庶人曰妻。妻,齐也,夫贱不足以尊称,故齐等言也。"《白虎通·嫁娶》:"妻者齐也,与夫齐体也。"后代仍有袭用谐释修辞格的,例如朱自清《航船中的文明》:"'妇者,服也'……只见她毫不置辩,毫不懊恼,便

---

[1] 吴瑞华、吴其宽:《古文翻译技巧》,上海人民出版社1996年版,第111页。
[2] 参见徐芳敏《释名研究》,第五章"从相关书籍看释名声训之历史渊源",国立台湾大学出版委员会1989年版,第159-247页。

知她确乎是'服也'了。"① 现代作家楼适夷在《工作着是幸福的》中说:"在我看来,活着而不能工作还说什么寿。寿者,愁也,愁工作不能做;寿者,受也,活受罪。真是生非容易死亦难。"② 从古今用例来看,谐释修辞格只求语音相谐,而不考虑意义上的联系。与被训字谐声的字不只一个,因而同一个被训字可以用不同的声训字相谐,正如"寿"可以谐"愁",又可以谐"受"一样,表现出随机性,《释名》中同字异训,正是这种随机性的表现,行文中常用"又言""亦言"等习惯用语。例如《释天》:"雲,犹云云,众盛意也。又言运也,运行也。"《释水》:"海中可居者曰岛。岛,到也。人所奔到也。亦言鸟也,人物所趣如鸟之下也。"《释名》中有不少这样谐声为训的例子,被训字与声训字意义毫无联系,这正是《释名》之所以受到"望文生训"之非议的原因。然而批评者只是孤立地着眼于声训字和被训字意义上的关系,而不是从训释短语整体的训释出发,正确地评判《释名》对事物名源分析是否科学、合理(当然有不科学、不合理之处)。而把《释名》中所有声训字都看作与被训字是近义之字,恐怕不是刘熙本意。如沈兼士批评刘熙说:"但惜其(指刘熙)拘于事物之类别,枝枝叶叶而为之,不能尽得语势流衍纵横变化之状态。且声训方法任取一字之音,傅会说明一音近字之义,则事物有出于偶合,而理难期于必然,此其法之有未尽善者。"③ 龙宇纯认为:"古人声训类无可取。……即下列四事,已足为此说明。其一,各家所言彼此歧异。此可见诸说非'其来也有自',不过臆说猜测而已。……其二,以数字为一字之音训。……其三,语源可因方言之不同而异。……其四,以转语或引申义为声训。"④ 我们认为,古人的谐释修辞格中,声训字并不是起释义作用的,而是在被训字和训释短语中起着连结作用,或者说是对谐释修辞格起暗示作用。因此从研究语音的历史流变来说,有其价值,而对于研究词义来说实在没有什么价值。"因声求义"虽然是训释词义的途径之一,但是对于谐释修辞格中的被训字和声训字来说,仍然要遵循"因声求义"的途径,探索两者之间的意义关系,恐怕只能步入缘木求鱼的死胡同而已。这不能责怪古人,而应当反省后人是否犯了"因声求义"

---

① 吴瑞华、吴其宽:《古文翻译技巧》,上海人民出版社1996年版,第111页。
② 楼适夷:《工作着是幸福的》,载《羊城晚报》1995年4月22日。
③④ 转引自徐芳敏《释名研究》,国立台湾大学出版委员会1989年版,第13页。

辗转为训之毛病。王力说得好:"原来声训的用处乃是求事物命名的'所以之意',并不是对于那'名'的本身,作一种确当不易的定义。"① 正确区分复音词与声训字、被训字是否有词义的联系,就可以避免拘泥于声训字与被训字的语音关系而去求索声训字是否对"名"起到"定义"的作用。

四、含声训字复音词的作用之二:限定义项和区别词性

《释名》被训的"名",除了少数双音词以外,绝大多数是单音词。当声训字与被训字是声近同义词、在任何一义项往往一致时,或者声训字只有其中一义项与被训字是相同、相近或相关时,训释短语中的复音词能够起着具体限定义项的作用。这一点对于《释名》中异名同训现象来说,尤为重要。例如:

《释天》:"寅,演也,演出万物也。"

"寅""演"声同义近。上古同属余纽真部。《说文》:"演,长流也。"《文选·班固西都赋》"留侯演成",李善注引《苍颉》曰:"演,引也。"又《释言语》:"演,延也,言蔓延则广也。""寅"也有"引""延""进"义。例如《诗·六月》"元戎十乘。"毛传:"殷曰寅车。"郑笺:"寅,进也。"又"寅缘",顺着前行。白居易《泛渭赋》:"迟迟兮明月,波澹滟兮棹寅缘。"亦即"延缘",《庄子·渔父》:"延缘苇间"。即沿苇间前行。又"寅"有生义,《古今事物考》卷一"人事"条:"朱子曰,天开于子,地辟于丑,又一万八百年至寅,而人始生。"古人把"寅"与"生"联系在一起。② "演出"所取义项是"生",这是明确的。

《释疾病》:"懈,解也,骨节解缓也。"

"解",见(匣)纽支部,"懈"匣纽支部,同音同义。《说文》:

---

① 王力:《理想的字典》,原载于国立西南联合大学师范学院《国文月刊》1945 年 3 月第 33 期。
② 用李开说,见《〈释名〉论》,载《南京大学学报》1989 年第 6 期。

"解，判也，从刀判牛角。"《广雅·释诂》："解，说（脱）也。"《礼记·曲礼上》："解屦不敢当阶。"疏："解，脱也。"《易·序卦》："解者，缓也。"又《杂卦》："解，缓也。"《广雅·释诂》："解，散也。"此外，"解"还有其他的义项。"解缓"同义复合，懈惰之意，限定"解"所取义项是"缓"。《广雅·释诂》："懈，缓也。""懈"是"解"的区别字，本写作"解"。《诗·烝民》："夙夜匪解。"《孝经·大夫》作"夙夜匪懈"。

《释形体》："腕，宛也，言可宛屈也。"

"宛""腕"影纽元部，音同义近，同源字。《说文》："宛，艸屈自覆也。"《汉书·扬雄传》："是以欲谈者宛舌而固声。"师古曰："宛，屈也。"小貌曰宛，《诗·小宛》："宛彼鸣鸠。"孔疏："宛，小貌。"腕，《说文》作"掔"，手掔也。"掔"字误作"掔"（义训固），又作"掔"，《汉书·游侠传序》："搤掔而游谈。"师古曰："掔，古手腕字。"腕可屈伸，义与宛通。

《释言语》："覆，孚也，如孚甲之在物外也。"

"孚""覆"滂纽幽部，音同义近。《说文》："孚，卵孚也。"段注引《通俗文》："卵化曰孚"，又云："卵因伏而孚，学者因即呼伏为孚，凡伏卵曰抱。"由此可见，"孚"有"伏"义，而"伏"同"覆"，谓以面向下也。《礼·曲礼》："寝毋伏。"《释姿容》："伏，覆也。"故以"孚"训"覆"。"孚"又有"信"义，见《尔雅·释诂》，《说文》亦有"信也"一训，徐锴云："鸟之孚卵，皆如其期，不失信也。"训释语中"孚甲"可排除"孚"取"信也"之训。《诗·大田》郑笺："孚甲始生"，孔疏："孚者，米外之粟皮；甲者，以在米外，若铠甲之在人表。"朱骏声云："孚假借为稃。"王先谦曰："孚与莩、桴同声字，并为在物外之称。覆者，覆物之具，物在覆内，则覆在物外，故以孚释之。"[①]

我们在"引论"部分已经涉及对《释名》中异名同训时运用复音词

---

① 王先谦：《释名疏证补》，上海古籍出版社影印本1984年版。

的不同看法的问题，这里再进一步阐述我们的见解。从上文可以初步看到复音词对于限定义项的积极作用。《释名》开宗明义："夫名之于实，各有义类。"书中虽有异名同训在，然形同实异也。由于单音词一词多义，因此不同的名所取的义项是不同的，训释短语的复音词正是对声训字的义项加以选择、限制。如《释名》中用"冒"为训者达十例之多（参见"引论"部分引齐佩瑢说），十例之中，"帽，冒也。"帽，《说文》作"冃"曰："小儿及蛮夷头衣也。"王先谦引《汉书·隽不疑传》注曰："冒，所以覆冒其首。"① 这样，以"冒"训"帽"是古今字之别。《说文》另有"冒"字曰："蒙而前也。"依《释名》多以动词释名词例之，则是以单音节动词为训。其余九例都是以复音词为训，义有"覆冒""戴冒""裹冒""冒髪""冒矜"之别。十分之九比例使用复音词，恐怕并非"不过随笔而至"吧。《释名》中异名同训而以复音词加以区别的例子还有：

   《释天》："星，散也。列位布散也。"
   《释饮食》："飧，散也。投水于中解散也。"②
   《释天》："辰，伸也。物皆伸舒而出也。"
   《释形体》："身，伸也。可屈伸也。"
   《释形体》："膝，伸也。可屈伸也。"
   《释州国》："徐州，徐，舒也。土气舒缓也。"
   《释言语》："鸣，舒也。气愤懑，故发此声以舒写之也。"

  以"布散"和"解散"区别"散"，"伸舒"和"屈伸"区别"伸"，"舒缓"和"舒写"区别"舒"，凡此种种，皆以复音词区别单音词，弥补单音词词义过于宽泛、笼统之不足，正所谓"单足以喻则单，单不足以喻则兼。"③

  就词性而论，《释名》的被训字通常是名词，只有《释姿容》包括人体动作的动词，《释言语》有形容词，如"厚""薄""强""弱"等。就

---

① 王先谦：《释名疏证补》，上海古籍出版社影印本1984年版。
② 据《太平御览》引作"投饭于水中各散也"，"水于"二字互乙。
③ 见《荀子·正名篇》。

词义的虚实而言，《释名》的被训字以实词为主，但也涉及一些虚词的用法，如《释言语》中的"嗟""噫""呜"等。而声训字多用动词、形容词，这是显而易见的。但是，有时候两者之间的词性不容易区分，词性不明，词义则难以确定。而训释短语中的复音词则起着区分词性，确定词义的作用。这一点对于字同词异的"同字为训"来说，尤为重要。

我们从"含声训字复音词的构成形式"中可以看出，附加后缀"然"的复音词，都是形容词，可以说"然"就是形容词的标志，单纯词除了名词以外，多数也是形容词，它们都起着摹写性状、情貌的作用，因此有人把这类词统称为"貌词"。① 例如《释采帛》中用"晃晃"释"黄"，"浏然"释"绿"，"漂漂"释"缥"，揭示各种颜色本质特征的区别。又如《释乐器》中用"磬磬然"释"磬"，"瑟瑟然"释"瑟"，"筝筝然"释"筝"，"肃肃然"释"箫"，"喧喧然"释"埙"，"涤涤然"释"篴"（笛），"铙铙"释"铙"，用象声形容词来区别各种不同的乐器。

《释名》中共有20多例"同字为训"，即被训字与声训字是同一个字，但词性和词义是不相同的。被训字和声训字之间词性词义的差别靠训释短语中的复音词获得信息。例如：

《释天》："宿，宿也。星各止宿其处也。"

"宿"有名词和动词的区别，"止宿"表示声训字"宿"用作动词，与被训字名词义"星宿"有别。

《释衣服》："寝，寝也。所寝息也。"

"寝"有名词和动词的区别，"寝息"表示声训字"寝"用的是动词义，有别于被训字"寝"的名词义"寝室"。

《释宫室》："阙，阙也，在门两旁，中央阙然为道也。"

---

① 叶萌：《古代汉语貌词通释》，山东文艺出版社1993年版。

"阙"本为名词。《说文》："阙，门观也。"徐锴曰："以其阙然为道，谓之阙，以其上可远观，谓之观。""阙然"表示声训字用的是形容词。

《释宫室》："观，观也，于上观望也。"

"观"有名词和动词的区别，"观望"表示声训字"观"用的是动词义，不同于名词"门观"义。

《释疾病》："疾，疾也，客气中人急疾也。"

"疾"有名词与形容词之别，"急疾"表示声训字用的是形容词义，非名词"疾病"之"疾"。

同字异词还表现在读音的不同，如"宿"，《广韵》有"息救切"（宥韵，名词）和"息逐切"（屋韵，动词）之别；"观"有"姑剜切"（寒韵，动词）和"固玩切"（翰韵，名词）之殊。其殊别主要表现于声调，即所谓"四声别义"。周祖谟在《四声别义释例》①一文中，提出"四声别义"肇始于后汉的看法。王力认为："顾炎武等人否认上古有'读破'。但是，依《释名》看来（传，传也；观，观也），也可能在东汉已经一字两读。"② 《释名》是否已经运用"四声别义"，还有待考证，但含声训字复音词所起的释义定性的作用却毋庸置疑。

五、余论

《释名》中大量运用含声训字复音词，不但显示了《释名》的训诂特色，而且显示了刘熙分辨单音词和复音词的语言观。这不但表现在训释语中频繁使用复音词为训方面，而且表现在以复音词为被训词方面。被训的复音词绝大部分是合成词，少数是连绵词。但是，刘熙往往把连绵词当成合成词一样拆开来训释，试以《释姿容》为例："匍匐，小儿时也。匍，犹捕也，藉索可执取之言也。匐，伏也。伏地行也。……""匍匐"为双

---

① 周祖谟：《问学集》，中华书局1966年版，第82页。
② 王力：《汉语史稿》，中华书局1980年版，第217页。

声（并纽）连绵词，音转为"匍伏""扶服""扶伏""蒲服""蒲伏"等，即儿时伏地而行状，意已足矣！刘熙又训"匍，犹捕也"；"匐，伏也"。反而不足为据。又："望羊，羊，阳也。言阳气在上，举头高似若望之然也。""望羊"是叠韵（阳部）连绵词，亦作"望洋""望阳""盱洋"等，仰视貌。刘熙却把"望羊"析字为训，以"阳"训"羊"，又坐实训为"阳气"。又："贷骏，贷者言以物贷予，骏者言必弃之不复得也。""贷骏"，叠韵（之部）连绵词，不明事理之称。王先谦曰："贷俗音转作獃，字书不载，《广雅·释诂》：'骏痴也。'"又引叶德炯曰："《一切经音义》六引《苍颉篇》：'骏，不晓事之称也。'"其说是也。刘熙析"贷骏"为"贷者"云云，"骏者"云云，非是。这种拆骈为单的训释，又暴露了刘熙对复音词的认识是模糊的，也是《释名》的严重缺陷之一。尽管如此，《释名》充分运用复音词诠释名源的训诂特色仍然是卓著的，其功不可灭。是为"余论"，毋庸赘言。

参考文献：
[1] 王力. 中国语言学史 [M]. 太原：山西人民出版社，1981.
[2] 胡朴安. 中国训诂学史 [M]. 北京：中国书店，1982.
[3] 齐佩瑢. 训诂学概论 [M]. 北京：中华书局，1984.
[4] 徐芳敏. 释名研究 [M]. 台湾：国立台湾大学出版委员会，1989.
[5] 李开.《释名》论 [J]. 南京大学学报. 1989（6）.
[6] 王先谦. 释名疏证补 [M]. 上海：上海古籍出版社，1984.
[7] 王力. 同源字典 [M]. 北京：商务印书馆，1987.
[8] 吴瑞华，吴其宽. 古文翻译技巧 [M]. 上海：上海人民出版社，1996.
[9] 叶萌. 古代汉语貌词通释 [M]. 济南：山东文艺出版社，1993.
[10] 周祖谟. 问学集 [M]. 北京：中华书局，1996.
[11] 王力. 汉语史稿 [M]. 北京：中华书局，1980.

《尔雅·释器》义类分析*

一、引言

语义场是指义位形成的系统。义位是语义系统中能独立存在的基本语义单位,相当于"义项"的概念(义位和义项实指同一对象,但观察的角度不同。在语义学中称作义位,在传统词汇学中仍称义项)。① 语义场可以进一步分为词汇场和联想场两类。② 每一种语言的总语义场是联想场,但联想场的基础是词汇场。③

我国语文学时期的语义研究叫作训诂学,春秋战国时期处于萌芽状态。汉朝提倡读经,为了便于人们读懂古代典籍,注释古书之风甚盛,训诂之学由此而兴。汉代的语言研究实际上就是对汉语词义的研究。《尔雅》《释名》《方言》《说文》分别从四个不同的方向,使用各自特色的释义方法,朝着词义王国突进。《尔雅》主要使用的是义训之法,重在对词义的实际使用状态进行诠释,在全书表现出明晰而不完善的整体词汇系统观。④

《尔雅》是周秦至汉代经多人之手编成的,成书于战国末年,他的编撰人是齐鲁儒生。⑤ 这部训诂学经典一直受到人们的尊奉,它在词语类属编排上有独特的价值。全书19篇,前3篇《释诂》《释言》《释训》,属于语词部分,其中有形容词、名词,也有动词。《释亲》以下16篇,几乎全是名词,可以分为四大类:4～7篇《释亲》《释宫》《释器》《释

---

* 《〈尔雅·释器〉义类分析》,原载于《中山大学学报》2003年第5期。曹生艳芝合作。
① 郭伏良:《现代汉语语义场分析初探》,载《河北大学学报》1995年第1期。
② 贾彦德:《汉语语义学》,北京大学出版社1992年版,第143页。
③ 贾彦德:《汉语语义学》,北京大学出版社1992年版,第209页。
④ 苏新春:《汉语词义学》,广东教育出版社1997年版,第106页。
⑤ 关于《尔雅》的成书年代及作者,向来众说纷纭,此据何说,详见何九盈《中国语言学史》第19页。

乐》，关于人类，是对名物称谓制度的释义；8～12篇《释天》《释地》《释丘》《释山》《释水》，关于自然类，是对天文、地理名词的释义；13～14篇《释草》《释木》，关于植物类，是对植物名称的解释；15～19篇《释虫》《释鱼》《释鸟》《释兽》《释畜》，关于动物类，是对动物名称的释义。也可以这样说，《尔雅》后16篇是从意义上分别按"亲、宫、器、乐、天、地、丘、山、水、草、木、虫、鱼、鸟、兽、畜"来分类的。不仅如此，以上各篇有的条目收的就是一组意义紧密相关的字。如《释器》中"金谓之镂，木谓之刻，骨谓之切，象谓之磋，玉谓之琢，石谓之磨。""镂、刻、切、磋、琢、磨"就是个最小子场。

二、《释器》语义场分析

《尔雅》是我国第一部以义类分部编排的词典。但《尔雅》并不是一部自觉意义上的分类词典，它是古代的训诂专书，并非严密的词语分类之作，然其数千词条以义类分成19篇传世，则实际上起了将词语分门别类的作用，所以有人认为《尔雅》已经粗具概念分类词典的特点。但细观全书，19篇并未用统一的标准，4～19篇为专释名物之词，运用的是语义概念的分类标准，因此，4～19篇都可以做单独的义类分析。

当我们对某些词进行分类时，首先要弄懂词义，这就是训诂学的任务，然后再根据意义来明其类属。也就是说，在某个语义场中，我们看到的是由上到下的层级性，而在确定语义场的过程中，我们首先要从下往上先建立最小范围的子场，确定它的类属，由类属来命名上一母场，再往上一层层地推出上一级母场。这样就可以建立语义场的树型结构。

在对《释器》中的词义进行分类之前，我们先来看一下郝懿行对《释器》的题解。他说："器者，《说文》云：皿也。械字解云：一曰器之总名，一曰有盛为械，无盛为器。按：器械通名耳。《少仪》云：不度民械，不訾重器。郑注：民械，民家之器用，是器械古通名，今但以兵仗为械矣。此篇所释皆正名辨物，依类象形。至于豆笾旄虡礼乐之事而略载于篇者，以皆器皿之属也。若乃衣服饮食非可以器言而杂见兹篇者，以本器用之原也。"① 既然古时的器与今之器的概念不同，而我们又是研究古汉语的语义场，所以我们在进行分类时不能受制于现时概念之器。

---

① 〔清〕郝懿行：《尔雅义疏》，中国书店影印本1982年版。

《释器》47 个词条①大部分都可以作进一步的分类。如前所述,《释器》是对名物称谓制度的释义,我们可以把这些词条归属为生产和生活两大范畴,定为生产语义场和生活语义场。再用确定最小子场的办法来建立语义场的树型结构,因为最小子场与某一类对象的最小类别相对应。确定最小子场是义素分析的第一步,经过分析,初步判断哪些义位构成最小子场,再由最小子场的类属来确定上一级的母场。这样一层层地往上推,最终确定总的语义场,建立语义场的树型结构。

我们先来看一下《释器》6.1,6.2,6.10,6.19,6.20 和 6.47 这六条的词义。

6.1 木豆谓之豆,竹豆谓之笾,瓦豆谓之登。

这条解释肉器。木制的高足食器称为豆,竹制的豆称为笾,陶制的豆称为登。"豆""笾"主要用于盛菹醢瓜果等食品献祭神灵,其特点是高足而有盖。木制的豆古书或写作"梪",竹编的豆称为"笾"。陶豆古代叫"登",本字应写作"镫","镫"的用途主要是盛肉祭神。

6.2 盎谓之缶,瓯瓿谓之瓵,康瓠谓之甈。

这条解释水器。"盎谓之缶",郭注:"盆也"。根据《急就篇》颜师古注:"缶、盆、盎,一类耳。缶即盎也,大腹而敛口,盆则敛底而宽上"。缶通常有盖,而盆则无盖。瓯、瓿都是小盆的名称,又叫"瓵",或叫"罍",口较宽,而且较矮。"康瓠"的"瓠"应读为"壶"。《诗·豳风·七月》"八月断壶",即以"壶"为"瓠"。《尔雅》的"康瓠"则以"瓠"为"壶"。"瓠"本是葫芦的名称,早在陶器发明以前,原始人就发明用老化的葫芦盛水。葫芦在古代又叫"匏",剖成两半叫"瓢"。②"康"与"空"音义相近,"康瓠"即空壶,空壶又叫"甈","甈"指有裂缝的陶罐。

---

① 文中所引条目及其编序,皆据徐朝华《尔雅今注·释器第六》所列 47 个词条。详见本文"附录"。

② 徐莉莉、詹鄞鑫:《尔雅——文词的渊海》,上海古籍出版社 1998 年版,第 121 页。

6.10 彝、卣、罍，器也。小罍谓之坎。

6.47 卣，中尊也。

这两条解释酒器。徐朝华解释为"彝，古代青铜器通称，多指宗庙祭祀用的礼器。卣，古代用青铜制的中型酒尊。罍，古代酒器名。……坎，一种壶型小酒器。"郝懿行《尔雅义疏》解释为"皆盛酒尊，彝，其总名。"

6.19 鼎绝大谓之鼐，圜弇上谓之鼒，附耳外谓之釴，款足者谓之鬲。

6.20 甗谓之鬵。鬵，鉹也。

这两条解释炊具。6.19 解释的烹饪器主要用于煮汤食。鼎者，《说文》云："三足两耳，和五味之宝器也。"鼐者，《诗·丝衣》传："大鼎谓之鼐"，《说文》："鼎之绝大者"。鼒者，《诗·丝衣》传："小鼎谓之鼒"，鼎敛上而小口者。釴是附耳在外的鼎。"款足"，空心曲足，《玉篇》："款，空也"。《汉书·郊祀志》说鼎云："其空足曰鬲。"空即窾也。6.20 是指大釜（锅）之类的炊具。甗，又称为鬵、鉹。

我们根据词义就会发现 6.1，6.2，6.10，6.19，6.20，6.47 这六条是有关食具的。先根据义素间的差异确立最小的语义场，如"肉器""水器"等，再根据共同义素可以建立上一级语义场，定为食具语义场，而食具是属于生活的一个方面，所以，食具语义场又是生活语义场的下一级子场。这样，我们就可以由最小的语义场再往上一层层地推出上一级的语义场。以下是把《释器》的47个词条逐一加以研究而建立的语义场。

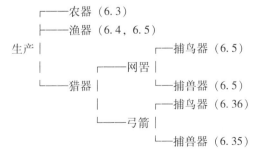

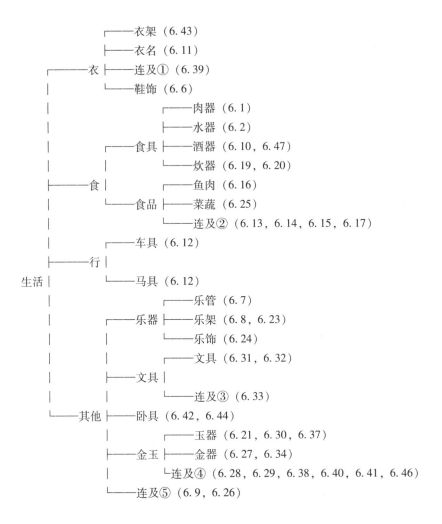

前已述及,《尔雅》是一部训诂专书,并非严密的分类词典,因此,各篇的分类也有不尽科学的地方,当然,我们不能以现代完善的分类学观点来苛求古人。通过对《释器》的语义分析,可以看出《释器》的分类存在以下三个问题:

1.《释器》中有三个词条类例不明。

这三条分别是 6.18,6.22,6.45。

6.18 淀谓之垽。

"淀",沉淀的泥滓。"垽",泥渣。郭注:"滓,淀也。今江东呼垽。"这条解释名词,但与《释器》中其他词条都没有关联。

6.22 羽本谓之翮,一羽谓之箴,十羽谓之缚,百羽谓之绯。

徐朝华解释如下,"羽本"指羽毛的根部。"翮"指羽毛中间的硬管。《周礼·地官·羽人》:"羽人掌以时征羽翮之政"。"箴""缚""绯"都是计羽数的单位,都是量词。量词在《尔雅》里所占的比重虽然很小,但无论放在《尔雅》后16篇中的任何一篇都不妥。

6.45 革中绝谓之辨,革中辨谓之韏。

"绝",断。"辨",皮革中断、裂开。"辨",通"辫",交合。"韏",皮革面上的皱叠卷缩。这条解释动词。
这三条若归入《尔雅》的前三篇则较为合理,因为它们解释的都是属于一般语词。
2. 《释器》是有关于名物称谓与动词的解释。
按理说《释器》所收集的应是名词,但"连及"中有的解释的是动词,动词一般是解释与之有关的动作。如6.14,6.15有关鱼肉的加工;6.33有关书写过程中消除已写的字;6.28,6.29,6.41,6.46有关金玉等器物的加工。有的解释的是形容词,形容词解释有关事物的性状或颜色。如6.13解释的是食品失味以及失味的原因;6.39解释的是布料的颜色。编撰者之所以把它们列于相关事物的前后是因其连带而及的体例。另有6.9,6.17,6.26,6.38,6.40解释的也是名词,但与非连及类的器名还是有区别。

6.9 绳之谓之缩之。

郝懿行《尔雅义疏》曰:绳者,《说文》云:索也。缩者,《释诂》云:貉,缩,纶也。是纶即绳,绳即缩也。《诗·绵》正义引孙炎曰:绳束筑版谓之缩。《檀弓》注:斩版谓断其缩也,引《诗》"缩版以载",盖斩断其束版之绳,故曰断其缩也。《诗·绵》传用《尔雅》作"乘谓之缩",郑笺:乘当作绳,正义引作"绳谓之缩",是《尔雅》古本盖如此,今本两

"之"字衍，宜据以订正。由此可知，"绳之谓之缩之"当为"绳谓之缩"，缩为名词，作束物之器，亦如"柢"为托玉之器物一样，当属器之连及。

6.17 康谓之蛊。

"蛊"作为谷久积所生之小飞虫，应归入《释虫》篇，而不应归入《释器》中，也许编撰者考虑的是"康"而非"蛊"，所以把它归入了《释器》篇中。

6.26 白盖谓之苫。

郝懿行《尔雅义疏》曰："白盖"，白茅编成的覆盖物。苫者，《说文》睒字解云：读若白盖谓之苫。又云：苫，盖也。盖，苫也。《左传·昭廿七年》正义及释文并引李巡曰：编菅茅以覆屋曰苫，《左传·襄十四年》正义引孙炎曰：白盖，茅苫也。按，《说文》云：茨，以茅苇盖屋，是盖屋亦用苇，但不白，白唯茅耳。由此看来，盖屋、覆物等皆可用"苫"，故"苫"正如"柢"，亦器之连带而及。

6.38 繸，绶也。

徐朝华《尔雅今注》曰："绶"，丝带，用来悬挂帷幕或印环等。《礼记·玉藻》："天子佩白玉而玄组绶。"郑注："绶者，即以贯佩玉相承受者也。"解释悬挂玉器的丝带，可谓玉器之连及。

6.40 邸谓之柢。

徐朝华《尔雅今注》曰："邸"通"柢"，树根，物的基部。《周礼·春官·典瑞》："四圭有邸，以祀天旅上帝。"孙诒让疏："四圭共着一璧为柢。"所以"柢"指托玉的器物，由玉连带而及。

郝懿行在《释器》的题解中说："若乃衣服饮食非可以器言而杂见兹篇者，以本器用之原也。"这就说明，郝氏也承认衣服饮食不属于器，由此看来，连及归之于器就更显牵强。

3.《释器》中可以说没有军器。

军器是军用器物的简称。"一个时代的军器，代表着一个时代的生产力发展水平。……历史上总是把最先进的科学技术运用到军器生产中去的。"① 春秋战国时期是我国历史上列强争雄称霸的大动乱时期，军器的生产和使用已经很普遍，这已经从一些出土文献中得到了证实。这时期的军器种类多、功用广。如用于格斗的军器主要有戈、矛、戟、殳、剑、铍、刀、斧、钺等；用于远射的军器有弓箭和弩；用于护身的军器主要有甲衣、头盔、盾牌等。同时，军器还具有政治功用、礼法功用、数术功用，不仅对君王，而且对广大的人民也产生重大的影响。如此功能之广、数量之多的军器在《释器》篇中涉及军器者只有 6.35（箭）和 6.36（弓）两个词条，其他无所记载。《尔雅》是经多人之手编著而成，虽经多人之手，却无一人详细记载军器之称谓，值得我们深思。其实这点也有助于我们考证《尔雅》之成书年代。如《尔雅》果如有的学者所言成书于西汉，则军器在《释器》篇中所占的比重肯定不小。

一般而言，词的义素是多方面的，不同的语义场可以取其不同的义素，因此，同一个词可以属于不同的语义场，也就是说，语言中的词汇根据不同的标准可以建立不同的语义场。《释器》也可以根据制作材料建立一个横向的语义场。如以下所示：

```
┌──木器：豆（6.1），虚（6.23）
├──草器：蒛、兹（6.42），萉（6.12）
├──竹器：筵（6.1），簀、第（6.44）
├──瓦器：登（6.1），盎、缶、瓯、瓵、甑（6.2）
├──革器：鞎（6.12）
│        ┌──金器：鍫、镣、鈑（6.27），铣（6.34）
│        ├──银器：银、鐐（6.27）
├──金器──┤铜器：彝、卣、罍、坎（6.10），鼎、鬲、融、釴、鬶（6.19），
│        │        卣（6.47）
│        ├──铁器：斫斸、定、斫、鐯、锹、䦆（6.3）
│        └──锡器：钊（6.27）
├──玉器：璲、瑞、瓯（6.21），璆、琳（6.30），珪、玠、璋、瑴、瑄、璧、
│        瑗、环（6.37）
└──骨器：志（6.35）
```

---

① 陈伟武：《简帛兵学文献探论》，中山大学出版社 1999 年版，第 98 页。

由此可以看出，古代汉语和现代汉语一样，根据词义和词义之间的相互联系和彼此差异都可以建立一定的语义场。

三、小结

通过对《释器》进行义类分析，我们看到了《释器》篇中存在的问题。如果我们能把义类分析这一工作推广至全书，我们会欣喜地看到，作为训诂专书的《尔雅》将会对今后的训诂研究起到更为重要的作用。就词条而言，有利于究词义之演变；就单篇而言，有利于考《尔雅》内容之增益；就全书而言，有利于助训诂之研究。

1. 究词义之演变。

语言中的全部词汇构成一个完整的语义系统，在语义场中考察词义，有助于对词义的历史演变情况做出描写。如词条 6.27 "……白金谓之银，……"这说明古时"金"的词义范围比现在要大，"金"指所有的金属，而不是像现在一样专指黄金。6.28 "象谓之鹄，角谓之觷，犀谓之剒，木谓之剫，玉谓之雕。"古时只有加工玉器才称为"雕"，而现在雕玉、雕木、雕石等都称为"雕"，这也是词义扩大。如果我们能把《尔雅》的每一篇都作这样的义类分析，肯定能找出不少词义演变的例子。这有利于今人更好地理解古汉语的词义，又能够通过古今语义场的对比，探求古今词义的演变情况，比如词义的引申、词义的扩大、词义的缩小等等。

2. 考内容之增益。

《尔雅》非出自一人之手，是经多人编撰而成的，这一点从《释器》中也可以看出来。如词条 6.28、6.29、6.41、6.46，这四条都是解释金玉的加工方法，为什么前两条与后两条相隔甚远，甚至词条 6.41 "雕谓之琢"是从词条 6.28 "……玉谓之雕……"和词条 6.29 "……玉谓之琢……"中概括出来的。词条 6.46 "镂，鍥也"是词条 6.29 中"金谓之镂"的异名。很显然，前两条和后两条肯定不是出自一人之手，后两条或许为后人所增添。另外，词条 6.47 为什么不紧排词条 6.10 之后，也能说明《尔雅》内容之增益情况。

3. 助训诂之研究。

《尔雅》作为训诂专书，在名物称谓制度的释义方面有其独特的、不可低估的价值。然《尔雅》存在的词条归属不严密的问题，又给当代的训诂研究带来了一定的弊端。《释器》共有47个词条，经过语义分析，实际上只有30个词条属器类，"连及"和例外部分是否属器是大可置疑的。"连及"和例外部分有的可以归入其他篇章，当然其他篇章中也有词条该归入《释器》篇。如果我们把《尔雅》的后16篇逐一作义类分析，对其进行分类，进而为之重新编排，就可以为后人查找古词古义和辨识古代名物提供借鉴，这是一项很有意义也很有价值的工作。

参考文献：

［1］郭伏良. 现代汉语语义场分析初探［J］. 河北大学学报（哲社版），1995（1）.
［2］贾彦德. 汉语语义学［M］. 北京：北京大学出版社，1992.
［3］苏新春. 汉语词义学［M］. 广州：广东教育出版社，1997.
［4］郝懿行. 尔雅义疏（二）［M］. 北京：中国书店，1982.
［5］徐莉莉，詹鄞鑫. 尔雅——文词的渊海［M］. 上海：上海古籍出版社，1998.
［6］陈伟武. 简帛兵学文献探论［M］. 广州：中山大学出版社，1999.

附录：《尔雅今注·释器第六》

6.1　木豆谓之豆，竹豆谓之笾，瓦豆谓之登。
6.2　盎谓之缶，瓯瓿谓之瓵，康瓠谓之甈。
6.3　斪斸谓之定。斫谓之锗。锹谓之疀。
6.4　缫罟谓之九罭。九罭，鱼网也。嫠妇之笱谓之罶。翼谓之汕。篧谓之罩。槮谓之涔。
6.5　鸟罟谓之罗。兔罟谓之罥。麋罟谓之罞。彘罟谓之羉。鱼罟谓之罛。繴谓之罿，罿，罬也；罬谓之罦，罦，覆车也。
6.6　绚谓之救。
6.7　律谓之分。
6.8　大版谓之业。
6.9　绳之谓之缩之。
6.10　彝、卣、罍，器也，小罍谓之坎。
6.11　衣梳谓之䘳。黼领谓之襮。缘谓之纯。祄谓之䘳。衣皆谓之襟。袚谓之裾，衿谓之袸。佩衿谓之褑。执衽谓之袺。扱衽谓之襭。衣蔽前谓之襜。妇人之袆谓之缡。缡，緌也。裳削幅谓之纀。

6.12 舆，革前谓之鞎，后谓之茀；竹前谓之御，后谓之蔽。环谓之捐。镳谓之钀。载辔谓之轙。辔首谓之革。

6.13 饙谓之餴。食饐谓之餲。搏者谓之糷，米者谓之檗。肉谓之败，鱼谓之馁。

6.14 肉曰脱之，鱼曰斮之。

6.15 冰，脂也。

6.16 肉谓之羹，鱼谓之鮨。肉谓之醢，有骨者谓之臡。

6.17 康谓之蛊。

6.18 淀谓之垽。

6.19 鼎绝大谓之鼐，圜弇上谓之鼒，附耳外谓之釴，款足者谓之鬲。

6.20 甑谓之鬵。鬵，鉹也。

6.21 璲，瑞也。玉十谓之区。

6.22 羽本谓之翮，一羽谓之箴，十羽谓之缚，百羽谓之绋。

6.23 木谓之虚。

6.24 庬谓之麓。

6.25 菜谓之蔌。

6.26 白盖谓之苫。

6.27 黄金谓之璗，其美者谓之镠。白金谓之银，其美者谓之镣。饼金谓之钣。锡谓之釱。

6.28 象谓之鹄，角谓之觷，犀谓之剒，木谓之剧，玉谓之雕。

6.29 金谓之镂，木谓之刻，骨谓之切，象谓之磋，玉谓之琢，石谓之磨。

6.30 璆，琳，玉也。

6.31 简谓之毕。

6.32 不律谓之笔。

6.33 灭谓之点。

6.34 绝泽谓之铣。

6.35 金镞翦羽谓之镞。骨镞不翦羽谓之志。

6.36 弓有缘者谓之弓，无缘者谓之弭。以金者谓之铣，以蜃者谓之珧，以玉者谓之珪。

6.37 珪大尺二寸谓之玠，璋大八寸谓之琡。璧大六寸谓之宣。肉倍好谓之璧，好倍肉谓之瑗，肉好若一谓之环。

6.38 縓，绶也。

6.39 一染谓之縓，再染谓之赪，三染谓之纁。青谓之葱。黑谓之黝。斧谓之黼。

6.40 邸谓之柢。

6.41 雕谓之琢。

6.42 蓐谓之兹。

6.43 竿谓之箷。

6.44 簀谓之笫。

6.45 革中绝谓之辨，革中辨谓之韏。

6.46 镂，䥖也。

6.47 卣，中尊也。

古书文例在训诂中的运用[*]

古书特殊的表达方式，叫作古书文例（或曰辞例、异例）。它既是训诂的内容，又是训诂的依据。因此利用古书文例，可以提高训释古书的准确性。

关于古书文例的阐述，曾散见于古代随文释义的训诂著作中。至有清一代，始有系统研究的专书问世。其中当首推俞樾的《古书疑义举例》，尔后又有刘师培《举例补》、杨树达《举例续补》、马叙伦《举例校录》、姚维锐《举例增补》，对俞书各有增补。中华书局于1956年将上述五书以《古书疑义举例五种》为题合刊。此外，杨树达的《汉文言修辞学》也可视为对俞书的有系统的增补和扩大。黄侃《文心雕龙札记》一书，亦曾檃栝俞书，撰为《约论古书文句异例》一节。充分利用前人的这些成果，对于提高训释古书的准确性，无疑是有所帮助的。这里在前人的研究基础上，择其要者概括为六例：对文、互文、变文、省文、倒文、复文。并试从训诂方法的角度出发，用这六种文例说明如何利用古书文例来训释古书。其中既利用前修时哲的成果，也有笔者一得之见。

一、对文

对文的范围很广。古代诗词以及四六骈文的对偶句（刘勰《文心雕龙》所谓"俪辞"）理所当然属于对文的范围，也可能出现于一般散文的联合复句或联合词组中。凡词性相同、结构相似的两个分句或两个词组，两两相对的字和词，意义往往相同、相对或相关的，这就是对文。例如：《淮南子·氾论篇》"存亡之迹若此其易知也，愚夫蠢妇皆能喻之。""愚夫"与"蠢妇"相对为文。《水经·江水注》"春冬之时，则素湍绿潭，回清倒影。""素湍"与"绿潭"，"回清"与"倒影"两两相对。《韩非子·五蠹篇》："古者丈夫不耕，草木之实足食也；妇女不织，禽兽之皮

---

[*]《古书文例在训诂中的运用》，原载于《中山大学学报》1991年第3期。

足衣也。""丈夫"云云与"妇女"云云是两个分句相对为文。这都是散文中的对文,至于韵文中的对文就更是不胜枚举了。

诗文的对文,有的一目了然,其义为人所易晓,然亦有其义稍晦,致失其解者。例如:《尚书·洪范篇》"木曰曲直,金曰从革。""曲直"两字对文,其义显明。"从革"亦对文,其义则稍隐晦。原来,"从革"即"因革",训见俞樾《古书疑义举例》卷七。

根据对文的特点,就可以求得语句的结构和意义,可以由此及彼、据已知求未知。例如《桃花源记》"阡陌交通,鸡犬相闻"。"阡陌"和"鸡犬"相对,"交通"和"相闻"相对,"相闻"是偏正词组,可知"交通"也是偏正词组,避免把"交通"误解为与今天同义的名词。又如《梁书》卷四十《到溉传》引肖衍赐到溉《连珠》"研磨墨以腾文,笔飞豪以书信"。这是对偶句,"腾文"是动宾结构词组,可知"书信"也是动宾结构词组,并非今天名词的"书信"。书,即书写;信,为信幡。有人却把"信"误为"书启、信函",[①] 这就是没有顾及"腾文"与"书信"语法结构的相对关系而误解语义。又如《淮南子·缪称篇》:"春女思,秋士悲。"如果把"思"理解为"思念",那就错了。根据"思""悲"相对为文,可知"思"有"悲"义。训诂上有无书证呢?《文选》卷十九张华《励志》诗"吉士思秋",李善注云:"思,悲也",可以为证。

根据对文训释语义,是古代训诂家常用的方法。例如王念孙的训诂著作中就常用其法解决古书中的疑难问题。《汉书·王褒传》"圣主得贤臣颂:水断蛟龙,陆剸犀革,忽若彗氾画涂。"颜师古注曰:"彗,帚也。氾,氾扫洒地也。涂,泥也,如以帚扫氾洒之地,以刀画泥中,言其易。"王念孙据"彗氾与画涂相对为文",纠正了颜注的错误,释曰:"彗者,扫也;氾者,污也。谓如以帚扫秽,以刀画泥耳。"(详《读书杂志·汉书第十一》"彗氾"条)笔者按:"水断蛟龙,陆剸犀革"亦相对为文,"剸"与"断"同义。

据对文不但可以释义,而且可以辨正古书中的疑误。如《汉书·谷永杜邺传》:"如使危亡言辄上闻,则商周不易姓而迭兴,三正(笔者按:《读书杂志》引之误为'三王')不变改而更用。王念孙以为变改更三字

[①] 见张永言《信的书信义不始于唐代》,载《中国语文》1964年第4期。

语意重叠，改当为政，谓变其政而更用之也，变政与易姓对文，此因字形相似而误。"（《读书杂志·汉书第十三》"变改"条）

二、互文

互文名目最为繁多，旧注中所谓"互辞""互言""参互""通异语""文相变""互相见""互相挟""互相足"等，举凡皆指互文。但各家理解不尽相同。贾公彦在《仪礼疏》中说："凡言互文者，是两物各举一边而省文，故云互文。"其实，互文并不如此简单，最少有三种方式：①

第一种，把本来一句话能说完的分为两句来说。如《岳阳楼记》"不以物喜，不以己悲"；"居庙堂之高则忧其民，处江湖之远则悲其君"。阅读时必须合两句为一个意思来理解。"物""己"合起来作为被陈述的对象，"喜""悲"合起来作为陈述语。即"不以物己喜悲"。同样，下句也应当结合起来理解，即"居庙堂之高，处江湖之远，则忧其民悲其君"。这样才与下文"是进也忧退也忧"吻合。

第二种，用近义或同义词语互相训释，或是相应部分上下文互相补充。如李斯《谏逐客书》"郑卫之女不充后宫，而骏马駃騠不实外厩。"其中"充"与"实"同义，都有"盈满"的意思。再如《左传·成公二年》："公会晋师于上鄍，赐三帅先路三命之服，司马、司空、舆帅、候正、亚旅皆受一命之服。"孔颖达正义："于卿言赐，于大夫言受，互相足也。"孔疏说明传用互文手法，"赐"与"受"有互相补充、相辅相成的作用。

第三种，上下文的意思基本相同，意义重合。这种方式不像第二种方式只是局部性的个别词语意义上的重合，而是全局性的大多词语意义上的重合。文中的两句话或者诗中的几个章节，完全表示同一个意思，或者同指一个对象，或者在意义方面有互补关系。而在字面上尽量避免雷同重复，所以有的也采用同义词互补的办法。例如：《木兰诗》"阿爷无大儿，木兰无长兄。"诸葛亮《出师表》"受任于败军之际，奉命于危难之间。"诗章中的互文，如《诗经·卷耳》：

采采卷耳，不盈顷筐。

---

① 参考刘权汉《也谈互文见义》，载《华中师范大学学报》1987 年第 5 期。

嗟我怀人，寘彼周行。
陟彼崔嵬，我马虺隤。
我姑酌彼金罍，维以不永怀。
陟彼高冈，我马玄黄。
我姑酌彼兕觥，维以不永伤。
陟彼砠矣，我马瘏矣，
我仆痡矣，云何吁矣！

除了首章以外，其余几章基本是同一个意思的反复咏叹，并且尽量选用同义词。如"虺隤""玄黄""瘏"，《尔雅》同释为"病也"。"金罍""兕觥"同为酒器。"崔嵬""冈""砠"也是同类词。

既然互文有局部性的或全局性的意义重合，我们就可以利用这一特点，从已知的浅白易晓的语句去推求未知的晦涩难懂的语句。例如《吕氏春秋·察今》"尝一脟之肉，而知一镬之味，一鼎之调。""一镬之味"和"一鼎之调"互文，可知"调"和"味"同义，"镬"和"鼎"同义。再如，《老子》中有"猛兽不据，攫鸟不搏"之句，"据"和"搏"互用，说明它们的意义相同或相近。江淹的《杂诗》有"幽并逢虎据"之句，《文选》李善注引《战国策》"此所谓两虎相搏者也"句"搏"作"据"，也可说明"据"与"搏"同义。不但实词的意义可以据互文来推求，虚词的用法也可以据互文来推求。例如李斯《谏逐客书》："臣闻地广者粟多，国大者人众，兵强则士勇。"又《史记·项羽本纪》："徐行则死，疾行则免死。"其中的"则"是承接连词，而"者""即"与"则"都在相应的位置上，当有相同的语法作用和语法意义。这样就可以避免把其中的"者"字理解为一般用法的结构助词。"者"用如"则"，古书中不乏其例，如《管子·治国篇》："末作文巧禁，则民无所游食，民无所游食则必农，民事农则田垦，田垦则粟多，粟多则国富，国富者兵强，兵强者战胜，战胜者地广。"其中"则"与"者"互用，可与《谏逐客书》相印证。由此可知"则"或作"者""即"，异字同义。

三、变文

变文是指古人在行文或引文时有意变换字词、错综结构或更替句式来表达相同或相近的意思，避免字面重复、结构雷同、句式板滞，或追求声韵的和谐。《汉书·史皇孙王夫人传》"妪（王妪）言：名妄人，家本涿郡蠡吾平乡，年十四，嫁为同乡王更得妻；更得死，嫁为广望王迺始妇。""妻"与"妇"同义。《淮南子·道应训》"善治国家者，不变其故，不易其常。""变"与"易"同义，"故"与"常"同义。这都是为了避免字面的重复而变换同义词的例子。错综语法结构则可避免雷同，以参差见工巧：《论语·乡党》"迅雷风烈"，两个联合词组，一为偏正结构，一为主谓结构；《诗经·伯兮》"甘心首疾"，结构与上例同；《夏小正》"剥枣栗零"，两个联合词组，一为动宾结构，一为主谓结构。以更替句式来活跃语言形式的有《荀子·天论》"强本而节用，则天不能贫；养备而动时，则天不能病；脩道而不贰，则天不能祸。故水旱不能使之饥，寒暑不能使之疾，袄怪不能使之凶。本荒而用侈，则天不能使之富；养略而动罕，则天不能使之全；倍道而妄行，则天不能使之吉。""贫""病""祸"是使动用法，"饥""疾""凶""富""全""吉"本来也完全可以仿照前面的句式用使动用法，但为了使文章错落有致，却改用兼语式来表达。变换字词、错综结构和变换句式都是为了避复，也有为谐音而变文者：《诗经·柏舟》"母也天只，不谅人只。"传曰："天，谓父也。"俞樾曰：母则直曰母，而父则称之为天，此变文协韵之例也。（天人古韵均在真部）

上面说的都是原文中的变文，也有引文中的变文，即校勘学上所说的有同义关系的"异文"。我们在讨论互文时说到"则"和"者"可以互用，也可以通过异文看到"则"和"者"可以通用，说明两者有相同的用法和意义。例如：《荀子·宥坐篇》"孔子曰：'由，居，吾语汝。昔晋公子重耳，霸心生于曹；越王勾践，霸心生于会稽；齐桓公小白，霸心生于莒。故居不隐，者思不远；身不佚，者志不广。"《说苑·杂言篇》作"故居不出，则思不远；身不约，则智不广。"又《韩诗外传七》"故无常安之国，无宜治之民，得贤者昌，失贤者亡。自古及今，未有不然者也。"《外传五》作"得贤则昌，失贤则亡。"

由此可知变其文而不变其义是变文的特点，在训释古书时就可以利用变文不变之"常"求已变之"异"，即据已知求未知，避免误解古书。例如：《韩非子·五蠹篇》"国平养儒侠，难至用介士，所利非所用，所用非所利。"这几句又见于《显学》，不过"利"字改成了"养"字，由此可以断定：利有养义。有的注本释"利"为"利用"，是不对的。又如

《史记·龟策列传》"著百茎共一根。"《春秋繁露·奉本篇》作"著百茎而共一本。"可见"根"和"本"同义。《礼记·曲礼下》"问国君之富，数地以对，……问士之富，以车数对；问庶人之富，数畜以对。""数地以对""数畜以对"和"以车数对"本来完全可以使结构一律，却有意错综结构，"数"有名词、动词之分，"以"有介词、连词之别，文中两用。"以车数对"，意为用车辆的多少来回答，可知"数地以对"当译为用土地的多少来回答，"数畜以对"便是用牲口的多少来回答。就是说，别人问到国君、士、庶人的财富，就分别用土地、车辆、牲口的数量多少来回答。再如，据沈括《梦溪笔谈》卷十四所载：韩退之集中《罗池神碑铭》"春与猿吟兮秋与鹤飞"，石刻乃作"春与猿吟兮秋鹤与飞"，"盖欲相错成文，则语势矫健耳"。从所表达的意思来说却是一致的。前人有的不明古书的这种文例，致以不误为误，于是改动了原文。《淮南子·主术训》"夫疾风而波兴，木茂而鸟集。"马总《意林》引此句作"风疾而波兴"，就是误解变文之一例。又如：中学语文《赤壁之战》"权以示群下，莫不响震失色"。注曰："响震，震动。失色，变色。"[①]《中学文言文今译》译为："没有一个不像被响雷震呆了似的面无人色。"[②] 注译皆不妥：以"震动"注"响震"只解了一半，"响"字无着落；以"响雷"译"响"又有增字为训之嫌。其实，"响震失色"即"震响失色"之变文。"震"可训为"惧"，《国语·周语》"玩则无震"注："震，惧也"。"响"与"声"同义，《说文》徐锴注："声之外曰响"。"震响失色"即"惧声失色"之意。全句可意译为：孙权把曹操的来信给部下看了之后，没有一个不惊叫起来，脸色都变了。

四、省文

省文一般叫省略。有"两人之辞而省'曰'字例"，如《论语·阳货》"子曰：'由也，女闻六言六蔽矣乎？'对曰'未也'。'居，吾语女！'"有"句末省语气词例"，如《诗经·扬之水》"扬之水，不流束楚？"毛传："激扬之水可谓不能流漂束楚乎？"又《尚书·西伯戡黎》"我生不有命在天？"《史记·殷本纪》转录此句补一"乎"字。在没有

---

① 参见人民教育出版社出版高级中学课本《语文》。
② 参见福建人民出版社出版《中学文言文今译》。

标点符号的情况下,容易引起误解。还有"蒙上文而省例""探下文而省例",一般是省略句子成分,其成分可据上下文补充。而"省句例"则较难发现,所省略之句,如:《管子·立政九败解篇》"人君唯毋听寝兵,则群臣宾客莫敢言兵。"杨树达以为,"本当云'人君唯毋听寝兵,听寝兵,则群臣宾客莫敢言兵',以语急省去一句。"(《古书疑义举例续补》卷二)刘知已《史通·叙事》:"叙事之省,其流有二焉:一曰省句,二曰省字。《左传》'宋华耦来盟',称其先人得罪于宋,'鲁人以为敏'。夫以钝者称敏(鲁人为钝人也,《礼记》中已有注解)则明贤达所嗤。此省句也。"这是说,"鲁人以为敏"与上文之间省略了一些语句。省略语句,前后语意有较大的跳跃,不容易理解,因此杜预注曰:"无故扬其先祖之罪,是不敏,'鲁人以为敏',明君子所不与也。"可见,"是不敏"为所省略之句。这种省略比较特殊,其省略的语句不容易确定,能增补的语句也不是唯一的。但在理解和翻译古文时不能不设法增补出来。这增补出来的话,有人叫做"潜语"。①增补"潜语"可以使文理贯通,脉络清楚,语言流畅。如:《论语·先进》"子路、曾皙、冉有、公西华侍坐。子曰:'以吾一日长乎尔。毋吾以也。居则曰:不吾知也。如或知尔,则何以哉?'""毋吾以也"一句费解,就因为有"潜语",可增补作:"子曰:'以吾一日长乎尔〔而讷于言〕,毋吾以〔一日长乎尔而讷于言〕也。"②"吾以"即"以吾",宾语置介词之前。《论语》是语录体著作,这里完全可视为是孔子与弟子的座谈记录,或者是摘要而记,或者因语急而省。

　　了解古书中省文的各种情况,在训释古书时增补所省略的成分,很是必要,这与训诂学上所批评的"增字解经"是有区别的。这里试就"潜语"另举一例加以讨论。《论语·颜渊》:"棘子成曰:'君子质而已矣,何以文为?'子贡曰:'惜乎!夫子之说君子也,驷不及舌!文犹质也,质犹文也,虎豹之鞟,犹犬羊之鞟'"。杨伯峻《论语译注》译为"先生这样地谈论君子,可惜说错了。一言既出,驷马难追。"注曰"朱熹《集注》把它作为两句读:'惜乎!夫子之说,君子也。'便应该这样翻译:'先生的话,是出自君子之口,可惜说错了。'我则以为'夫子之说君子

---

① 见阎仲笙《古文潜语说略》,载《求是学刊》1987 年第 8 期。
② 见阎仲笙《古文潜语说略》,载《求是学刊》1987 年第 8 期。

也'为主语,'惜乎'为谓语,此为倒装句。"杨公的理解自然比朱子更为合理,断句当从杨公,但仍有讨论之余地。笔者窃以为,在"驷不及舌"之前可补一"潜语"作:"惜乎!夫子之说君子也。〔然夫子既言之矣〕,驷不及舌!"试译为:"太遗憾了,先生对君子的解释,但先生已经把话说出去了,四匹马拉的车也赶不上说出的话。"这就是所谓"一言既出,驷马难追"。

当然,增补省文应力求符合原意,避免主观随意性。因此为了提高准确性,有可能的话,可据异文中不省之文来补其所省之文。例如:《左传·僖公二十四年》"身将隐,安用文之?是求显也。"《史记·晋世家》作"身欲隐,安用文之?文之,是求显也。"又,《左传·宣公十一年》:"抑人亦有言曰:'牵牛以蹊人之田,而夺之牛。'"《史记·陈杞世家》作"鄙语有之:'牵牛经人田,田主夺之牛。'"由此可知,主语"文之""田主"《左传》皆省略。《左传》与《史记》之省与不省,从修辞的角度来说,体现了简古与明畅的不同语言风格,而从训诂的角度来说,文意有隐晦与显明的差异。

五、倒文

倒文属于语序的问题。语序,有的由于古今语法的差异,于今为倒,于古为顺;或者说,于今为异,于古为常。也有由于修辞的需要而颠倒其文,古今皆为变异者。古书文例研究的属于后一种情况。

前人早已注意到语序的问题。《春秋·僖公十六年》"春,王正月,戊申,朔。陨石于宋五。是月,六鹢退飞,过宋都。"《公羊传》:"曷为先言陨而后言石?陨石记闻,闻其磌然,视之则石,察之则五。"《穀梁传》:"先陨而后石,何也?陨而后石也。于宋,四竟之内曰宋。后数,散辞也,耳治也。……六鹢退飞过宋都,先数,聚辞也,目治也。"俞樾则以为"公羊有记闻记见之说,穀梁有散辞聚辞之义,乃作传体例如此,非经意也。"(《古书疑义举例》卷一)笔者按:是否经之本意,苟且不论。但以"陨石于宋五"为例,或言"石陨于宋五",或言"五石陨于宋",其义别无二致,于修辞而言,诚有微别。为其如然,历代诗话关于锻词炼句之论,其及语序者多。若〔宋〕陈善《扪虱新话》卷八云:王荆公尝读杜荀鹤《雪》诗云:"江湖不见飞禽影,岩谷唯闻拆竹声。"改云:宜作"禽飞影,竹拆声。"又王仲至《试馆职诗》云:"日斜奏罢

《长杨赋》,闲拂尘埃看画墙。"公为改云:"奏赋《长杨》罢",云:"如此语健。"

因此修辞学从修辞的角度研究倒文颠倒语序的修辞功能,训诂学则从训诂的角度研究如何训释倒文的语义。因为古书里倒文的客观存在,给读者训释古书带来一定的困难。要正确训释古书,就应该注意古书里的倒文现象。

其一,注意倒文叶韵。古代诗文为使声韵和谐,往往故意颠倒词语的正常语序。《诗经·既醉》"其仆维何?釐尔女士。釐尔女士,从以孙子"。"女士"即"士女",如《诗经·甫田》"以谷我士女。""孙子"即"子孙",皆倒文以协韵。"士""子"古韵同在纸部。《诗经·节南山》"弗躬弗亲,庶民弗信。弗问弗仕,勿罔君子。式夷式己,无小人殆。"顺言当云"无殆小人",为使"殆"字与上文的"仕""子""己"等字叶韵(诸字古韵同在纸部),故倒言。《文选·魏都赋》"锦绣襄邑,罗绮朝歌。绵纩房子,缣总清河。"末两句乃套用何晏《九州论》"清河缣总,房子好绵。"(《太平御览》卷八一八引)之所以倒置词序,为使"河"与韵脚"歌"字相押也。"歌""河"同属歌韵。

其二,注意倒文摹状。古书有时为摹写情状而颠倒语句,表示感叹、强调或取其曲折等。《孟子·滕文公上》"大哉尧之为君!……君哉舜也!"此二句为表示感叹,除了使用感叹词以外,都置谓语于主语之前,加强感叹语气。《史记·项羽本纪》"范增数目项王,举所佩玉玦以示之者三。""三"本是状语,可置"举"之前,现后置,作为谓语,有强调、突出数量的作用。《礼记·檀弓》"伯鱼之母死,期而犹哭。夫子闻之,曰:'谁与,哭者?'"这也是谓语倒置主语之前。姜宸英《湛园札记》曰:"先问谁与,后云哭者。倒装文法,恰似惊问情状。"《礼记·檀弓》"盖殡也,问于郰曼父之母。"孙濩孙《檀弓论文》曰:"此二句乃倒句也。盖殡浅而葬深,孔子之父殡于五父之衢,而见之者皆以为葬,孔子不敢轻启父墓而迁葬,乃其慎也。及问于郰曼父之母始得其实,当云'问于郰曼父之母,盖殡也。'故作倒句以取曲折耳。"

倒文的特点是颠倒其文而不改变其义,因此在训释古书时,就必须通过语序对立的一面,去寻求意义统一的一面,即易倒为顺,否则就会误读古书。正如俞樾所云:"古人多以倒句成文者,顺读之则失其解矣。"(《古书疑义举例》卷一)《水经》"吕望行年五十,卖食棘津。"姚维锐云："'行年'犹云'年将'，倒文也。乃或训为'年岁流行'，此惟后世推禄命者有是言，古无之也。"（《古书疑义举例增补》）今按：姚说是也，或误训者，以倒文顺读故也。《墨子·非乐上》"启乃淫溢康乐，野于饮食。"俞樾曰："'野于饮食'，即下文所谓'渝食于野'也。与《左传》'室于怒市于色'句法正同。毕氏沅校本疑'野于'当作'于野'，盖误连康乐二字读之，亦由不达古书之例，失其读，并失其义矣。"（《古书疑义举例》卷一）今按：郭在贻说："顺言当云'饮食于野'，之所以倒言为'野于饮食'，是为了使食字与下文力字叶韵。"①

既然倒文不能顺读，在翻译古书的时候，就必须调整其语序，使译文符合现代汉语的表达习惯。例如：《孟子·尽心下》"若崩，厥角稽首。"原文主谓语倒置。依郭在贻说："此言武王伐纣时，殷商的百姓表示欢迎，把额角触地叩起头来，声音响得好像山陵崩塌一样。"② 又如：《左传·闵公元年》"不如逃亡，无使罪至。为吴大伯，不亦可乎？犹有令名，与其及也。"这里因补充而倒说，按顺说末句应当提到语首，意思是：与其得到罪过，不如逃走，不要让罪过到来。做一个吴大伯，不也是可以的吗？这样还可以保持好名声。

六、复文

复文也叫"重言""连言""连文""复语"，指的是古书里面两个以上的同义词之重复连用。例如：颜师古《汉书叙例》"传写既多，弥更浅俗。"《史记·秦本纪》"遂复三人官秩如故，愈益厚之。"杨恽《报孙会宗书》"方当盛汉之隆，愿勉旃，毋多谈！""弥更""愈益""方当"皆同义复文。

复文以两字同义并列为多，也有三字一义而并列复用者：《左传·襄公三十一年》"缮完葺墙以待宾客。""缮完葺"同义复合。《汉书·王莽传》"今阸会已度，府帑虽未能充，略颇稍给"。"略颇稍"亦三字一义。《史记·平准书》"初先是往十余岁。"刘淇《助字辨略》云："初先是者，重言也；往，亦先是之辞。"据此，则"初先是往"，竟复用四字。《庄子·逍遥游》"而后乃今将图南"，"而后乃今"四字亦连读一义，说

---

① 郭在贻：《训诂学》，湖南人民出版社1986年版，第17页。
② 郭在贻：《训诂学》，湖南人民出版社1986年版，第16页。

见洪诚《训诂学》。①

复文中的每一个单音词,在训诂上往往有同义为训的关系,在行文中可以单独运用,并经化单为复的过程,有的发展成为现代汉语常用的同义复合词,但也有现代汉语不用,甚至古代汉语也少用的,因此容易引起误解。例如:《战国策·触龙说赵太后》"少益耆食"一句,王力《古代汉语》注:"少,副词,稍;益,副词,更加。"《古代散文选》芦荻注:"少增食欲"。郭锡良《古代汉语》注:"两个副词连用,稍微渐渐地。"王注前后语意难以贯通,芦注以"少"释"少益",语意不明,虽注犹未。郭注近是。用"渐渐"训"益"是对的,正如柳宗元《黔之驴》"益习其声"中的"益"单用时的意义一样,而"少"的意义,也如同下文"太后之色少解"的"少"一样,也是"逐渐"的意思。由此可见,"少益"是同义复合词,连言"少益"与单言"少"或"益"是一样的。

由于字词的古义在后代少用或者不用,因此容易造成对同义复词的误解。误解的通病是分训复文、化复为单,如:《左传·襄公三十一年》"寇盗充斥。"杜预注:"充满斥见。"俞樾以为失之,充、斥并为大,故并为多。充斥,言多也(详《古书疑义举例》卷七)。《史记·陈涉世家》:"公等遇雨,皆已失期,失期当斩。藉第令毋斩,而戍死者固十六七。"《史记》集解引服虔曰:"藉,假也。第,次第也。"又引应劭曰:"藉,吏士名藉也。"这种注解亦失之分训复文。今注仍有袭其非者,如曰:"藉,即使。第,仅。令,使得。"(见《中学语文文言文译注》)其实,"藉第令"皆表假设之辞,意即纵使、就算是。

要正确训释古书,必须充分利用复文同义反复的特点,正确理解其中的每一个单音词,并且尽可能从已知的单音词词义去推求未知的单音词词义,使复文得到正确的完整的解释,而不致错误地分训古书中的复文。如果不能正确理解单音词的词义,就可能导致错误地解释同义复合词,上文所举诸例已有如是者。再如:《齐民要术·序》引《淮南子·修务训》"故田者不强,困仓不盈;将相不强,功烈不成。"或注曰:"强,强盛。"此注如能成立的话,则下文的"强力"("每岁时农收后,察其强力收多者,辄历载酒肴,从而劳之。")莫非释为"强盛有力"?皆非也。单言

---

① 洪诚:《训诂学》,江苏古籍出版社1984年版,第94页。

"强"与连言"强力"一义也。"强力"与下文的"惰懒"("其惰懒者，独不见劳。")相对为文，意义相反。"强"当从高诱注云"力也"。而"力"与"勤"同义，与复文"勤力"也同义，可据上文为证："传曰：'人生在勤，勤则不匮'。语曰：'力能胜贫，谨能胜祸'。盖言勤力可以不贫，谨身可以避祸。"闽南方言"力"与"懒"对文，粤方言有"勤力"之说。由此可见，单言"力""强""勤"以及连言"勤力""强力"都是勤劳之意，据本文和方言可以求证。

利用古书有复文这一条例训释古书，高邮王氏父子经验殊多，兹各举一例，以见一斑：

王念孙《读书杂志·荀子第三》说：

《荀子·宥坐篇》："百仞之山，任负车登焉。"杨倞注："负，重也。"念孙案：古无训负为重者，王谓负亦任也。《鲁语》注曰："任，负荷也。"《楚辞·九章》注曰："任，负也。"连言任负者，古人自有复语耳。倒言之则曰负任。《齐语》"负任担荷"是也。

王引之《经义述闻·周官上》说：

《周礼·地官·司市》："市之群吏，平肆，展成，奠贾。"郑（玄）注："奠，读为定。整敕令者，使定物贾，防诳豫也。"引之案：豫亦诳也。《晏子·问篇》曰："古者，商通物而不豫，工致劳而不伪。"不豫，谓不诳也。又《禁耕篇》："教之以礼，则工商不相豫。"谓不相诳也。连言之则曰诳豫矣。

上面列举六种常用的古书文例，说明可以利用它们来训释古书。但有几点需要说明：①文中所概括的六种文例，是从不同的角度来加以区分的，六种文例难免有交叉的地方。因此对某一具体文句的分析，并非只能就范于某一文例。②文中所说的据"对文""互文"或"变文"等求同义词，是对随文释义而言的，如《文选·邹阳上书吴王》："高皇帝烧栈道，灌章邯。"《汉书·邹阳传》作"水章邯"。这里的"水"用如动词，意思与"灌"相同，然而在一般情况下，是绝不能视为同义词的。同时只见"水"用如动词，未见"灌"用如名词"水"。③利用文例训释古书，只能是一种辅助的手段。可以从文例得到启发，作为解决问题的线索，然后还必须验之书证，才能得到准确的答案。梁章钜《巧对录》辑汤春生《四书对语》"得众则得国，有土此有财"一对，笔者在校点《巧对录》时，曾对"此"字有所疑惑，后顿悟"此"与"则"有互文关系，盖不误，验之杨树达《词诠》，正训"此"与"斯"字"则"字用法同，并引《礼记·大学》"有德此有人，有人此有土，有土此有财，有财此有用"为例。裴学海《古书虚字集释》卷八采用杨训曰："'此'犹'则'也。"下列举书证多条。至此，笔者乃确信"此"字不误。

"古人语急"献疑*

清人顾炎武《日知录》卷三十二"语急"条有"古人多以语急而省其文者"之说,并胪列书证多例,似成定论。然笔者持怀疑态度审视顾氏所举诸例,不以为然,故不揣浅陋,献疑以就教方家。

为了便于陈述,现把顾氏所举例句分为五类,凡例句有旧注可征者,加括号引述于原文之后。

其一,"如即不如","犹不敢之言敢也"。

(1)《公羊传·隐公元年》:"母欲立之,己杀之,如勿与而已矣。"(何休注:如即不如,齐人语也。)

(2)《左传·僖公二十二年》:"宋子鱼曰:'若爱重伤,则如勿伤,爱其二毛,则如服焉。'"(杜预注:言苟不欲伤杀敌人,则本不须斗。孔颖达疏:如犹不如,古人之语然,犹似敢即不敢。若爱彼重伤,则不如本勿伤之;若爱其二毛,不欲仿害,则不如早服从之,何须与战?)

(3)《左传·成公二年》:"卫孙良夫曰:'若知不能,则如无出。'"

(4)《左传·昭公十三年》:"蔡朝吴曰:'二三子若能死亡,则如违之,以待所济;若求安定,则如与之,以济所欲。'"(杜预注:言若能为灵王死亡,则可违蔡公之命,以待成败所在。)

(5)《左传·昭公二十一年》:"宋华多僚曰:'君若爱司马,则如亡。'"(杜预注:言若爱大司马,则当亡走失国。)

(6)《左传·定公五年》:"楚子西曰:'不能,如辞。'"(杜预注:言自知不能,当辞勿行。)

(7)《左传·定公八年》:"卫王孙贾曰:'然则如叛之。'"

---

* 《"古人语急"献疑》,初稿于1992年10月提交在湖南省索溪峪举行的中国训诂学研究会年会,后载于《中山大学学报》1992年第3期,中国人民大学《语言文字》1992年第9期转载。

(8)《汉书·翟义传》:"义曰:'欲令都卫自送,则如勿收邪。'"(颜师古注:言若都尉自送至狱,不如本不收治。)

其二,省"乎"字。

(9)《诗》:"亦不夷怿?"(毛传:夷,说也。……郑笺:……亦不说怿乎?……)

(10)《书》:"在今尔安百姓,何择非人?何敬非刑?何度非及?"(孔氏传:在今尔安百姓兆民之道,当何所择惟吉人乎?当何所敬非惟五刑乎?当何所度非惟及世轻重所宜乎?)

其三,省"不"字。

(11)《书》:"弗慎厥德,虽悔可追?"(孔氏传:言人君行已不慎厥德,以速灭败,虽欲改悔,其可追及乎?言无益。孔颖达疏:……由太康不慎其德,以致此见距,虽欲改悔,其可追乎?)

其四,省"岂"字。

(12)《孟子》:"虽褐宽博,吾不惴焉?"(赵岐注:褐宽博,独夫被褐者。虽敌人被褐宽博一夫,不当轻惊惧之也。)

其五,省"非"字。

(13)《礼记》:"幼壮孝弟,耄耋好礼,不从流俗,修身以死者,不在此位也。""好学不倦,好礼不变,旄期称道不乱者,不在此位也。"

以上几类,顾氏皆视为"省文",而省文之故"多以语急"。但是,笔者结合旧注逐一地分析了各类型中的全部例句,其结果并非省文。

其一旧注本就有分歧,何休训"如"为"不如"[例(1)],孔颖达、颜师古用其说[例(2)、例(8)],而杜预训"如"为"可"、为"当"[例(4)、例(5)、例(6)]。王引之则更为明确地指出:"如,当也。《左传·僖公二十二年》曰：'若爱重伤，则如勿伤。爱其二毛，则如服焉。'言若爱重伤，则当勿仿。爱其二毛，则当服从之也。而解者云：'如犹不如。'则失之矣！"（《经义述闻》卷三十二《通说下·语词误解以实义》）当以杜、王之训为是，用以诠释第一类中其余的例句[例（1）、例（2）、例（3）、例（7）、例（8）]，都是条贯理通的。

"如"既然不是"不如"之省文，那么"敢"是否"不敢"之省文呢？

顾氏引用《左传正义》曰："古人语然，犹不敢之言敢也。"并加注如下例证：

(14)《左传·庄公二十二年》："敢辱高位以速官谤？"注：敢，不敢也。

(15)《左传·昭公二年》："敢辱大馆？"注：敢，不敢。

(16)《左传·仪礼·聘礼》："辞曰：'非礼也敢？'"注：敢言不敢。

顾氏所引例句，都属反问句式，"敢"从意义上来说，相当于"岂敢"，也就是"不敢"的意思，但不可以"省文"视之。"敢"不是助动词，而是反问语气副词，现代口语中仍然有用"敢"来作为反问语气副词的，如说"我敢不去？"由于古书没有标点，"敢"的反问语气比较隐晦，容易引起误解，因此需要加注，而旧注释以"不敢"是从整句的语意来理解的，本无可非议，但不能据此以为"敢"是"不敢"的省文。这类句子加上问号之后，其反问语气便跃然纸上。这正是古书标点中要特别留意之处，要能够正确运用标点符号来反映原文的语气。

至于其二曰省"乎"字，其三曰省"不"字，其四曰省"岂"字，皆不妥。从旧注对句意的串讲来看，例（9）、例（10）、例（11）都是反问句式，例（9）"亦"可训为副词"岂"，"亦不夷怿"即"岂不夷怿"。《孟子·告子上》："是亦不可以已乎？"朱熹集注："是岂不可以止乎？"以"岂"代"亦"，是"亦"犹"岂"也。王引之以例（9）中的"不"为"发声也"，训"不夷怿"为"夷怿也"（《经义述闻》卷三十二《通说下·语词误以实义》，下同），其不妥之处也是未顾及"亦"可训"岂"。但王氏也不以"省文"释之。例（12）中的"不"，王引之释为"发声也","不憪,憪也",与赵注相异。从语意来说,王氏所训与视之为反问句式相近。句末的"焉"既有代词"之"的意义,又有表示反问语气的作用。可见例(12)也并不是"省文"的问题。例(13)句读有分歧,郑注及孔疏皆以"者不"二字为一句,顾氏其句读盖与王引之同,但王氏以为"不,发声也","不在,在也"。由于句读有分歧,释义也就不一样,孰是孰非,难以定夺。

笔者认为,不可滥用"省文"解释古书中某些特殊的语言现象。古汉语省略句子成分的现象比较突出,但主要是指省去句子的基本成分,是指按本来的情况非出现不可的词语,这些被省略的词语都可以根据上下文补充出来,是比较确定了的。如果不是基本成分,而是附加成分,就不必看成是省略,因为附加成分是对基本成分加以修饰、限制、补充、说明,在语言结构中并不是非出现不可的。顾氏所举例句中的所谓"省文",没有一个是省去基本成分的。再者,附加成分的伸缩性比较大,可随各人的理解不同而不同。如例(11),顾氏以为省"不"字,那么依孔疏岂不可以理解为"可"前省"其"字,"追"后省"乎"字吗?

自从顾氏有"语急"一说之后,时人及后代的学者多承袭其说。

俞樾《古书疑义》卷二"语急例"除了直接引用顾氏"语急"之说以外,还扩充其用例的范围。他以为"裈延"之言"裈";(《诗·君子偕老篇》:"是绁袢也。"毛传曰:"是当暑袢延之服也。")"畔喭"之言"喭"或言"畔";(《论语·先进篇》:"由也喭"。郑注曰:"子路之行,失其畔喭。")《雍也篇》:"君子博学于文,约之以礼,亦可以弗畔矣夫。")"累解"之言"累";(《礼记·曲礼篇》:"为大夫累之。"《荀子·富国篇》:"则和调累解。")"并古人语急而省也"。如此扩而充之,恐又非顾氏本意。其实,"裈"之与"裈延","累"之与"累解",是同义的单音词与复音词并用而已,并非"急言"与"缓言"的问题。"裈延"亦作"裈袩",朱骏声《说文通训定声》:"裈为里衣之称,亦谓之裈袩"。俞氏指出"累、解二字同义,犹调、和二字亦同义",纠正了杨倞注"累解,婴累解释也"的错误,这是可取的。但其说"缓言之曰'累解',急言之曰'累'矣。"这就值得考虑了。其"语缓例"又云:"缮完葺"(《左传·襄公三十一年》:"缮完葺墙以待宾客。")"郊牧野"(《尚书·牧誓篇》:"王朝至于商郊牧野。")"此皆古人语缓,故不嫌辞费"。把古汉语中某些词意义相同,而音节有单音与复音的区别,看作是

"语急"与"语缓"的结果,这是不符合汉语词汇发展的客观情况的。古汉语词汇以单音词占优势,但同时又存在不少复音词,单与复并用,是表情达意的需要,这就是《荀子·正名篇》所说:"单足以喻则单,单不足以喻则兼。"这里所谓"单"就是单音词,"兼"就是复音词。

顾、俞所举诸例皆非"省文"范畴,其成因亦与"语急"无关。但"语急"诚然会给语言交际带来一定的影响,其影响留存于古书中,正如杨树达所说:"古人文中,常有省略一句者。其所以省略之故,有由于说者语急不及尽言,而记事者据其本真以达之者。"(杨树达《古书疑义举例续补》卷二:"省句例",亦见其后出的《汉文文言修辞学》第十八章"语急省") 如以下一例:

(17)《礼记·檀弓上篇》云:"子夏丧其明,曾子吊之曰:'吾闻之也,朋丧明,则哭之。'曾子哭,子夏亦哭,曰:'天乎,予之无罪也!'曾子怒曰:'商!女何无罪也?吾与女事夫子于洙泗之间,退而老于西河之上,使西河之民,疑女于夫子,尔罪一也。丧尔亲,使民未有闻焉,尔罪二也。丧尔子,丧尔明,尔罪三也。而曰女何无罪与?'"

杨氏云:"'而曰'下当有'女无罪'一句,文本当云:'而曰女无罪,女何无罪与?''女曾无罪'者,承子夏'天乎予之无罪也'一语而言也。'女何无罪与',则曾子诘责之词。乃曾子以盛怒之故,急迫不及尽言,而记者亦据实记载之,曾子怒不可遏之情,乃如在目前矣。"杨氏所说的"据实记载",是属于修辞的范畴,不属于语法的范畴。"急迫不及尽言"与语法研究中所说的句子成分的省略是有区别的。记者出自修辞的需要,有意"据实记载"说者语急时所言,因而出现前后语意不连贯、不好懂的情况,成为古书阅读的梗塞,阅读时不能不设法增补其潜藏的语句。这增补出来的话,可借用"潜语"一词称之,"它类似省略,而又不同于省略"。(参考阎仲笙:《古文潜语说略》,《求是学刊》1987年第3期)

总而言之,对古书中某些特殊的语言现象必须作具体的分析。旧注已有确诂可从者,不必更以"语急省文"释之。有本属反问句式者,亦与"语急"无关。与"语急"有联系的,其所"不及尽言"者,可称之为"潜语",以别一般所说的"省略"。

"荼""茶"异同考略*

文献中时见"荼"与"茶"二字混用之例,"荼"是否就是"茶"?自古迄今,众说纷纭,农学界、茶学界一直未能达成共识。有人认为"荼"就是"茶";有人认为"荼"与"茶"不能相混;也有人认为"荼"既是"茶"又不是"茶",即是说"荼"有时是"茶",但有时又不能说是"茶"。本文就"荼"与"茶"之异同略加考释,以期弄清"荼"与"茶"纠纷之缘由。

一、"荼"与"茶"为何难分?

"荼""茶"不分,在很大程度上是由于后人的认知偏差而造成的。有三种情况:

其一,有攀古托古思想的人,总想把某事某物的源头追溯到远古时代。如《神农本草》记载有"神农尝百草,日遇七十二毒,得荼而解之",由于茶始用于药,又有提神醒脑、健胃消滞之功,便容易认为"荼"即是"茶",把茶的起源追溯到传说中的神农时代。茶的药性疗效能否解除"七十二毒",这是很可置疑的,况且神农氏本身就是一个传说,更何况《神农本草》的撰者撰期,已为众人公认是秦汉人所伪托。又如南北朝别史《华阳国志》关于周武王伐纣后,四川茶便列为贡品的记载,竟被讹为《史记·周本纪》武王伐纣时有"以茶代酒"的记载。这样,一下子把茶提早到西周时代已作为饮用品。

其二,有些人用后出的"茶"字代替以前的"荼"字。这是由于假设"荼"就是"茶"的前提下而产生的。如不少人引用汉代王褒《僮约》记载的"武都买荼"写成"武阳买茶",将《方言》"蜀西南人,谓荼曰蔎"写作"蜀西南人,谓茶曰蔎",有人引用《三国志·吴志·韦曜传》所记"密赐荼荈以当酒"写作"密赐茶茗以当酒",甚至将《尔雅》

---

* 《"荼""茶"异同考略》,原载于《中山大学学报》2002年第4期。梁雄先生合作。

"槚，苦荼"写成"槚，苦茶"。①

其三，有人认为"荼"字有多义，难以确分。如《诗经》中的"荼"字，可以解为苦菜（《豳风·七月》"采荼薪樗"、《唐风·采苓》"堇荼如饴"）；茅秀（《郑风·出其东门》"有女如荼"）；萑苕（《豳风·鸱鸮》"予所捋荼"）；秽草（《周颂·良耜》"以薅荼蓼"）。于是对《邶风·谷风》"谁谓荼苦，其甘如荠"的诗句，便认为与《茶经·五之煮》中"啜苦咽甘，茶也"的意思吻合，可以理解为茶。而孔颖达疏《诗经·唐风·采苓》引陆玑疏却是"苦菜，生山田及泽中，得霜恬脆而美，所谓'堇荼如饴'。"可见仍是苦菜。至于有人认为《诗经·豳风·七月》中也有采茶的记载，就更含糊了。按《诗经·豳风·七月》有云："七月食瓜，八月断壶，九月拾苴，采荼薪樗，食我农夫。"这首诗是对古代劳苦农民生活的描写，这里的意思是：七月吃瓜，八月采葫芦，九月拾麻子，摘苦菜，拾柴枝和采劣木，农民就是这样过活的。如果把"采荼"理解为"采茶"，茶怎能当瓜菜吃呢？

二、"荼"与"茶"的演变

"荼"与"茶"最初是很清楚的。上古本无"茶"字，茶原名"槚"，见《尔雅·释木》。直至后汉许慎《说文》，仍未见有"茶"字。"荼""槚"之义，分释如下：

《尔雅·释草》云："荼，苦菜。"晋人郭璞注曰"可食"，近人缪启愉《齐民要术校释》曰："苦菜，该是菊科苦苣菜属（sonchus）和莴苣属（lactuca）的植物"，并说《要术》卷六养鹅鸭篇还提到用苦菜作雏饲料。② 郝懿行疏《尔雅》曰：苦菜单言荼（按：例已见上文），亦单言苦，单言苦者，如《诗》"采苦采苦"，《内则》"濡鱼包苦实蓼"③及《公食大夫礼》"铏芼羊苦"④，亦皆谓苦菜也。

《尔雅·释木》云："槚，苦荼。"郭璞注曰："树小似栀子，冬生，叶可煮作羹饮。"陆羽《茶经》又云："其树如瓜芦，叶如栀子，花如白

---

① 〔唐〕欧阳询：《艺文类聚》，中华书局1965年版，第1411页。
② 缪启愉：《齐民要术校释》，农业出版社1982年版，第635页。
③ 据中华书局影印《十三经注疏》本，"鱼"字当作"豚"。
④ 据中华书局影印《十三经注疏》本，原文作"铏芼、牛藿、羊苦、豕薇，皆有滑"。

蔷薇，实如栟榈，蒂如丁香，根如胡桃。"合此二说，足以证是茶的形性特征。

由此可见，荼从草，榎（后称茶）从木，两者本不相同。为何"荼"与"榎"往往混淆难分呢？由于"苦菜"与"苦荼"容易相混；"荼"与"苦荼"一字之差，亦容易相混；再则，一云"可食"、一云"叶可煮作羹饮"，亦容易误解为同属一物。到了后来，一些带苦涩味能兴奋神经的饮料，均视作茶饮。南朝陶宏景《别录》指出："凡所饮物有'茗'及'木叶'、'天门冬苗'并'菝葜'……俗中煮檀叶及大皂李作茶饮。南方有瓜芦木，亦似茗甘涩，取其叶作屑煮，饮汁。"可见似茶的饮料，实有多种，容易混为一谈。

据考证，晋代以前我国北方（中原黄河流域）尚无饮茶习惯，晋时饮茶之习亦未普遍，当时视茶饮或以为"苦"，或以为"怪"，或以为"耻"，茶仅是上层人物的奢侈品或贡品。"茶"其时或呼为"真荼"，或呼为"苦荼"，以别于名"苦菜"之"荼"。见张华《博物志》云："饮真荼令人少眠"（转引自贾思勰《齐民要术》）；刘琨《与兄子演书》云："吾体中愦闷，常仰真荼"；陶宏景《别录》云："巴东间别有真荼，火焙作卷结，亦令人不眠"；《尔雅·释木》"槚，苦荼"，郭璞注云："蜀人名之苦荼"。后魏，贾思勰《齐民要术》卷十中，亦别标有"茶"一条，以别于"荼"。但亦有单呼"茶"为"荼"者：《晋书·桓温传》云："每燕饮，唯下七奠拌荼果而已"；何法盛《晋中兴书》云："陆纳为吴兴太守时，卫将军谢安常欲诣纳，……安既至，所设荼果而已"；亦有呼"茶"为"荼"为"茗"为"荈"者：郭氏注《尔雅》"槚，苦荼"云："今呼早取者为'荼'，晚取者为'茗'，一名'荈'。"郭氏特别标明"今呼"，显然指当其时。可见"荼""茗""荈"之名混为一物，实始自晋。而"荼""槚"不分，恐亦自晋而始。

有人认为《晏子春秋》中的"茗菜"就是指"茶"。见《杂下篇》云："食晚粟之食，炙三戈、五卯、茗菜。"其实非是，按"茗"字从"草"、不从"木"，又与"菜"连称，宜是草本可茹者，应指"苦菜"而言；且"苦菜"一名"苦荬"（见李时珍《本草纲目》），"荬""茗"双声，可通假；又陶宏景《别录》"苦菜"条亦云："今'茗'极似此，疑即是'茗'，'茗'一名'荼'。"可见此"茗"即是"苦菜"。"苦荬"亦有作'买菜'者：洪迈《续笔》卷十："吴归命侯天纪三年八月，有鬼目菜生工人黄耇家,有买菜生工人吴平家,……东观案图,名鬼目,作芝草,买菜作平虑草。……《唐·五行志》,中宗景龙二年,岐州郿县民王上宾家有苦荬菜,高三尺余。上广尺余,厚二分。说者以为草妖。……余案买菜即苦荬,今俗呼为苦荬者是也。"

又有人认为,汉司马相如《凡将篇》云"藋菌、荈诧",王褒《僮约》云"包鳖烹荼""武都买荼",《三国志·吴志·韦曜传》云"密赐荼荈以当酒"等,其中的"荈""荼"就是指茶,《艺文类聚》引《三国志·吴志·韦曜传》竟将"荼荈"改为"荼茗",其实皆非是。按:"荈"字从"草",不从"木",实指苦菜;且《本草》云:"苦菜名荼草,一名选。"(据陆德明《经典释文》引)"选""荈"叠韵,可通假;又晋人杜育《荈赋》有句云:"厥生荈草,……月惟初秋,……是采是求","荈草"亦指苦菜,否则不应言"草",又不应言"初秋采求",古时茶无秋采者。"荼"字遵《尔雅》故训,是指"苦菜";且王褒《僮约》"烹荼"旧注,亦以"荼"为"苦菜"。又萧统《文选》,哀录汉人辞赋,侈陈物产,或"颂其所见",或"假称珍怪,以为润色",或"鸟兽草木验之方志",唯无涉及茶饮。可见此"荈""荼"亦是"苦菜"。

由此可知,晋以前所称"荼""茗""荚""荈""选"等,均非指茶。迄晋时才与"槚""苦荼""蔎"等,混为一谈。及唐代陆羽作《茶经》,始见有"茶"字,并以"茶"字统一其他称呼。

三、结语

根据以上的考释,可以得出如下结论:

(1)"荼"与"茶"本是两种不同的植物。从文字来说,唐以前没有"茶"字,只有"槚"字。"荼"是苦菜,草本,食用;"槚"是苦荼,木本,入药,饮用。

(2)"荼"与"槚"相混,始自晋代。及唐始见有"茶"字,并将以前的"荼""茗""荚""荈""选""苦荼""蔎"等一统起来,都称为"茶"。

(3)由于"荼""茶"二字形近,文献中时见二字混用之例,征引时必需加以辨正。

参考文献：

［1］〔唐〕欧阳询. 艺文类聚［M］. 北京：中华书局，1965.
［2］缪启愉. 齐民要术校释［M］. 北京：农业出版社，1982.

古 汉 语

古今词义辨异*

掌握古今词义的异同，重点应当在"异"而不在"同"。古今词义相异之处，有"迥别"与"微殊"之分。"迥别"容易引起注意，"微殊"容易被忽略。因此，要在辨"微殊"上多下功夫。辨别古今词义的"迥别"和"微殊"，可以从以下不同的角度着眼。

一、从义项多少来看

词有本义，有引申义，引申有直接引申和间接引申，因而形成一词多义的现象。一个词古今义项的多少，往往会发生变化。例如：币，原是古人用作礼物的丝织品。《战国策·齐策》："请具车马皮币。"又泛指用作礼物的玉、马、皮、帛等。《周礼·小行人》："合六币。"古代的"币"也有货币义。《管子·国蓄》："以珠玉为上币。"现代的"币"只有货币一义。字，古代至少有四个义项。① 生子。王充《论衡·气寿》："妇人疏字者子活。"② 女子许嫁。《周易·屯》："十年乃字。"③ 表字。《史记·陈涉世家》："陈胜者，阳城人也，字涉。"④ 文字。《汉书·刘歆传》："分文析字。"现代只有文字一义。

二、从词义范围大小来看

有的是古义范围小，今义范围大；有的是古义范围大，今义范围小。例如：菜，古代专指蔬菜，不包括鱼肉蛋品。《说文》："菜，草之可食者。"罗大经《鹤林玉露》中仇泰然对一幕僚说："某为太守，居常不敢食肉，只是吃菜；公为小官，乃敢食肉，定非廉士。"菜的今义则包括蔬菜、鱼肉、蛋类。脸，原来表示"目下颊上"这个意义，即女性搽胭脂之部位。白居易《昭君怨》："满面胡沙满面风，眉消残黛脸消红。"古人称脸限于女性，且有"双脸""红脸"云云。如晏殊《破阵子》："笑从

---

* 《古今词义辨异》，原载于《语文月刊》1998年第5期。

双脸生。"陈后主《紫骝马乐府》："红脸桃花色。"今义则表示"头的前部，面孔"。

三、从词义的感情色彩来看

有一些词在发展中，不但古今词义有差异，而且感情色彩的褒贬也起了变化。有的是古为褒义，今为贬义；有的是古为贬义，今为褒义；有的原是中性词，后变为贬义词或褒义词。例如：吹嘘，古代用于人事或言语，多指为人宣扬、称扬，杜甫《寄岑嘉州》："冯唐已老听吹嘘。"冯唐，西汉人，曾任楚相，武帝举贤良，或荐举之，时年已九十有余。吹嘘今指说大话，含有贬义的感情色彩。爪牙，古代是褒义词。《诗·祈父》："祈父，予王之爪牙。"指武将。韩愈《与凤翔邢尚书书》："今阁下为王爪牙，为国藩垣。"指得力助手。今则为贬义词，相当说："走狗""帮凶"。乖，古表违背、不顺。《荀子·天论》："父子相疑，上下乖离。"今用褒义。下流，古代指地位或处境低下。杨恽《报孙会宗书》："下流之人，众毁所归。"今天则指品德恶劣，中性词变为贬义词。谤，古义是议论，无所谓褒贬。《国语·周语上》："厉王虐，国人谤王。"谤王，指议论周厉王。谤，古代也作谤议、诽谤，均为中性词，今则为贬义词。

四、从语意的轻重来看

有些词古今词义很相近，但语意有轻重之别，或古重今轻，或今重古轻。例如：怨，古与恨同义。《史记·秦本纪》："缪公之怨此三人入于骨髓。""怨"显然非今之埋怨、不满。恨，古义语意轻，意为遗憾。《汉书·苏武传》："子为父死亡（无）所恨。"说儿子为父而死没有什么遗憾。今义语意重，如说：恨之入骨。冤，《说文》："屈也。"《说文》："屈，不申也。"汉以前，冤多指受压抑，不得伸展，今义则指无罪受过。古语意轻，今语意重。取，古为"捕得""俘获"。《春秋·庄公九年》："齐人取子纠杀之。"今义同"拿"，语意由强变弱。诛，最初只有责备的意思。《论语·公冶长》："宰予昼寝。子曰：'朽木不可雕也，粪土之墙不可朽也；于予与何诛？'"末句说，对于宰予么，值不得责备呀！诛后来发展为"杀戮"的意思，语意加重了。感激，古义是愤激的意思。《异苑》卷五："正月十五日，感激而死。"今义同感谢，语意轻。郑重，本来是一再、频繁的意思。《颜氏家训·勉学》："此事遍于经史，吾亦不能郑重，聊举切要，以启汝尔。"今为严肃认真，语意由弱变强。

五、从词义的侧重点来看

同一个词，古今词义似无差异，但侧重点不同。例如：劝，上古侧重于积极方面的劝勉。《左传·成公二年》："虽有轩冕之赏弗能劝。"《荀子·富国》："若是故有奸邪不作，盗贼不起，而化善者劝勉矣。"劝勉，同义连用。中古以后，侧重于消极方面的劝告。杜秋娘《金缕衣》："劝君莫惜金缕衣，劝君惜取少年时。"两"劝"字同今语之劝告。售，古代侧重于行为的结果，把商品卖掉。《广韵·宥韵》："售，卖物出手。"《诗·谷风》："既阻我德，贾用不售。"郑玄笺："如卖物之不售。"《晏子春秋·内篇问上》："而酒酸不售。"现在"售"只侧重于行为的本身，而不着眼于是否卖出手。

六、从词性的虚实来看

有的古为虚词，今为实词；有的古为实词，今为虚词。例如：来，古代可作虚词，无实义。《战国策·齐策》："长铗归来乎，食无鱼。"来，语助词。潮汕方言还保留"来"作助词的用法，如说：伊生来过雅（意指她长得很漂亮）。普通话的"来"，一般作动词，有实义。生，古代可作虚词。李白《戏杜甫诗》："借问别来太瘦生，总为从前作诗苦。"苏轼《次韵答顿起》："早衰怪我遽如许，苦学怜君太瘦生。"两"太瘦生"，都是太瘦的意思，"生"是语助词。现在的生作动词（生死）或形容词（生熟），不作虚词。与，古实今虚。《左传·僖公三十二年》："蹇叔之子与师。"与，参与。及，也是古实今虚。《晏子春秋·内篇杂上》："景公闻之，大骇，乘驲（旧时驿站所用之马匹）而自追晏子，及之国郊，请而反之。"及，追赶上。引申为达到那个地方。《左传·襄公二十三年》："矢及君屋。"又引申为到那个时候或程度。《左传·成公二年》："病未及死。""与"和"及"现在一般情况下只作虚词用。

七、从词义的对应关系来看

有些词古今的同义词或反义词的对应关系不尽一致。例如：好，古代的同义词是美，反义词是丑。《战国策·赵策》："鬼侯有子而好。"是说赵侯有个女儿长得很美丽。《乐府·陌上桑》："秦氏有好女。"好女就是美女。《列子·杨朱》:"贤愚好丑,成败是非。"褚少孙《西门豹治邺》:"西门豹曰:'呼河伯好来,视其好丑。'"二例"好"与"丑"相对为文,是反义词。上古表示美丽除了用"好"外,还可用"美"。《左传·桓公元年》:"美而艳。"《战国策·齐策》:"美女充下陈。"后来"好"的词义发生了变化,表示"良""优"之类意思,与"坏""劣"相对,与"美"的意义相去较远,不是同义词了。慢,古代与"敬""快"分别构成反义词,而今只与"快"构成反义词。《礼记·缁衣》:"可敬而不可慢。"《荀子·议兵》:"凡百事之成也,必在敬之;其败也,必在慢之。"又《君子》:"敬贤者存,慢贤者亡,古今一也。"三例"敬"与"慢"相对为义,是"恭敬"与"傲慢"的意思。"慢"与"快"相对,《诗·大叔于田》:"叔(人名)马慢忌(语气词)。"郑玄笺:"慢,迟……田事且毕,则其马行迟。"慢,上古少用迟义,唐以后,才用得多起来,如今已成为常用义,取代了本义。

古今词义的异同,还可以从其他角度进行观察。总而言之,只有从不同的角度进行深入细致的考察,才能掌握古今词义之间的各种差异,避免以今释古,误解古文。

利用潮汕方言掌握古词古义*

潮汕方言是现存古老方言之一。它不但保存了大量的古代汉语语音特点，而且在词汇方面，也保存许多中古时代以前的古汉语特点，表现在其所保留之大量古代汉语词语之中，这就使得它同现代汉语的书面语在词汇体系和语音特点上都存在相当大的差异，以致连文人学士也苦于潮汕话中大量的语词"有音无字"，"执管操觚，不知所谓"①。但根据李新魁、林伦伦先生的研究成果②，人们会惊讶地发现，潮汕话日常称说的方言土语，其实并非"有音无字"，其字词在古籍中早有记载，它们正是潮汕方言词的本字：或者是生僻字，或者是常用字。其词形或词义虽然在现代汉语书面语不复存在，但在潮汕方言区，人们世世代代，口耳相传，它们还"活着"。潮汕话口头说的与古书里记载的语词从语音到词义都有相应的关系。正是由于潮汕方言保留了大量的古代汉语词语，使它成为研究古代汉语的"活化石"。在词汇研究方面，我们既可以充分地利用潮汕方言训解古籍里的生僻字词的意义，又可以充分利用潮汕方言诠释常见字词的古义。

古籍中的生僻字词，不仅是一般读者不认识，就算专业读者也感到为难。如果不借助字典辞书，往往不识其字，不解其义。例如：

腾而狂趡。（[汉]班固《汉书·司马相如传》）

颜师古注："趡，奔走也。"与潮汕话的"追赶"义合。字虽罕见，但潮汕人口头皆常用之。如"我趡 [dziau⁷] 伊朆得着"（我没赶上他）。

---

* 《利用潮汕方言掌握古词古义》，原载于《李新魁教授纪念集》，中华书局1998年版。
① 翁辉东：《潮汕方言·序》，上海涵晖楼丛书版，1943年。
② 李新魁、林伦伦：《潮汕方言词考释》，广东人民出版社1992年版。

昔包羲作琴，神农造瑟，……六器者，犹以二皇圣哲韰益。（〔南朝·梁〕萧统《文选·长笛赋》）

韰，原义是增益。"韰益"为同义复合词。"韰"引申为在一种液体中加进另一种液体，使量增加。〔宋〕孔平仲《珩璜新论》卷四："俗言添韰，以水投酒谓之韰水。"潮汕话亦有"韰［tau³］水"之说。

污衊宗室，以内乱之恶披布于天下。（〔汉〕班固《汉书·文三王传》）

颜师古注："衊，谓涂染也。"潮汕话犹用此义，如"你个骹衊［mak⁴］着屎"（你的脚粘染着粪便）。潮汕地区旧时谓产妇有污秽之气，冲撞之则要倒霉，称为"衊产"。

凡非时之木，水沤一月，或火焙取干，虫则不生。（〔北魏〕贾思勰《齐民要术·伐木》）

焙，烘烤。古字作"煏"，《说文》火部："煏，以火干食也"。段玉裁注："煏或作焙。"潮汕话也说"焙"［pek⁴］，如"焙鱿鱼"（烤鱿鱼）。

溢堤之水，不淹其量；熻干之火，不复其炽。（〔汉〕赵晔《吴越春秋·勾践归国外传》）

熻，热，燃烧。字亦作"噏"，《方言》卷十三："噏，炙也。"戴震疏证："噏，亦作熻。"潮汕话把食物煮熟或蒸熟，也叫"熻"［hip⁴］。如"熻番薯""熻地豆（花生）""熻芋"等。

（水母）先煮椒桂或豆蔻，生姜缕切而煠之。（〔唐〕刘恂《岭表录异》下）

煠，煮。潮汕话常用"煠"［sa²⁽⁸⁾］，如"煠卵"（煮鸡蛋）、"煠面"(煮面)。

用燕丧威仪，民罔不盡伤心。(《尚书·酒诰》)

孔安国传："民无不盡然痛伤其心。"《广韵》入声职韵："盡，伤痛其心。"潮汕话谓伤心、痛心为"盡[kek$^{4(8)}$]心"，义与古语合。

春夏之月有蠓蚋者，因雨而生，见阳而死。(《列子·汤问》)

蠓蚋，或连言蠛蠓，或单言蠓、蠛、蚋，皆指小蚊子。宋玉《小言赋》："凭蚋眦以顾盼，附蠛蠓而遨游。"〔南朝·梁〕何逊《苦热》诗："蝙蝠户中飞，蠛蠓窗间乱。"〔唐〕皮日休《文薮·正尸祭》："可以蠛汉蠓魏。"上述例子中对小蚊子的称呼，不管连言还是单言，普通话都不用了，但其中的"蠓"正是潮汕人口头上对蚊子的称呼，潮汕人又称小蚊为"乌蚊"或"蚊虫"，与苍蝇合称为"胡蝇蚊蠓[maŋ^2]"(苍蝇蚊蚋)。〔宋〕王禹偁《寄题陕府南溪兼简孙何兄弟》诗："虚凉集鸥鹭，爽塏无蚊蠓。"蚊蠓并称，正与潮汕话相合。

敦敦凭书案，譬彼鸟粘黐。(〔唐〕韩愈《寄崔二十六立之》诗)

黐与粘同义，动词。也作形容词，意为"黏糊糊的"，如〔唐〕贾岛《玩月》诗："立久病足折，兀然黐胶结。"潮汕话仍保留其动词义和形容词义，如"我只手乞胶水黐[ti$^{·1}$]紧在"(我的手正被胶水粘着)。又"撮糜煮到黐黐，过糜，孬食"(稀饭煮得黏糊糊的，太烂了，不好吃)。今粤方言也保留此义，如称总要紧跟妈妈的小孩为"黐妈仔"。

公等勿与争，粮尽众枵，乃可图。(《新唐书·殷开山传》)

枵，饿。原指木头空虚，故从木。《说文》木部："枵，虚也。"段玉裁注："木大貌……木大则多空穴。"引申为腹中空无食物，古籍多用之。〔宋〕陆游《幽居遣怀》诗："宝玩何时救枵腹。"《明史·福王常洵传》：

"王府金钱百万,而令吾辈枵腹死贼手。"〔清〕蒲松龄《聊斋志异·西湖主》:"枵肠辘辘,饥不可堪。""枵腹""枵肠"皆饥饿意,潮汕话也把肚子饿叫作"枵"[iau¹]。俗语云"枵人目孔阔"(饿者食欲大)。

  养庶老,颁淖糜暖帛之资。(〔唐〕李商隐《为汝南公华州贺赦表》)

淖糜,指多米汤的粥。古籍中多有用例,〔宋〕钱穆父《赠秦少游》诗:"西郊为禄无多少,希薄才堪作淖糜。"〔宋〕陆游《秋雨》诗:"常有淖糜供旦暮。"又《龟堂独坐遣闷》诗:"食有淖糜犹足饱。"潮汕话也有"淖糜"[ts io?⁴mue⁵]之说,如"日昼食淖糜"(午餐吃稀粥)。潮汕话也用"淖"指其他又黏又稠的东西,如说"淖塗"(稀泥)。"淖"与"溷"同义,因此潮汕话又把稀泥叫作"塗溷[ko¹]糜"。《广雅·释言》:"溷,淖也。"王念孙疏证:"《众经音义》卷十一引《通俗文》云:'和溏曰淖。'"溏,泥浆,泥浆状的。正与潮汕话相合。古籍也有用例,〔西汉〕淮南王刘安《淮南子·原道训》:"(道)横四维而含阴阳、纮宇宙而章三光,甚淖而溷,甚纤而微。"高诱注:"溷亦淖也。夫饘粥多瀋者谓溷。"潮汕话也用"淖溷"[ts'io⁴ko¹]连言状写稀饭,又黏又稠的稀饭叫"淖溷糜"。义与古语相合。

  有似嚼饭与人,非徒失味,乃令呕哕也。(〔南朝·梁〕慧皎《高僧传·译经中·鸠摩罗什》)
  岩杰遽饮酒一器,凭栏呕哕。(〔五代〕王定保《唐摭言·海叙不遇》)

两例中的"呕哕",都是呕吐的意思,潮汕话亦有其说,如"伊一食着白猪肉就爱呕哕[au²⁽⁶⁾ue²⁴]"(他一吃到肥猪肉就要作呕)。

  缘是他气禀中自元有许多鏖糟恶浊底物,所以才见那物事,便出来应他。(《朱子语类·论语》)

鏖糟,肮脏。〔元〕陶宗仪《辍耕录》卷十:"俗以不洁为鏖糟。"

潮汕人至今犹有"鏖糟"〔o¹tso¹〕之说，如形容人不讲卫生为"鏖糟猫"（肮脏猫儿）。

> 书生系驴拔蒜备馔，酒肉霶霈。（〔唐〕郑棨《开天传信记》）

霶霈，指酒肉丰盛。潮汕话也有此说，如"阿公做生日时，办顿霶霈〔paŋ⁵⁽⁷⁾p'ai³〕酒席"（爷爷过生日时，备办一餐丰盛的酒席）。

古书里还有相当多的字词，虽然是现代汉语书面语中常见的，但不能以现代的词义讲解，原来它们用的是古代的词义。这些古代的词义虽然普通话不用了，但潮汕话仍然沿用。例如：

> 陈氏方睦，使疾，而遣之潘沐。（《左传·哀公十四年》）

〔晋〕杜预注："潘，米汁，可以沐头。"〔汉〕许慎《说文》水部："潘，淅米汁也。"又连言"潘泔"。《齐民要术·种蘘荷芹蘧》："芹、蘧……尤忌潘泔及咸水。"《众经音义》卷九云："江北名泔，江南曰潘。""潘"在普通话中只作姓氏用，而潮汕话仍保留其古义，称淘米水、泔水为"潘"〔p'un¹〕。如"用潘饲猪"（用泔水养猪）。

> 营营青蝇。（《诗·青蝇》）
> 羽骑营营，旷分殊事。（《汉书·扬雄传》）

〔唐〕颜师古注："营营，周旋貌。""营营"是词的重叠，可以单言"营"，如《公羊传·庄公二十五年》："以朱丝营社。""营"是围绕的意思，引申之有往来反复、萦绕的意思，"营营"是也。"营"在普通话中已经不单用为动词，而潮汕话仍保留"营"〔iã⁵〕有往来、周游之意，如说"营来营去"（反复往来）、"营神"（游神）、"营灯"（游灯）、"营街"（游街）。

> 古训是式，威仪是力。（《诗·烝民》）

〔汉〕郑玄笺："力，犹勤也。"单言"力"，连言"勤力"，都是勤劳的意思。如〔北魏〕贾思勰《齐民要术·序》："语曰'力能胜贫，谨能胜祸。'"盖言勤力可以不贫，谨身可以避祸。"力"与"勤力"互言。"勤力"犹可倒言为"力勤"，如〔汉〕王充《论衡·命禄》："命贫以力勤致富。""力勤"犹言"力劳"，如《淮南子·主术训》："上好取而无量，下贪狠而无让，民贫苦而忿争，事力劳而无功，智诈萌兴，盗贼滋彰。"总之，"力"古有"勤"义，普通话不用，而潮汕话常用之，并与"惰"构成反义词，如说"力〔lak^8〕食惰做。"（吃饭勤快，做事懒惰。）

起步寿宫。（〔汉〕班固《汉书·郊祀志下》）

起，建造。古籍用例甚多，〔汉〕桓谭《新论·识通》："（武帝）求不急之方，大起宫室。"〔汉〕班固《两都赋序》："京师修宫室，浚城隍，起苑囿。"〔南朝·宋〕刘义庆《世说新语·任诞》："冰为之起大舍，使门内有百斛酒，终其身。"又同书《巧艺》："后钟兄弟以千万起一宅。"《新唐书·突厥上》："赵简子起长城备胡。"或连言"起建"，〔汉〕班固《汉书·武帝纪》："起建章宫。"潮汕话保留"起"〔k'i^2〕的古义，如称盖房子为"起厝"。

布帛寻常，庸人不释。（《韩非子·五蠹》）

寻常，古代的长度单位，八尺为一寻，（《周礼·地官·媒氏》注："八尺曰寻。"）十六尺为常。"寻常"普通话一般是作为副词用，而潮汕话仍以"寻"〔ts'im^5/siam^5〕作为长度单位，如说"条索二寻长"（条绳子两"寻"长）。古代的八尺大概相当于普通成年男子的高度，也相当于成年男子两手平举时两手指间的距离。潮汕话的"寻"正是指这样的长度。

至十二月内，即须排比农具使足。（〔北魏〕贾思勰《齐民要术·杂说》）
给事素精于饮馔，归宅便令排比。（〔唐〕卢言《卢氏杂说·尚食令》）

排比，是准备、操办、安排的意思。普通话没有这样的用例，但潮汕话不乏其例，如"做桌个事排比〔pai$^{5(7)}$ pi^2〕好未?"（办酒席的事准备好了没有）

我小娘子即霍王女也，家事破散，失身于人。（〔唐〕蒋防《霍小玉传》）

家事指家产、家业。义与潮汕话相同，如"你岂知伊个家事〔ke^1 sɯ^7〕有若玆"（你哪会知道他的家产有多少）？

本来不合交关，违法故买，意在奸伪。（《唐律疏议》卷四）

交关，交易、买卖。又见〔唐〕元稹《估客》诗："火伴相勒缚，卖假莫卖诚。交关但交假，本生得失轻。"《旧唐书·食货志》："相因交关用而欠陌钱者，宜但令本行头及居停主人、牙人等检察送官。"普通话无"交关"一说，潮汕话有之，如"伊人唔老实，孬个伊交关〔kau^1 kuan^1〕"（他这个人不诚实，不好跟他买东西）。

始大人常以臣无赖，不能治产业。（〔汉〕司马迁《史记·高祖本纪》）

大人，父亲。汉魏六朝时多用之，〔南朝·宋〕刘义庆《世说新语·言语》："孔融被收，谓使者曰：'冀罪于身，二儿可得全不？'儿徐进曰'大人岂见覆巢之下，复有完卵乎？'"又《夙惠》："宾客诣陈太丘宿，太丘使（其子）元方、季方炊。客与太丘论议。二人进火，俱委而窃听，炊忘著箪，饭落釜中。太丘问：'炊何不馏？'元方、季方跪曰：'大人与客语……'"普通话的"大人"是与"小孩"相对而言，没有指父亲的用法，潮汕话当然也可以指成年人，但也可以指父亲，如"阮大人〔tua^7 naŋ^7〕早过身了"（我父亲早已去世了）。所不同者，古代可作面称，今潮汕话只作背称。

仲躬命入，乃井中所见者，衣绯绿之衣，其制饰铅粉，乃当时

耳。（〔唐〕谷神子《博异志·敬元颖》）

当时，当其时之谓，即正是时候，犹今言时髦。又指年龄的最佳阶段，〔明〕冯梦龙《醒世恒言·赫大卿遗恨鸳鸯绦》："原来这女童，年纪也在当时，初起见赫大卿与静真百般戏弄，心中也欲尝尝滋味。""年纪当时"之说法与潮谚"十七十八大当时〔təŋ¹si⁵〕，十九二十过二年"正相同。

总而言之，古籍里不管是生僻字词，还是常见字词，有相当用例的词义至今还保留在潮汕方言之中。对于一般读者来说，联系潮汕方言掌握古书中生僻字词的词义固然重要，但更重要的是联系潮汕方言掌握古书中的常见字词的词义，因为这些常见字词或者整个词义现代汉语书面语已经不用，或者部分义项不用，或者古今词义发生变异，而潮汕方言却与之保持相对的一致，因此利用潮汕方言掌握古书中的古词古义，避免犯以今律古、望文生义的毛病，显然是一条重要途径。这一途径，在潮汕方言区进行文言文教学，显得更加切实可行。

后记：
　　本文参用李新魁、林伦伦先生《潮汕方言词考释》一书，其中潮汕话标音亦多以之为据。脱稿之后，复蒙李先生匡正，不虞文未行世，先生已作古矣！先生博闻强记，著作等身，堪称学界泰斗。不才承乏，忝列教席，与先生共事20余秋，承先生教益良多，难忘终生。可长忆，与先生卒前一面，乃在省人民医院，时值1997年9月10日教师节。逾三日，先生遽归道山。嗟欤！先生竟然于医院度过最后一个教师节，淡淡之教师节。上苍无乃不公乎！悲先生之远行兮，哀接闻之无从。谨以斯文祭先生，肃此为记。

1997年10月11日

利用潮汕方言掌握古今词义的异同

学习古代汉语,阅读古书,经常会碰到一些生僻的字词,这固然有其难处,但更为难的是,有些字词古今书写形式一样,而其意义却有区别,其区别的情况又是多方面的:或者迥别,或者微殊。古今词义的这种差异,在潮汕方言中体现得非常清楚。本文拟就潮汕方言中词的义项、词义范围及词性类别的异同作一考察。

一、词的义项多少不同

古今同一个词的义项多少不同,或者古代的词义现代消亡了,或者随着词义的发展,现代增添了新的义项。词的义项多少不同,这主要是由于词义的引申结果不同而形成的差异。例如:

张 古今都作姓氏用,但古代还可以作动词,意为张开。《史记·廉颇蔺相如列传》:"相如张目叱之。"潮汕话仍用"张"来表示眼睛开合的动作,如"目张[tĩõ³]金"(睁开眼睛)、"目张眯"(闭起眼睛)。潮汕话"张"的闭合义是词义的扩大,嘴巴张开、闭合也叫"嘴张阔""嘴张眯"。普通话不单用"张",只在"张开""扩张"等双音词中保留了"张"的这一义素。古代的"张"还有"张设"之意,指设机关罗网以捕鸟兽。《公羊传·隐公五年》:"百金之鱼,公张之。"何休注:"张谓张网置障谷之属也。"〔汉〕王褒《僮约》:"粘雀张鸟,结网捕鱼。"〔南朝·宋〕范晔《后汉书·王乔传》:"于是候凫至,举罗张之。"〔宋〕司马光《资治通鉴·汉明帝永平七年》:"劳动张捕,非忧恤之本也。"胡三省注:"张,设也,设为机阱,以伺鸟兽曰张。"潮汕话也有"张[tĩõ¹]鸟""张猫鼠(老鼠)"之说。由诱捕鸟兽的意义引申之,"张"又有欺骗义,潮汕话"张食人",就是欺骗人,〔清〕屈大均《广东新语》卷十一"土言":"顺德谓欺曰到。《史记》张仪曰:'不如出兵以到之。'索

---

* 《利用潮汕方言掌握古今词义的异同》,原载于《汕头大学学报》1998年第2期。

隐曰：'到，欺也。犹俗云张到。'谓张网得禽兽也。"由欺骗义引而申之，"张"又有虚假、不真实的意思。潮汕话称人的虚假行为、不真实面目为"张样张像"（扮样子），潮汕话也连言"张到"，如"张到 [tĩŏ¹kau³] 只生样"（装成这个样子）。"张"的"张设""欺骗""虚假"等义，普通话已经不用，可见"张"的义项古今多少不同。

厚 古今都指扁平物体上下两面的距离大，跟"薄"相对而言。但古代还可以指液体浓度高，味道浓。《韩非子·扬权》："夫香美脆味，厚酒肥肉，甘口而疾形。"《列子·杨朱》："丰屋美服，厚味姣色。""厚"指味浓，潮汕话常用，如"功夫茶过厚 [kau⁶]。"（功夫茶太浓。）古代还用"厚"指多，〔唐〕沈亚之《省试策·第三问》："争锋则失利，坐守则厚费。"厚费，花费多。"厚"有"多"义，潮汕话也有用例，如"蠓厚死。"（蚊子多极了。）"厚"的词义现代已经缩小了，普通话里没有用"厚"作"味浓""多"的用例。

薄 古今都指扁平物体上下两面的距离小，但古代还有指液体浓度低、味道淡的意思。《庄子·去箧》："鲁酒薄而邯郸围。"〔唐〕杜甫《羌村三首》："莫辞酒味薄，黍地无人耕。"潮汕话也有"酒薄 [po⁷⁸]（或'茶薄'）人情厚"之说，其他如药液等也可以用"薄"称说其浓度低，如"撮氨水过厚，个伊透薄。"（这些氨水的浓度太高，将它稀释。）如同"厚"一样，现代的"薄"，义项减少了，不再保留上述的古义。

让 古今都有谦让义。但古代还有责让、谴责之意。《左传·僖公五年》："夷吾诉之，公使让之。"〔晋〕杜预注："让，谴让之。"〔汉〕司马迁《史记·齐太公世家》："鲁人以为让，而齐襄公杀彭生以谢鲁。"〔唐〕司马贞索隐："让，犹责也。"〔宋〕欧阳修《新唐书·哥舒翰传》："翰以书招诸将，诸将皆让翰不死节。"〔汉〕许慎《说文》言部："让，责让。"此义普通话已不用，而犹存潮汕话之中。如"个孥囝过唔规矩，着个让 [dziaŋ²] 二句。"（这个小孩太调皮，要教训他几句。）章太炎《新方言·释言》云："今谓骂人曰让，俗作嚷。"在责骂一义上，潮汕话"让""嚷"同音，因此俗多作"嚷"，与章氏所言同。而谦让义潮汕话叫 [nĩŏ⁷]，与《广韵》属日母漾韵去声相合。

二、词义范围大小不同

词义范围大小不同，是指词所包含之概念的外延扩大或缩小，有的是古代的词义范围大，现代的词义范围小；有的是古代的词义范围小，现代的词义范围大，这种情况主要是在同一类概念中发生。例如：

雁、鹅 今各指一种禽类，但上古雁、鹅不分。《尔雅·释鸟》："舒雁，鹅。"〔汉〕郭璞注："《礼记》曰：'出如舒雁。'"〔清〕郝懿行疏："《说文》：'雁，鹅也。'〔汉〕杨雄《方言》云：'雁，自关而东谓之鸧鹅，南楚之外谓之鹅。'"〔唐〕释慧琳《一切经音义》卷二引孙炎："鹅，一名舒雁。"《庄子·山木》："舍于故人之家。故人喜，命竖子杀雁而烹之。"《仪礼·士昏礼》："纳采，用雁。"此皆以"雁"指鹅。反过来，鹅也可指雁。潮汕话仍保留雁鹅不分的古义，把大雁叫"雁鹅"，也叫"海鹅"。潮汕童谣有："天顶飞雁鹅〔ŋaŋ$^{6(7)}$ ŋo^5〕，地下掠蛤婆（蛤蟆）。"从潮汕话的"雁鹅"统称，也可以证明古代的雁、鹅单称时词义范围比现代的单称词义要大。

众生 原指人和动物，如"芸芸众生"然。《礼记·祭义》："众生必死，死必归土。"〔清〕孙希旦集解："众生，兼人物而言。"佛家用以称一切有情欲、生命的人和物。《法华经·序品》："六道众生，生死所趣。"后词义缩小，单指牲畜。〔明〕施耐庵《水浒传》第34回："常言道：'众生好度人难度。'原来你这厮外貌像人，倒有这等贼心贼肝。"〔清〕梁同书《直语补证》曰："俗骂人曰众生。"说与潮汕话同。潮汕话称养牲口为"饲众生〔tseŋ$^{3(6)}$ sẽ^1〕"。

虫 古代的"虫"词义范围很广。〔清〕徐灏《说文解字注笺》："虫者动物之通名。"这就是"虫"的本义。"虫"原包括鸟（羽虫）、兽（毛虫）、鱼（鳞虫）、龟（介虫）、人（裸虫）等，后缩小为"昆虫"之称。潮汕方言称顽皮的小孩为"孽虫"〔ŋiak^4 taŋ^5〕，形容横行霸道者为"大条虫"，"虫"均保留古义。

草 古代的"草"词义范围也很广。〔汉〕许慎《说文》艸部："草，百草也。"包括"菜"在内，又："菜，草之可食者。"其所属之字有不少释为"菜也"，普通话"草"和"菜"是分得很清楚的，但潮汕话仍以"草菜"〔ts'au^2 ts'ai^3〕连称指蔬菜，是古语之遗，也是"草"古义比今义广之证。

菜 古代"菜"词义范围比现代小，仅指蔬菜，不包括肉类、蛋类在内。〔宋〕罗大经《鹤林玉露》仇泰然对一幕僚说："某为太守，居常不敢食肉，只是吃菜；公为小官，乃敢食肉，定非廉士。""肉"和"菜"

对言，义界清楚。现代的"菜"词义扩大了，如节日加菜，当然包括鱼肉、蛋品在内。因此潮汕话用"草菜"或"青菜"来区别词义扩大了的"菜"。

牢 〔汉〕许慎《说文》牛部："牢，闲养牛马圈也。"上古指养牛马等大牲畜的地方。《诗·公刘》："执豕于牢。"《管子·轻重戊篇》："殷人之王，立帛牢，服牛马。"《战国策·楚策四》："亡羊而补牢，未为迟也。"潮汕部分地区称"猪圈"为"猪牢"〔lo⁵〕，保留古代的词义。现代称监狱为牢，蹲监狱叫"坐牢"，词义扩大了。

瓦 〔汉〕许慎《说文》："瓦，土器已烧之总名。"古代词义范围甚广，几乎一切陶制品都包括在其中，《说文》缶部："匋，瓦器也。"其所属之"缺""鹹""罐""鳐""罐"等字亦以"瓦"或"瓦器"释之。屈原《卜居》："瓦釜雷鸣。""瓦釜"即沙锅，"瓦"用的就是本义，后缩小为指盖屋的瓦。如李商隐《重过圣女祠》："一春梦雨常飘瓦。"潮汕话的"瓦"词义也缩小了，单说"瓦"时包括"筒瓦"和"瓦片"。筒瓦，潮汕话叫"瓦甋"〔hia⁶⁽⁷⁾ taŋ⁵〕，是古语"甋瓦"之倒言，〔宋〕曾巩《本朝政要策·任将》："帝尝命有司为洺州防御使郭进治第，凡庭堂悉用甋瓦。"〔宋〕李诫《营造法式·瓦作制度·结瓦》："结瓦屋宇之制有二等：一曰甋瓦，施之于殿阁厅堂亭榭等。"〔南朝·梁〕顾野王《玉篇》瓦部："甋，牡瓦也。"〔南宋〕戴侗《六书故·工事四》："甋，小牡瓦如筒者也。"潮汕话"瓦甋"也单言"甋"，义与古语相合。"瓦片"潮汕话叫"瓦盘"〔hia⁶⁽⁷⁾ puã⁵〕，也单言"瓦"。

裘 原指皮袄。〔汉〕许慎《说文》衣部："裘，皮衣也。"《诗·都人士》："彼都人士，狐裘黄黄。"后亦可指其他质料的袄，如〔唐〕白行简《李娃传》："（生）被布裘，裘有百结，褴褛如悬鹑。"〔唐〕裴铏《传奇·周邯》："有一老人，身衣褐裘，貌甚古朴。"普通话除引用成语"集腋成裘"时还用古义之外，一般不用"裘"表示其他质料的衣服，而潮汕话至今还用其引申义，如棉袄叫"棉裘"〔hĩũ⁵〕、羊毛衣叫"羊毛裘"等。

三、词性的类别不同

古今词义的异同还表现在词性的类别不同，类别不同，词义当然也不一样。潮汕方言所保留的古语词也反映了这一点。例如：

落 原指村落,是名词。〔南朝·宋〕范晔《后汉书·循吏传·仇览》:"庐落整顿,耕耘以时。"〔唐〕李贤注:"案,今人谓院为落也。"杜甫《兵车行》:"千村万落生荆杞,纵有健妇把锄犁。"也作动词用,指草木叶下坠。如《礼记·月令》:"季秋之月,草木黄落。"引申义,凡物下坠皆曰落。普通话的"落"多作动词用。潮汕话仍保留"落"的名词义,如用"三座落[lo^{78}]""四座落"称其不同规格的房屋。又从名词引申为量词,如"伊落厝起到雅死。"(他那座房子建得很漂亮。)

物 古代不但作名词,而且也作动词。如《庄子·山木》:"物物而不物于物。"第二、四两个"物"是名词,第一、三两个"物"便都用作动词,意为"支配"。他如《左传·昭公三十二年》:"刉沟洫,物土方。"《周礼·地官·艸人》:"则物其地,图而授之。"普通话除了"物色"这个双音词还带有动词词素以外,一般不用"物"作动词,而潮汕话的"物"却是个十分活跃的动词,如"你在物[mue^{78}]底个?"(你在搞什么?)

税 古今都作名词用,但古代也用作动词,相当于"租赁",唐代已有用例。〔唐〕白行简《李娃传》:"闻兹地有隙院,愿税以居。"〔唐〕薛调《无双传》:"仙客税屋,与鸿、苹居。"〔唐〕裴铏《传奇·孙恪》:"恪乃语以税居之事。"皆指租屋。〔明〕袁宏道《相逢行》:"税地植桃花,十树九树死。"指租地。〔宋〕魏泰《临汉隐居诗话》:"太宗时,朱严等三人及第,税船赴任所。"指租船。普通话的"税"一般作名词,不作动词。而潮汕话,名词、动词两用,如租屋叫"税厝"[sue^{3}ts'u^3],租地、租船也叫"税地""税船",都是动词用例。

枯 古今都作形容词用,意为干枯。但古代也用作名词,〔明〕宋应星《天工开物·乃粒·稻宜》:"勤农粪田,多方以助之。人畜秽遗,榨油枯饼,草皮木叶,以佐生机,普天之所同也。"又《乃粒·麻》:"收(胡麻)子榨油,每石得四十斤余,其枯用以肥田。""枯"古字作"秙",〔宋〕丁度《集韵》平声模韵:"秙,秙饼。"普通话不作名词用,而潮汕话仍用作名词,指油料作物的种子榨油后压成饼形的渣滓,如"地豆枯[kou^1]"(花生料榨油后剩下的豆渣饼)、"黄豆枯"(黄豆渣饼)、"茶枯"(茶籽渣饼)等。

掌 古今都作名词,如手掌、熊掌、鹅掌,古今同称。但古代常作动词,指职掌,主管。《周礼·天官·凌人》:"凌人掌冰。"〔汉〕郑玄注:

"杜子春读掌冰为主冰也。"《孟子·滕文公上》:"舜使益掌火。益烈山泽而焚之,禽兽逃匿。"赵岐注:"掌,主也。"《墨子·迎敌词》:"设守门,二人掌右阉,二人掌左阉。"掌阉,犹掌门也。普通话除双音词"掌管""掌握"之说外,不用单音词"掌"作动词,潮汕话则常用"掌"作动词,意为看管,如"掌 [tsĩõ²] 牛""掌鹅""掌鸡",犹存"掌门""掌家"之说。所不同者,古代汉语的"掌"偏指主管,潮汕话则偏指看管,词义稍有演变。

加 古今都作动词用,其反义词是"减",但古代也作形容词,"多"之意,与"少"对言。《礼记·少仪》:"其禽加于一双。"〔汉〕郑玄注:"加,犹多也。"《荀子·性恶》:"加日县久,积善不息。"加日,多日,累日。〔宋〕王禹偁《闻鹗》诗:"年加睡渐少,秋尽漏且长。""加"与"少"对文,"尽"与"长"对文,皆形容词相对。现代汉语"加"作动词,不作形容词,但潮汕话动词、形容词并用,如"伊只分物过少,着加 [ke¹] 一块乞伊。"(他这份儿太少,应当增加一些给他。)此用作动词。又"钱无加,着俭俭使。"(钱不多,当节省着用。)此用作形容词。

糜 本义是稀饭,与粥同义,名词。《礼记·月令》:"(仲秋之月)是月也,养衰老,授几杖,行糜粥饮食。"《仪礼·既夕礼》:"歠糜,朝一溢米,夕一溢米。不食菜果。"《淮南子·兵略训》:"攻城略地,莫不降下。天下为之糜沸蚁动。"《尔雅·释言》:"粥,糜也。"〔汉〕刘熙《释名·释饮食》:"糜,煮米使糜烂也。"由此可见,"糜"是流行的名词,后代沿用不辍。〔南朝·宋〕范晔《后汉书·杨彪传》:"无故捐宇庙,弃陵园,恐百姓惊动,必有糜沸之乱。"〔南朝·梁〕宗懔《荆楚岁时记》:"正月十日作豆糜。"〔宋〕黄庭坚《送王郎》诗:"炒沙作糜终不饱,镂冰文章费工巧。"古代又作形容词,与"烂"同义。《孟子·尽心下》:"梁惠王以土地之故,糜烂其民而战之,大败。"糜烂,同义复合。〔明〕梅膺祚《字汇·米部》:"糜,烂也。"古字作"靡",屈原《楚辞·招魂》:"旋入雷渊,靡散而不可止些。"〔汉〕王逸注:"靡,碎也。"〔汉〕许慎《说文》火部:"靡,烂熟也。"〔三国·魏〕张揖《广雅·释诂》:"靡,熟也;又坏也。""糜""靡"本不同义,糜指粥,故从米;靡指烂熟,故从火。后多通用。今糜行而靡废矣。但现代汉语只用"糜"的形容词义,潮汕话则名词、形容词并用。潮汕地区至今保留古代"食糜"(吃稀饭)之遗俗,"糜"字当然常在口头上,如"糜 [mue⁵]

孬煮过糜〔mĩ⁵〕正好食。"（稀饭不要煮得太烂才好吃。）"撮蕃薯乞糜〔mĩ⁵〕去了。"（蕃薯给烂掉了。）前一个"糜"是名词，后两个是形容词，读音也不同。

悦 古今都作形容词，高兴、愉快之意。〔汉〕司马迁《史记·吴起列传》："吴起不悦。"古字作"说"，《战国策·齐策四》："孟尝君不说。""不悦""不说"都是不高兴。古书多作"说"，并且引申为动词，喜欢上，使人喜欢的意思。《诗·静女》："彤管有炜，说怿女美。"说怿，同"悦怿"，即被其美所迷。〔汉〕司马迁《报任少卿书》："士为说己者容。"说，同"悦"。普通话"悦人""悦耳""悦目"是沿用古代汉语的说法，一般不用"悦"作动词，而潮汕话一直用"悦"作动词，特指被异性所吸引。如"相悦〔dzua²⁸〕"，指互相倾心，恋爱。

上面从三个角度进行分析，只是为叙述的方便出发，其实这三方面并不是绝然分开的，对于某个词来说，有时难免出现交叉的地方。另一方面，潮汕方言虽然保留古代的词义，但也是既有联系又有区别的。例如本义所举的"物"是从词类的角度进行分析的。其实，名词的"物"词义范围也有大小的不同。古代的"物"除了指"东西"以外，有时还指"人"。〔唐〕房玄龄《晋书·姚襄载记》："时或传襄创重不济，温（桓温）军所得士女莫不北望挥涕，其得物情如此。"物情，即"人情"。普通话的"物"，除"人物"连用指人外，单用不能指人，潮汕话除了直面称说"者物"（这个人）以外，一般也不能指人。还有，潮汕方言和古代汉语词义上的对应关系，除了上述三个方面以外，还可以从其他角度进行分析，例如词义的变化，也会造成古今词义的异同。有些词古今联系非常密切，古义与今义表面看起来似乎没有什么差异，但实际上并不相同，甚至相反。古今词义之间这种微妙的关系，借助潮汕方言也可以得到解释。例如"走"和"行"速度的快慢，在潮汕话中是区别得很清楚的，如"宽宽行就好，免走。"（慢慢走就行，不用跑。）而普通话的"走"，词义已发生变化，它相当于古代的"行"，指走路，而不是跑。又如"乞"一词，古代包含向人索取和给予他人两方面的意义。《左传·隐公四年》："宋公使来乞师。"乞，讨。〔唐〕杜甫《戏简郑广文兼呈苏司业》诗："赖有苏司业，时时乞酒钱。"乞，给予。普通话只用"求乞"义，不用"给予"义。潮汕话则两者并用，如潮汕俗语："行三家乞〔kək⁴〕无碗饮〔am²〕。"（走三家讨不到一碗米汤。）又"伊乞〔k'ə²⁴〕我利市钱。"

(他给我利市钱。)〔清〕钱大昕《十驾斋养新录·假借》:"乞之与乞一字也。取则入声,与则去声。"今潮汕话则皆为入声,但韵尾不同。

　　总之,古代的词义和普通话有较大的差异,如潮汕话却相对地一致,表现在:古代已经消亡了的词义,潮汕话仍然保留着;古今词义的范围大小、词性类别的异同,普通话有较大的距离,潮汕话却比较接近;古今词义的细微差异,普通话不容易显示,潮汕话则区别得很清楚;他如一词包含正反两方面的意义,普通话无此用法者,潮汕话沿用不辍等等。由于潮汕话有如此的特点,这对于学习古代汉语、阅读古籍,是一个有利的因素,因此,母语是潮汕方言的人,在学习古代汉语、阅读古籍的时候,应当充分利用这一有利的条件。在潮汕方言区进行文言教学,利用潮汕方言进行比较,对于掌握古今词义的异同,避免以今律古、望文生义,都是十分有益的。

附记:

　　本文参考并引用李新魁、林伦伦先生合著《潮汕方言词考释》(广东人民出版社1992年6月版)不少资料,其中潮汕话标音也多以之为据,成稿之后又承蒙李新魁先生指正,谨此一并致谢。

"皆"为"总指代词"说*

古代汉语中,"皆"及其同义的一类词(下简称"皆"类词)的词性及语法作用,一般以为是副词,似成定论,其实不然。

一、从《文通》的"约指代字"说起

《马氏文通》的代词理论把"皆"类词归在"约指代字"中,长期以来却受到许多学者的批评。吕叔湘认为,"皆、俱、各等不应归入代字",因为它们"多数是状字性质"[①]。杨树达也把马氏的"约指代字"定为副词[②]。王海棻更是明确地说:"马氏中的约指代字,也大多是状字。'皆、具、悉、遍、都、咸'等与指示代字中的约指代字'指明事物以示区别'的定义不符,因为'如许者,言事成之有多少、浅深、厚薄、偏全之各别也'。而'皆'字等恰是表明动作之'全',与表示动作范围的周遍性,而'毕'既列为状字,'皆'等也应列入状字。"[③] 陈承泽《国文法草创》认为"皆"是表数副词[④];周法高《中国古代语法·称代编》认为"皆"是表总括的副词[⑤];现行的古代汉语教材也几乎都把"皆"类词列为副词。汤建军、廖振佑对古汉语某些状语的语义指向进行研究之后,指出"皆"类副词状语的语义可以指向主语、宾语、兼语、状语和补语的介词宾语。并且说:

---

* 《"皆"为"总指代词"说》,原载于曾宪通教授七十寿庆论文集《康乐集》,中山大学出版社2006年版。

① 吕叔湘、王海棻:《马氏文通读本》,上海教育出版社1986年版年版,第9页、第191页。

② 杨树达:《马氏文通刊误》,商务印书馆1962年版,第52–53页。

③ 王海棻:《马氏文通与中国语法学》,安徽教育出版社1991年版,第15页。

④ 陈承泽:《国文法草创》,商务印书馆1982年版,第43–44页。

⑤ 周法高:《中国古代文法·称代篇》,中华书局1990年版,第341–342页、第352–354页。

马氏之说固然有矛盾之处，但是，按照马氏给他的"状字"下的字义"所以貌动静之容者"，"皆"类词显然与此不符，而与"代字"的定义"代字者，所以指名也，文中随在代名而有所指也"相合。故从马氏这个体系来说，"皆"类词归入代字要比归入状字好。当然，我们并非主张仍把"皆"类词归入代词里，只是想指出，马氏和现时学者对"皆"类词的不同处理给我们一个启示，即句法和语义是否相一致。①

汤、廖二氏对"皆"类词的语义指向进行研究，是很有意义的，遗憾的是他们仍然把"皆"类词归入副词，并且仍然划分为状语，这与现时的学者对"皆"类词的词性和语法作用的分析并无不同。何乐士所著《左传范围副词》，是迄今为止专书词汇研究中对"皆"类词研究最为详尽、最有创意、颇有影响的一部著作。该书对《左传》中的"皆"类词的作用、意义和特点逐一做了研究。并对范围副词这样定义："范围副词是对主语或宾语与谓语发生关系时的范围，或谓语本身的范围表示总括或限定的副词。"② 因而何氏"认为'皆'是一个表总括的范围副词"③。肖兴《〈韩非子〉的"皆"考察》、李杰群《〈孟子〉总括副词辨析》以及高育花《中古汉语副词语义指向分析》、白银亮《〈史记〉总括副词研究》等论文都对"皆"类词的语义指向做了深入细致的研究，但所有继何书之后的论文对"皆"类词的关注都没有超越何书的视觉范畴，且不例外地都把"皆"类词归于总括副词。其中值得注意的是白文把"皆"类词根据不同意义与用法分为皆$_1$和皆$_2$，并指出："皆$_1$这类词共同的语法意义是：一般放在谓语动词前，表示不同的主体（即施动者）同时或一起进行同一动作行为，或表示某一动作行为同时涉及两个以上的有关方面，相当于现代汉语的'一起'、'共同'等。""皆$_2$这类词共同的语法意义是：用于谓语前，单纯总括主语或宾语所指事物的全部，而不论动作是否在同一时间或同一地点进行。"④ 白文根据不同意义与用法分为皆$_1$和

---

① 汤建军、廖振佑：《古汉语某些状语的语义指向研究——兼论向心结构理论和传统状语理论的局限性》，载《内蒙古师大学报》1996 年 4 期。
② 何乐士：《左传范围副词》，岳麓书社 1994 年版，第 308 页。
③ 何乐士：《左传范围副词》，岳麓书社 1994 年版，第 52 页。
④ 白银亮：《〈史记〉总括副词研究》（上），载《燕山大学学报》2000 年 8 月。

皆₂是可取的，然而既然意义与用法不同，词性是否同属范围副词，就值得进一步探讨了。

笔者综观前修时彦的论著，并沿着汤、廖提出的"句法和语义是否一致"的思路，大胆地提出"皆"为"总指代词"一说，如果这一说法成立的话，那么"皆"在句中的语法成分与其所指的语义在句中的语法成分应当是对等的，即同现成分，句法和语义应当是一致的。需要声明的是，本文所说的"皆"实际上相当于白文的皆₂（即语义上是"都"或"全"的意思），而白文中的皆₁（即语义相当于"一起""共同"等），在笔者的观念中仍然属于副词，一般是作状语，不在本文讨论的范畴。"皆"有副词和代词之别，就像"莫"有副词和代词之别一样，下文将说到两者的联系。为了行文的方便，文中一般用"皆"指的是代词。

二、"皆"类词的语义指向和语法功能

古汉语中，"皆"类词往往具有总括和指代的作用，语义上是"都"或"全"的意思。其语法功能是所指对象的同位成分。笔者把这类词称为"总指代词"。下面试用"总指代词"的观念对含有"皆"类词的句子进行分析。为了方便读者的对比分析，文中用例首先取自马氏和杨氏二书①，以及其他论著中所用之例。其次，为了充分说明问题，也增补了一些新例。在阐述、分析问题的过程中，必要时进行句式的转换。

"总指代词"的语义指向可以复指主语、宾语、兼语以及复指充当状语和补语的介宾结构中的宾语，还可以复指状语。故其语法成分与所指对象是同位成分。

1. 总指代词复指主语。

（1）人皆可以为尧舜，有诸？（《孟子·告子》）
（2）泾渭皆非大川，以近咸阳，尽得比山川祠而无诸加。（《史记·封禅书》）
（3）朕与单于皆捐往细故。（《史记·匈奴传》）
（4）天下之欲铭述其先人功行，取信来世者，咸归韩氏。（韩愈

---

① 见《马氏文通》"指示代字"部分和杨树达《高等国文法》"表数副词"中"表数之全"部分。

《科斗书后》)

(5) 士未可以言而言，是以言餂之也。可以言而不言，是以不言餂之也。是皆穿踰之类也。(《孟子·尽心》)

(6) 孟子曰："在国曰市井之臣，在野曰草莽之臣。皆曰庶人。"(《孟子·万章》)

(7) [公孙丑] 曰："伯夷、伊尹何如？" [孟子] 曰："不同道。非其君不事，非其民不使，治则进，乱则退，伯夷也。何事非君，何使非民；治亦进，乱亦进，伊尹也。可以仕则仕，可以止则止，可以久则久，可以速则速，孔子也。皆古圣人也，吾未能有行焉；乃所愿，则学孔子也。"(《孟子·公孙丑》)

(8) [孟子] 曰："有。得百里之地而君之，皆能以朝诸侯，有天下；行一不义，杀一不辜，而得天下，皆不为也。是则同。"(《孟子·公孙丑》)

(9) 夏后氏五十而贡，殷人七十而助，周人百亩而彻，其实皆什一也。(《孟子·滕文公》)

(10) 设为庠序学校以教之。庠者，养也；校者，教也；序者，射也。夏曰校；殷曰序；周曰庠；学则三代共之。皆所以明人伦也。(《孟子·滕文公》)

例(1)"皆"紧附名词"人"之后，其语法作用正如马氏所说"重指人"，"同在主次"。例(2)"皆"位于两个并列名词"泾"和"渭"之后，复指"泾渭"，同作主语，"尽"与"皆"同义，作用相同。例(3)"皆"复指"朕与单于"，同作主语。例(4)"咸"复指"天下之欲铭述其先人功行，取信来世者"，其语法功能实际上就是"天下之欲铭述其先人功行，取信来世者"的复现形式，或者说复现成分，与其所指具有相同的语法地位，同作主语。例(5)"皆"附于近指代词"是"之后，与"是"一样都有称代上文的作用，同作主语。例(6)"皆"的语义指向域是前两句中的宾语"市井之臣""草莽之臣"，而"皆"作主语，如同说"市井之臣、草莽之臣，皆曰庶人"。例(7)"皆"的语义指向域是上文中的三个谓语"伯夷""伊尹""孔子"，而"皆"作主语，如同说："伯夷、伊尹、孔子皆古圣人也。"例(8)"皆"语义指向域同例(7)一样是"伯夷、伊尹、孔子"，其用法也同例(7)一样作主语，等于说："得百里之地而君之，伯夷、伊尹、孔子皆能以朝诸侯，有天下；行一不义，杀一不辜，而得天下，伯夷、伊尹、孔子皆不为也。"例（9）"皆"的语义指向域是上三句中的三个谓语"贡""助""彻"，而"皆"作主语，如同说："其实贡、助、彻皆什一也。"例（10）"皆"的语义指向域是上文中的"校""序""庠""学"，而"皆"作主语，如同说："校、序、庠、学，皆所以明人伦也。"

2. 总指代词复指宾语者。

（11）其他所以养生之具，皆待人力而后完也，吾皆赖之。（韩愈《圬者王承福传》）
（12）齐悉复得其故城。（《史记·燕世家》）
（13）项羽悉引兵渡河，遂破章邯。（《史记·张耳传》）
（14）君举不信群臣乎？（《左传·宣公十七年》）
（15）公疾，徧赐大夫。（《左传·昭公三十二年》）
（16）［义纵］遂案宁氏，尽破碎其家。（《史记·酷吏传》）
（17）以何具得秦图书也。（《史记·萧相国世家》）
（18）悉有其舅司徒之兵与地。（韩愈《许国公神道碑》）
（19）宜皆降之。（《汉书·苏武传》）
（20）小人有母，皆尝小人之食矣，未尝君之羹。（《左传·隐公元年》）

例（11）前"皆"复指"其他所以养生之具"作主语，而后"皆"则复指宾语"之"（其义为"所以养生之具"），同作宾语。例（12）"悉"复指宾语"其故城"，同作宾语。例（13）"悉"复指"兵"，同作宾语。例（14）"举"复指宾语"群臣"，同作宾语。例（15）"徧"复指"大夫"，同作宾语。例（16）"尽"复指宾语"其家"，同作宾语。例（17）"具"复指宾语"秦图书"，同作宾语。例（18）"悉"复指宾语"其舅司徒之兵马地"，同作宾语。例（19）"皆"复指宾语"之"，同作宾语。例（20）"皆"复指"小人之食"，同作宾语。

3. 总指代词复指介宾结构的宾语。

（21）庆年七十余，无子，使意尽去其故方，更悉以禁方予之。

(《史记·仓公传》)

(22) 愿君让封勿受,悉以家私财佐军,则上心说。(《史记·萧相国世家》)

(23) 韩破,良家僮三百人;弟死,不葬,悉以家财求客刺秦王,为韩报仇。(《史记·留侯世家》)

(24) 叔孙通周进曰:"诸弟子儒生随臣久矣!与臣共为仪。愿陛下官之!"高帝悉以为郎。(《史记·叔孙通传》)

(25) 建又尽与其姊弟奸。(《史记·五宗世家》)

(26) 于是上贤张王诸客,皆以为诸侯相、郡守。(《汉书·张耳陈馀传》)

(27) 项伯还,具以沛公言告羽。(《汉书·高帝纪》)

(28) 卿不远赵,而悉教以国事,愿于因计。(《史记·田儋列传》)

(29) 吴王悉精兵以伐越。(《史记·吴世家》)

(30) 皆有赐于其从者。(《左传·襄公二十一年》)

例(21)"尽"复指宾语"其故方",同作宾语。"悉"复指介宾结构的宾语"禁方",同作宾语。例(22)"悉"复指介宾结构的宾语"家私财",同作宾语。例(23)"悉"复指介宾结构的宾语"家财",同作宾语。例(24)介宾结构的宾语"之"承上省略,而"悉"复指之(语义为"诸弟子儒生"),同作宾语。例(25)"尽"复指介宾结构的宾语"其姊弟",同作宾语。例(26)介词"以"后省略宾语"之"(指代上文"张王诸客"),"皆"复指之,同作宾语。例(27)"具"复指介宾结构的宾语"沛公言",同作宾语。例(28)"悉"复指介宾结构的宾语"国事",同作宾语。例(29)"悉"复指介宾结构的宾语"精兵",同作宾语。例(30)"皆"复指介宾结构的宾语"其从者",同作宾语。

4. 总指代词复指兼语。

(31) 王弗应,田于巩,使公卿皆从,将杀单子,未克而崩。(《国语·周语)

(32) 陈子行命其徒具含玉。(《左传·哀公十一年》)

(33) 使耕者皆东其亩。(《穀梁传·成公二年》)

(34) 使大夫皆贷。(《公羊传·襄公二十九年》)
(35) 使公卿皆从。(《左传·昭公十六年》)
(36) 子产拜，使五卿皆拜。(《左传·昭公十六年》)
(37) 于是河伯欣然自喜，以天下之美为尽在己。(《庄子·秋水》)
(38) 悉召王从官入关。(《国语·周语下》)
(39) 天又大风，悉使羸兵负草填之，骑乃得过。(《司马光《资治通鉴·汉纪》)
(40) 使皆行而后可。(《左传·定公八年》)

例（31）"皆"复指兼语"公卿"，同作兼语。例（32）"具"复指兼语"其徒"，同作兼语。例（33）"皆"复指兼语"耕者"，同作兼语。例（34）"皆"复指兼语"大夫"，同作兼语。例（35）"皆"复指兼语"公卿"，同作兼语。例（36）"皆"复指兼语"五卿"，同作兼语。例（37）"尽"复指兼语"天下之美"，如同说"以为天下之美尽在己"。例（38）"悉"复指兼语"王从官"，作兼语而位于动词谓语"召"之前，如同说"召王从官悉入关"。例（39）"悉"复指兼语"羸兵"，作兼语，而位于动词谓语"召"之前，如同说"使羸兵悉负草填之"。例（40）"皆"复指被省略了的兼语"工商"，作兼语，如同说"使工商皆行而后可"。

5. 总指代词复指状语。

(41) 使庐戢梨侵庸，及庸方城，庸人逐之。……师叔曰："……姑又与之遇以骄之。彼骄我怒，而后可克。……"又与之遇，七遇皆北。……庸人曰："楚不足与战矣！"遂不设备，楚子……遂灭庸。(《左传·文公十六年》)
(42) 左司马戌……败吴师于雍澨，伤。……三战皆伤，曰："吾不可用也已。"(《左传·定公四年》)
(43) 简子巡列，曰："毕万，匹夫也，七战皆获，有马百乘，死于牖下。群子勉之！死不在寇。"(《左传·哀公二年》)
(44) 綦毋张……从左右，韩厥皆肘之，使立于后。(《左传·成公二年》)

例（41）"七遇"、例（42）"三战"、例（43）"七战"都是作状语，如同说"于七遇之中""于三战之中""于七战之中"，"皆"分别复指之，同作状语。何乐士认为"七遇皆败""三战皆伤""七战皆获"是连动式①，似可商榷，"三战皆伤"尤为不妥，因为"伤"即"受伤"，是被动词，主语"左司马戌"是受事者，而不是施事者。例（44）"綦毋张……从左右"也是作状语，如同说"綦毋张……从左之时、从右之时"，"皆"复指"从左右"，同作状语。也许有人会问：既然"皆"作状语，"皆"就理所当然的是副词了，否则它跟作副词的"皆$_2$"有什么不同？笔者认为，不同就在于意义上，复指代词的"皆"，虽然也作状语，但它是"都"的意思，而副词的"皆$_1$"也是作状语，但它是"一起"或"共同"的意思，《左传·襄公二十五年》："与之皆死。"（就和他一起自杀。）有时候两种意思还不容易区别。例如：

（45）此皆俱进俱退，皆应皆对，一辞同轨以移主心者也。（《韩非子·八奸》）

"此皆"之"皆"是复指代词，与近指代词"此"同作主语，而"皆应皆对"之"皆"与"俱进俱退"之"俱"对应，都是"一起"的意思，副词，作状语。全句的意思是：这些都是（君主进，就）跟着一起进，（君主退，就）跟着一起退，（君主命，就）跟着一起应诺，（君主问，就）跟着一起答对，众口一辞、亦步亦趋以取得君主欢心的人。何乐士则认为例句中三个"皆"字与两个"俱"字都是副词，其译文都是译为"都"②。

三、从句式的转换看"皆"类词的语义和语法关系

从上面的分析，我们可以看到，皆类词的语义和语法关系有以下几点值得注意：

1. 总指代词与其所指的对象（主语、宾语、介词宾语、兼语、状语）的语义和语法成分总是一致的。

---

① 何乐士：《左传范围副词》，岳麓书社1994年版，第36-37页，第62-63页。
② 何乐士：《左传范围副词》，岳麓书社1994年版，第61页。

这一点还可以通过句式的转换得到充分的证明。例如复指宾语的总指代词总是随着其所指的语法成分的变化而变化。如例（15）"徧赐大夫"，与"大夫皆受其赐"（《左传·昭公三十二年》）所表达的语意是一样的，所不同者：前为主动句，"徧"与"大夫"同作宾语；后为被动句，"皆"与"大夫"同作主语。又如：

（46）邾庶其以漆、闾丘来奔，季武子以公姑姊妻之，皆有赐于其从者。……武仲曰："……庶其窃邑于邾以来，子以姬氏妻之，而与之邑；其从者皆有赐焉。"（《左传·襄公二十一年》）

此例中的"（季武子）皆有赐于其从者"与"其从者皆有赐焉"所表达的意思是一样的，但前者的"皆"复指介宾结构中的宾语"其从者"，"皆"作宾语；后者的"皆"复指"其从者"，同作主语，但这是一个被动句，主语是受事者，"焉"是句末表肯定的语气词，无实义。后一句还可以用另外两种被动式来表述，说成"其从者皆受子之赐"或"其从者皆赐于子"。从中可以看到，无论怎么变换，"皆"的语义和语法作用与其所指总是一致的。例（11）"吾皆赖之"，如同说"吾皆赖所以养生之具"，用被动句表述则为"所以养生之具皆为吾所赖"。主动句中"皆"与"所以养生之具"同作宾语，而被动句中，同作主语。例（12）可转为被动句"其故城悉为齐复得"，"悉"与"其故城"同作主语。例（14）可转为被动句"群臣举不信于君乎"，"举"与"群臣"同作主语。例（16）"尽破碎其家"可转为被动句"其家尽破碎于义纵"，"尽"与"其家"由原来同作宾语变为同作主语。例（17）可转为被动句"以秦图书具为何所得也"，"具"与"秦图书"同作主语。例（18）可转为被动句"其舅司徒之兵与地悉为所有"，"悉"和"其舅司徒之兵与地"同作主语。例（19）可转为"宜使之皆降"，"皆"和"之"同作兼语。例（20）"皆尝小人之食矣"可转为"小人之食皆尝矣"，"皆"和"小人之食"同作主语。

2. 总指代词的语序比较灵活。

可以位于复指对象之后，也可以游离于所复指对象之前，其所复指对象或可承前省略。如例（1）—（5），复指代词位于主语之后，例（6）—（10）复指代词之前的主语承前省略。例（11）—（20）复指代词都游离于所复指对象之前,但当句式转换之后,其复指代词都位于所复指对象之后。例(21)—(30)也都可以转换句式,例(21)—(28)总指代词都位于介宾结构的介词之前,也可以使之位于介词之后,例(29)"吴王悉精兵以伐越"可转换为"吴王悉以精兵伐越"或"吴王以精兵悉伐越"。例(30)"皆有赐于其从者"与"其从者皆有赐焉"(《左传·襄公二十一年》),语法结构相异,而所表达的语意相同。前者"皆"游离于"其从者"之前,同作宾语;后者"皆"附于"其从者"之后,同作主语。例(31)—(36)总指代词都位于兼语之后,例(37)"以天下之美为尽在己"也可转换为"尽以天下之美为在己",使"尽"游离于兼语"天下之美"之前。例(38)—(40)总指代词都游离于兼语之前,其中例(40)的兼语承前省略。

3. 用"皆"类总指代词复指的对象总是表示复数、群体或整体语义,而不可能表示单数或个体语义。

如例(1)复指主语的"皆"强调名词"人"是复数;又如"我皆有礼"(《左传·昭公十六年》),"皆"复指主语"我",强调代词"我"是复数;例(11)复指宾语的"皆"强调代词"之"是复数;例(21)复指介词宾语的"尽""悉"分别强调"其故方""禁方"不是单一的。例(31)复指兼语的"皆"强调"公卿"不是个体的。

四、从"皆"和"莫"的关系看"皆"的词性

在讨论"皆"是副词还是代词时,有必要用"皆"和"莫"作一比较,这对于进一步弄清"皆"的词性或许有帮助。

诚然,"莫"的词性也是一个有争议的问题。关于"莫"的词性,林海权《否定词"莫"字的词性研究》可以说是有代表性之作。诚如该文所言:"我国语言学界主要有两种不同的意见:一种认为'莫'是指示代词,以马建忠为代表,时称'约指代字';一种认为'莫'是否定副词,以周生亚为代表。此外还有一种意见认为,'莫'既是指示代词(现一般称'无定代词'或'无指代词'),又是否定副词。"[①] 笔者也正是属于"此外"的一种意见,即认为"莫"既是指示代词,又是否定副词,并且认为"莫"作为"无指代词"和"皆"作为"总指代词",在用法上有

---

① 林海权:《否定词"莫"字的词性研究》,载《福建师大学报》1983年1期下卷。

许多类似的地方。下面试就"莫"和"皆"的用法和词义关系略作比较。

首先,"皆"和"莫"称代主语时都有先行词,都可以位于所代替的名词或名词性词组后面,这种用法的"皆",例已具前,不复赘引,而"莫"相当于"没有谁""没有什么"等,作主语,例如:

(47) 群臣莫对。(《战国策·楚策》)
(48) 过而能改,善莫大焉。(《左传·宣公二年》)
(49) 天下之水,莫大于海。(《庄子·秋水》)
(50) 东西南北,莫可奔走。(《盐铁论·非鞅》)

例(47)"莫"的先行词是"群臣","莫"指代人;例(48)"莫"的先行词是"善","莫"指代事;例(49)"莫"的先行词是"天下之水","莫"指代物;例(50)"莫"的先行词是"东西南北","莫"指代地。凡此诸"莫"都与其先行词是同位成分,作主语。

"莫"作主语,也可以没有它所代替的名词或名词性词组作为先行词出现,例如:

(51) 子曰:"莫我知也夫!"(《论语·宪问》)
(52) 谏而不入,则莫之继也。(《左传·宣公二年》)
(53) 自经于沟渎,而莫之知也。(《论语·宪问》)
(54) 古人有言曰:"杀老牛,莫之敢尸。"而况君乎？(《左传·成公十七年》)

"皆"作主语,除了前文列举的有先行词出现或主语承前省略以外,还有无主句的主语因为表泛指而不必出现。例如:

(55) 子产为政,有事伯石,赂与之邑。……子产曰:"无欲实难。皆得其欲,以从其事,而要其成。……何爱于邑？邑将焉往？"(《左传·襄公三十年》)

何乐士对这个例子这样分析:

此例的"无欲实难"是一个无主句,因主语是泛指一般的人而可不出现,其下句"皆得其欲"的主语跟它是一致的。

"皆"在这些无主句里都有着很重要的作用,因为它告诉人们:未出现的主语是复数。①

何氏虽然强调"皆"在这样的例句中的"很重要的作用":"它告诉人们:未出现的主语是复数。"但是仍然不认为"皆"是代词,而是副词。笔者则认为像这样的"皆"更说明它具有代词的功能:作主语。这跟无定代词"莫"直接作主语是一样的。

再看"皆"和"莫"的词义关系。当无定代词"莫"与否定副词"不"结合时,是以双重的否定表示总括性的肯定,一般可以翻译为"都""没有(人、物、地)不"。"莫不"的语义相当于"皆",若用"皆"替换,亦未尝不可。例如:

(56) 民莫不逸,我独不敢休。(《诗·十月之交》)
(57) 仁眸天下,故天下莫不亲也;义眸天下,故天下莫不贵也。(《荀子·王制》)
(58) 物莫不若是。(《庄子·人间世》)
(59) 诸夏之人莫不欣喜。(《左传·哀公二十年》)

以上例句中"莫不"之前都有先行词出现,有时没有先行词,"莫"是泛指的。例如:

(60) 君仁莫不仁,君义莫不义。(《孟子·离娄下》)
(61) 文武之道,未坠于地,在人,贤者识其大者,不贤者识其小者,莫不有文武之道焉。(《论语·子张》)

以上二例中的"莫不"也可以用"皆"代替,说明"皆"和"莫"是泛指义时都可以作主语,都是代词。

对于这种双重否定的形式,古人有时也用"皆"来注释"莫不",

---

① 何乐士:《左传范围副词》,岳麓书社1994年版,第21-22页。

例如：

（62）民莫不逸，我独不敢休。（《诗·十月之交》）

朱熹注云："众人皆得逸豫。""莫不"古籍中也作"无不"等，义与"皆"同。刘淇《助字辨略》引《史记·项羽本纪》"楚战士无不一以当十"说："无不，皆辞。"关于"皆"和"莫不"的关系，周生亚《"莫"字词性质疑》和林海权《否定词"莫"字的词性研究》都有过详细的分析，所不同者，他们都以此说明"皆"和"莫"都是副词，而笔者则以此说明它们都是代词。

"皆"和"莫"还有共同的地方就是都不能作定语等，这也正是那些认为"皆"是总括副词，"莫"是否定副词的学者的理由之一，因为在他们看来，代词是能作定语的。但是，在笔者看来，我们不能要求每一类词都有共同的"健全"的语法功能，尤其是代词的语法功能是有差异的。例如同样是第一人称代词的"吾"和"我"，"吾"多作主语，"我"多作宾语；同样是第二人称代词的"而""乃"一般不用作主语，少作宾语；同样是第三人称代词的"其"和"之"，"其"只能用作定语，"之"只能用作宾语。指示代词的"夫"多作定语，不作宾语。由此看来，"皆"和"莫"不作定语，也就不足为奇了。然而，有的学者既承认"莫"是代词，又不承认"皆"是代词。例如：

（63）人皆知以食愈饥，莫知以学愈愚。（《说苑·建本》）

何乐士认为上面的句子中"莫"是"无指代词"，与"皆"相呼应[1]。又如：

（64）天下皆以孝悌忠顺之道为是也，而莫知察孝悌忠顺之道而审行之，是以天下乱。（《韩非子·忠孝》）

肖兴《〈韩非子〉的"皆"考察》这样分析："此例中'皆'与

---

[1] 何乐士：《左传范围副词》，岳麓书社1994年版，第65页。

'莫'相对,'莫'为不定代词,不可数对象,动词'知'的主语。'皆'的先行词'天下'也是不可数对象,作主语。就'皆'表示的复数范围来说,它是指向主语的。它的语义与介词结构同指向动词,它们仍是同一的状语形态素,起修饰作用。"①

笔者认为,像这一类句子,"皆"和"莫"相对,例(63)"莫"承前省略先行词"人",例(64)"莫"承前省略先行词"天下","皆"和"莫"都是指示代词,所不同者,"皆"是肯定性的"总指代词","莫"是否定性的"无指代词"(无定代词)。它们与其先行词的语法关系是同现成分,都作主语。例如:

(65)张仪以秦、韩与魏之势伐齐、荆,而惠施欲以齐、荆偃兵,二人争之,群臣左右皆为张子言,而以攻齐、荆为利,而莫为惠子言。(《韩非子·内储说上》)

(66)人之情性,莫先于父母,皆见爱而未必治也。虽厚爱矣,奚遽不乱。(《韩非子·五蠹》)

例(65)"皆"的先行词是"群臣左右","莫"承前省略先行词"群臣左右","皆"和"莫"都是主语"群臣左右"的同现成分。例(66)"莫"的先行词是"人之情性","皆"承前省略先行词"人之情性","莫"和"皆"都是主语"人之情性"的同现成分。

总而言之,《马氏文通》把"皆"归于代词中,有其合理性,只是称为"约指代字",概念比较模糊,故笔者称之为"总指代词"。前贤时哲对"皆"的词性尤其是其语义指向的研究,都有启迪意义,为拙文的写作提供了重要的参考作用。然而笔者不惮冒犯时彦之嫌,以其语义分析和语法分析未尽一致的地方,披露管窥之见。窃以为"皆"有副词和代词之分,语义为"都"或"全"的"皆"是"总指代词",具有总括和指代的作用,其语法功能是所指对象的同位成分,其语义指向可以复指主语、宾语、兼语、状语等。"皆"在句中的位置是比较灵活的,这一点从句式的转换中得到证实。因此在分析"皆"的词性时,不能拘泥于"皆"的位置,例如以为凡在动词之前的"皆"就是作状语,因此是副词。

---

① 肖兴:《〈韩非子〉的"皆"考察》,载《古汉语研究》2000年4期。

例如：

（67）郑人皆喜。（《左传·襄公八年》）
（68）宋人皆醢之。（《左传·庄公十二年》）
（69）楚人皆杀之。（《左传·庄公二十年》）

此三例"皆"虽都位于主语之后、动词谓语之前，但例（67）"皆"的语义指向"郑人"，作主语，而例（68）和例（69）"皆"的语义都指向"之"，作宾语。而且有趣的是，例（68）和例（69）这类句子，译成现代汉语时，其宾语"之"都可以用"把"字置之动词谓语之前。如例（68）：宋人把他们（南宫万和猛获）都剁成酱。例（69）：楚人把他们（伍奢和伍尚）都杀了。这样通过古今语的比较，把例（68）和例（69）的"皆"视成宾语"之"的同位成分，未曾不可。而且只有结合语义分析，才能把同在动词谓语之前的"皆"的不同语法作用区分开来。但其前提是必须承认"皆"为指示代词。拙文把"皆"和"莫"作一粗略的比较，是为了进一步说明"皆"和"莫"一样都是指示代词。如果承认"莫"是指示代词的话，是否也应当承认"皆"是指示代词呢？

"总指代词"的确立或许能比较客观地反映古代汉语"皆"类词在句中的语义指向和语法地位。此外，"总指代词"的确立，使之与"分指代词"（或称"逐指代词"）相对应，或许能够更加准确地揭示古代汉语指示代词的系统性和完整性。

附记：

本文初稿于2000年提交在暨南大学举行的第五届全国古代汉语学术研讨会，发表时作了较大的修改。

参考文献：

[1] 陈承译. 国文法草创[M].北京：商务印书馆，1982.
[2] 何乐士. 左传范围副词[M].长沙：岳麓书社，1994.
[3] 何乐士. 古汉语语法研究论文集[M].北京：商务印书馆，2000.
[4] 吕叔湘，王海棻. 马氏文通读本[M].上海：上海教育出版社，1986.

[5] 王海燕. 马氏文通与中国语法学 [M]. 合肥: 安徽教育出版社, 1991.
[6] 杨树达. 马氏文通刊误 [M]. 北京: 商务印书馆, 1962.
[7] 周法高. 中国古代文法·称代篇 [M]. 北京: 中华书局, 1990.
[8] 白银亮.《史记》总括副词研究(上) [J]. 燕山大学学报, 2000 (8).
[9] 白银亮.《史记》总括副词研究(下) [J]. 燕山大学学报, 2000 (11).
[10] 林海权. 否定词"莫"字的词性研究 [J]. 福建师大学报, 1983 (1).
[11] 廖振佑. 古汉语某些状语的语义指向研究: 兼论向心结构理论和传统状语理论的局限性 [J]. 内蒙古师大学报, 1996 (4).
[12] 肖兴.《韩非子》的"皆"考察 [J]. 古汉语研究, 2000 (4).
[13] 杨伯峻. 上古无指代词"亡""罔""莫" [J]. 中国语文, 1963 (6).
[14] 周生亚."莫"字词性质疑 [J]. 中国语文, 1963 (6).

表因虚词"以"的词性*

古汉语虚词"以",可作介词,也可作连词,但作介词还是作连词,有时候不容易分辨,尤其当它表示原因时,更是为难,以至于同一个例子,或说介词,或说连词。例如:

(1) 以不能取容当世,故终身不仕。(《汉书·张释之传》)

杨树达《词诠》训"以"为介词;杨伯峻《文言虚词》训为连词;中山大学中文系《古汉语基础知识》采用杨伯峻的说法。又如:

(2) 扶苏以数谏故,上使外将兵。(《史记·陈涉世家》)

中山大学中文系《古汉语基础知识》、张之强《古代汉语语法知识》、江西师院中文系《古代汉语》皆释"以"为介词;编写组编《古汉语语法十讲》则释为连词。

正因为表因虚词"以"的词性难以分辨,因此有的书把它统称为关系词,因而不再细分为介词和连词,有的书则把它统统归于介词一类。但我们觉得这样未免笼统了一点。根据表因虚词"以"在句中的语法作用,应当有介词和连词之分,而且有必要把两者分辨清楚,这在汉语语法教学和研究上都有一定意义。如果不加区分地统称为关系词,就会导致"汉语词无定类"的结论。而把它统统归于介词一类,却又不符合古汉语的实际。

那么怎样区分表因虚词"以"的词性呢?

表因虚词"以"作介词还是作连词,两者的区别在于:

---

* 《表因虚词"以"的词性》,原载于《韩山师专学报》1982 年第 2 期。

一、"以"

作介词，后续名词或以名词为中心的词组，形成介词结构，位于动词谓语之前作状语，表示动作之所因；"以"作连词，所连接的两部分是因果关系的复句；或者原因分句在前结果分句在后；或者原因分句在后结果分句在前。例如：

（3）以勇气闻于诸侯。（《史记·廉颇蔺相如列传》）
琼初以父任为太子舍人，辞病不就。（《后汉书·李杜列传》）
不赂者以赂者丧。（苏洵《六国论》）

上为介词。

（4）以晏子短，楚人为小门于大门之侧而延晏子。（《晏子春秋·杂下》）
（5）以相如功劳大，拜为上卿，位在廉颇之右。（《史记·廉颇蔺相如列传》）
（6）晋侯秦伯围郑，以其无礼于晋，且贰于楚也。（《左传·僖公三十年》）
（7）先帝属将军以孤，寄将军以天，以将军忠贤，能安刘氏也。（《汉书·霍光传》）
（8）故尧、禹有九年之水，汤有七年之旱，而国亡捐瘠者，以畜积多而备先具也。（晁错《论贵粟疏》）
（9）楚人既咎子兰，以劝楚王入秦而不反也。（《史记·屈原列传》）

上为连词。

二、"以"

作介词能前加否定副词和助动词；"以"作连词却不能。例如：

（10）君子不以言举人，不以人废言。（《论语·卫灵公》）

(11) 先帝不以臣卑鄙，猥自枉屈，三顾臣于草庐之中，咨臣以当世之事。(诸葛亮《前出师表》)

(12) 樊将军穷困来归丹，丹不忍以己之私而伤长者之意。(《史记·刺客列传》)

三、"以"

凡和上文"所以"或和下文"故"相呼应的是连词。例如：

(13) 齐所以大破者，以其伐楚而肥魏也。(《史记·范雎列传》)

(14) 齐桓、晋文所以垂称至今日者，以其兵势广大，犹能奉事周室也。(曹操《让县自明本志令》)

(15) 吾所以为此者，以先国家之急，而后私仇也！(《史记·廉颇蔺相如列传》)

(16) 以燕王告其罪，故不敢入。(《汉书·霍光传》)

(17) 怀王以不知忠臣之分，故内惑于郑袖，外欺于张仪，疏屈平而信上官大夫、令尹子兰。(《史记·屈原列传》)

(18) 秦以往者数易君，君臣乖乱，故晋复强，夺秦河西地。(《史记·秦本纪》)

四、"以"

作连词，因为主要是起连接作用，因此可以省略，而省略之后原句的基本语意不变；"以"作介词却不能省略，因为省略之后原句或者不成话，或者改变了原意。试以上面所举例子加以比较便清楚。据此，我们可以回头讨论本文开头引用的例（1）例（2）两个例句了。我们认为，"以不能取容当世，故终身不仕"的"以"应当是连词，它与"故"相配合，表示两个分句之间是因果关系，如果省略了"以"和"故"，基本语意仍然不变。而"扶苏以数谏故，上使外将兵"的"以"则是介词，因为它后续的是以名词"故"为中心的词组，"以……故"等于"因为……的缘故"，"数谏"是"故"的修饰语，"以"不能省略。这句话语法结沟比较特殊，其实等于说"上以扶苏数谏故，使外将兵"。介词"以"后续以名词"故"为中心的词组的还有：

（19）乃欲以一笑之故杀吾美人，不亦傎乎？（《史记·刺客列传》）

（20）武安侯虽不任职，以王太后故，亲幸。（《史记·魏其武安侯列传》）

（21）赵王岂以一璧之故欺秦邪？（《史记·廉颇蔺相如列传》）

（22）士固为知己者死，今乃以妾尚在之故，重刑以绝从，妾其奈何畏殁身之诛，终灭贤弟之名？（《史记·刺客列传》）

这些例子的"以"都不能视作连词。

名词用如动词的语法结构及词汇意义*

古汉语中名词用如动词（指用作一般动词，下同），以及名词的意动用法和使动用法都是常见的语法现象，其中以名词用如动词更为普遍，而且其语法结构及词汇意义更为复杂多样。就语法结构而言，名词的意动用法和使动用法，都是名词活用为动词充当述语，与后面的词语构成述宾关系；就其词汇意义而言，名词的意动用法，其特点都是表示"认为"这个意义，可以解释作"把……当作……"或者"以……为……"；名词的使动用法都有"使令"义，即带有"使……"或者"让……"，"给……"的意思。名词用如动词则并非如此简单。然而，一般语法书对名词的意动用法和使动用法论述较为详细清楚，而对名词用如动词却语焉不详，忽略了名词用如动词的复杂性，尤其是对其词汇意义注意不够，往往只简单地指出某名词用如动词，至于如何用法，如何解释它的意义，有无规律可循，便无下文。因此对于初学古书的人帮助不大。本文试图在这方面作为引玉之砖。

从语法结构上加以分析，名词用如动词有带宾语（称之为述宾结构）、补语（称之为述补结构）和不带宾语、补语（即活用名词直接作谓语）两种情况。下面试分别举例说明：

一、述宾结构

即名词用如动词作述语（用____表示），后续名词或代词作宾语（用～～～表示）。例如：

(1) 范增数目项王。(《史记·项羽本纪》)
(2) 左右欲刃相如。(《史记·廉颇蔺相如列传》)

---

* 《名词用如动词的语法结构及词汇意义》，原载于《中山大学学报》1982年第3期；《语文园地》（广西）1982年第4期。

（3）卫鞅曰："法之不行，自上犯之。"将法太子。（《史记·商君列传》）

（4）曹子手剑而从之。（《公羊传·庄公十三年》）

（5）礼宾旅，友故旧。（《国语·晋语》）

（6）魏桓子肘韩康子，康子履魏恒子，蹑其踵。（《战国策·秦策》）

（7）左右欲兵之。（《史记·伯夷列传》）

（8）驴不胜怒，蹄之。（柳宗元《三戒》）

（9）试再囊之。（马中锡《中山狼传》）

（10）从左右，皆肘之，使立于后。（《左传·成公二年》）

（11）张仪，材士也，将西游秦，愿君礼貌之。（《吕氏春秋·报更》）

（12）扁鹊过齐，齐桓公客之。（《史记·扁鹊仓公列传》）

以上例句用如动词的名词，其词汇意义都不能按照原来的意义去理解，这是因为该名词活用为动词之后，具有临时性的语法功能，因而词汇意义也有所变化，但这个词汇意义与原来的词义也并不是完全没有联系。这还得从语法结构谈起。原来以上述宾结构都可以在述语后面加上一个适当的动词，这么一来，用如动词的名词就变为状语（用［ ］表示），表示动作行为所凭借的工具、方式、条件、依据或者是对人的态度等。如前面所举之例：

（1）目项王 =［目］示项王

（2）刃相如 =［刃］杀相如

（3）法太子 =［法］办太子

（4）手剑 =［手］执剑

（5）礼宾旅，友故旧 =［礼］遇宾旅，［友］遇故旧

（6）肘韩康子，履魏桓子 =［肘］筑韩康子，［履］践魏桓子

（7）兵之 =［兵］刺之

（8）蹄之 =［蹄］踢之

（9）囊之 =［囊］装之

（10）肘之 =［肘］制之

(11) 礼貌之 =［礼貌］待之
(12) 客之 =［客］待之

《史记·孙子吴起列传》："齐将田忌善而［客］待之。"可与例（12）相印证。由此可见，这类句子的名词用如动词的词汇意义正是该名词及其适当动词的意义的总和。以例（6）"肘韩康子"为例，《战国策》鲍本注："不敢正语，以肘筑之。"这个注解很能说明问题。

二、述补结构

即名词用如动词作述语，后续介词结构或名词作补语（用〈　〉表示）。例如：

(1) 晋师军〈于庐柳〉。（《左传·僖公二十四年》）
(2) 赵旃夜至于楚军，席〈于军门之外〉。（《左传·宣公十二年》）
(3) 师还，馆〈于虞〉，遂袭虞，灭之。（《左传·僖公五年》）
(4) 荆王薨，群臣攻吴起，兵〈于丧所〉。（《吕氏春秋·上德》）
(5) 后妃率九嫔蚕〈于郊〉，桑〈于公田〉。（《吕氏春秋·上农》）
(6) 请勾践女女〈于王〉，大夫女女〈于大夫〉，士女女〈于士〉。（《国语·越语上》）
(7) 恃其谗慝诈伪而不德〈于民〉。（《左传·襄公四年》）
(8) 沛公军〈霸上〉。（《史记·项羽本纪》）
(9) 城〈朔方城〉。（《汉书·武帝纪》）
(10) 燕雀乌鹊，巢〈堂坛〉兮。（《楚辞·涉江》）
(11) 项王壁〈垓下〉。（《史记·项羽本纪》）
(12) 今汉帝〈中国〉也，宜以厚德怀服四夷。（贾谊《新书·匈奴》）
(13) 昔者郑武公欲伐胡，故先以其女妻〈胡君〉，以娱其意。（《韩非子·说难》）

介词结构作补语是容易明白的，而名词作补语，在形式上和述宾结构似乎无所区别，都是活用名词直接加上名词，实际上是两种不同的语法关系。名词作补语都可以加上介词"于"，使之变成介词结构作补语，如例（8）可说成"沛公军〈于霸上〉"，与例（1）形式完全相同；例（10）可说成"燕雀乌鹊，巢〈于堂坛〉兮"，与《庄子·逍遥游》中的"鹪鹩巢〈于深林〉"，形式完全相同；例（13）在"妻"与"胡君"之间加介词"于"便是例（6）的形式。其余依此类推。介词结构作补语和名词作补语，在古汉语中是同时并存的，名词作补语可以加介词"于"，是为了便于理解，不要把它理解为省略介词"于"。不管是介词结构作补语还是名词作补语，其述语的词汇意义一般可以在原名词之前添加一个适当的动词来理解，即把原来的述补结构扩充为述宾补结构。如"晋师军〈于庐柳〉"和"沛军军〈霸上〉"都可以在用如动词的"军"之前加上动词"驻"，即为"晋师驻军〈于庐柳〉"和"沛军驻军〈霸上〉"。依此类推，例（2）的"席"即"布席"；例（3）的"馆"即"宿馆"；例（4）的"兵"即"用兵"；例（5）的"蚕"即"养蚕"，"桑"即"种桑"；例（7）的"德"即"施德"；例（9）的"城"即"筑城"；例（10）的"巢"即"构巢"。

三、名词用如动词作谓语（用＿＿表示）。例如：

（1）假舟楫者，非能水也，而绝江河。（《荀子·劝学》）
（2）大楚兴，陈胜王。（《史记·陈涉世家》）
（3）微二子者，楚不国矣。（《左传·哀公十六年》）
（4）晚来天欲雪，能饮一杯无。（白居易《问刘十九诗》）
（5）辛夷始花亦已落。（杜甫《偪侧行赠毕曜》）
（6）客初至，不冠不袜。（魏禧《大铁椎传》）
（7）太尉列卒取十九人，皆断头注槊上，植市门外，晡一营大噪，尽甲。（柳宗元《段太尉逸事状》）
（8）臣闻之，为臣必臣，为君必君。（《国语·周语中》）
（9）再火，令药熔。（沈括《梦溪笔谈》）
（10）夫珠玉金银，饥不可食，寒不可衣。（晁错《论贵粟疏》）
（11）食吾之所耕，而衣吾之所蚕。（苏洵《易论》）
（12）孤山有陈时柏二株，其一为人所薪。（苏轼《孤山二咏引

（13）楚以故不能过荥阳而西。（《史记·项羽本纪》）

（14）秦师遂东。（《左传·僖公三十二年》）

（15）项王乃引兵而东，至东城，乃有二十八骑。（《史记·项羽本纪》）

（16）齐军既已过而西矣。（《史记·孙子吴起列传》）

名词用如动词作谓语，其词汇意义有不同的情况。首先，如果该名词是普通名词，那么，第一，可以根据上下文的逻辑关系，在原来的名词之前添加一个适当的动词来理解。如例（1）—例（8）："水""王""国""雪""花""冠""袜""甲""臣""君"，意思分别为"游水""为王""为国""下雪""开花""戴冠""穿袜""披甲""如臣""如君"，也就是把原来的简单谓语扩充为述宾结构。第二，不能在原来的名词之前添加动词来理解的，则可由原来的名词联想引申出活用名词的词义，如例（9）—例（12）："火"，可以说"以火烧"，得出"烧"义；"蚕"，可以说"养蚕织布"，得出"织"义；"薪"，可以说"砍伐为薪"，得出"伐"义。其次，如果该名词是方位名词，如例（13）—例（16），都可以联系上下文的逻辑关系在方位名词之后加上适当的动词，如"进""退""行"等来理解。

值得注意的是，当名词的意动用法和使动用法偶尔省略宾语（通常是带宾语的）时，容易与名词用如动词作谓语这种格式相混，需要辨别清楚。例如："贫穷则父母不子。"（《战国策·秦策》）这里的"子"便是名词的意动用法，但后面省略了宾语"我"。"父母不子"意即上文"父母不以我为子"。"天子不得臣也，诸侯不得而友也。"（刘向《新序·节士》）这里的"臣"和"友"则是名词的使动用法，但后面省略了宾语，"不得而臣"相当于"不得而臣之"，"不得而友"相当于"不得而友之"，意思是"不得使之为臣"，"不得使之为友"。

总而言之，名词用如动词，以及名词的意动用法和使动用法都是名词活用为动词，有共同的语法功能（如都可以带宾语和不带宾语）。它们的主要区别是在意义上。因此在阅读古书中遇到名词活用时，首先要从意义上把名词用如动词与名词的意动用法、使动用法区别开来。一般来说，名词活用为动词时，既不是意动用法又不是使动用法，便是用如动词了。在确定名词用如动词之后,要看它与前后的词语形成什么样的语法关系,如何变通。弄清语法结构是手段,目的是为了准确地理解其词汇意义。从上文的分析可以知道,名词用如动词的语法结构与其词汇意义有一定的联系。同样是名词用如动词,随着语法结构的不同,词汇意义也就不一样。这是名词用如动词时词汇意义灵活的一面。另一方面还表现在同一个名词在不同的句子里用如动词即使语法结构一样,而其词汇意义也不尽相同,应联系上下文给以恰当的解释。如:"四月,诸侯伐郑。己亥,齐太子光、宋向戌先至于郑门,门〈于东门〉。"(《左传·襄公十一年》)这里用如动词的"门"显然是"攻门"的意思。而下面例句中两个用如动词的"门"却作为"守门"解:"一人门〈于句鼆〉,一人门〈于戾丘〉,皆死。"(《左传·文公十五年》)句中的两个"人"为孙叔傲之二子。他们为报孟献子之爱,御敌而死。旧注:"句鼆、戾丘,鲁邑。二子御之而死。"据此,这里的"门"意为"守门"是无疑的,与前例意为"攻门"的"门",意义截然相反。

概括地说,名词用如动词的语法结构有带宾语、补语和不带宾语、补语两种情况,其词汇意义可以在原名词之前或者之后加上一个动词来理解,但所加之词是适当的而不是唯一的,不能在原名词的前后加上动词来理解的,可以由原来的名词进行联想,但必须符合情理。

古汉语宾语前置辨议*

宾语前置是古代汉语较为突出的特殊语序,与现代汉语形成颇大的差异。如果对这种特殊语序辨析不清,就会妨碍正确理解古书文意,因此它历来为研究古代汉语语法者所重视。但至今还存在分歧的意见,或者存在不尽完善、不够严密的问题,有感于此,笔者在前修时哲的研究基础上,对古代汉语宾语前置的问题加以归纳综合,并陈一得之见。为行文方便,凡称引成说或有所异议,不一一注明出处,但总列目录,附于文末。为简约文字,文中例句,必要时用___ ___ ~~~ ( ) [ ] 〈 〉等符号分别表示主、谓、宾、定、状、补等句子成分的次序。现依宾语前置的情况分述如下:

一、否定句代词宾语前置

否定句是表示否定的句子,与表示肯定意思的句子相对而言。例如:

(1) 子曰:"三军可夺帅也,匹夫不可夺志也。"(《论语·子罕》)

前一句是肯定句,后一句是否定句,有否定副词"不"。

否定句一定要用否定词。可以用否定副词"非""不""弗""毋""勿""未""否"等(例句中加·表示),也可用否定性的无指代词"莫"等(例句中加·者)。

古代汉语的否定句,代词作宾语时,往往要前置。例如:

(2) 不吾知也。(《论语·先进》)
(3) 若胜我,我不若胜。(《庄子·齐物论》)

---

* 《古汉语宾语前置辨议》,原载于《语文研究》(山西)1997年第3期。

(4) 骄而不亡者，未之有也。(《左传·定公十三年》)
(5) 出言不以礼，弗之信也。(《礼记·礼器》)
(6) 不患人之不己知，患不知人也。(《论语·学而》)

例（2）—例（5）都用否定副词，并用代词作宾语，因此宾语提置于述语之前。例（6）前一分句"己"是代词，故前置，而后一分句"人"是名词，不前置，形成鲜明的对比，这最能说明否定句代词宾语前置的特点。如果述语之前有助动词，代词宾语还要位于助动词之前，例如：

(7) 楚君之惠，未之敢忘。(《左传·僖公二十八年》)
(8) 虽使五尺之童适市，莫之或欺。(《孟子·许行》)
(9) 三岁贯女，莫我肯顾。(《诗·硕鼠》)

"敢""或""肯"都是助动词，"莫"是无指代词。

上古汉语否定句代词宾语前置的规则不是那么严格，先秦汉语中已有不少后置的例子。例如：

(10) 不知我者，谓我何求？(《诗·黍离》)
(11) 有事而不告我，必不捷矣。(《左传·襄公二十八年》)

管燮初先生指出，代词作宾语的否定句，"宾语不先置的例外情况在殷虚甲骨刻辞中就出现了"。周光午先生对先秦16部著作的调查，提供了否定句代词宾语后置的大量资料数据。据何乐士先生统计，《左传》中否定句代词宾语前置的句数为57，后置的句数为34，分别占62%和37.4%。汉代前置的例子明显减少。南北朝以后，否定句代词宾语由前置转为后置的发展过程已在口语中完成了。但是后代仿古的文言文却仍然采用代词宾语前置的格式。例：

(12) 彼不我恩也。(柳宗元《童区寄传》)
(13) 古之人不余欺也。(苏轼《石钟山记》)
(14) 未之敢从也。(黄宗羲《原臣》)

这样，古籍中宾语前置的现象显得很普遍，庶几成为常例，而对于现代汉语而言，显然是特殊的语序，是异例。

二、疑问句疑问代词宾语前置

上古汉语的疑问句，包括反问句，当疑问代词"谁""孰""安""焉""何""奚""胡""曷""恶"等作宾语时，以宾语置于述语之前为常。例如：

(1) 吾谁欺？欺天乎？（《论语·子罕》）
(2) 王者孰谓？谓文王也。（《公羊传·隐公元年》）
(3) 皮之不存，毛将安傅？（《左传·僖公十四年》）
(4) 良问曰："大王来何操？"（《史记·项羽本纪》）
(5) 直道事人，焉往而不三黜？（《论语·微子》）
(6) 彼且奚适也？（《庄子·逍遥游》）
(7) 弗虑胡获，弗为胡成？（《尚书·太甲下》）
(8) 然则曷祭？祭泰山河海。（《公羊传·僖公三十一年》）
(9) 路恶在？义是也。（《孟子·尽心上》）

以上各例，疑问代词作宾语，皆居述语前，例（1）、例（2）、例（8）的"天""文王""泰山河海"是名词则置述语之后，形成鲜明的对比。如果述语之前有助动词，那么充当宾语的疑问代词一般还得位于助动词之前。例如：

(10) 臣实不才，又谁敢怨？（《左传·成公三年》）

此例若误以宾语"谁"为主语，则与文意相去远矣！

疑问句代词宾语前置的规则比否定句还要严格，罕有例外，但后置的结构形式，先秦时已经萌芽。例如：

(11) 子夏云何？（《论语·子张》）
(12) 与不榖同好，如何？（《左传·僖公四年》）

"如何"是"何如"的倒言，两者在先秦已经是凝固结构，意思是"怎么样"，如例（12），或"怎么了"，它们都不是"像什么"的意思，实际上已经不能拆开来分析。

汉代以后，疑问句代词宾语逐渐出现后置的趋势。例如：

（13）兰泽多芳草，采之欲遗谁？（《汉乐府·涉江采芙蓉》）
（14）武帝问："言何？"（《汉书·酷吏传》）

但是后代的仿古文言作品中，疑问代词宾语往往还是前置的。例如：

（15）如此卓卓，犹不得免，其他则又何说？（韩愈《张中丞传后叙》）
（16）而今安在哉？（苏轼《前赤壁赋》）

三、介宾结构宾语前置

介宾结构（例中以·表示介词）是作为一个整体充当句子成分的，通常位于述语之前作状语，或位于述语之后当补语，如"［夜以］继日"之与"继日〈以夜〉"。由于大多介词是由动词虚化而来，因此介宾结构的内部语法关系与述宾结构大体相同，但介宾结构的宾语是对介词而言，而不是对整个句子来说的。介宾结构中的宾语可以是名词、代词、数词及偏正词组等。古代汉语的介宾结构以宾语前置为常，例如：

（1）［汝颍以］为险，［江汉以］为池。（《荀子·议兵》）
（2）其有不合者，抑而思之，［夜以］继日。（《孟子·离娄上》）
（3）沛公［北向］坐，张良［西向］侍。（《史记·项羽本纪》）
（4）子归，［何以］报我？（《左传·成公三年》）
（5）楚战士无不［一以］当十。（《史记·项羽本纪》）
（6）［一言以］蔽之。（《论语·为政》）
（7）先君若问与夷，其将［何辞以］对？（《左传·隐公三年》）

例（6）之"一言"、例（7）之"何辞"为偏正词组，其余以词充当介词的宾语。其中的"何以"逐渐成为凝固结构，古文常用，现代书面语沿用之，只限于询问原因，"为什么"的意思，而不是"用什么"或"凭什么"的意思。

虽然古代汉语介宾结构以宾语前置为常，但先秦开始也有少数后置的用例：

(8) 所谓伊人，[于焉]逍遥？(《诗·白驹》)
(9) 晋师退，军吏曰："[为何]退？"(《史记·晋世家》)
(10) [以何]验之？(王充《论衡·无形》)

四、以结构助词为标志的宾语前置

通过结构助词把宾语提置于述语之前，有强调和突出宾语的作用。常见的结构助词有"之""是""实""焉""斯""之为"等（例中用·表示）。这些结构助词没有实在的词汇意义，不能独立充当句子成分，只是起表示语法关系的作用，无法译成现代汉语。例如：

(1) 吾以子为异之问，曾由与求之问。(《论语·先进》)
(2) 宋何罪之有？(《墨子·公输》)
(3) 岂不榖是为，先君之好是继。(《左传·僖公四年》)
(4) 其于物也，不可得之为欲，不可足之为求，大失生本。(《吕氏春秋·情欲》)

如果不明上述例句中的结构助词的语法作用，就会误解古书。例如高诱在注释例(4)几句话时说："贵不可得之物宝难得之货，此之谓欲，故曰'为欲'；规求无足，不知纪极，不可盈厌，此之为求，故曰'为求'。"高氏把"为欲""为求"当成专有词语，是错误的。杨树达《吕氏春秋拾遗》说："不可得之为欲，不可足之为求，乃'欲不可得，求不可足'之倒文，此与《孟子》'唯奕秋之为听'，《荀子·不苟篇》'唯行之为守，唯义之为行'及《礼论篇》'生之为见，秋之为见'句例相同。高注未得其义。"高诱乃东汉名家，尚有失误，今人当以为戒。

又有值得注意的是，古代汉语中有些句子貌似例(2)中的"何……

之……"式的句子，其实结构并不一样，例如：

(5) 姜氏何厌之有？（《左传·隐公元年》）

这个句子的前置宾语是"厌"而不是"何厌"，"何"是疑问副词作"有"的状语，"何厌之有"，意思是"哪里有满足（的时候）"，而不能理解为"有什么满足"。例（2）则不同，"何"是疑问代词修饰名词"罪"，因此前置宾语是"何罪"，"何罪之有"译为"有什么罪"。

介宾结构中的宾语也可以用结构助词"之""是"提置于介词之前，例如：

(6) 非［夫人之为］恸而［谁为］？（《论语·先进》）
(7) 晋居深山，［戎狄之与］邻，而远与王室。（《左传·昭公十五年》）
(8) 康公［我之自］出。（《左传·成公十三年》）

例（6）中的"夫人之为"即"为夫人"，"夫人"是介宾结构中的前置宾语，以"之"为标志，"谁为"则不用"之"，全句的意思是：（我）不为这个人伤心而为谁伤心呢？例（7）中"戎狄之与邻"即"与戎狄邻"。例（8）中"我之自出"即"自我出"。"之"皆为介宾结构中宾语前置的标志。

当前置宾语是代词时，一般用"之"作标志，而不用"是"或其他助词。例如：

(9) 其我之谓矣！（《左传·宣公二年》）
(10) 若狄公子，吾是之依兮。（《国语·晋语三》）

这种宾语前置的形式，还可以在宾语前加一个范围副词"唯"（惟、维）构成"唯（惟、维）……是（之、之为）……"式。这样，强调宾语的作用就更加突出了。例如：

(11) 今商王受，惟妇言是用。（《尚书·牧誓》）

(12) 去我三十里，唯命是听。(《左传·宣公十五年》)
(13) 父母唯其疾之忧。(《论语·为政》)
(14) 鬼神非人实亲，惟德是依。(《左传·僖公五年》)

例（14）中的"实"，也是宾语前置的标志，作用同"是"。用"实"作标志的不多见，用"焉"和"斯"的同样没有"之""是"为常，其例有：

(15) 我周之东迁，晋郑焉依。(《左传·隐公六年》)
(16) 朋酒斯飨，曰杀羔羊。(《诗·七月》)

至于"唯……之为……"的格式，例见上文引杨树达《吕氏春秋拾遗》说。

最后有必要讨论"之"和"是"的词性问题，向来有学者把"之"和"是"视为代词，起"复指"作用，但主其说者都认为"之"和"是"只是把宾语提前的一种语法手段或标志，没有实在意义，无法译成现代汉语。既然如此，就不如视其为结构助词，既简捷又不至于互相抵牾，有利于初学者掌握古代汉语中这种句法。虽然"之"和"是"在古代汉语中有作代词的用法，但作为代词的"之"和"是"都可以独立充当句子成分，也都有具体意义，可以译成现代汉语。那么为什么充当代词，起"复指"作用的"之"和"是"又无法翻译呢？既然是"复指"，那就相当于其所代替之词语的语法地位和意义，也就是应当作宾语，但又未见主其说者有双宾语前置之论，这岂不是矛盾？

五、无条件的宾语前置

上述四种宾语前置，都有一定的条件或一定的标志。但古代汉语中还有一种特殊的句式，它不需要任何条件或标志，而直接把宾语提置于述语之前。其宾语可以是代词，也可以是名词。

代词充当前置宾语，较常见的是用指示代词"是"，例如：

(1) 尔贡包茅不入，王祭不共，无以缩酒，寡人是征；昭王南征而不复，寡人是问。(《左传·僖公四年》)

"征"与"问"同义,"寡人是征"与"寡人是问"都是"寡人追问这件事情"的意思。"是"分别代替上文所述情况,是指示代词,初学者必须注意与结构助词加以区别,不要把其前面的主语误为宾语。

其他代词作宾语的有:

(2) 今命尔予翼。(《尚书·蔡仲之命》)
(3) 赫赫师尹,民具尔瞻。(《诗·节南山》)
(4) 松子久吾欺。(曹子建《题白马王彪》)

名词作宾语的有:

(5) 凡大祭祀,王后不与,则摄而荐豆,笾彻。(《周礼·大宗伯》)
(6) 为天子之诸御,不爪翦,不穿耳。(《庄子·德充符》)

这种宾语前置因为不需要一定的条件,也没有任何标志,比较特殊,其宾语容易误为主语,初学者必须注意。

另者,名词作宾语提置于述语之前,也有学者视其为"谓语后置",这种提法不够严密,例如:

(7) 人主所以尊显,功名扬〈于万世之后〉者,以知术数也。(《汉书·晁错传》)

"功名"是名词作宾语,提置于述语"扬"之前,有强调突出宾语的作用,"功名扬于万世之后",如同说"扬功名于万世之后"。但是"谓语后置"说者对这一句的解说是,"功名"本是宾语,提置"扬"之前变为主语。笔者认为,既然以"功名"为主语,就不存在"谓语后置"的问题,因为通常是主语在前,谓语在后,不如说是宾语前置更为贴切。"谓语后置"说是不够严密的,它对于宾语来说可以是后置,但宾语前置就意味着谓语后置,对于主语来说,其位置则不变。正如其他句式的宾语前置一样,宾语前置与否,在句子中充当宾语的地位总是不变的。

总而言之,古代汉语中宾语前置的情况比较复杂,其所表现的句式灵活多变。但各种句式在不同的历史时期发展变化的进程是不平衡的，因此宾语前置的现象，就古代汉语本身而论，也存在常例和异例的问题。但由于后代的作家仍然遵循上古的语法规则进行写作，他们的仿古文言文作品中，宾语前置的现象仍然很突出。因此古代汉语宾语前置这种特殊语序，其"特殊"是相对现代汉语而言，对于古代汉语本身来说是很普遍的。但由于句式的灵活多变，以致同一句子，有不同的语法分析，语法结构分析不同，语意的理解也就不一样。因此如何客观地辨析古代汉语宾语前置的语法现象，仍然有值得深入议论之处。

参考文献：

[1] 王力．汉语语法史［M］．北京：商务印书馆，1989．

[2] 潘允中．汉语语法史概要［M］．郑州：中州书画社，1982．

[3] 杨伯峻，何乐士．古汉语语法及其发展［M］．北京：语文出版社，1992．

[4] 吕叔湘，王海棻．《马氏文通》读本［M］．上海：上海教育出版社，1986．

[5] 管燮初．西周金文语法研究［M］．北京：商务印书馆，1981．

[6] 何乐士．左传虚词研究［M］．北京：商务印书馆，1986．

[7] 王力．古代汉语［M］．北京：中华书局，1994．

[8] 郭锡良，等．古代汉语［M］．北京：北京出版社，1981．

[9] 朱星．古代汉语［M］．天津：天津人民出版社，1980．

[10] 任铭善，蒋礼鸿．古代汉语通论［M］．杭州：浙江教育出版社，1984．

[11] 洪成玉．古代汉语教程［M］．北京：中华书局，1995．

[12] 南开大学中文系古代汉语教研室．古代汉语读本［M］．天津：天津人民出版社，1981．

[13] 马汉麟．古代汉语读本［M］．郑州：中州书画社，1982．

[14] 许仰民．古汉语语法［M］．开封：河南大学出版社，1988．

[15] 董希谦，王松茂．古代汉语简明读本［M］．北京：书目文献出版社，1984．

[16] 李新魁．古代汉语自学读本［M］．北京：语文出版社，1992．

[17] 马春暄，林仁．古今汉语语法比较浅说［M］．福州：福建教育出版

社，1981.
［18］中国社会科学院语言研究所古代汉语研究室. 古汉语研究论文集［M］. 北京：北京出版社，1982.
［19］白平. 读《左传》中的三种"何……之……"式［J］. 中国语文，1996（2）.

古汉语的比喻句式*

关于古汉语的比喻，从修辞的角度论述的比较多，本文试从语法的角度作一探讨，从而发现古汉语的比喻句，无论比喻的类型还是表述的句式，都有不同于现代汉语的特点。对古汉语的比喻句，从语法结构上进行分析，对于正确理解古书文意无疑是有帮助的。

一、比喻句的类型

关于比喻的分类，修辞研究中还不甚一致：或分十类，如宋代陈骙《文则》；或分三类，如陈望道《修辞学发凡》；或分二类，即明喻和隐喻。明喻，现代汉语是用"甲像乙"的说法；隐喻，则用"甲是乙"的说法。而古汉语是怎样说的呢？先看下面几个例句：

> 手如柔荑，肤如凝脂。（《诗·硕人》）——手像初生的荑草，皮肤好比凝固的脂膏。（A式）
> 诸葛孔明者，卧龙也。（《三国志·诸葛亮传》）——诸葛亮是卧龙。（B式）
> 嫂蛇行匍伏。（《战国策·秦策》）——嫂像蛇一样匍匐爬行。（C式）
> 有神人面犬耳兽身（珥两青蛇，名曰奢比尸）。（《山海经·大荒东经》）——有一个神，面孔像人，耳朵像狗，身体像野兽（耳朵穿着两条青蛇，名字叫奢比尸）。（D式）

我们姑且把上面四个例句分别称为A式、B式、C式、D式。从形式上可以看出，A式属于明喻，被比喻的事物（下简称"本体"）与比喻的事物（下简称"喻体"）同时出现，并在两者之间加"如"表示比喻，

---

* 《古汉语的比喻句式》，原载于《中山大学学报》1997年第3期。

其他式属于隐喻,本体与喻体之间不直接出现"如"等表示比喻的词语。这四种格式可以说是古汉语比喻句的基本类型。由这四种类型加以灵活变通,又有多种说法。

1. A 式。

A 式又例:

咨女殷商,如蜩如螗,如沸如羹。(《诗·荡》)

"如"还可以用"若""类""似""为""均""同""象""疑""犹""譬犹""譬如""譬之""譬诸""譬于""譬之如"等有比喻义词语代替:

闻古之贤君,四方之民归之,若水之趣下也。(《国语·越语上》)

转蓬离本根,类此游客子。(曹植《杂诗》)

孔子于乡党,恂恂如也,似不能言者。(《论语·乡党》)

沉疴类弩影,积弊似河鱼。(肖纲《卧疾》)

城形类北斗,桥势似牵牛。(肖贲《长安道》)

皎如珠吐,疑剖蚌而乍分;粲若星繁,似流云之初卷。(柳宗元《披沙拣金赋》)

疑为霜裹叶,复类雪封枝。(肖纲《咏栀子花》)

蓊郁均双树,清虚类八禅。(肖纲《往窟山寺》)

形同七子镜,影类九秋霜。(肖纲《望月》)

腾烛象星,奔水类电。(江淹《牲出入歌》)

岸类长蛇搅,陵犹巨象豗。(韩愈《咏雪赠张籍》)

民之有口也,犹土之有山川也。(《国语·周语上》)

治国而无礼,譬犹瞽之无相与。怅怅乎其何之?譬如终夜有求于幽室之中,非烛何见?(《礼记·仲尼燕居》)

譬之宫墙:赐之墙也及肩,阙见室家之好;夫子之墙数仞,不得其门而入,不见宗庙之美,百官之富。(《论语·子张》)

色厉内荏,譬诸小人,其犹穿窬之盗与。(《论语·阳货》)

然二子者,譬于禽兽。(《左传·襄公二十一年》)

庐蒲嫳曰："譬之如禽兽，吾寝处之矣"。（《左传·襄公二十八年》）

A 式还可以用"如……然""若……然"等凝固结构来表示，相当于现代汉语的"像……一样"。例如：

人之视己，如见其肺肝然。（《礼记·大学》）
文章上下相接若继踵然。（陈骙《文则》）

2. B 式。
B 式又例：

君者，舟也；庶人者，水也。（《荀子·王霸》）
君子之德，风也；小人之德，草也。（《论语·颜渊》）
故凡不学而务求道，皆北方之学没者也。（苏轼《日喻》）

B 式相当于现代汉语的"甲是乙"的隐喻，用判断句式出现，但实际上并不表示判断，因为主语和谓语并不是同一事物或同一类别。对这种句式应灵活理解，否则就会以喻为真。《论语·子张》："仲尼，日月也。"阮元校勘记云："皇本、高丽本日上有如字。案《后汉书·孔融传》《列女传》二注引此文并有如字。"由此可见，"仲尼，日月也"虽然是用判断句式出现，但它所表达的内容是一种比喻的说法，此用隐喻而已，"仲尼如日月也"则用明喻。《公羊传·庄公七年》："夜中星霣如雨。……如雨者何？如雨者，非雨也。"这段话正好说明比喻的性质，本体和喻体不能等同。星与雨，二物也，非一物也。如其说"星者，雨也。"视为比喻可也，视为判断非也。

3. C 式。
C 式又例：

雄州雾列，俊彩星驰。（王勃《滕王阁序》）
而将军鱼游于沸鼎之中，燕巢于飞幕之上。（丘迟《与陈伯之书》）

子产治郑二十六年而死，丁壮号哭，老人儿啼。(《史记·循吏列传》)

黑之状，被发人立，绝有力而甚害人焉。(柳宗元《黑说》)

少时，一狼迳去，其一犬坐于前。(《聊斋志异·狼》)

C式是古汉语特有的语法现象，一般古代汉语教科书及文言语法专著都有所论述，指出它是名词作状语，表示比喻，或视作名词活用为副词。

4. D式。

D式在《山海经》中特别多，再举其例如下：

有兽焉，其状如牛四角，人目彘身，其名曰诸怀。(《北山经》)

有兽焉，状如虎而白身，犬首马毛彘鬣，名曰独㺄。(《北山经》)

其中多鸀鳿，其状如鸳鸯而人足，其鸣自叫。(《东山经》)

有兽焉，其状如鸡而鼠毛，其名曰蚩鼠。(《东山经》)

有兽焉，其状如马而羊目，四角，牛毛，其音如獋狗，其名曰峳峳。(《东山经》)

有鸟焉，其状如凫而鼠尾，善登木，其名曰絜钩。(《东山经》)

D式也是古汉语所特有，语句显得特别简练，多用于描绘事物的形貌情态，常与明喻结合在一起，中间用一转折连词"而"连接起来，共同对事物的形貌情态进行描绘。这种句式正充分体现比喻之所以成立的要点，那就是陈望道《修辞学发凡》所说的："第一，譬喻和被譬喻的两个事物必须有一点极其相类似；第二，譬喻和被譬喻的两个事物在其整体上极其不同。倘缺第一个要点，譬喻当然不能成立，若缺第二个要点，修辞学上也不能称为譬喻。"上述所举例句正好说明本体和喻体既相类又相别的特性。

二、比喻句的语法分析

对古汉语的比喻句进行语法分析，看看其句子结构上有什么特征，本体和喻体在句子中的语法关系如何，这样有利于进一步掌握古汉语的比喻句式，正确地理解古书文意。

试以开头四个例句加以分析，＿＿ ＿＿ ～～ （ ）［ ］〈 〉～～
分别表示主语、谓语、宾语、定语、状语、补语、兼语：

手 如 柔荑，肤 如 凝脂。(A 式)
诸葛孔明者，卧龙也。(B 式)
嫂［蛇］行匍伏。(C 式)
有神人面犬耳兽身，……(D 式)

可以看出，①喻体在句中的语法地位是不同的：A 式中作宾语；B 式中作谓语；C 式中作状语；D 式中作谓语，而其谓语是几个并列的偏正结构词组构成。②隐喻比明喻语法结构简单，语言文字简练。关于第二点，我们还可以用同一思想内容以隐喻和明喻的不同表达方式叙述，更清楚地看出语法结构上的差异：

诸葛孔明者，卧龙也。(隐喻)
诸葛孔明者犹 卧龙也。(明喻)
嫂［蛇］行匍伏。(隐喻)
嫂 犹 蛇之行而匍伏。(明喻)
有神，人面犬耳兽身。(隐喻)
有神，(其)面 犹 人面，耳 犹 犬耳，身 犹 兽身。(明喻)

陈望道《修辞学发凡》说："以上三级的譬喻（明喻、隐喻、借喻），从譬喻所以成立的根本上看来，原本没有什么区别，都是由思想对象同取譬事物之间有类似点构成，可是：①譬喻越进了一级，形式就简短起来；②譬喻越进了一级，用做譬喻的客体就越升到了主位。"从上面对比喻句的语法分析，正好证明陈望道所说是完全正确的。

对比喻句的语法分析必须符合客观实际，如果语法分析错了，就会导致对句意的误解。其中名词作状语表示比喻，该名词很容易被误为主语，例如：

嫂［蛇］行匍伏。　　　（嫂）蛇 行匍伏。
［少时］，（一）狼［迳］去，（其）（一）［犬］坐〈于前〉。
［少时］，（一）狼［迳］去，（其）（一）犬 坐〈于前〉。

语法分析不同，句意也就完全不一样。当然，其中只有前一种分析才是正确的。

在分析比喻句的语法结构时，还必须正确区分本体和喻体的结构。本体可以作主语，但本体和主语并不完全一致，同样，喻体可以作谓语、宾语，但喻体和谓语、宾语也不是完全一致的。由于表达的内容不同，本体和喻体可以用词、词组充当，也可以用句子充当，试举若干例说明（其中加·者表示本体，加。者表示喻体）

有人同行，颜如舜英。（《诗·有女同车》）
君子之过也，如日月之食焉。（《论语·子张》）
君子之德，风；小人之德，草。（《论语·颜渊》）
臣与安石犹冰炭之不可共器，若寒暑之不可同时。（司马光《奏弹王安石表》）
汉以来多任意揣摩，如盲人射的，虚发无效；或依拟形似，如持萤烛象，得首失尾。（徐光启《几何原本》序）

三、比喻句与比较句的区别

古汉语表示比较的句式（即相当于现代汉语的"甲比乙如何"）较为繁杂多样（详李新魁《汉语文言语法》），其中有些格式很容易跟比喻句混同起来，必须注意加以区别。比较句之所以容易误为比喻句，是因为比喻句本身也具有比较的特点，两者有相似的地方。但比喻是把比喻的事物与被比喻的事物加以相比，通过其类似点，使人容易晓喻，比喻重在打比方。比较句则是把甲乙两事物加以比较，视其比较的结果：相等、不及或超过，重在权衡对比。明白了这一点，就可以把貌似比喻句的比较句从意义上与比喻句区别开来，例如：

昭仪位视丞相，爵比诸侯王。（《汉书·外戚传》）——昭仪地位和丞相一样，爵禄和诸侯王一样。

　　帝乃东巡岱宗，以纯视御史大夫从。(《后汉书·张纯列传》)——皇帝便往东巡视泰山，用张纯如同御史大夫一样跟从。

　　这是用"视"的格式表示"等比"，前例"视"与"比"互文，形式上与用"如"等词语作标志的明喻很相似。还有直接用"如""若"等词语表示比较的，如：

　　(张)良曰："料大王士卒足以当项王乎？"沛公默然，曰："固不如也。"(《史记·项羽本纪》)——张良说："估计大王的士兵足够和项王相比吗？"沛公沉默一会，说："本来就比不上。"
　　臣相人多矣，无如季相。(《史记·高祖本纪》)——我给很多人看过相貌，没有人比得上刘季的贵相。
　　上察宗室诸窦，毋如窦婴贤。(《史记·魏其武安侯列传》)——皇上考察宗室中所有姓窦的，没有人比得上窦婴贤能。
　　则吾斯役之不幸，未若复吾赋不幸之甚也。(柳宗元《捕蛇者说》)——那么我这个差事的不幸，比不上恢复我的税赋的不幸厉害。

　　这些比较句式的比较结果都是"不及"(比不上)，其与比喻句之区别是往往在"如""若"等词语之前有否定副词"不""弗""未"或无指代词"无""毋"等。
　　比较句式中有时还用"似""若"表示"超比"，其表面形式与明喻似乎无所区别，但实际上句子的内部结构不同。例如：

　　绿苔狂似人，入我白玉堂。(贯休《寄令狐郎中》)——绿苔比人还狂，进入我的白玉堂。
　　舟子喃喃曰："莫说相公痴，更有痴似相公者。"(张岱《湖心亭看雪》)——船夫喃喃自语地说："不要说相公痴，更有比相公还痴的人。"
　　君子之交淡若水，小人之交甘若醴。(《庄子·山木》)——君子的交情比水还淡薄，小人的交情比甜酒还甘美。

人之困穷，甚如饥寒。(《吕氏春秋·爱士》)——人的困穷，比饥寒还厉害。

"似""若""如"用于明喻时，充当动词谓语，例见本文第一、第二部分所举；而用于比较时，往往位于形容词（如"狂""痴""淡"）之后，带上名词性词语引进比较对象，相当于介词"于"，例如：

善气迎人，亲如弟兄；恶气迎人，害于戈兵。(《管子·心术篇下》)。

"如"与"于"互文，又《内业篇》作"善气迎人，亲于弟兄；恶气迎人，害于戈兵。"又如：

飞觥壮若游燕市，觅句难于下赵城。(陆龟蒙《秋夕文宴》)

"若"与"于"互文，皆表比较。有人把"似""若""如"等表比较的句子当作比喻句（如陈望道《修辞学发凡》以"君子之交淡若水，小人之交甘若醴"为比喻例，陈鼓应《庄子今注今译》对此句的译文亦作比喻解），似可商榷。

文言朗读中的句读[*]

文言朗读中的句读指的是听觉上所感知的词与词、词语与词语之间的短促停顿（用 V 表示），而又有别于形诸标点符号的停顿。

文言朗读中的句读正确与否，基于对单音词和复音词的分辨、对古今词义异同的了解以及对句子的内部结构的正确理解等。

汉语的字和词是不统一的，有时一个字就是一个词（即单音词），有时是两个或两个以上的字才是一个词（即复音词，其中两个字组成一个词的叫双音词）。古汉语词汇是以单音词占优势的。因此文言中好些本来是两个单音节的词很容易被误作一个双音词。反之，也有把一个双音词误读为两个单音词的。对于词的划分不正确，势必导致朗读中句读的错误。如：

(1) 琼初以父任为太子舍人，辞病不就。（李固《遗黄琼书》）

有人把这句话解释为："黄琼起初由于父亲的关系被任命为太子舍人，推托有病不就任。"这显然是把"任为"当成一词连读，实际上应该是两个词，正确的朗读句读为："琼 V 初以父任 V 为太子舍人，辞病 V 不就。"因此这句话应该解释为"黄琼起初由于父亲职务的关系，被任命为太子舍人，推托有病不就任。"译文中"职务"一词是不能少的。"任"在这里是名词，而不是动词，"为"才是动词。正如"武字子卿，少以父任，兄弟并为郎。"（《汉书·李广苏建列传》）两句中的"任""为"的用法是一样的。又如：

(2) 今王之地 V 方五千里。（《战国策·楚策》）
(3) 于是相如前 V 进缻，因跪请秦王。（《史记·廉颇蔺相如列

---

* 《文言朗读中的句读》，原载于《语文月刊》1983 年第 6 期。结集时加以"附记"。

传》)

(4) 如此,则荆、吴之势强,鼎足之形 V 成矣。(司马光《赤壁之战》)

上列例句中的"地方""前进""形成"很容易被当作一个双音词连读。其实它们都是两个单音词,朗读时中间宜略为一顿,因此我们特地用 V 标示。而文言中的复音词(如连绵词"犹豫""狐疑""望洋"等)在朗读时却要求语气连贯,绝不能当作单音词分读分释,这里就不细谈了。

对词的划分是否正确,归根结底是对词义的理解是否正确的问题。如上文例句中的"地方""前进""形成",它们的意义都不能按照白话的词义来理解。"地方"是"土地多少见方"的意思;"前进"却是"向前进献"的意思;"形成"便是"局面形成"的意思,"形"即"形体",引申为"局面","成"才等于白话的"形成"。

弄清词与词之间的关系以及句子的内部结构也是保证朗读中句读无误的必要条件。例如:

(5) 汉 V 方不利,宁能禁信之王乎!(《史记·淮阴侯列传》)
(6) 此 V 言贵能行之。(同上)

例(5)的"汉方"和例(6)的"此言"都不是偏正关系,因此都不能连读,而应当稍微一逗,如 V 所示。"汉"是句子的主语,"方"是表示时间关系的副词,而不是名词。全句大意:"汉室正当不利的时候,难道能够阻止韩信称王吗?""此",代词,代替上文所说的情况,作句子的主语,"言"与后面的词语形成述宾结构作句子的谓语部分,"言"是动词而不是名词。全句的意思:"这说明贵在能够实践。"

(7) 身居项王掌握中 V 数矣。(《史记·淮阴侯列传》)
(8) 其不可亲信 V 如此。(《史记·淮阴侯列传》)
(9) 吾不能早用子,今急而求子,是 V 寡人之过也。(《左传·僖公三十年》)

例(7)至例(9)中的 V 表示主语与谓语(分别用═══ ─── 表示)

之间的停顿。像这类句子,在朗读时,主语与谓语之间都需要句读,而它们的主语和谓语有时不容易分辨。特别需要注意的是例(9)的主语"是"与谓语之间的句读,这是容易为人所忽略的。这里的"是"不等于现代汉语中的判断动词"是",而是个代词,相当于"这"。如果把它误作判断动词"是",朗读时势必就没有句读。

此外,表示句中停顿的语助词,在朗读中应当有所体现。如:

(10)鸟之将死,其鸣也∨哀,人之将死,其言也∨善。(《论语·泰伯》)
(11)师也∨过,商也∨不及。(《论语·先进》)

例句中的"也"都是表示句中语气停顿的助词,决不能当成口语中"你去我也去"的"也"与后面的词语连读。如果分别读为"鸟之将死,其鸣∨也哀,人之将死,其言∨也善。""师∨也过,商∨也不及。"意思就不大一样。例(1)原来的意思是"鸟临死的时候,它的叫声是悲哀的;人临死的时候,他所说出的话是有价值的。"例(11)原来的意思是"师呢,有些过分;商呢,有些赶不上。"

上面主要就文言散文朗读中的句读问题谈了几点粗浅的体会,至于文言诗词朗读中的句读(用诗词的术语说叫节奏)却要受诗词格律的约束,一般谈诗词格律知识的书都会涉及,因此就不在本文所讨论的范围内。

附记:

拙文刊行于 1983 年 6 月,尔后读胡朴安《中国训诂学史》,见"章句离析"一节(334 页),有如下两例:

春秋公羊传。僖公二年。请以屈产之乘。此凡两读。
何氏注云。屈产地名。是以屈产连文为读。吕氏春秋权勋篇。屈产之乘。屈邑所生。则当屈作小读。
春秋穀梁传。桓公十四年。无冰时燠也。近读以冰字绝句。据疏云旧时上读。此又以无冰时为句。

其实,胡文所举二例,已涉及本文所要阐述的朗读中短促的语气停顿，即所谓"小读"。下例亦有"无冰"小读与"无冰时"小读之别。

  胡氏所谓"小读"足以作为笔者所谓"有别于形诸标点符号的停顿"之例证。故附记之。

2017 年 11 月 12 日

古代汉语教学内容刍议*

"古代汉语这一门课程，过去在不同的高等学校中，在不同的时期，有种种不同的教学内容。有的是当作历代文选来教，有的是当作文言语法来教，有的把它讲成文字、音韵、训诂，有的把它讲成汉语史。目的要求是不一致的。"①

自从王力主编的《古代汉语》出版之后，这门课程的目的要求大体达成一致：它是大学中文系的一门基础课，又是一门工具课，目的是培养学生阅读古书的能力，要求学生能够借助工具书阅读一般的文言文。

王力主编的《古代汉语》创造性地确立了这门课程的教学内容，它包括三个方面：①文选；②常用词；③古汉语通论。这具有一定的权威性和典范性，因此不少高等院校用王力主编的《古代汉语》作为教材。它对于后起的古代汉语教材的编写也产生了极大的影响，主要表现在教材体系中贯彻文选、常用词和通论三结合的原则。也许在某个时期，对某些学校来说，其教学内容是合适的。但是，王力主编的《古代汉语》从初版到现在将近30年了，这些年来，高等院校中文系的课程体系已经发生了深刻的变化，新设的科目不断增加，按现有的课时是难以完成原有的古代汉语课的教学内容的。因此，认真研究古代汉语课的教学内容，处理好古代汉语课和其他语言文字类课程的关系，处理好古代汉语课本身各部分内容的关系，使之成为切实可行、学而有效的课程，是很有必要的。

古代汉语课的教学内容涉及面太广，负担太重。姑且不论常用词，仅古代汉语通论部分就包含了文字、词汇、语法、音韵、修辞、文体、古注、今译、句读、诗词曲律、工具书、古代文化常识等，其中几乎每一部分都可以独立成为一门课程，例如文字学、词汇学、语法学、音韵学、修辞学、训诂学、文言翻译学、诗词格律学等。文选部分既有历代散文，又

---

* 《古代汉语教学内容刍议》，原载于《中山大学学报论丛》1999年第1期。
① 王力主编：《古代汉语·序》，中华书局1962年版。

有先秦《诗经》《楚辞》，汉代的《乐府》乃至唐诗、宋词、元曲等韵文。难怪古代汉语教材在所有教材中是最厚的，令学生望而生畏。由于通论部分面面俱到，而课时又是很有限的，因此教学过程中存在有些内容与其他课程重复的问题。例如古代汉语通论中的文字部分讲"六书"，而在此之前现代汉语课已经讲过"六书"，后续的文字学课仍然讲"六书"，难免使学生感到厌倦，缺少新鲜感。而各有说法之处（例如"假借"是不是造字法），又令学生无所适从。有些内容则是没有其他专门课程为先导就难以讲清楚的。例如音韵部分讲古音概况、《诗经》的韵部等，在没有学过语音学、音韵学之前，要在极其有限的课时里学好音韵部分的内容，谈何容易。有些内容是否有必要在古代汉语课中讲？例如诗词曲律及其相关的文选是否不讲？总而言之，从现实出发，从古代汉语课是培养学生提高文言文的阅读能力出发，在极其有限的课时里，讲授其中最急需的内容，而有些内容可以不讲。不讲的内容并不是与阅读文言文没有关系，其中有些内容是阅读文言文不可缺少的知识，甚至有必要单列开课，问题是怎样合理地调配语言文字学类各门课程的负担，压缩古代汉语课的内容。例如现代汉语和古代汉语用同样的课时安排教材所涉及的内容，显然是不合理的，古代汉语课显得不堪负荷，顾此失彼。

　　现代汉语知识是学习古代汉语的基础，现代汉语课中所涉及的文字、词汇、语法、修辞方面的内容都为学习古代汉语打下基础，现代汉语文字部分关于汉字形体结构的传统理论"六书"，词汇部分关于词法的基本概念，语法部分关于句法的基本概念，修辞部分关于一般的修辞格等都是学习古代汉语文字、词汇、语法、修辞所必备的。现代汉语基础知识如何，会直接影响到古代汉语课的学习，而古代汉语课在文字、词汇、语法、修辞等内容方面避免和现代汉语课及其他后续的课程重复，突出古代汉语书面语在文字、词汇、语法、修辞方面不同于现代汉语书面语的特点来进行教学，对于调动学生的学习兴趣和提高教学效果，从而达到教学目的和要求是很有必要的。

　　古代汉语通论所涉及的许多内容，必须以文字、词汇和语法为重点，但这些重点的内容都不必很系统地讲授。文字部分不必从汉字的起源讲到汉字的结构，而是在学生已经学过"六书"理论之后，直接讲授字形和字义的联系，以形声字为重点，分析形声字的形符和字义的联系以及形声字的声符和字义的联系。形声字的形符，表示这个字所属的意义范畴，形符相同的字，在字义上一般都有联系。例如远古以贝为货币，所以从贝的字在意义上都与钱财、买卖有关。分析形声字的形符，对了解和掌握字义，特别是探求字的本义是有帮助的。形声字的声符是表示读音的。从现代汉语的角度看，声符所表示的读音是极不准确的，但在上古，特别是造字的时代，同声符的字读音应该是相同或相近的。声符不仅仅是表示读音，其中有一些字的声符是兼表字义的。例如从"曾"得声的字多有增加、重叠、增高等义。这种字往往不是孤立的，而是一组一组的，有同源关系。从声符相同的形声字中去寻找它们的同源关系，这对于理解和掌握字义是有一定的帮助的。阅读古书，还必须了解汉字形体分歧的情况，尽量多认识一些形体不同的汉字。汉字形体的分歧，过去主要表现在古今字和异体字两方面，汉字简化以后，又出现繁简字的问题。古书用字除了这三种情况之外，还有一个突出的通假字的问题，通假字前人叫假借字，前人说，不懂通假（假借），不可以读古书。古书用字的问题，应作为文字部分最重要的内容。讲述古书用字的问题，固然要从具体字例切入，但更要讲清楚通用字形成的原因，对应的情况，以期达到举一反三的效果，使学生可以认识更多的字来阅读古书。把古书的用字作为文字部分最重要的内容安排教学，密切文字知识与古书阅读的联系，而后续的文字课则可以不讲古书用字的问题。这样古代汉语课文字部分重点突出，又避免与现代汉语课和文字课重复。

词汇部分是古代汉语通论中最为重要的内容，涉及的问题较多，但应以如下内容为重点：①古代汉语词汇的构成和特点。结合实例，讲清楚单音词、复音词、合成词的基本概念，使学生在阅读文言文中能辨认单纯词、合成词、词组，从而准确理解文意。②古今词义的异同。古今意义基本未变；古今意义完全不同；古今意义之间既有关系、又有发展（词义的扩大、缩小、转移）。这三种情况当中，尤应以后两种情况为重点，通过具体词例的分析，增强学生古今词义异同的观念，避免犯以今律古、望文生义的毛病。③词的本义和引申义。古代汉语一词多义的现象比较突出，抓住了词的本义，引申义就可以迎刃而解了。④同义词的辨析。古代汉语的同义词非常丰富，其形成是有原因的，其差别和特点又是多样的。或者词义范围广狭不同；或者情状不同；或者程度不同；或者侧重点不同；或者感情色彩不同；或者语法功能不同。古代汉语同义词的辨析，对于准确地理解古书文意，意义非常重大。在讲授这部分重点内容时，还应当讲明辨析同义词的根据和方法以及辨析同义词应该注意的问题。

　　语法部分虽然是古代汉语通论中重要的内容，但是不可能从词法到句法全面系统地介绍古代汉语语法问题，而只能以古今语法差异较大而又是古代汉语语法中常见的语法现象为重点。因此要重点介绍名词、动词、形容词的语法特点，尤要以这三类词的活用为中心内容，具体包括名词、形容词用作动词，形容词、名词的意动用法，形容词和动词的使动用法。名词作状语也是古代汉语常见的语法现象，用法也比较复杂，有的表示方位或处所，有的表示行为的工具或依据，有的表示对人的态度，有的表示比喻，几个时间名词（日、月、岁、年等）作状语时有特殊的含义。掌握名词作状语的语法特点和词汇意义，对于正确理解文意是有帮助的。白话文中名词一般不直接作状语，这是古今语法差异之处。古代汉语中的代词比较繁复，人称代词、指示代词和疑问代词的用法有不同于现代汉语的地方。古代汉语的数量表示法同现代汉语差异也较大，基数、序数、分数、倍数、约数、虚数等称数法灵活多样。因此代词、数量词在古代汉语语法部分应当作为专题讲述。虚词的用法是古代汉语语法部分的重要内容，古今都有研究虚词的专著。但是课堂上不可能全面系统地介绍虚词的用法，只能有选择地讲授其中若干常见而且用法灵活的虚词，如连词的而、以、则，介词的于、以、为、与，助词的所、者、之、是等，至于其他虚词只能引导学生查阅有关虚词的专著。句子成分的次序和省略应当作为古代汉语语法部分另一个专题：古代汉语中的宾语前置（包括有条件的前置和无条件的前置）比较突出，表现出古今汉语语序上较大的差异，加上谓语前置、定语后置（有争议的问题）、状语的位置问题等，表现古今语序差异的多元性。句子成分的省略是古今语法共有的现象，但是古代汉语的省略尤为突出，其中主要在主语省略、述语省略、宾语省略、中心语省略等方面。古代汉语中几种特殊的句式（判断句、被动句、疑问句、否定句）都有不同于现代汉语书面语的地方，是课堂上应当讲授的内容。

　　古书的注解部分要简要地介绍有关古注的常识，包括古注的基本体例、古注的主要内容、古注的训释方法、古注的术语、古注的利用等最基本的知识，为学生查阅工具书和阅读古注打下基础。

　　古书的标点、古书的今译、工具书的利用这三部分实践性较强，应注重引导学生动手、动笔，注重实践，课堂上不必讲授太多的理论问题。

　　关于语音的问题，王力在《论古代汉语的学习和教学》一文中说：

"古书既然是书面语言,跟语音的关系不大,除非我们读的是诗歌和韵文(指辞赋),才有必要研究语音,因为语音是和韵律有关系的。但即使是诗歌和韵文,语音迟些再研究也未曾不可。"① 语音的问题还不是古代汉语通论中的重点,需要简介的是:古今语音的异同、古书的读音、古音通假等几个最基本的问题。

关于诗词曲格律的问题,虽然与欣赏唐诗、宋词、元曲有一定的关系,但它更主要的是与诗词的创作相关。诗词曲的创作并不是古代汉语课的教学目的,有些古代汉语教材不涉及诗词曲律问题,不无道理。因此在课时有限的情况下,即使所选定的教材中有诗词曲律的内容,也可考虑不讲。

最后,关于文选的问题。文选的时代应以先秦两汉为主,古人说"文必三代——周、秦、汉",学习古代汉语正要注重这一时期。就文体来说,应当以散文为主,如《左传》《国语》《国策》《论语》《孟子》《庄子》《荀子》《韩非子》《史记》《汉书》等选文。《诗经》《楚辞》等古代韵文,可酌情选讲若干篇,至于唐诗、宋词、元曲是可以不必选讲的。

---

① 王力:《论古代汉语的学习和教学》,载《光明日报》1961年12月16日。

授"鱼"亦授"渔"

——古代汉语教学管窥蠡测*

古代汉语教学内容驳杂,既有文选又有通论,内容不同,教法各异。这里仅就说词释句披露浅人之见,以管窥全豹,蠡测大海。窃以为,文选教学中,直截了当向学生阐释词义、串讲句意以及篇章内容,固然很重要,但在说词释句之时,还必须结合一些典型的例子进行纵横的联系,左推右演,讲述知其词义、得其句意的依据和方法,让学生收到举一反三的学习效果,尽快提高文言文的阅读能力。古语云:"君子授人以鱼,不如授人以渔。"不才非敢以君子自居,但愿向君子看齐。因此贸然命笔,借题发挥,若无"渔"可言,视之浑水摸"鱼"可也。

一、启发学生要善于利用今语掌握古词古义

现代汉语是古代汉语的继承和发展。今语中保存不少古词古义,只是人们习以为常,不知其所自,或者只知其一、不知其二而已。"落"本指草木零落,如"落英""落木"之"落",但"落"古义又有"始"义。前者易晓,后者难明。《左传·昭公七年》:"楚子成章华之台,愿与诸侯落之。"当学生对此"落"之义狐疑不决之时,启发以"落成"一词,疑惑便涣然冰释了。杜预注曰:"宫室始成祭之曰落。"今之落成典礼是其义也。司马迁《报任安书》:"诚欲效其款款之愚。""款待"中的"款"正是"诚恳"的意思,"款款之愚"就是"忠诚恳切的愚见"。"关键"古义是"门闩"。《老子》:"善闭无关键而不可开。""掌管"的"管"古义是"钥匙"。《左传·僖公三十二年》:"郑人使我掌其北门之管。""规矩"的"规"古义是"圆规",画圆形的工具,"矩"是画方形的工具。《荀子·赋篇》:"圆者中规,方者中矩。"

---

* 《授"鱼"亦授"渔"——古代汉语教学管窥蠡测》,原载于《中山大学学报论丛》2003年第4期。

现代汉语中的成语也是古词古义的沉积和凝固，因此，利用已融入现代汉语的成语去掌握古词古义，也是行之有效的方法。成语"城门失火，殃及池鱼"中"城"和"池"的古义是"城墙"和"护城河"。晁错《论贵粟疏》："虽有高城深池，严法重刑，犹不能禁也。"其中的"城""池"义与成语的"城""池"义相合。"口诛笔伐"中的"诛"是谴责，而不是诛杀。《战国策·秦第一》："以临二周之郊，诛周主之罪。""诛周主之罪"就是声讨周主的罪行。《韩非子·难三》："以天下为之罗，则雀不失矣。"据成语"天罗地网"可知，"罗"与"网"同义，都是捕鸟的工具。"掉三寸舌"也简作"掉舌"，"掉"古义是摇动。《左传·昭公十一年》："尾大不掉。"《史记·淮阴侯列传》："且郦生一士，伏轼掉三寸之舌，下齐七十余城。""不速之客"的"速"是迎请、邀请之意。《荀子·乐论》："主人亲速宾及介，而众宾皆从之。""速宾及介"意思是迎请宾客和替宾客传话的人。

古代汉语中的同义复合词，其中一个词素可能在现代汉语中也常用，我们对它的词义并不生疏，因此就可以利用一个词素的意义去认识另一个词素的意义。《孟子·梁惠王上》："斧斤以时入山林，材木不可胜用也。""斤"与"斧"同义。《庄子·在宥》："今世殊死者相枕也。"《淮南子·览冥训》："而欲以生殊死之人。""殊死者"和"殊死之人"就是"死了的人"，"殊"与"死"同义。《说文》"殊，死也"，而《淮南子》的旧释文引《广雅》"殊，断也"释之，则非也。

现代汉语中的联合式复合词的词素一般都是同义、近义或反义的。"存在"的"存"保留其古义"在"。《吕氏春秋·应同》："独乱未必亡也，召寇则无以存矣。"高诱注："存，在也。"《公羊传·隐公三年》："有天子存。""存"正是"存在""在"的意思。"纯粹"的"纯"本义是"丝不杂"，"粹"本义是"米不杂"，统而言之则是"纯粹"。"纯粹"同"纯"，现代常用，由此可知与"纯"同义的"粹"的古义。《吕氏春秋·用众》："天下无粹白之狐，而有粹白之裘。"高诱注："粹，纯也。""后来"的"后"保留其古义"来"。《吕氏春秋·长见》："故审知今则可知古，知古则可知后。"高诱注："古，昔；后，来也。""饥饱"的"饥"的古义是"食不足"，与"饱"相反。《孟子·离娄下》："稷思天下有饥者，由己饥之也。""苦乐"的"苦"与"乐"相对，是苦恼、痛苦的意思。《后汉书·华佗传》："泽居者不堪其苦。""去留"的"去"

的古义是离开。陶潜《五柳先生传》："亲旧知其如此，或置酒而招之，造饮辄尽，期在必醉，既醉而退，曾不吝情去留。""去留"义偏在"去"，"不吝去留"意谓舍不得离开。《韩非子·外储说左下》"阳虎去齐走赵"，是说阳虎离开齐国跑到赵国去。当然，利用现代汉语中的复合词中一个已知的词素的意义去认识另一个未知的词素的古义时，还必须注意词的多义性，因为同一个单音词可以构成不同意义的复音词。例如"存"不但与"在"同义，而且有"恤问"的意思。《史记·魏公子列传》："臣乃市井鼓刀屠者，而公子亲数存之。"这个"存"取"存问"义，即慰问、抚慰，而不是"存在"义。

总之，讲解古词古义时，不是就词论词，只停留在"古"的时间基点上，而是时时注意古今联系，以今逆古，由近及远，让学生感到古语就在日常口语里，就在笔下，而那些正是古语中最有活力的成分。

二、启发学生要善于利用方言掌握古词古义

古代某些"雅言"或者"殊语"虽然普通话不用，但它们可能保留在某些方言中，成为妇孺闻而辄晓之恒言，有古今同形、同音、同义者，有古今音有转异、形义则同者，也有心有其义、口有其音却不知其字者，而其字正保留在古书中。讲解古代汉语词义时，联系各地方言的用例，可让学生感到格外亲切，易明易记。

"力"，古有"勤"义。《诗·烝民》："古训是式，威仪是力。"郑玄笺："力，犹勤也。"单言"力"，连言"勤力"，都是勤劳的意思。北魏贾思勰《齐民要术·序》："语曰：'力能胜贫，谨能胜祸。'盖言勤力可以不贫，谨身可以避祸。""力"与"勤力"互言。"勤力"犹可倒言"力勤"，王充《论衡·命禄》："命贫以力勤致富。""力勤"犹言"力劳"，《淮南子·主术训》："上好取而无量，下贪狠而无让，民贫苦而忿争，事力劳而无功，智诈萌兴，盗贼滋彰。"总之，"力"古有"勤"义，普通话不用，而潮汕话常用之，并与"惰"构成反义词。广州话则有"勤力"之语。"力劳"犹潮汕话之"力落"，广州话则言"落力"。

"起"，古有"建造"义，用例甚多。《汉书·郊祀志下》："起步寿宫。"汉桓谭《新论·识通》："（武帝）求不急之方，大起宫室。"汉班固《两都赋序》："京师修宫室，浚城隍，起苑囿。"或连言"起建"，《汉书·武帝纪》："起建章宫。"潮汕话保留"起"的古义，称盖房子为

"起厝"。广州话也有"起屋"之说。

古书有"黐黏"一词,"黐"字不好懂。韩愈《寄崔二十六立之》诗:"敦敦凭书案,譬彼鸟黏黐。"其实,黐与黏同义,动词。也作形容词,意为"黏糊糊的"。贾岛《玩月》诗:"立久病足折,兀然黐胶黏。"潮汕话仍保留其动词义和形容词义(重言"黐黐")。今粤方言也保留其义,如称总要紧跟其母的小孩为"黐妈仔"。

"淖糜"指多米汤的粥,古籍中多有用例。宋钱穆父《赠秦少游》诗:"西郊为禄无多少,希薄才堪作淖糜。"宋陆游《秋雨》诗:"常有淖糜供旦暮。"又《龟堂独坐遣闷》诗:"食有淖糜犹足饱。"潮汕话也有"淖糜"之说。潮汕话也用"淖"指其他又黏又稠的东西,如说"淖涂"(稀泥)。"淖"与"溽"同义,因此潮汕话又把稀泥叫作"涂溽糜"。《广雅·释言》:"溽,淖也。"王念孙疏证:"《众经音义》卷十一引《通俗文》云:'和溏曰淖溽。'"溏,泥浆,泥浆状的。正与潮汕话相合。古籍也有用例,《淮南子·原道训》:"(道)横四维而含阴阳,纮宇宙而章三光,甚淖而溽,甚纤而微。"高诱注:"溽小淖也。夫馈粥多潘者谓溽。"潮汕话也用"淖溽"连言状写稀饭,又黏又稠的稀饭叫"淖溽糜",义与古语相合。

广州方言"晒"作"尽"解,其本字为"澌",有文献可征。宋欧阳修《送徐无党南归序》:"草木鸟兽之为物,众人之为人,其为生也异,而为死则同,一归于腐坏澌尽泯灭而已。""澌"与"尽"同义。《说文》:"澌,水索也。"徐锴系传:"索,尽也。"《方言》卷三:"扑、铤、澌,尽也。"又卷十三:"澌,索也。"

广州话的"睇",先秦文献已有用例。《楚辞·九歌·山鬼》:"既含睇兮又宜笑。"王逸注:"微眄貌也。"即斜视,不正面看。又见《说文》:"睇,目小视也。"郑玄注《礼记·内侧》:"睇,倾视也。""睇"后来逐渐扩大为"看""望"。晋陶渊明《闲情赋》:"仰睇天路,俯促鸣弦。"《广韵》齐韵:"睇,视也。"明李士奇《同蔡尚远等游东山》:"睇遥素横川,俯夷绿盈畎。"这些用法与广州话的"睇"基本一致。

广州话"肥腯腯"的"腯"(肥也),古已有之。《礼记·曲礼下》:"豕曰刚鬣,豚曰腯肥,羊曰柔毛。"孔疏:"腯,即充满貌也。"《太平广记》卷429引戴孚《广异记》:"鱼舟走出,见一野豕腯甚,几三百斤。"

"先生""生"之称呼,古今沿用。《论语·为政》:"有酒食,先生馈，曾是以为孝乎？""见其与先生并行也。"《史记·儒林列传》："言《尚书》自济南伏生，言《礼》自鲁高堂生。"司马贞索隐："谢承云：'秦氏季代有鲁人高堂伯'，则'伯'是其字。云'生'者，以魏地万户封生。"颜师古注："生，犹言先生。"广州话称"先生"，多简言"生"。客家话亦然。又如广州话"走"曰"趯"，取《诗》"趯趯阜螽"之义（屈大均《广东新语》卷11"土言"）。

《左传·桓公十五年》："祭仲杀雍纠，尸诸周氏之汪。"杜预注："汪，池也。"这个"池"不是一般的池子，而是水坑。现今河北一带仍把水坑叫作"汪"，苏北话"汪"，也是小水塘。

《国语·楚语》："彼惧而奔郑，缅然引领南望曰：'庶几赦吾罪。'"贾逵注："缅，思貌也。"客家话还保留着"缅"之"思""想"义，山歌有唱："千人万人唔缅，单缅亲哥一个人。"

章太炎《岭外三州语》："《毛诗》国风传曰薮，泽也，禽之府也。《韩诗》说禽兽居之曰薮。《考工记》注郑司农曰：薮读蜂薮之薮。三州谓鸟巢为薮，鸡伏卵曰伏薮，虫窠亦曰薮。"《客话本字》："鸟兽所栖曰薮，因而凡鸟薮、鸡薮、狗薮、蜂薮皆谓之薮，呼若斗。"客家山歌："共薮鸡子有相打，心里想开事就冇"，"莫学燕子转老薮，莫学黄蜂采野花。"客家话的"薮"，音义同广州话的"窦"。

总之，不同方言都不同程度地保留着古代汉语的某些成分，这些成分，普通话已经不用，或者被一些同义或者近义词代替了。例如扬雄《方言》中所采集的"绝代（远代）语释"（古今语）"别国方言"（如今方言），普通话一般不用，但由于世代口耳相传，其中有的至今还存活在各地的方言中。笔者曾试以《从〈方言〉看某方言》为题布置作业，来自不同地区的学生都能从《方言》中找到和自己的方言相同、相近或相关的语词。这就是利用方言释读古词古义的有力理据。因此，强调学生要善于利用自己熟悉的方言母语释读古书，掌握古词古义，未尝不能收到一定的效果。

三、启发学生要善于利用文例说词释句

古人行文，颇讲究文辞的修饰，文章中自有文例在。或讲求词语结构的相对，或讲求语义的相应，或讲求文字的变异，这就是所谓"对文""互文""变文"等文例的运用。在讲解文选时，凡与修辞文例有关的地

方，从修辞文例的角度进行分析，传授一点古书文例的知识，对于学生释读古书，探索文义，认知更多的文言词语是颇有作用的。试以"对文""互文""变文"等为例。

根据对文已知的词语结构和意义，可以推求未知的词语结构和意义。《桃花源记》："阡陌交通，鸡犬相闻。""阡陌"和"鸡犬"相对，"交通"和"相闻"互对，"相闻"是偏正结构，可知"交通"也是偏正结构，是词组而不是词，不同于今义的名词。《梁书》卷40《到溉传》引肖衍赐到溉《连珠》："研磨墨以腾文，笔飞毫以书信。""腾文"是动宾结构词组，可知"书信"也是动宾结构词组，并非名词的"书信"。书，即书写；信，为信幡。《庄子·山木篇》："庄子游于雕陵之樊，睹一异鹊自南方来者，翼广七尺，目大运寸。""广七尺"和"大运寸"相对为文，"广"和"运"都是形容词，"广"表横，"运"表纵。《国语·越语》："句践之地，广运百里。"韦昭注："东西为广，南北为运。""目大运寸"犹言"目大径寸"。《淮南子·谬称》："春女思，秋士愁。"如果把"思"字理解为"思念"，那就错了。根据"思""愁"相对为文，可知"思"有"愁"义。《文选》卷19张华《励志》诗"吉士思秋"，李善注云"思，悲也"，可以为证。

根据"互文"也可以推求未知的词语的意义，这就是所谓"互文见义"。因为互文有局部性的或全局性的意义重合，我们就可以利用这一特点，从已知的浅白易晓的词语去推求未知的晦涩难懂的词语。《吕氏春秋·察今》："尝一脔之肉，而知一镬之味，一鼎之调。""一镬之味"和"一鼎之调"互文，意义重合，"镬"与"鼎"同义，可知"调"和"味"也同义。《老子》中有"猛兽不据，攫鸟不搏"之句，"据"和"搏"互用，说明其义相同或相近。江淹《杂诗》有"幽并逢虎据"之句，《文选》李善注引《战国策》"此所谓两虎相搏者也"句中"搏"作"据"，也可说明"据"与"搏"同义。韩愈《张中丞传后序》："士卒仅万人，城中居人户亦且数万。"其中"仅"与"且"互文，皆"庶几"之义，表示差不多达到较大的数量，而不是数量之少。《史记·屈原贾生列传》："信而见疑，忠而被谤。""见"与"被"互文，都表示被动义。虚词的用法也可以根据互文来推求。李斯《谏逐客书》："臣闻地广者粟多，国大者人众，兵强则士勇。"又《史记·项羽本纪》："徐行则死，疾行即免死。"其中的"则"是承接连词，而"者""即"与"则"都在相应的位置上,当有相同的用法和意义。《管子·治国》:"凡治者,必先禁末作文巧,末作文巧禁,则民无所游食,民无所游食则必农,民事农则田垦,田垦则粟多,粟多则国富,国富者兵强,兵强者战胜,战胜者地广。""则"与"者"互用,可与《谏逐客书》相印证。由此可知"则"或作"者""即",异字同义。他如陶渊明《归去来辞》"木欣欣以向荣,泉涓涓而始流","以"和"而"互用。

变其文而不变其义是"变文"的特点,在训释古文时就可以利用变文不变之"常"求已变之"异",亦即据已知求未知。郭在贻《〈太平广记〉词语考释》以《说郛》卷6引《临海异物志》作"交易",证明"交关"与"交易"同义,这便是据已知求未知一例。敦煌曲:"交关多使七成钱,籴粜无非两般斗。"任二北《敦煌曲初探》曰:"交关,义未详。"郭在贻指出:"实则这个交关正是交易的意思。"郭说确是。闽南方言亦称"交易"为"交关"。又"交关"与下文"使钱"义正相应,闽南方言仍称"花(用)钱"为"使钱"。《韩非子·五蠹篇》:"国丰养儒侠,难至用介士,所利非所用,所用非所利。"这几句又见于《显学篇》,不过"利"字改成了"养"字,由此可以断定"利"有"养"义,不是"利用"。《史记·龟策列传》"蓍百茎共一根",《春秋繁露·奉本》"根"作"本","根"与"本"同义。变文不但表现在变换字词上,而且表现在变换语句上。《战国策·齐策一》:"吾与徐公孰美?""吾孰与徐公美?"两者所表达的意思是一样的,还可说成"吾孰与徐公?"《荀子·天论》:"强本而节用,则天不能贫;养备而动时,则天不能病;修道而不贰,则天不能祸。故水旱不能使之饥,寒暑不能使之疾,祆怪不能使之全;倍道而妄行,则天不能使之吉。""贫""病""祸"是使动用法,"饥""疾""凶""富""全""吉"本来也完全可以仿照前面的句式用使动用法,但作者为了使语句错落有致,却改用兼语式来表达。对于现代读者来说,后者容易理解,因此就可据以推求前面较为隐晦的句意。他如《礼记·曲礼下》:"问君之富,数地以对,……问士之富,以车数对;问庶人之富,数畜以对。""数地以对""数畜以对"和"以车数对"本来完全可以使结构一律,却有意错综结构,"数"有名词、动词之分,"以"有介词、连词之别,文中两用。据沈括《梦溪笔谈》卷14所载:韩退之集中《罗池神碑铭》"春与猿吟兮秋与鹤飞",石刻乃作"春与猿吟兮秋鹤与飞","盖欲相错成文,则语势矫健耳"。两者从表达的意思来说却是一致的。读者可据"常例"推求"变例"。古注中常用不同的词语结构或不同的句式诠释原文，就是这个道理。

前人学习古代汉语，强调多读熟读，季汉董遇有言："读书百遍，其义自见。"读而不得其义，尚可借助注解、利用工具书等，以扫除文字障碍，但古书未尝都有注解，即使有注解，难免仍有疑义之处，况且查了工具书，还存在如何选择义项的问题。这些都有待读者独立思考，比较分析，以得其词义句意，这时联系今语、利用方言、分析文例，都不失为行之有效的辅助手段。因此，笔者时时措意，窃以为"渔"，施之学生，能否得"鱼"，未可知也。伏望同行方家、大雅君子，匡谬正误，幸赐其"渔"，于我则有兼得渔鱼之乐矣！

参考文献：

[1] 陈焕良．利用潮汕方言掌握古词古义［A］．李新魁教授纪念集［C］．北京：中华书局，1998.
[2] 陈焕良．利用潮汕方言掌握占今词义的异同［J］．汕头大学学报，1998（2）．
[3] 陈焕良．利用文例释读古书［J］．古籍整理研究学刊，1990（6）．
[4] 王卉．利用今语掌握古词古义［J］．刊授指导，2001（6）．

下編

古籍整理

必须掌握前人注释古书的方法方式*

古书注释的历史由来已久。从汉代起，我国就开始了古书注释的工作。比较重要的古书，前人都相继做过整理注释，成为今人阅读和整理古书不可或缺的依据。因此，为了充分利用前人注释古书的经验教训，首先必须掌握前人注释古书的方法方式。

一、掌握训诂常用的术语

古书注释，前人称之为训诂。研究古书注释的学问就叫训诂学。训诂学中有许多专门用语，这些专门用语通常叫作术语。为了充分地利用历代的训诂资料，就必须正确地理解训诂的术语，掌握各个术语的含义和用法。笔者现把常用的训诂术语用法上有共同的地方，归并为十一类，逐一予以介绍。这十一类术语主要用于释义方面，其中有的与注音有关。

1. 某，某也（某者，某也；某者，某；某，某）。

(1)《孟子·滕文公上》："树艺五谷。"注："艺，种也。"
(2)《孝经·庶人章》正义："庶者，众也。"
(3)《书大传》："尧者，高也，饶也。舜者，推也，循也。"
(4)《尔雅·释木》："杜，甘棠。"
(5)《诗·关雎》："窈窕淑女，君子好逑。"毛传："淑，善。逑，匹也。"

以上都是用判断句式来解释同义词。被解释的词语在前，用来解释的词语在后。例（1）和例（2）是一般的同义关系；例（3）用一义仍不足以说尽时，再加解释。而且"尧""饶"；"舜""循"，都有音同义近的关系。例（5）数词连释，在最末一词用"也"字，前面的省去了。这

---

* 《必须掌握前人注释古书的方法方式》，原载于《刊授指导》1996年第3期。

在阅读没有句读的注疏时，应注意辨别。

2. 曰、为、谓之、之谓。

(1)《论语·学而》："有朋自远方来，不亦乐乎？"郑注："同门曰朋，同志曰友。"

(2)《楚辞·离骚》："各兴心而嫉妒。"王逸注："害贤为嫉，害色为妒。"

(3)《穀梁传·襄公二十四年》："一谷不升谓之嗛；二谷不升谓之饥；三谷不升谓之馑；四谷不升谓之康；五谷不升谓之大侵。"

(4)《孟子·滕文公下》："富贵不能淫，贫贱不能移，威武不能屈，此之谓大丈夫。"

这几个术语都相当于"叫作"的意思。它们的用法都是，用以解释的词语在其前，被解释的词语在其后。一般用于直陈其义而定其义界。"曰"和"为"还有区别同义词的作用。而"之谓"的应用范围相对较小，训诂专书中一般不使用，传注中也极少见。它一般是出现于原文中的训诂。

3. 谓、言

(1)《诗·柏舟》："母也天只。"毛传："天谓父也。"

(2)《论语·为政》："道之以政，齐之以刑。"孔注："政谓法教。"

"谓"相当于"是指"或"指的是"，这几个术语常用来说明被训释的词语在句中特指某一事物或有其特殊含义。例(1)的"天"特指"父"；例(2)的"政"是个抽象的概念，"法教"是其具体的内容。又如：

(3)《国语·周语》："夫兵战时而动。"韦昭注："时动，谓三时务农，一时讲武。"

正如例(1)的"天"不能理解为自然界的"天"一样，例(3)的

"时而动"不能理解为"按时行动",而是特指军队要"三时务农,一时讲武",即军队在一年之中如果没有战争,要三季务农,一季(冬季)练武。"谓"与"谓之""之谓"在格式上的区别是:用"谓"时,被解释的词语放在用以解释的词语之前;用"谓之"或"之谓"时,被解释的词放在用以解释的词语之后。

(4)《诗·葛屦》:"其君俭啬褊急。"孔疏:"俭啬言爱物,褊急言性躁。"

(5)《诗·候人》:"彼候人兮,何戈与祋。"毛传:"候人,道路送客者。何,揭;祋,殳也。言贤者之官,不过候人。"

(6)《诗·小星》:"嘒彼小星,维参与昴。"郑笺:"此言众无名之星亦随伐(参星又名"伐")、留(昴星又名"留")在天。"

例(4)用"言"这个术语说明"俭啬""褊急"特指的内容;例(5)和例(6)用"言"这个术语串讲句意。用"言"和用"谓"格式相同,但作用不完全一样。"谓"一般用来解释词义,而"言"往往用来串讲句意或阐发文意。

4. 称(之称)、名(之名)。

(1)《释名·释亲属》:"叟,老者称也。""叔,少也,幼者称也。"

(2)《国语·周语》:"穆王将征犬戎。"韦昭注:"征,正也,上讨下之称。"

(3)《荀子·强国》"有苓",杨倞注:"苓,地名,未详所在。"

(4)《周礼·天官》"追师下士二人",郑玄注:"追,治玉石之名。"

这几个术语常用来解释各种称呼的意义,其中的"名"还多用于解释专用名词。

5. 类(醜、属)、之类(之属)、别。

(1)《中庸》章十二引《诗》"鸢飞戾天,鱼跃于渊。"朱熹注:

"鹞，鸱类。"

（2）《尔雅·释草》："焱、藨（苺），芦醜。"

（3）《说文》鸟部："鸧，鸠属。"

（4）《艺文类聚》九十七引蔡邕《月令章句》："螽斯，莎鸡之类。"

（5）《周礼·大宰》："以九贡致邦国之用，一曰祀贡，二曰嫔贡。"郑玄注："祀贡，牺牲包茅之属，宾（嫔）贡，皮帛之属。"

（6）《周礼·司市》："胥师、贾师，莅于介次，而听小治小讼。"郑玄注："介次，市亭之属别，小者也。"

这几个术语都是表示事物的种属类别的，但有所区别，用"类"（醜，属）表示广义释狭义，用"之类"（之属）表示狭义释广义。"属"与"别"以及"属别"连用时所表示的意义又有所不同。段玉裁在《说文》"秔"字下注曰："凡言'属'者，以属见别也。言'别'者，以别见属也。重其同则言'属'，'秔'为'稻属'是也；重其异则言'别'，'稗'为'禾别'是也。"《周礼》注曰："'州、党、族、闾、比，乡之属别'，'介次，市亭之属别，小者'。'属别'并言，分合并见也。"这就是说："属""别"和"属别"并用都是分别事物的种属类别，强调事物之间的共同性则用"属"，强调事物之间的区别则用"别"，"属别"并用则是既表示事物之间的同，又表示事物之间的异，这就是"分合并见"之意。

6. 貌（之貌）、然。

（1）《诗·兔罝》："赳赳武夫。"毛传："赳赳，武貌。"

（2）《庄子·逍遥游》："夫列子御风而行，泠然善也。"郭象注："泠然，轻妙之貌。"

（3）《诗·汉广》："翘翘错薪。"毛传："翘翘，薪貌。"孔疏："翘翘然而高者，乃是杂薪。"

（4）《左传·襄公二十九年》："美哉，荡乎！"杜预注："荡乎，荡然也。"

这几个术语都表示被解释的词是形容词，用于描写一种状态，相当于"……的样子","貌"与"然"可以通用,如例(3)一样,毛传用"貌"表示"翘翘"是形容词,而孔疏则用"然"表示"翘翘"是形容词。"然"也写作"尔"。例如:

(5)《诗·氓》:"言笑晏晏,信誓旦旦。"毛传:"信誓旦旦然。"郑笺:"我其以信誓旦旦耳。"阮元《毛诗注疏校勘记》说:"案段玉裁云:'耳当作尔'。其说是也。传云旦旦然,笺云旦旦尔,'然''尔'一也。"

7. 所以。

(1)《说文》聿部:"聿,所以书也。"段注:"以,用也;聿,所用书之物也。凡言'所以'者,视此。"

用"所以"是从某词所表示事物的功能、用途来解释该词的,相当于"用来……"或"用作……"的意思。例如:

(2)《方言》卷九:"所以藏剑弩谓之籅。"
(3)《礼记·月令》:"省囹圄。"郑注:"囹圄,所以禁守系者,若今别狱矣。"《广雅·释室》:"夏曰夏台,殷曰羑里,周曰囹圄。"

8. 之言、之为言。

(1)《礼记·王制》:"古者公田藉而不税。"郑注:"藉之言借也。"
(2)《礼记·明堂位》:"天子皋门。"郑注:"皋之为言高也。"

"之言"和"之为言"意义和用法都一样,都用表示音义相通,是声训中所常用的术语。

9. 辞(词)、语辞(词)、之辞、语助(助语)、助辞(语助辞、助语之辞)、助句辞、声(发声、发语声)。

(1)《诗·汉广》:"不可求思。"毛传:"思,辞也。"

(2)《楚辞·九歌》:"蹇谁留兮中洲。"王逸注:"蹇,词也。"

(3)《楚辞·离骚》:"羌内恕己以量人兮。"王逸注:"羌,楚人语词也。"

(4)《礼记·三年问》疏:"焉是语辞。"

(5)《史记·项羽本纪》:"亚父受玉斗,置之地。拔剑撞而碎之曰:'唉!竖子不足与谋。'"司马贞索隐:"唉,叹恨发声之辞。"

(6)《礼记·檀弓》:"何居",郑玄注:"居,读如姬姓之姬,齐鲁之间语助也。"

(7)《诗·柏舟》:"母也天只,不谅人只。"朱熹注:"只,语助辞。"

(8)《诗·出其东门》:"聊乐我员。"孔疏:"云、员,古今字,助句辞也。"

(9)《诗·关雎》:"关关雎鸠",毛传:"关关,和声也。"

(10)《周礼·司烜氏》:"掌以夫遂取明火于日。"郑众注:"夫,发声。"

(11)《汉书·货殖传》:"于越不相入矣。"颜师古注:"于,发语声也。"

这组术语都是表示被注释的词是虚词。解释虚词所用的术语名目繁多,历代训诂学者对虚词的解释不但所使用的术语名目不同,而且其间还有粗疏与精细的区别。但即使是粗疏的解疏,对于读者避免以虚词为实词,帮助都是很大的。虚词在句子中的位置很灵活:可以在句首;也可以在句中;也可以在句末。虚词的作用更是多样:有表示各种语气的;有起各种连接作用的;有与实词形成各种结构的。

10. 浑言(统言、通言、散言)、析言(对言)、散文、对文。

(1)《说文》走部:"走,趋也。"段注:"《释名》:'徐行曰步,疾行曰趋,疾趋曰走。'此析言之。许浑言不别也。"

(2)《说文》艸部:"茅,菅也。"段注:"按统言则茅菅是一,析言则菅与茅殊。"

(3)《礼记·曲礼下》:"生曰父,曰母,曰妻;死曰考,曰妣,曰嫔。"孔疏："此生死异称，出《尔雅》文，言其别于生时耳。若通而言之，亦通也。"

（4）《诗·何人斯》："出此三物，以诅尔斯。"毛传："三物，豕、犬、鸡也。民不相信，则盟诅之。"马瑞辰《毛诗传笺通释》卷二十："诅，小于'盟'也。是《诗》三物专言'诅'，毛传通言'盟诅'者，'盟'与'诅'，亦散言则通，对言则异。"

（5）《尔雅·释畜》："未成豪，狗。"郝懿行疏："狗犬通名，若对文，则大者名犬，小者名狗。散文，则《月令》言'食犬'，《燕礼》言'烹狗'，狗亦犬耳。今亦通名犬为狗矣。"

（6）《诗·南山》："南山崔崔，雄兔绥绥。"孔疏："对文，则飞曰雌雄，走曰牝牡，散则可以相通。"

这些术语都是用来辨析同义词的异同的。"浑言""统言""通言""散言"和"散文"都是表示对词语的训释是"笼统地说"，而"析言""对言"和"对文"则表示对词语的训释是"分别地说"。

11. 读如、读若、读为、读曰。

（1）《吕氏春秋·慎大览》："（夏民）亲郼如夏。"高诱注："郼，读如衣。"

（2）《礼记·中庸》："治国其如示诸掌乎。"郑玄注："示，读如'寘诸河干'之寘。"

（3）《礼记·儒行》："竟信其志。"郑玄注："信读如屈伸之伸。"

（4）《诗·伐檀》："彼君子兮，不素飧兮。"郑笺："飧，读如鱼飧之飧。"

（5）《说文》日部："昕，旦明，日将出也。从日斤声。读若希。"

（6）《仪礼·士丧礼》："幎目用缁。"郑玄注："幎，读若《诗》曰'葛藟萦之'之'萦'。"

（7）《仪礼·聘礼》："车秉有五籔。"郑玄注："籔，读若不数之数。"

（8）《诗·氓》："淇则有岸，隰则有泮。"郑笺："泮，读为畔。

畔，涯也。"

(9)《周礼·大祝》："辨九拜：……七曰奇拜。"杜子春注："奇，读若奇偶之奇。"

(10)《书·尧典》："播时百谷。"郑玄注："时，读曰莳。"

"读如""读若""读为""读曰"这组术语，都有表示被释词和释词之间具有语音联系这一共同特点。因此它们都用到"读"字，古注中也有单用"读"作为术语的。它们都可以用来表示注音，也都可以用来表示注释通假字。唯其如此，故可通用。如例（3）用"读如"注释通假字"信"，而《荀子·天论》杨谅注则曰："信读为伸。"但从一般使用情况来说，它们之间也有区别。首先，"读如""读若"多用于注音，即用譬况的方法用一个音同或音近的字注音，而不释义，如例（1）、（5）、（7）。但"读如""读若"也可以用于注释通假字，即既注音又释义，如例句（2）、（3）、（4）、（6）。而"读为""读曰"多用于注释通假字，如例（8）、（10），但也可以只用于表示注音，如例（9）。其次，"读如"和"读若"多用于字典、辞书中，而"读为"和"读曰"多用于随文释义的注疏中。

二、掌握训诂的三种方法

词义解释是训诂的主要内容，因此所谓训诂的方法，专指解释词义的方法。其法有三：形训、音训、义训。

1. 形训——以形说义。

形训就是通过对汉字形体的分析来解释字义，从而探明词义的方法。这是根据汉字的特点而建立起来的训诂方法。这种方法，早在训诂萌芽时期的春秋战国时代就已经出现了。如《左传·宣公十二年》"止戈为武"；《左传·昭公元年》"皿虫为蛊"；《左传·宣公十五年》"反正为乏"；《穀梁传》"人言为信"；《韩非子》"自环为厶，背厶为公"等。这都是大家熟悉的最早使用形训的例子。汉代以后，经师的解经，常用这种训诂方法注释经义。例如：

《周礼·大司徒》："一曰六德：知、仁、圣、义、忠、和。"注："忠，言以中。"

《易·讼卦》释文："讼，争也，言之于公也。"
《荀子·劝学》："天见其明。"注："明谓日月。"

在通释语义的专著中，《说文解字》是一部全面而有系统地运用形训方法的著作，凡《说文》明说"象形"或"象某某之形"的，多是象形字或指事字，其字义和字形保持较密切的联系。例如：

耳部："耳，主听者也，象形。"
大部："夨，人之臂亦（腋）也。从大，象两亦之形。"

《说文》在分析指事字、会意字、形声字时，凡说"从某"或"从某某"等，其实也是从形体上的分析，进一步阐述字义的。例如：

心部："惢，心疑也。从三心。"段注："今俗谓疑为多心。会意。"
宀部："宏，屋深也。从宀，厷声。"

可以看出，指事、会意、形声都与形体的结构有着直接或者间接的联系。

形训有助于探求字的本义。古汉语以单音词为优势，探求字的本义，也即探求词的本义，从而探其词的引申义，以便正确地理解古书。

2. 音训——因声求义。

音训也叫声训，就是利用读音相同或相近的字来训释词义的方法。清代自乾嘉以来，有些著名的学者提出："故训声音，相为表里。"（戴震《六书音韵表序》），强调"训诂之旨，本于声音"（王念孙《广雅疏证序》）。他们突破汉字形体，借助字音探求词义，取得了不可低估的效果。

音训的方法萌芽于先秦时代，在先秦时期的文献中常常可以看到音训的例子。两汉时期的训诂专书《尔雅》和《说文》等，也都常用音训的方法解释词义。尤其是汉末刘熙的《释名》，几乎全是音训。例如：

《释天》："夏，假也，宽假万物使生长也。"
《释亲属》："父，甫也，始生己也。"

《释言语》:"诅,阻也,使人行事阻限于言也。"

从上举各例中,我们可以领会到《释名》是如何通过读音的近同来探求事物得名的缘由和解释词义的。

音训的主要作用有二:一是寻求本字;一是推求语源。二者都是为了正确训释古籍中的词义问题。

本字是与借字相对来说的。古书用字存在很多通假现象。所谓通假,就是在用字时不写本字,而借用另一个音同或音近的字来代替。这样一来,字形与词义之间的联系被掩盖了。因此说明通假,破借字求本字,以防止读者望文生义,便成为音训之要务。这个工作古代也叫破字、读破、易字。

语源也称语根。沈兼士在《右文说》中说:"语言必有根,语根者,最初表示概念之音,为语言形式之基础。换言之,语根系构成语词之要素,语词系由语根渐次分化而成者。"由同一个语根派生出来的,因而音义皆近、音近义同或者义近音同的词,叫作同源词。运用因声求义的方法来系联同源词,首先是指文字上同声符的,以推求它们的语义"公约数"(沈兼士语)。例如《说文》"叚"下段注:"叚声多有红义。"其次,辗转系联其他音同、音近的字,以确定它们的语源义。例如《诗·灵台》:"矇瞍奏公。"毛传:"有眸子而无见曰矇。""矇"以及"眛""眊""瞑""暮""盲""没"等古代属"明"母字,都有昏暗不明之义。

3. 义训——直陈词义。

不借助字形和字音而用词语来直接说明某词的含义,这就是义训。形训、音训以外的训释方式都属于义训。义训是训诂最常用的方法。

义训的方式很多,可以从不同的角度分为如下若干类。

(1) 从词义的广狭来看,有:以共名(大名)释别名(小名),即以广义释狭义。例如:《说文》艸部:"葵,菜也。"以别名(小名)释共名(大名),即以狭义释广义。例如:《左传·成公三年》:"齐侯朝于晋,将授玉。"孔疏:"玉,谓所执之圭也。"

(2) 从同义、反义、多义的角度看,有:同训,即用同一个词来训释两个以上的同义词。例如《尔雅·释诂》:"乔、嵩、崇、高也。"互训,即同义词互相训释。例如:《尔雅·释宫》:"宫谓之室,室谓之宫。"递训,指同义词递相解释,即以乙训甲,又以丙训乙,层递而下。例如:

《尔雅·释言》："煽，炽也；炽，盛也。"反训，即用反义词来作训释。反训之所以成立，主要是因为有些词在上古本来兼有正反两种意义，后世只通行其中一种。例如：《韩非子·难势》："抱法处势则治，背法去势则乱。"这里"治""乱"对举，"乱"显然是用其通行的"混乱"义。而《尔雅·释诂》又云："乱，治也。"说明"乱"又有"治理"义。歧训，即避免训释词产生歧义而再加一个训释，使词义更加明确。例如：《尔雅·释言》"祺，祥也；祺，吉也。"因为训释词"祥"兼有"吉""凶"二义，如《左传·僖公十六年》："是何祥也？吉凶焉在？"为了明确这里是取其吉祥、福善一义，故又用"吉"字作释。

（3）从时地关系看，有：以今语释古语。例如《周礼·掌节》："货贿用玺节。"郑玄注："玺节者，今之印章也。"以通语（雅言）释方言。例如：《尔雅·释诂》："瘵，瘦，痎，病也。"郭璞注："今江东呼病曰瘵，东齐曰瘦。"

（4）从表达方式来看，又有下定义、述类别、写情状、作比较、举例证、表地望、说用途、明职责、道结果、揭要旨等几种。例从略。

三、掌握训诂的多种体例

训诂的体制和形式，简称训诂的体式。大致可以分为四类：随文释义的注疏、通释语义的专著、文献正文和古代笔记中的训诂。而随文释义的注疏是最通行的体式，其中又可以分为多种类别，分述如下：

1. 传注类。

包括传、说、注、笺、诂、训等名目。传是与经相对而言的。《汉书·古今人物表》颜师古注："传谓解说经义者也。"《春秋》有三传：《左传》《公羊传》《谷梁传》。《诗经》有《毛诗故训传》。传又有内传、外传、大传、小传、补传、集传之分，此不赘及。说是讲说、解释的意思。说也是注释古书的一种体例，它以解说经、传的思想内容为要务，不注重经文所涉及的名物制度。各种重要的经书都有"说"。如《易经》有《五鹿充宗略说》，《尚书》有《欧阳说义》，《诗经》有《鲁说》《韩说》。注是注释的意思。它取义于灌注，古书的文义不好懂，必须注释然后明白。好像水路阻塞，必须灌注然后通达。注与传基本上是一致的，孔颖达《春秋左传正义》说："毛君、孔安国、马融、王肃之徒，其所注书皆称为传，郑玄则谓之注。"郑玄所作的注，有《周礼注》《仪礼注》

《礼记注》等。笺是表识的意思。郑玄依据《毛诗故训传》作了《毛诗笺》，有补充和订正毛传的用意。孔颖达《毛诗正义》说："郑（玄）于诸经皆谓之注，此言笺者，吕忱《字林》云：'笺者，表也，识也。'"笺也叫笺注或笺释。明清之际，以笺名书者多，如清陈德《易笺》、明李成玉《楚辞笺注》、清贺宽《离骚笺释》。诂又写作故。孔颖达说："诂者，古也。古今异言，通之使人知也。"（见《毛诗正义》）事实上，诂也就是注，以今言释古语就是诂（故）。例如为《诗经》作"诂（故）"的就有《鲁故》《齐后氏故》《齐孙氏故》《韩故》，今佚。训是训解的意思。孔颖达说："训者，道也。道物之形貌以告人也。"训与诂意义近同，所以常常连用。毛亨有《毛诗诂训传》，贾谊有《左氏传训诂》。高诱注《淮南子》，除叙目命名《要略》外，他如《原道训》《俶真训》等皆以"训"名篇。

2. 章句类。

章句类产生于汉代，它虽然也以扫除文字障碍为主要目的，但它不停留在逐字逐词的解释上，而是着重句意的串讲，归纳章节大意（即所谓"章旨"），乃至分析篇章结构。这类注释的代表作有汉赵岐《孟子章句》和王逸《楚辞章句》。

3. 音义类。

音义类或重于注音，或重于释义，两者并举则为音义。以"音"名书者，《隋书经籍志》有晋徐邈《周易音》，顾彪《今文尚书音》，魏嵇康《春秋左氏传音》。以"音义"名书者，唐陆德明为《周易》《尚书》《毛诗》等14部古书作"音义"，合称为《经典释文》。

4. 义疏类。

或单称"义""疏"，或合称"义疏"。义即义理的意思；疏，即疏通的意思。义疏类不但疏通经文，而且疏通注文，其侧重阐明经文隐含之义理，便成为有别于其他注疏的特点。以"义"名书者，《礼记》有《祭义》《冠义》《昏义》《乡饮酒义》《射义》《燕义》《聘义》诸篇，皆为阐明礼之义理。先儒注经，有传、注、笺等名，传注之后又有注释，谓之疏，如《十三经注疏》各经皆有注和疏。"疏"或曰"正义"。例如《周易正义》，魏王弼、韩康伯注，唐孔颖达等正义；《尚书正义》，汉郑玄注，唐贾公彦疏；《毛诗正义》，汉毛亨传，汉郑玄笺，唐孔颖达等正义。

5. 集解类。

集解就是汇集众注，断以己意的注疏体式。它产生于南北朝时期，其特点是博采众家之长，因而有存古之功，一书在手，大致可以了解古注本的基本情况。如魏何晏《论语集解》就汇集了孔安国、包咸、周氏、马融、郑玄、陈群、王肃、周生烈等多人的解说。集解也叫"集注""集传"，它征引的旧注资料虽然丰富，但有的不一定逐条罗列众注，采纳某家之说，也不一定都指明出处。朱熹《诗集传》《论语集注》《孟子集注》就是这样。有的虽以"集解"命名，但并非集诸家之解于一书，如晋杜预《春秋经传集解》是集《春秋经》和《左氏传》于一解，是指兼解原文和前注。这是需要辨别的。

注释古书怎样吸收前人的成果[*]

从汉代起，我国就开始了古书的注释工作。比较重要的古书，前人都相继做过整理注释，为我们今天整理古籍留下了丰富的资料和经验。今人注释古书，一般都要参考古人的旧注，利用前人的研究成果。对此，先辈学者曾有过经验之谈，值得我们充分的重视。

清末民初国学大师章太炎曾经指出，诠释旧文，不宜离已有之训诂而臆造新解。清人皮锡瑞也说过："说经必宗古义，义愈近古，愈可信据，故唐宋以后之说，不如汉人之说，东汉以后之说，又不如汉初人之说。至于说出春秋以前，以经证经，尤为颠扑不破"。（《经学通论·诗经》）

一般来说，距离古书的写作时代越近，注者对古书所反映的社会生活、名物制度以及所使用的语言文字、修辞手法等就越熟悉，因此注释也越可靠，越能成为今人作注的依据。例如晋代杜预的《春秋左传集解》汇集了前人对《左传》的注释，对今人注《左传》具有重要的参考价值。如今人注《郑伯克段于鄢》中"都城过百雉，国之害也"一句说："古代城墙长三丈宽一丈高一丈为一雉。百雉就是三百立方丈。"原来杜预已经作过注释："方丈曰堵，三堵曰雉，一雉之墙长三丈，高一丈，侯伯之城方五里，径三百雉，故其大都不得过百雉。"今注正是以杜注为依据的。又如《左传》中有些词语的古义是在一般工具书中难以稽查的，而杜注在释词时却保存着词的古义，因而也是今注的重要依据。例如《左传·襄公九年》："晋侯曰：十二年矣，是谓一终，一星终也。"杜注："岁星十二岁而一周天。"这里以"周"释"终"。又，《左传·昭公二十年》："吾将死之，以周事子。"杜注："周犹终也。"这里又以"终"释"周"。可知"终""周"二字同义互训，因而《史记·高祖本纪·赞》中"终而复始"，《汉书·高帝纪》作"周而复始"。"终""周"都是常用词，

---

[*]《注释古书怎样吸收前人的成果》，初稿于1987年4月提交在杭州富阳举行的中国训诂学研究会年会，后载于《古籍整理研究学刊》（吉林）1988年第2期。

旧的字书、韵书都各有多种解释，但不见二字同义互训之例。也正因为如此，有人把前一句翻译为"十二年了，这叫作一终，这是岁星运行一圈的终止。"这就欠准确了，根据杜注，应当翻译为"十二年了，这叫作一周期，这是岁星运行的周期。"

今人注释古书应当尽可能地利用旧注，避免走弯路，从而提高今注的准确性和科学性。那么，注释古书怎样利用旧注，吸收前人的成果呢？这里提出几点粗浅的看法。

一、宏观众说，择善而从

在训诂进入怀疑思辨的北宋时代，欧阳修曾提出"因迹前世之所传，较其得失"的主张，这对今天我们整理古籍仍然有启迪意义。今人新注古书，应当尽可能利用先行注本，汇集众说，加以比较、参证。当众说纷纭时，要能择善而从，作为今注的依据。比如《诗经》从汉毛《传》郑《笺》，到唐孔《疏》，到宋朱熹《诗集传》，直至清马瑞辰《毛诗传笺通释》以及清人的读书札记中有关《诗经》的研究等，如此宏富的诗经学著作，都是今人研究《诗经》、注释《诗经》的重要参考资料。

但是今人注《诗经》却有失之未能借鉴旧注者。如《诗经·大雅·皇矣》"无然畔援"，《诗经译注》："畔援：畔同叛，是说离叛，援是攀援"。如此则有乖前人之说，马瑞辰《毛诗传笺通释》："《释文》引《韩诗》'畔援，武强也。……畔援，通作畔换。《汉书·叙传》曰，项氏畔换。师古注，畔换，强恣之貌，犹言跋扈也。引诗'无然畔援'，又作'泮奂'，'叛换'。《卷阿》诗'泮奂尔游矣'，笺：泮奂，自放恣之貌。……畔换二字叠韵。"可见"畔援"是叠韵连绵词，不可割裂分析。这就是俞樾所说"古书中叠韵之字，当合两字为一义，不当以一字为一义。"（《广释诂疏证拾遗》）《诗经译注》如果注意到马瑞辰对"畔援"的解释，就可以避免分割连绵词的错误。

古书旧注中一词多训，众说纷纭的现象也是很常见的。但不外两种情况：或者旧注皆错；或者只有一种说法是对的，其余都是错的。这就需要对旧注进行具体分析，辨别是非，吸收其合理的成分作为今注的依据。一般来说，多数旧注对词义及语句的诠解、疏通是正确的，但即使是训诂大师也难免有错误的地方。毛亨传《诗经》开来之功是不容抹杀的，但毛《传》中的瑕疵也时遭后人的指摘。比如：《诗经·周南·芣苢》："采采苢，薄言有之。"毛《传》："有，藏之也。"王引之根据全诗诗意，认为有不当训藏，而曰："有亦取也。"（详见《经义述闻》卷五《毛诗》"薄言有之"条）高亨《诗经今注》："有，取归己有。"显然，高氏取王说而不用毛《传》，这是对的。又如：《诗经·卷耳》："我马虺隤，我马玄黄。"毛《传》："虺隤，病也。玄马病则黄。"朱熹《诗集传》："玄黄，玄马而黄，病极而变色也。"朱熹沿用毛《传》故训，这就错了。王引之指出："虺隤，叠韵字。玄黄，双声字。皆谓病貌也。传言'玄马病则黄'，失之。"（详见《经义述闻》卷五《毛诗》"我马玄黄"条）今人注《卷耳》篇，当以王说为据。高亨《诗经今注》："玄黄，马病。"虽然没有沿用毛《传》析言玄黄之误，然而嫌其笼统，不及王说明确。

　　前面说到杜预《春秋左传集解》对今人注释《左传》具有重要的参考价值，但杜注也并不是尽善尽美的。例如《左传·隐公元年》："既而大叔命西鄙北鄙贰于己。公子吕曰：'国不堪贰，君将若之何？……'大叔又收贰以为己邑。至于廪延。"杜注："贰，两属。"这一注释，对后人影响颇深。今注一般都以此为依据，不加区别地把这段话中的三个"贰"字都解释为"两属"，清人刘师培在《古书疑义举例补》中已经指出杜注"以贰为两属，尤望文生训。"依刘说，"贰于己"之"贰"，是"贰"之本义，训为"副益"，下文"收贰以为己邑"，犹言收副益之地为己有，"国不堪贰"之"贰"则为"分离"之义，因为西鄙北鄙对于共叔段来说为增益，对于郑伯来说为离叛，"贰于己"之"贰"为形容增益之词，"国不堪贰"之"贰"为形容离叛之词。"收贰"之"贰"又以"贰"字代西鄙北鄙，数语相联，虽所用之字相同，而取义各别。相比之下，当以刘说为是。又如《左传·昭公二十年》："郑国多盗，取人于萑苻之泽。"杜注："于泽中劫人。"然据王引之考证，此取字当为聚，"谓群盗皆聚于泽中，非谓劫人于泽中也，盗聚于泽中，则四出劫掠，又非徒于泽中劫人也。下文云兴徒兵，以攻萑苻之盗，尽杀之，则此泽为盗之所聚明矣。"王说至确，杜训取字为劫取之义纯属望文生义。杨伯峻《春秋左传注》舍杜就王，曰："取读为聚，人即盗也，谓群盗聚于泽中。说详王引之《述闻》。"这也是吸收前人成果的一个典范例子。

　　宏观众说，是择善而从的前提。如果对前人之研究成果置若罔闻，一切从零开始，当然无善可从，吃力不讨好。而在众说纷纭之中，能否取舍得当，这又与训诂修养有密切关系。

二、既要利用，又不迷信

我们说今人注释古书，需要参考旧注，利用前人的研究成果，但并不是说迷信古注。前人距古书的写作年代较近，这仅是注释古书有利条件的一面，但正因为距离古书写作年代较近，立场观点、思想方法必然要受到时代的限制，在其释文中难免有些地方宣扬封建思想和主观唯心主义，甚至严重地歪曲原文的思想内容。因此对于前人的注释必须采取分析的态度，去伪存真，去粗取精，不可盲从。随着时代的前进、科学的发展，今人的认识水平理所当然比前人有所提高，因此在吸收前人注释古书的成果时，应当能够纠正前人的错误，能够发前人之所未发。今人注释《诗经》固然要参考毛《传》、郑《笺》，但是其中曲解诗义之说又是必须剔除的。比如毛《传》和郑《笺》在解释《诗经·周南·关雎》时，承袭《诗序》"后妃之德"，"乐得淑女以配君子"（大意是说周文王的妻子有不嫉妒的德性，她希望求得"淑女"再作她丈夫的妾）之说，这就未免牵强附会。其实，这是一首民间情歌罢了。它以"关关雎鸠，在河之洲"起兴，来表达一个青年对爱情的追求。此外，毛《传》在训释词义方面，也常常有主观武断、牵强附会的地方，如在解释"窈窕淑女，君子好逑"时说："善心曰窈，善容曰窕。""窈窕"与"玄黄"一样也是叠韵连绵词，不能作为单音词分别训释。朱熹《诗集传》："窈窕，幽闲之意。"此说近是。后世形容美男美女，皆曰窈窕。

现存《史记》旧注有三家：刘宋裴骃《史记集解》、唐司马贞《史记索隐》和张守节《史记正义》。今人注《史记》既要参考这些旧注，又要比旧注有所进步。《史记·陈涉世家》有"乃行卜"一句，《索隐》曰："行者，先也。一云行，往也。"这仅是解释字面的意义而已。而今注曰："行卜，去问卜。卜，占卜。烧灼龟甲来问吉凶的一种迷信行为。"这样不但解释词义，而且兼及批评性的评说，这较旧注显然是一个进步。

但是，今人注书，因对古注缺乏分析，因袭古注之误，是屡见不鲜的，在释义方面尤为突出。

《汉书·蒯伍江息夫传》："臣愿披心腹，堕肝胆。"师古曰："堕，毁也。"邹阳《狱中上梁王书》："今人主诚能去骄傲之心，怀可报之意，披心腹，见情素，堕肝胆，施德厚，终与之穷达，无爱于士，则桀之犬可使吠尧，跖之客可使刺由。"有的注本注道："堕肝胆，就是肝胆涂地的意思。"(王力主编《古代汉语》下册第一分册，849页注⑭）乃本于颜师古注，未为确诂。据郭在贻考证，堕字古有输义。堕肝胆就是输肝胆的意思，犹言"把心交给你"。（参看郭在贻《训诂学》第五章、第七章）

贾谊《旱云赋》："终风解而雾散兮，陵迟而堵溃。"某选本注云："终风，整日刮的风。"这是因袭毛《传》对《诗经·邶风·终风》"终风且暴"的误解，毛《传》："终日风为终风。"王念孙已经指出过毛《传》对"终风"的解释是望文生训。他根据大量的语言材料，考出"终"字古有"既"义，"终风且暴"就是既风且暴。"终风解"的"终"也应作"既"解。（参看《经义述闻》卷五《毛诗上》"终风且暴"条）

我们说不迷信旧注，指的是要能够发现旧注中的谬误，提出新的见解，做到言之有据，以理服人，而不是提倡脱离一切旧注的标新立异，哗众取宠。

三、繁简适中，深入浅出

今人利用前人的成果注释古书时，不能原文照抄旧注，而必须对旧注进行加工，做到繁简适中，深入浅出。

由于不同时代语言文字的差异以及不同时代注家不同的学术见解，古书旧注中存在两种倾向：一失之简古，一失之烦琐。前者主要表现在汉代的传注中，后者主要表现在隋唐以后的义疏。其间值得注意的是宋代朱熹对古书的注释能集各家之长、删繁就简，他把注释中随意发挥的做法称为"作文"，也提出批评。因而朱熹的注释通俗易懂，自成系统，拥有广大的读者。

从广大读者出发，古书今注既要简明扼要，又要通俗易懂。时代较久远的旧注，用语比较简略古奥，如果照搬旧注，势必起不了释疑的作用。如《诗经·豳风·七月》"塞向墐户"，旧注云："向，北出牖也。"今注当作："向，朝北的窗子。"这就要求今人在利用旧注时必须正确领会注文的文意，不可误解注文。又对于有些词语，必须比旧注有进一步的分析。如陈奇猷《韩非子集释》不仅集各家注解《韩非子》之大成，而且阐发己见，比较他注之长短，纠正错误之说，充实简略之论，在释义方面做了不少补充说明，有助于读者进一步理解词语的意义，使读者不但知其然，而且知其所以然。试举二例于下：《韩非子·爱臣》"主妾无等，必危嫡子。"旧注："主，谓室主。"奇猷案："古妾称妻为主母，《礼》以正室为主妇，则主妾即谓妻妾也。《汉书·袁盎传》云：'袁盎谏文帝曰：今陛下既已立后，夫人乃妾，妾主岂可同坐哉。'此所谓妾主即夫人与后，可证主为妻之称也，《八经篇》云：'礼施异等，后姬不疑。'后姬与主妾同义。《亡征篇》：'后妻淫乱，主母畜秽。'以主母与后妻并举，主母即后妻也亦可证。晋丽姬贵，杀申生而立奚齐，即其例，详《备内篇》。《说郛》引主作妻，盖不知主字之义而改也。"旧注简略不明，陈氏按语充而实之，引而申之，裨补读者理解"室主"义蕴。又"兄弟不服，必危社稷"一句，旧注："君之兄弟不相从服。"刘师培曰："案此与'主妾无等'对文，服即艮字，旧注非。"奇猷案："刘说是，艮，治也，见《说文》。《亡征篇》：'父兄众强，内党外援，以争事势者可亡也'，即此文之义。"刘氏既正旧注之非，陈氏进而补充刘说，详略得当。而古代有一些注解家旁征博引，做一些不必要的烦琐考证，如清代刘宝楠《论语正义》对《论语》第一句"子曰：学而时习之"竟然注了将近一千字，这就不足取了。

总之，今人新注古书，一定要掌握历史上有影响的旧注本，引为参照，批判地吸收古书旧注中一切对我们有用的东西，既不能迷信古人，鉴别无方，照搬旧注，也不能完全撇开旧注，标新立异。这才是吸收前人成果的正确态度。

古籍用字述论[*]

古籍用字原先没有经过严格的规范化，同形异义、异形同义的现象很突出，给后代的阅读带来诸多不便。而当前的古籍整理在用字方面也未能完全做到规范化，甚至因此而滋生一些不规范的简体字。因此，无论是阅读原版古书，还是阅读经今人整理的古书，都必须掌握古籍用字的有关情况。而对于从事古籍整理者来说，掌握古籍用字的有关情况就更为重要了。本文的另一个意图，还希望能够起着抛砖引玉的作用，希望大家尤其是有关部门都来重视古籍整理用字规范化的问题。

一、古今异字，同音通假

古籍用字，从历时来看，存在古今异字的问题。即同一个词，古今用了不同的字来表示，这就是所谓"古今字"或叫"分化字""区别字"。古代字少，往往一字兼表数义。一形多义，不便理解，为此而另造新字，把不同的意义区别开来，以求一字一职。例如古代的"禽"原是禽兽之总名，作名词，它又表示擒获的意思，作动词。作名词是古今一致的，作动词，古今不一致，因此容易产生误解。为了避免误解，为了把作名词和作动词的意思从字面上区分开来，又另造一个"擒"字。这样，作动词用的"禽"和"擒"就形成了一对古今字。其他如：孰，本来就是"熟"的意思，但它又被借作疑问代词"谁""孰"用，因此另造从火的"熟"字，专职表示生熟的意思。然，本来就是燃烧的意思，但又被借作助词，为了把燃烧的意思区别开来，便有了后起的"燃"字。益，本来就是水外溢的意思。《吕氏春秋·察今》："澭水暴益，荆人弗知"。暴益，水突然涨了。这里用的正是"益"字的本义，后来造"溢"字专表其义，以区别利益等义。要，是"腰"的古字。《汉书·杨恽传》："廷尉（法官）当（判罪）恽大逆无道，要斩"。要斩，古代的一种酷刑，并不是要

---

* 《古籍用字述论》，原载于《广东社会科学》1998年第2期。

不要斩的问题。

形声造字法是造今字的主要办法，即以古字作声符，另加义符，上面所举的例子都是这样来区别古今的。此外还有如下诸字等（古字在前，今字在后）：止趾、其箕、或域、取娶、包胞、散撒、求裘、暴曝、戚慼、景影、坐座。

其次，用改换偏旁的办法另造今字。说，本是说解的意思，《荀子·正名》："说不喻然后辨。"但"说"又常作"悦"的古字，《论语·学而》："学而时习之不亦说乎？"喜悦是一种心理活动，改用"心"作义符，表意更加明确。"適"（dí），指封建宗法制度下正妻或正妻所生之子。此义后写作"嫡"。"被"和"披"也是古今字，《韩非子·五蠹》："言战者多，被甲者少也。"被，今作"披"。"被"字见于《说文》，本义是"寝衣也"，作"披"解是其引申义，"披"字《说文》未见，可见"披"字是为了区别于名词"寝衣"的"被"而改变义符的后起形声字。例如：赴讣、敛殓、没殁、振赈、张账等等，都是改换古字的义符，保留其声符，形成后起的形声字。

复次，另造新字的古今字。吕，《说文》："脊骨也。象形。昔大岳为禹心吕之臣，故封吕侯。"《说文》以"膂"为"吕"之重文，"吕从肉从旅"。身，本像怀孕腹大之形，意为怀孕，《诗·大明》："大任有身，生此文王。"此义后作"娠"。亦，《说文》"人之臂亦也。"臂亦，即臂腋，"亦"之与"腋"，从指事字变为形声字。西，《说文》"鸟在巢上，象形。日在西方而鸟栖，故因以为东西之西。"《说文》以"栖"为重文，"西或从木从妻"。这样，在表示栖息这个意义上，象形的"西"变成形声的"栖"。

古今字的划分是以时间作为基点的，但古今又是一个相对的概念。古今字的关系是复杂的，正如清代学者段玉裁说："古今无定时，周为古则汉为今，随时异用者为古今字。""随时异用"的结果，今字产生之后又有更晚的今字。如"冃"是"帽"的古字（见《说文》），冂像帽子的形状，中间两横是帽子的装饰。《说文》中另有"冒"字，解释为"蒙而前也"，意即蒙上眼睛前行，形容其人贪冒若目无所见。"冒"亦借作"冃"，《汉书·隽不疑传》："著黄冒"。后来又产生了以"巾"为义符，以"冒"为声符的"帽"，从此"帽"和"冒"才分了家，而"冃"字几乎被淘汰了。类似的还有从—從—縱，气—氣—餼，猒—厭—饜。按理说，今字产生之后就不应再用古字。实际上却往往古今字并行不悖。这是因为后起形声字笔画比先造字多，书写麻烦，书写的人或许为图便利，或许刻意仿古而用了古字。

古籍中字形变易的情况，从共时来看，还有通假字的问题。通假字也是阅读古书的障碍。如果不懂通假，照字强解，就会谬误。成语"多行不义，必自毙"出自《左传·隐公元年》。把"毙"字当"死"来理解，就是望文生义，其实"毙"是借字，本字是"踣"，仆倒的意思，引申为垮台。《诗·终南》："终南何有？有纪有堂。"朱熹在《诗集传》中，把"纪"解为"山之廉角"，把"堂"释作"山下之宽平处"，这是强为之解。其实，"纪"是"杞"的借字，"堂"是"棠"的借字。上文有两句："终南何有？有条有梅。""条"和"梅"是树名，正可证"纪"和"堂"借为树名。朱熹是宋代有名的学者，尚且有误解通假字的时候，难怪有人说："不懂通假，不可与读古书。"

所谓通假字，是指古籍中有些音同或音近的字可以通用和相假（借）。通假和"六书"之一的"本无其字"的假借不同，它是"本有其字"的假借。借字和本字的意义是风马牛不相及的，在一定的条件下却能够通用。例如：畔，本义是田界，"古多假畔为叛"（段玉裁说）。例如：《孟子·公孙丑》："寡助之至，亲戚畔之。"《史记·李斯列传》："群臣百官皆畔。"《汉书·高帝纪》："汉王并关中而齐梁畔之。""畔"和"叛"意义毫不相关，凭什么把两者沟通起来呢？靠借字和本字语音上的联系，"畔"和"叛"同音。《汉书·李陵传》："四时之间，亡日休息"。"亡"通"无"，双声。《战国策·秦策》："此所谓能信而不能诎（屈），往而不能反者也。""信"通"伸"，叠韵。音同或音近是通假字的必要条件。

古书中通假字的音同音近关系，所依据的标准是古代的读音。因为古今语音有差异，有些原来音同或音近的关系，现在已经不容易看出来了，这就需要运用古音知识去发现它们的内在联系。

通假字的产生，有的是为了书写方便，弃本字而用借字，有的是一时的笔误，写了别字，为别人沿用，久而久之，在古书中通行使用。但某字通某字，并不是任意的，总有个限定的范围，为多数人所承认，比如只见"信"通"伸"，却未见"伸"通"信"的用法，这与"约定俗成"有关。我们在阅读古书时，既要利用古音通假的关系破读借字，理解词义，但也要注意防止滥用通假，把用本字的地方也误为通假。

二、一字多形，繁简并行

1. 异体字。

古籍用字的歧异还表现在异体字方面。异体字的概念有广义和狭义之别。广义的异体字除包括狭义的异体字以外，还包括通假字（如"雕"和"彫"）和古今字（如"昆"和"崑"）。1955年国家颁布的《第一批异体字整理表》所收录的是广义的异体字，本文所讨论的则是狭义的异体字。所谓异体字，是指音义完全相同，只是形体有所不同，在任何情况下都能互相代替的一组字。其中最通行的一个字是正体，其余为异体。异体字过去也叫"重文""或体""俗体"。

异体字在旧版古籍中层出不穷，简直乱人耳目。同一个字有多种写法，那是很普遍的现象。为了阅读古书，光懂得正体还不行，因此必须掌握异体的各种情况，摸清其结构上的特点。这样可以收到由此及彼，举一反三的效果。

异体字名目繁多是表意体系汉字长期发展的必然结果。异体字之间的形体差异，从古书的用例，可以归纳为下列几种情况，从中我们约略可以看出异体繁多的原因。

（1）形声字形符和声符的改易。

《汉书·扬雄传》："虽增欷以于邑兮。"欷同唏，唏嘘也作欷歔。又《薛宣朱博传》："万众讙哗。"讙哗同喧哗。这是因改易形符而形成异体的。又《武五子传》："衣短衣大绔"。绔又作袴，同裤。又《公孙刘田王杨蔡陈郑传》："一朝以晻昧语言见废。"晻同暗。这是因为改易声符而形成异体的。又《严终王贾传》："袭貂狐之燠。"燠同暖（又作煖）。又《外戚传》："将相大臣襃诚秉忠。"襃同怀。这是形符和声符都改易的用例。

（2）造字方法的不同。

《说文》："秦以辠字似皇字改为罪。"段注："本形声之字，秦始皇改为会意字。"《汉书·翟方传》："出于重埜。"埜（会意）同野（形声）。他如婦（会意）和媷（形声），磊（会意）和碌（形声），岩（会意）和巖（形声），嵩（会意）和崧（形声）。

（3）偏旁部位的变化。

字的偏旁相同，但有时可以变化偏旁位置。《汉书·傅常郑甘陈段传》:"宜县头槀街蛮夷邸间。"槀同槁。又《匡张孔马传》:"居丧哀慽。"慽同感。类似的还有:蒐同魂;裏同裡;烁同秋;夵同桃;咊同和。但必须注意,并不是任何字的偏旁位置都可以随意变化的,正如:含和吟、帕和帛、杲和杳、忠和忡、棘和棗,就不是异体字。

(4) 笔画或部件的加减。

笔画的加减主要是为了书写的方便或因避讳的需要,因而形成异体。如册同冊、氷同冰、壘同壨。这是为书写方便而加减笔画形成异体。至于避讳,那是在封建时代,统治者为了维护自己的尊严,帝王的名字,口头上不能说,书面上不能写。回避的办法除了用同义词代替之外,还采取缺笔的办法。如《说文》(1963年中华书局版):"胄,胤也。从肉,由声。""胤"是"胤"的缺笔字,避清世宗胤禛讳。宋为避宋真宗赵恒讳,"恒"字作恒,清为避清圣祖玄烨讳,"玄"字作玄,都缺了一笔。至于部件的加减,如形声字或省形或省声,主要也是为了书写方便:蟊蚊、靁雷、纍累、曐星、雧集,这些两两相对的异体字,后者今为正体。

古籍中异体字繁杂的情况实际上还不止这些。对于同一个字来说,形成异体的原因也是错综复杂的。例如"懒"的异体有嬾、悚、懶、孄、孏。这些都是形声字,形符和声符互有不同。综观多数同声符不同形符的异体字,它们的形符的表义作用古代有共通之处,而"女"与"心"就很难找到意义上的联系,"懒"之所以从"女",与轻视妇女的封建思想有关。《康熙字典》"嬾"下云:"怠也,一曰卧也。女性多怠,故从女。"正因为如此,另外一些贬义词的字形也如"嬾"一样从女:媿(愧)、慙(惭)、嫚(慢)、妖(祅)、嫌(慊)、婿(惰)、婾(偷)。

在掌握异体字的时候,必须注意把与之相应的通假字分开。《汉书·萧望之传》:"窟穴黎庶莫不讙喜。"讙同歡(欢)。又《匈奴传》:"皆不足以离昆弟之讙。"讙通讙,本义是喧哗。又《谷永杜邺传》:"陈平共一饮之馔而将相加骧。"骧通歡,本义是马名。可见歡与讙是异体字关系,而讙与讙、骧是通假字关系。

2. 繁简字。

古籍用字还有繁简字的问题。目前古籍整理用字是繁简并行,普及读本已经采用简体字,一般仍用繁体字,旧版古籍更不用说了。阅读古籍必须认识繁体字,了解繁简字之间的对应关系。

简体字的来源,古已有之。例如:蟲,汉代已简化作虫;亂,北魏时已简化作乱；陰陽，明代已简化作阴阳。但是，有些简体字虽然也见于古书，但古今的音义并不完全相同。这就要求我们无论是读简化字版的古书还是读繁体字版的古书，都必须掌握繁简字的错综关系。这里主要阐述现行简化字中与阅读古书关系较为密切的几种情况。

（1）采用古字，废除后起的区别字。

电電、云雲、气氣、从從、众眾、舍捨、果菓、布佈、须鬚，这些两两相对的繁简字，简化字采用古字，有的还是古本字。而繁体字都是在古字的基础上加上起区别词义作用的形符。这在以单音词占优势的古代汉语中是完全有必要的。云，本有云彩义，又兼有云曰义；舍，既有宿舍义，又有舍弃义；须，既有胡须义，又有须待义；布，既有布匹义，又有分布义。后起的区别字词义明确，但有繁化的趋势。这是汉字发展过程中的一个矛盾。古代汉语发展到现代汉语，以双音词占优势，且有相当数量的多音词，区别字区别词义的作用已逐渐弱化。

事实证明，以部分区别字为简化对象，用其古字作为简化字，对于现代汉语的书面语来说，是可行的、合理的，尤疑是解决文字和语言在发展过程中之矛盾的好办法。但是对于阅读古书来说，需要细辨词义，避免犯以今释古的毛病。《世说新语·夙惠》："晋孝武年十二时，冬天昼日不著复衣。"复衣，即複衣，也就是夹衣。《九章·哀郢》："至今九年而不复。"复，繁体作復，意为回来。復是复的累增字，表示回复；複是复意义引申的区别字，表示繁複。现在将復和複归并为复，而古代的復和複并不等同。因此阅读简化字版的古书，就要细辨"复"在不同文句中的词义。

（2）同音替代。

将表义上没有关系的音同音近字归并在一起，用笔画较少的那一个字代替其余笔画较多的字。例如：丑醜、后後、谷穀、征徵、干乾。这类繁简字在古书中是区别得很清楚的，一般不能通用。因此，阅读简化字版的古书特别要细辨同一个字在不同的语言环境中的不同用法，避免误解古书。《东轩笔录》："唐牛僧儒为相，李逢吉呼为丑座。"丑座，是第二位的意思，犹今语"第二把手"。《史记·西门豹邺》："呼河伯妇来，视其好丑。"好丑，意思是美不美。《尔雅·释鸟》："凫，雁丑。"雁丑，即雁类。后二例的丑，繁体都作醜。在古代，丑和醜是两个字，意义各不相同。

（3）特殊关系的繁简字。

指采用古书中早已有之的字作为简化字，但与其代替的繁体字既不同音又不同义。《史记·司马相如传》："亡是公听然而笑。"听，读 yǐn，听然，笑貌。不读 tīng，不是"聽"的简化。孙绰《游天台山赋》："惠风宁于阳林，醴泉涌于阴渠。"宁，是贮的本字，音 zhù，储藏之意。不读 níng，不要误为"寧"的简化。韩愈《游湘西寺》："剖竹走泉源，开廊架屋广。"广，读 yǎn，义为栋头。屋广，即屋梁之两端，不是屋子广大的意思。古代的"广"还是小屋之名，袁桷《次韵谨子过梁山泺》诗："土屋危可缘，草广突如峙。"草广，也读 yǎn，即草屋，不是"廣"的简化。"坏"和"壞"古代也是两个字。坏读 pēi，指土丘或屋后墙。《汉书·扬雄传》："或凿坏以遁。"坏，指屋后墙，不是"壞"的简化。坏又音 pī，指未烧过的陶器。这种情况虽然不普遍，但也应引起注意。注意阅读繁体字版古书时，不要把其中固有的简化字理解为现在所代替的繁体字，而阅读简化字版古书时，又要区分同形不同音义的特殊情形。

三、必须规范古籍整理的用字

用简化字出版古籍，把古籍中的繁体字转换为简化字，对于不熟悉繁体字的读者，显而易见提供了不少方便：扫除部分文字形体的障碍，甚至可以说，减少了注释量，因为在"化繁为简"的过程中，有些地方实际上就起了注释的作用。应该肯定，简化字版古书今后仍然是古籍整理的一种方式。但是，由于古籍用字形体分歧的现象很突出，给古籍阅读和古籍整理带来不少麻烦，因此用简化字整理古籍并不是轻而易举的事。这是目前古籍整理中用字不够规范的客观原因。整理者对古籍中的通用字把握不准、认识不清，或者是缺乏规范化用字的意识，或者是由于体例的不同等，这是造成简化字版古书中用字混乱的主观原因。因此，如何使古籍整理用字规范化，这是一个亟待解决的问题。

目前古籍整理用字的混乱现象，主要表现在以下几方面：

其一，误用简化字。这是由于有些繁体字一形多音多义，而整理者审视不明而误用了简化字。例如"間"简化为"间"音 jiān，又音 jiàn，古籍中"間"异体作"閒"，"閒"又通"闲"。《墨子閒詁》一书的"閒詁"当简化为"间诂"，意为"夹注"，然而有作"闲诂"者，殊为不辞，"閒"又有作"闻"者，亦不规范。同样，《史记·西门豹治邺》"间居斋戒"中的"间"本作"閒",是"閑"的异体,"间居"意为隔离开来居住。曾经有中学课本写作"闲居",释为"闲空着居住",显然是错误的。

其二,生造简体字。这主要出现在已经列为停止使用的异体字中,整理者不使用规范化的正体字,而是类推出不规范的简体字。例如"譌"是"訛"的异体,本简化为"讹",却常见作"讹"者。"鉅"是"巨"的异体,古地名"鉅野"在简化字版古书中作"巨野"者有之,作"钜野"者亦有之。"嶺"本简化作"岭",唐刘恂《岭表录异》的"岭"字却有作"嶺"的。"巖"字简体作"岩",但《水经注·江水二》"重巖叠嶂"句的"巖"字却有人依其"嚴"字简体作"严",类推简化作"屵"。《嬾真子》一书"嬾"字是"懒"的异体,有仍其旧者,有作现行简化字"懒"者,有类推作简体"嬾"者。此外,"飢"和"饑"是古籍中不同词义的两个字,现都简化为"饥",但又有人把"饑"类推作简体"饥"。"寧"简化作"宁",从"寧"得声的字也类推作"宁",但因古代已有"宁"字,音 zhù,义为门屏之间,原读 zhù 的"宁"作"㝉",因此原从"宁"得声的字,按规定也相应作"㝉",但又见"贮""纻"等字有作"贮""纻"的。这都是生造的简体字。

其三,混用繁简字。这表现在同一繁体字在不同简化字版古书中或繁或简,甚至同一简化字版古书中繁简二体互见。"朴"和"樸"古代是不同词义的两个字。朴,《说文》"木皮也"。朴是树皮。樸,《说文》"木素也"。樸是未加工的木材。因为同音关系,"樸"简化作"朴"。清人桂馥《札樸》一书,有的仍其旧,有的简化作《札朴》。"谷"是"穀"的简化字,但是书名《穀梁傳》有的简化作《谷梁传》,有的"谷"字仍用繁体;诸侯王谦称"不穀",意为"不善",有的简化作"不谷",有的不简化,不简化是对的。"適"字本简化作"适",但有简化字版《三国志》"適(嫡)子为太子者"句,"適"字不作"适";同书《任城陈萧王传》"庶将虏其雄率,歼其丑类","丑"是"醜"字的简化,或仍其旧作"醜类","醜"有类属义。"征"是"徵"的简化,《简化字表》规定:"宫商角徵羽的徵读 zhǐ(止),不简化"。但是,与"征"同音的"徵"作专名时,要不要简化呢?没有明确规定。因此古人名魏徵,有的简化为"征",有的不简化。

此外,由于体例不同而产生异文。这主要表现在对异体字、古今字和通假字的处理上。有的例定异体字一律改为正体，古字一律改为今字，通假字一律改为本字；有的例定部分生僻的异体字、古字、通假字改为正体、今字、本字；有的则例定保留异体字、古字、通假字。例如《汉书·外戚传》"将相大臣裹诚秉忠。""裹"同"怀"，或仍其旧，或径改"裹"为"怀"。又《薛宣朱博传》"万众讙譁"。"讙譁"同"喧哗"，或仍其旧，或径改"讙譁"为"喧哗"。又如"向""鄉""嚮"三字古书通用，"鄉"今简化作"乡"，"嚮"简化作"向"，当"鄉"作为通假字、表"方向"义时，有的写作"乡"，有的写作"向"。他如下各字：

僇（戮）	慊（嫌）	徼（邀）	底（砥）
寓（宇）	姆（侮）	昏（婚）	景（影）
知（智）	虚（墟）	章（彰）	离（罹）
爵（雀）	仄（侧）	填（镇）	伯（霸）

由于体例不同，同一个字就会有不同的处理，以上所举各字，括号前的字是保留古代原字，括号内的字是现经改易的字。

总而言之，迄今为止，古籍整理用字混乱的现象是比较严重的，其不良的后果也是严重的。不规范用字，不但影响对古书文意的正确理解，而且也影响汉字的规范化，对语文教育工作也贻误不浅。因此，汉字的规范化，不但要致力于现代汉语书面语和社会用字方面，而且也要在古籍整理用字方面下功夫，可惜这一方面未引起足够的重视。因此，我们呼吁有关部门以及从事文字研究工作和从事古籍整理工作的专家学者从当前已经出版的简化字版古书中总结经验教训，制订切实可行的古籍整理用字方案，促进古籍整理用字的规范化，促进汉字的规范化，也有利于语文教育工作。

从《说文》看繁简字的关系[*]

汉字的简化古已有之。汉字的发展演变过程虽然也有繁化现象，但总的趋势是简化。现行的简化字，绝大部分源自历代的简体字或"俗体"，有的还是"古本字"或"古文"。关于简化字的来源，据李乐毅先生统计，"其中来自先秦、两汉时代的竟占三分之一左右"[①]。笔者则把《简化字总表》所收553个简化字[②]及其代替的繁体字和《说文解字》（以下简称《说文》）加以对照，普查的结果是，现行的简化字字形见于《说文》的共有110个，其中连同所代繁体字形并见者84字，其余26字未见相应的繁体字形。从中足以反映繁简字的复杂关系：异形同音同义、异形同音异义、异形异音异义。了解简化字的由来，弄清繁简字形音义的关系，对于规范化用字的重要意义是不言而喻的，而对于古书阅读、古籍整理尤为重要。

从《说文》的释义来看，现行简化字与古代的用字有如下几方面的渊源关系：

一、源自古本字

现行简化字有的比其繁体字历史还要悠久，与其说它们是繁体字的简化，不如说繁体字是它们的繁化。例如见诸《说文》中的"云""气""从""舍""卷""凭""与""启""凶"等字都是古已有之的本字（与今字相对的古字）。为什么它们可以取代其相应的繁体呢？或者说为什么汉字的发展过程中会存在简化——繁化——简化这种矛盾现象呢？因为文

---

[*]《从〈说文〉看繁简字的关系》，原载于《古汉语研究》（湖南）2001年第1期。贺生玉华合作。

[①] 李乐毅：《简化字源》，华语教学出版社1996年版，第3页。以下参考李说，恕不一一随注，谨此致歉。

[②] 1996年版《简化字总表》，其中包括不作简化偏旁用的简化字350个，可作简化偏旁用的简化字132个，不能单独使用的简化偏旁14个，视同简化字的选用异体字39个。

字是记录语言的符号,因此要联系语言的发展才能解释这种矛盾现象。可以说,这种矛盾现象是文字的发展与语言的发展之矛盾对立的必然反映。古代由于字少,因此用字中存在一字兼数职的情况,即一个字同时表示几个意义。由于古代汉语是以单音词占优势,字的兼职,必然造成同形词的增多,不利于理解词义,因此要求从字的形体上加以区别,用不同形体的字表示不同词义。例如"云"字本来就是一个象形的表示"山川气也"的字,但它又兼表云曰义。因此另造"雲"字专职表示本义。"气"本来是一个象形的表示"云气也"的字,"氣"本是表示"馈客刍米也",又表示"云气"义,俗谓愤懑亦曰"氣",《新方言·释言》:"今人谓怒为氣,实当为㤅。"今用"气"表示。"云气"义,正是用回本字。"卷"由本义"膝曲"引申为卷曲义。而"捲"的"气势"义不常用,而"捲,收也"正是"卷"的引申义,就这一词义来说,"捲"是"卷"的分别字,今用"卷"表示原来"捲"所表示的动词义,也是用回本字。且古书中早有用例,如贾谊《过秦论》:"席卷天下之志"。从《说文》对"舍"和"捨"的解释可知,东汉时这对分别字已从形体上把名词和动词的意义区分开来,今用"舍"作"捨"的简化字,其实也是用回本字。不少后起的分别字是以古字为声符,另加表意的形符。这种用形声造字法产生的分别字在以单音词占优势的古代的确有其积极的作用,但是随着笔画增多又带来书写困难的麻烦,因而要求简化。简化的捷径之一就是还原古本字,这在以双音词占优势的现代汉语中,完全可以克服由于同形词太多所带来的辨认的困难。例如用"宿舍"与"舍弃"区别原来"舍"之一形二义。他如"辟"字的分别字有避、僻、嬖、闢、劈等,现在"闢"已简化为"辟",现代汉语已经用"回避""偏僻"之类双音词表示古代汉语的"避""僻"之类单音词,如果把"避""僻"同时简化为"辟",也未尝不可。

二、源自古通用字

这里所说的古通用字包括《说文》中部分古文、奇字、或体,其形体虽殊,而音义无别,古代通用,今用其简体。例如"礼"为"禮"之古文,"网"为"網"之或体,"达"为"達"之或体,"迹"为"蹟"之古文,"无"为"無"之奇字等。

《说文》中的或体,今曰异体。《说文》:"迹,步处也。"在解释字义是"脚印"("步处")之后，又曰"或从足、责"，指出它还有一种"或体"，即"蹟"字。"迹"还有或体"跡"，未见《说文》。古书中不少异体字，因为音义相同或音同义近而经常通用。例如见于《说文》的"向"，其本义是"北出牖也"，即朝北开的窗口。《诗·七月》："塞向墐户。""向"正是北向窗的意思。引申为朝向、方向、接近等义。这些意义还可以用"嚮"来表示。例如《礼·曲礼》："请席何向。"《书·多士》："向于时夏"，疏："天归向于是夏家。"《淮南子·俶真》："夫水，向冬则凝而为冰。"引例中的"向"原书皆为繁体。又如"制""製"二字音义相同。《说文》均训为"裁也"。（后一字段注本作"裁衣也。"）只是到了后代两字才有所分工："制"多用"制定""约制""制度"等义；"製"多用"制造衣服"和"制造物品"等义。在年代较早的古籍中，上述义项都写作"制"。例如《诗·东山》："制彼裳衣"；《孟子·梁惠王上》："可使制梃，以挞秦楚之坚甲利兵矣"。"夸""誇"二字，《说文》，分别释为"奢也""譀也"。《说文》："譀，诞也。"错注："诞，大言也。"《广韵》："誇，大言也。""夸"和"誇"意义相近，都有炫耀、自大的意思，古书通用。《诗·板》："无为夸毗"，"夸"通"誇"。《荀子·不苟》："非夸诞也。""夸诞"犹虚誇。《韩非子·难言》："夸而无用。""夸"，誇言，华言。谓华而不实也。《列子·杨朱》："薄礼义以夸人，矫性情以招名。""夸人"，誇耀于人。今用"夸"代"誇"，正合古书用例。"荐""薦"二字，《说文》分别训为"薦蓆也"，"兽之所食草"。段玉裁注："荐与薦同音，是以承藉字多假借为之"。《正字通》："荐，同薦"。北宋宋祁《张文定公行状》："荐剡需头之奏，愿遂角中之游。""荐剡"也作"薦剡"，指荐举人才的公牍。"荐""薦"义有相联，古书通用，今以"荐"代"薦"，多用于推举、介绍义，如"推荐""举荐""荐举"等。由现行简化字"荐"还可以类推出"鞯"（韉）。"借"和"藉"两字，古籍中很早就通用了。"藉"本义为"祭藉"，即祭天时所用的薦席。引申为"凭藉""承藉"等义，与"借"义通。"藉"作假使之辞亦通作"借"。段玉裁《说文解字注》："古多用'藉'为'借'。"例如《诗·抑》："借曰未知，亦既抱子"，《汉书·霍光传》引作"藉曰未知"；又如《战国策·秦策》："此所谓藉贼兵也"，《荀子·大略》作"非其人而教之，赍盗粮借贼兵也。"但是，这两个字并不是在所有的义项中都通用。《简化字总表》注明："藉口、凭藉的藉简化作借，慰藉、狼藉等的藉仍用藉。"读音也有所区别："藉（借）口""憑藉（凭借）"和"慰藉"的"藉"都读 jiè；"狼藉"（也作"狼籍"）读 jí。

三、源自同音代替字

繁简字并见《说文》者，有的读音相同或相近，而意义毫不相关，古代汉语已有先例通用。这是同音通假。"范"和"範"，原本不是同一个字。"范"是草名；"範"本字作"笵"，意思是"铸造器物的模型"，引申为"规范"。但由于这两个字音同形近，古书早已通用。《荀子·强国》："刑（型）范正，金锡美"；《礼记·礼运》："范金合土，以为台榭宫室牖户。"郑玄注："范金，铸作器用"；《尔雅》："範，常也。"陆德明释文："範，字或作范，同。"有的是现代汉语才利用其音同音近的关系，以简代繁，作为现行简化字。例如"机"本是木名，《山海经·北山经》："单狐之山，多机木。""机"即今之桤木树。而"機"是古代弓箭上的发射机关。班固《西都赋》："機不虚掎，弦不再控。""机"和"機"意义毫不相关，因为读音相同，用"机"作为简化字代替了"機"的用法。"仆"和"僕"本不同义。《说文》："仆，顿也"。"仆"是"以头碰地"之意，音 pū。王充《论衡》："当门仆头，碎首而死。"引申为向前倒下，王安石《游褒禅山记》："有碑仆道，其文漫灭不可知。"《说文》："僕，给事者。""僕"是"身边供使役的人"，音 pú，《公羊传·襄公二十七年》："执铁鑽从君东西南北，则是臣僕庶孽之事也。""朴"和"樸"原是两个不同的字，而且各为多音多义字。"朴"的本义是"木皮也"，音 pò；又有"大木材"义，音 pú（见《楚辞注》："条直为材，壮大为朴"）。"樸"的本义是"木素也"，即"未加工的木材"，音 pú。两字都可以引申出"质朴、厚重"的意思，因此在这个义项的应用中常可相通。例如屈原《九章·怀沙》："材朴委积兮，莫知余之所有。"《史记·屈原列传》"朴"作"樸"。《史记·文帝纪》："示敦朴为天下先。"以"朴"代"樸"。《老子》："朴散则为器。"一本"朴"作"樸"。《庄子·山木》："其民愚而朴。"也通"樸"。所以，《广韵》注："朴"同"樸"。现行简化字以"朴"为规范字，仍一字多音。1985年修订的《普通话异读词审音表》规定"朴"字的读音是：（一）pǔ：俭～、～素、～质；（二）pō：～刀；（三）pò：～硝、厚～。"筑"和

"築"原是不同的两个字。"筑"原是古代的一种乐器名。《说文》:"筑,以竹[击之成]曲,五弦之乐也。"《战国策·燕策》:"高渐离击筑,荆轲和而歌,为变徵之声。""築"的本义是"捣土使坚实",《诗·绵》:"築之登登。"引申为"建造",《诗·绵》:"曰止曰时,築室于兹。"又引申为"居室",杜甫《畏人》:"畏人成小築,褊性合幽栖。"简化字以"筑"代"築",皆音 zhù,同音替代,"筑"又是原字的一部分。"据"和"據"原是两个完全不同的字。《说文》:"据,戟挶也。""戟挶"亦作"撠挶","戟挶",同"拮据"。《说文系传》:"按《诗》:'予手拮据'传曰:'戟挶也。'谓手执臂曲局如戟不可转也。"王筠《说文句读》:"句首当增拮据二字。《鸱鸮》毛传:'拮据,戟挶也。'四字各为连语,不可独字成义。"《说文》:"據,杖持也。"据、據同音而不同义,今语"拮据"原字如此,而"凭据""根据"等是"據"字的简化。其实,据《汉书·扬雄传》注:"据,今據字。"可见,在汉班固时代就已通行了。"郁"和"鬱"也是同音替代,"郁",《说文》释为专名"郁夷","郁"还有"有文彩"的意思,《论语·八佾》:"郁郁乎文哉。"朱熹注:"郁郁,文盛貌。""鬱"是草木茂盛的意思。"郁结""郁香"都是同音替代了原来的繁体字,原地名"鬱林"今作"玉林"是以"玉"为同音字替代。

四、源自形体偶合字

上述几种简化字和相应繁体字的关系,或者同音同义,或者音同义近,或者音同义异,同音是共同的关系。现行简化字还有一种是古书中早已存在的,但其音义毫无联系,既不同音,又不同义,古代除了例外的,一般不能通用,现代用以代替某一个繁体字的音义,完全是一种字形的偶合。例如"仅"和"僅","仅"是古文"奴",音 nú,又音 fù,同"付"。《六书故》:"仅,从又。授物于人,仅之义也。"《正字通》:"仅,同付。""僅",今本《说文》:"材能也。"段注:"材今俗用之纔字也。"据《说文古本考》当作:"僅,纔也。""纔"今简化作"才","僅"又有"庶几"义。段玉裁说:"唐人文字,僅多训为庶几之几。杜诗'山城僅百层。'韩文:'初守睢阳,士卒僅万人',又:'家累僅三十口。'于多见少(《广韵》训僅为少),于僅之本义未隔,今人文字皆训僅为但。"可见古代"仅"和"僅"是形音义完全不同的两个字,今用"仅"代替"僅"的音义,约定俗成,与原来的"仅"没有音义的联系,只是字形偶合而已。同例的简化字还有："听"和"聽","听"音 yǐn，本义同"欣"，又同"哂"。《史记·司马相如传》："亡是公听然而笑。""听然"，即笑貌。"聽"音 tīng，义为"聆也"。今用"听"作为"聆聽"的简化字。"邮"和"郵"，《说文》及后代的字书、韵书收有"邮"字，只作为地名，如《说文》云："邮，左冯翊高陵。""郵"原是一个会意字。《说文》："郵，境上行书舍。从邑、垂。垂，边也。"段注："会意。在境上，故从垂。"从都邑到边陲传递文书，要有驿站。"郵"的本义就是"驿站"。现行简化字"邮"字用"由"作声旁，构成一个新形声字，与原来的"郵"音（tì）义迥别。"胜"和"勝"原是两个毫不相关的字。《说文》肉部有"胜"字，那是"腥"（音 xīng）的本字，后来"腥"字通行，"胜"就成了废弃字。《说文》："胜，犬膏臭也。从肉，生声。一曰不孰也。"段注："今经典'膏胜''胜肉'字通用'腥'为之，而'胜'废矣。"而"勝"字原来并不属于"月"或"肉"部，它在《说文》中归"力"部，释曰："任也。从力，朕声。"今用"胜"代替了"勝"的音（shèng）和义（任）。"圣"和"聖"，音义迥别。《说文》和后代的字书、韵书中有"圣"字，义同"掘"。音 kū，用于古代方言，"汝颍之间谓致力于地曰圣"。这个字在古籍中极为罕见，是个废弃字。而以"圣"作为"聖"的简体字，最晚不迟于元代，在元刻本《古今杂剧三十种》可见这个字。1956 年，《汉字简化方案》把这个通行已久的简体字列为规范字，代替了"聖"的音（shèng）义（神通）。"离"和"離"，《说文》分别归于"内"部和"隹"部，"离"音 chī，本义为"山神兽也"，传说中的山林精怪，后写作"魑"。"離"音 lí，本用以表"離黄"一词，鸟名，"仓庚也"，同"鹂"字。"離"的本义现代少用，用"离"作为"離"的简体字，主要用"分离"等义，其由来已久，早在汉代已有之，马王堆汉墓帛书《老子乙前》："恒德不离"；较后，有《晋书·宣帝纪》："司马公尸居馀气，形神已离。"都以"离"代"離"。

　　从现代汉语书面的用字来说，提倡使用规范化的简化字，但是从学习古代汉语、阅读古书、整理古籍来说，仍然必须认识繁体字，尤其要弄清繁简字之间形音义的错综关系。

　　迄今为止，我国浩如烟海的古籍多数仍用繁体字，但也有部分普及本用简化字。简化字版古书，给不熟悉繁体字的读者提供了不少方便。因为在"化繁为简"的过程中，无形之中为读者扫除了部分文字形体的障碍，有些地方实际上就起了注释的作用，有助于理解文意。但是，阅读简化字版古书，也必须弄清繁简字之间形音义的复杂关系，否则就会以今律古，误解古书。我们从《说文》所见简化字，便可知道现行简化字有的虽然也见于古书，但古今的音义并不完全相同。因此在阅读简化字版古书时，更需要细辨同一个字在不同语言环境中的不同用法。对于整理古籍的人来说，弄清繁简字的关系就更为重要，否则，在化繁为简的过程中就会出现偏差，贻误读者。从目前的简化字版古籍来看，在用字方面还存在混乱的现象。其一，表现在化繁为简的过程中出现别字。其二，同一繁体字，在不同的简化字版古书中，或繁或简，甚至同一简化字版古书中，繁简互见，自乱体例。其三，化繁为简时类推出不规范的简体字。与简化字关系极其密切的是对古籍中的异体字如何处理的问题，这表现为不同体例其处理方法有较大的差异。与简化字有关的问题，还涉及古书中的古字和通假字如何处理的问题。彼此颇为分歧。

应该肯定，简化字版古书仍然是整理古籍的一种方式。但是，如何使简化字版古书用字规范化，统一体例，避免混乱，尤其是避免在"化繁为简"过程中产生不规范的简体字，这是一个亟待解决的问题。关于这个问题，已有拙作《古籍整理用字必须规范化》[①]一文，权充引玉之砖。

[①] 陈焕良：《古籍整理用字必须规范化》，载《古籍整理研究学刊》1998年3期。

《潮阳县志》"物产"卷校议

潮阳市志办据光绪甲申年（1884）知县周恒重主持监修的《潮阳县志》（以下简称"甲申本"）于 2000 年整理出版了简化字点校本《潮阳县志》（以下简称"点校本"），这对潮汕文献的整理、研究、应用本是一件有意义的工作。但是古代地方文献的整理并不是容易的事，因而点校本中存在校勘粗疏、标点错误等问题不少，其中"物产"卷尤为突出。笔者本着不没其是，不饰其非的精神，以"物产"卷为例，提出一己之见，以就正于方家。

一、校勘之失误

校勘是古代文献整理的第一道工序，忽视了校勘，就会给标点、注释等带来严重的失误。从"物产"卷看来，整理者由于忽视了校勘的工作，因此不但未能弥补"甲申本"之纰漏，而且增添了不少新的谬误。例如：

（1）"荔枝"条（161 页）：甲申本于"为粤中佳果"，"而黑叶小核者为佳"二句皆误"佳"字为"隹"，点校本改正后一"隹"字，而未改正前一"隹"字。

（2）"茯苓"条（167 页）：甲申本引《尔雅》："千岁松脂也。"又引谚云"欲得长生，茯苓黄精"。按：《尔雅》未见"茯苓"条，亦未见"千岁松脂也"之语。实出自《淮南子·说山训》高诱注。《说山训》"千年之松，下有茯苓。"高注："茯苓，千岁松脂也。"又"苓"字当为"苓"之误，点校本均未正其误。

（3）"月蛄"条（171 页）：条目"蛄"字为"蛄"之误，点校本沿甲申本之误，又点校本二见"琐蛄"，"琐"字甲申本作"璅"，义为石之似玉者，见《说文》，点校本误改之。

---

* 《〈潮阳县志〉"物产卷"校议》，初稿载于《第五届国际潮学研讨会论文集》，2005 年 3 月公元出版有限公司出版。结集时作若干修改。

（4）"燕"条（168页）：甲申本引《月令》："元鸟至多"，按：点校本体例当改讳字"元"为"玄"，然仍其旧未改。

（5）"锁管鱼"条（170页）：点校本三见"麇"字，皆甲申本"麈"字之误改。且"皓取色白"以下数句，甲申本原为双行小字注文，点校本改以单行大字为正文，不知所以。

（6）"瓠"条（160页）：《尔雅》曰："瓠匏之甘者。"《诗》云："南有樛木，甘瓠累之匏。"《埤雅》曰"短颈大腹曰瓠，长而瘦上曰匏。"《诗》云"匏有苦叶"。按：《尔雅》未见"瓠匏之甘者"之文，引《埤雅》二句互乙，点校本未正其失，且甲申本引《诗》云至"甘瓠累之"止，而"瓠"字另行为释，然点校本合二条为一，谬之又甚。

（7）"冬瓜"条（160页）：点校本改"瓜珀"为"瓜碧"。按：不当改字。

（8）"棕"条（163页）：即梭也，一名栟榈。按："梭"字当从甲申本作"椶"，"椶""棕"异体同义，点校本误改之。

（9）"金樱子"条（167页）：点校本引《沈存中笔谈》："金樱能止遗泄"。按：条目及引文二"樱"字甲申本均作"罂"，即罂粟。不应改字。

（10）"剪刀草"条（165页）：原注文中"蒲公英"，点校本误为"薄公英"。

（11）"芒"条（165页）：《尔雅》："芒以茅，皮可为绳索。"按：《尔雅·释草》："莣，杜荣。"郭璞注："今莣草，似茅，皮可为绳索、履屩也。"甲申本盖取《尔雅》郭注为文，并误"似茅"为"以茅"，而点校本未校误字"以"，又于二语前后加以引号，则尤谬之。

（12）"柚"条（161页）：《释名》曰：柚，有红、白二种。惟花白、瓣如初月者味最佳。按：甲申本"柚"字作"櫾"，义同，然《释名》未见櫾之释文，存疑。

（13）"菱"条（162页）：即芰，生水中。《说文》曰："菱，薐也。"按：甲申本作"菱，薐也"，皆误。《说文》本作"芰，薐也。"

（14）"苍耳"条（166页）：叶青白似胡荽，白花细茎。《尔雅》谓即"诗卷耳"。按：《尔雅·释草》："菤耳，苓耳。"郝懿行义疏云："《诗》传用《尔雅》"，指毛传："卷耳，苓耳也。"义疏又引《广雅》曰："苓耳，苍耳。"由此看来，甲申本"尔雅"二字后盖夺一"疏"字

（指郝懿行义疏），当作：《尔雅疏》谓"即《诗》'卷耳'"。意思是："卷耳"就是《尔雅疏》所说的《诗经》中的"卷耳"。点校本不但未校其脱字，而且标点不当，误之又误。

（15）"猫"条（169页）：《尔雅》："猫乃小兽之猛者。"按：《尔雅》未见释猫文字，当为《尔雅翼》之误。《尔雅翼·释兽》曰："猫，小畜之猛者。"盖为甲申本之所本。

（16）"鳝鱼"条（170页）：《尔雅》云："鳝似蛇而无鳞。"按：甲申本误《尔雅翼》为《尔雅》，点校本沿其误。

（17）"獭"条（169页）：《尔雅》曰：似狐而小，青黑色，居水而杀鱼者，出溪洞，能解药箭毒。按：《尔雅》未见释獭之文，《说文》则曰："獭，如小狗也，水居，食鱼。"《尔雅翼·释兽》亦云："獭，如小狗，水居，食鱼。……"甲申本盖约取《尔雅翼》为文。

（18）"蛇床子"条（166页）：《尔雅》：盱虺床即蛇也，乃右肾命门、少阳三焦气分之药。按："盱"字为"盱"之误，甲申本亦误之。盱乃日始出貌。《尔雅·释草》："盱，虺床。"郭璞注："蛇床也，一名马床。"甲申本盖以《尔雅》及郭注为文，点校本未能详审，混为一谈，误加标点，当改读为：《尔雅》："盱，虺床。"即蛇也，乃右肾命门、少阳三焦气分之药。

（19）"萤"条（172页）：《月令》："季秋之月，温风始至。"腐草化为萤，一名夜光。按："季秋"为"季夏"之误，引文当至"萤"字为止，唯其"月"及"至"字之后引文有省略。点校本未校其失，且标点有误，当改读作：《月令》："季夏之月，温风始至。腐草化为萤。"一名夜光。

（20）"楝"条（163页）：即苦楝也。《尔雅》曰："木高丈余，叶密如槐而尖，实如铃木，理中黑。"按：《尔雅》未见释楝文字，当为《尔雅翼》之误，引文当至"铃"字止。《尔雅翼》曰："楝，木高丈余，叶密如槐而尖。三四月开花，芬香满庭。其实如小铃，全熟则黄，俗谓之苦楝子，亦曰金铃子，可以练，故名为楝。"点校本未正其误，且标点欠妥，"木"字当从下读："实如铃，木理中黑。"言其实如铃，其木纹理中黑。

（21）"绿竹"条（166页）：竹之概称曰绿竹，然潮另有一种绿竹，叶生繁茂多笋，人尤重之。按："叶生繁茂多笋"一句，"生"字甲申本亦如之，疑为衍文。"茂"字后当作一读：叶繁茂，多笋。

（22）"梨"条（161页）：《西京杂记》上林苑名梨不一种，惜其味无人能道之者。按：《西京杂记》上林苑名梨十："紫梨、青梨、芳梨、大谷梨、细叶梨、縹叶梨、金叶梨、东王梨、翰海梨、紫条梨。"甲申本盖以之为文。

（23）"蚶"条（171页）：《山海经》："蚶，厚壳如瓦屋，壳中有肉，又一种扁而长者，谓之丝蚶，壳中有毛。"按：《山海经》未见此条，存疑。

（24）"银鱼"条（170页）：（银鱼）一名残脍，昔吴王食脍弃余江中，化为银鱼。按：二"脍"字，皆误易，当从甲申本作"鲙"。

二、标点之失误

除了上文连带而及标点问题之外，下面则着重指出其中标点之失误。
1. 引号失误。

"物产"卷引用夥多，而前人引用时不一定稽查原义，往往凭记忆所及而径直引述，并非原文照引而是意引。整理者疏于校勘以及理解错误，以致非引文而误加引号，或引号起止不当，成为"物产"卷中标点失误较为突出的问题。例如：

（1）"稻"条（158页）：再下种而十月获者为晚稻，左思《吴都赋》："国税再熟之稻是也。"按："是也"非引自左思《赋》文，当作：左思《吴都赋》："国税再熟之稻"是也。

（2）"麦"条（158页）：《诗》云："贻我来牟是也"。按："是也"并非《诗》文，当作：《诗》云："贻我来牟"是也。

（3）"蕉"条（161页）：（俗呼牙蕉）即昌黎子瞻所谓"蕉黄是也"。按："是也"并非昌黎、子瞻之所谓，当作：即昌黎、子瞻所谓"蕉黄"是也。

（4）"蜂"条（172页）：《传》曰："蜂虿，有毒是也。"按："是也"并非《传》语，当作：《传》曰："蜂虿，有毒"是也。

（5）"虾蟆"条（172页）：《淮南子》曰："蟾蜍是也，其背有金线蝌蚪。"按："是也"等语，并非《淮南子》文字，当作：《淮南子》曰"蟾蜍"是也，其背有金线蝌蚪。

（6）"蛤蜊"条（172页）：《南史·王融传》"且食蛤蜊是也"。按：

"是也"并非《南史》所云,当作:《南史·王融传》:"且食蛤蜊"是也。

以上几例都是由于误解"是也"的意义及用法而置之括号内。

(7)"韭"条(159页):《礼记》谓"韭为丰本",言其美在下也。按:不明"谓……为……"的用法而误。《礼记·曲礼下》曰:"韭曰丰本",甲申本据此为文,标点当作:《礼记》谓"韭"为"丰本",言其美在下也。

(8)"桧"条(162页):《尔雅》谓"柏叶松身为桧,松叶柏身为枞。"《埤雅》谓"桧身叶皆曲,枞身叶皆直。"按:《尔雅·释木》:"枞,松叶柏身。桧,柏叶松身。"《埤雅》:"桧,柏叶松身,则叶与身皆曲。枞,松叶柏身,则叶与身皆直。"由此可见,甲申本引《尔雅》及《埤雅》皆属意引,标点宜在二"谓"字之后加冒号,而皆不宜加引号。

(9)"鹅"条(168页):《尔雅》谓之"舒雁,性好斗"。按:不明"谓之"之意而误,《释鸟》曰:"舒雁,鹅。"故当读作:《尔雅》谓之(鹅)"舒雁",性好斗。

(10)"月蛄"条(171页):郭璞所谓"琐蛄,腹蟹也。"按:"琐"字本作"璅","璅蛄腹蟹"语出郭璞《江赋》,标点当作:郭璞所谓"璅蛄腹蟹"也。意谓璅蛄土人称"西施舌",即郭璞所谓"璅蛄腹蟹"也。

(11)"山猪"条(169页):本曰:"豪猪"。《说文》:"所谓豕,鬣如笔管者。"按:《说文》豕部:"豪,豕鬣如笔管者。"据此,标点当作:《说文》所谓"豕鬣如笔管者。"意谓山猪本曰"豪猪",即《说文》所谓"豕鬣如笔管者。"

以上几条,皆因整理者不明"谓"和"所谓"等惯用语的用法,以致标点错误。

(12)"莺"条(168页):《诗》有"鸣仓庚,春后即鸣,其音圆滑,如织机声。"按:"有"字为词缀,属《诗》文,"春后"以下为修志者言词,非《诗》文,当读作:《诗》:"有鸣仓庚",春后即鸣,其音圆滑,如织机声。

(13)"棉布"条(173页):《南史·高昌国传》有"草实如茧中丝,取以为布,甚软白。"按:《南史·高昌国传》:"有草实如茧,茧中丝如纑,名曰白叠子,国人取以为布,布甚软白。"甲申本引文虽有删节,然"有"字仍为引文,点校本加引号,且置"有"字于引号之外,误之。当在"有"字前加冒号,且去其引号。

以上二条因不明"有"字词义之虚实而误。"有鸣"之"有"为词缀,无实义。"有草"之"有"为实词,有实义。

(14)"乌"条(168页):《说文》"以为孝乌",然纯黑而反哺者谓之慈乌,腹白而不反哺者谓之鸦。按:"以为"是修志者措辞,当改读为《说文》以为"孝乌"。

(15)"芹"条(159页):《诗》云:"思乐泮水,薄采其芹,则在水也。"按:"则在水也"非《诗》文,乃修志者之言词,宜改为:《诗》云:"思乐泮水,薄采其芹。"则在水也。

(16)"车前草"条(166页):《诗》:"采采苯苢,乃车前子,其性滑利,能治湿热、风热诸症,最利水。"按:引《诗》至"苢"字止,"乃车前子"以下文字并非《诗》句,当置诸引号之外。

(17)"蜂"条(172页):《礼记·檀弓》:"范则冠而蝉有緌。范,蜂也,其毒在尾。"按:"范,蜂也,其毒在尾",并非《檀弓》原文,乃其注疏文字。当改为:《礼记·檀弓》:"范则冠而蝉有緌。"范,蜂也,其毒在尾。

(18)"蚁"条(172页):《尔雅》"名蚍蜉,小者曰蚁,赤者名蚳,飞者名螱。"按:《释虫》:"蚍蜉,大螘,小者螘。蚳,杕螘。螱,飞螘。"可见甲申本并非全文照引《尔雅》,当改为:《尔雅》名"蚍蜉",小者曰蚁,赤者名蚳,飞者名螱。

(19)"鸽"条(168页):《倦游录》"记得金笼放雪衣,盖白鸽也。"按:据《山堂肆考》卷三百十四"金笼放鸽"引《倦游录》,引文至"衣"字止,下引号当置"衣"字后。

(20)"猪"条(169页):《尔雅·释兽》:"豕子猪,注今亦曰豯。"按:当改为:《尔雅·释兽》:"豕子,猪。"注:今亦曰豯。

(21)"蜻蜓"条(172页):《尔雅》:"虰蛵。"《说文》:"桑根皆指蜻蜓也。"按:《释虫》:"虰蛵,负劳。"《说文》:"蛉,蜻蛉也。一名桑根。"根,徐铉音注:郎丁切。可见,"根"为误字,甲申本亦误之。"皆指蜻蜓也"一语,对《尔雅》《说文》二书而言。因此标点当作《尔雅》:"虰蛵。"《说文》:"桑根。"皆指蜻蜓也。

(22)"猫"条(169页):《正字通》陆佃曰:"猫能捕鼠。"按:

"陆佃曰"乃《正字通》释义时所引,当在引号之内。改为:《正字通》:"陆佃曰:'猫能捕鼠。'"

(23)"螃蚑"条(171页):《晋书·蔡谟传》:"初渡江,见螃蚑,大喜曰,蟹有八足,加以二螯,令烹之,既食吐下委顿,方知非蟹。谢尚曰:卿读《尔雅》不熟,几为劝学死。"按:"蟹有八足,加以二螯"为蔡谟所言,语本《荀子·劝学》:"蟹六跪而二螯。"("六"字疑为"八"字之误)当加引号以别下文叙述文字。"劝学"亦当加书名号。"谢尚曰"数语与《晋书》略有异文。(《晋书》云:"后诣谢尚而说之,尚曰:'卿读《尔雅》不熟,几为《劝学》死'。")今改读如下:《晋书·蔡谟传》:"初渡江,见螃蚑,大喜,曰:'蟹有八足,加以二螯。'令烹之,既食,吐下委顿,方知非蟹,谢尚曰:'卿读《尔雅》不熟,几为《劝学》死。'"

(24)"螳螂"条(173页):《月令》:"仲夏之月螳螂生。"按:引文"月"字之后有删节,标点当作:《月令》:"仲夏之月,螳螂生。"

(25)"蛙"条(172页):《尔雅》:"在水中,曰蛙。"按:蛙,甲申本作"黽",形与"黾"近。《释鱼》曰:"黿,蟾诸。在水者黽。"黿,就是蟾诸,或作蟾,即蟾蜍,两栖动物,俗称癞蛤蟆。黽,青蛙的一种。又名耿黽、土鸭。状似青蛙,腹大。甲申本释义盖本《尔雅》,然非全文照引,故标点当作:《尔雅》:在水中曰"蛙"。

(26)"白菜"条(159页):(即菘也)《埤雅》所谓"其字以松",会意也。按:《埤雅》:"菘性凌冬不雕,四时长见,有松之操,故其字会意。"可见甲申本意引《埤雅》为文,标点当作:《埤雅》所谓其字以松,会意也。

(27)"石决明"条(167页):《本草纲目》:"即九孔螺。附石生,状如蛤壳,名千里光,惟一片无对,七孔九孔者良。"陶宏景云:是鳆鱼甲,熨眼颇明,殆一物二名。按:《本草纲目》卷四十六"石决明"条:"九孔螺,壳名千里光。""集解"引〔梁〕陶宏景曰:"俗云是紫贝。人皆水渍,熨眼颇明。又云是鳆鱼甲。附石生,大者如手,照耀五色,内亦含珠。"又引〔唐〕苏恭曰:"此是鳆鱼甲也。附石生,状如蛤,惟一片无对,七孔者良。今俗用紫贝,全非。"由此可知,本条是修志者据《本草纲目》及其注文(陶宏景等注)而行文的。属意引,故当去引号。又及:"蛤"字后当一逗,"壳"字应从下读。

（28）"穿山甲"条（167页）：《本草纲目》云："其形肖鲤，穴陵而居，故曰鲮鲤，而俗称为穿山甲。主治蚁瘘疮。疮科常用之，兼辟鬼魅。"按："而俗称为穿山甲"以上全文引《本草》曰，以下数句则据《本草》"……疗蚁瘘，小儿惊邪，妇人鬼魅悲泣……"为辞。属意引，不宜在引号之内。

（29）"桑寄生"条（167页）：《本草纲目》："主助筋骨益血脉。"按：《本草纲目》作"桑上寄生"，引文内无"主"字，"骨"字后宜一逗。

（30）"千里及"条（167页）：《本草纲目》谓"千里及藤生道旁篱落间，一名千里急。能治疫、治瘴、治痢、治目疾。"按：《本草纲目》卷十八"千里及"条"集解"引藏器《本草拾遗》曰："千里及，藤生道旁篱落间，叶细而厚。宜湖间有之。"又引苏颂《本草图经》曰："千里及，……"甲申本据以综述，非原文引自《本草》，当读作：《本草纲目》谓：千里及，藤生道旁篱落间，一名千里急。能治疫、治瘴、治痢、治目疾。

（31）"青约"条（172页）：《图经》曰："背青绿毛谓之青蛙。"按：《本草纲目》卷四十二"蛙"条"集解"引苏颂《本草图经》曰："似蛤蟆而背青绿色，尖嘴细腹，俗谓之青蛙。"甲申本约取《图经》为文，且讹"色"字为"毛"。当改读为：《图经》曰：背青绿色谓之青蛙。

（32）"鹧鸪"条（168页）：《古今注》：鹧鸪其名自呼，长向日而飞，畏霜露，早晚稀出，有时夜出，则以树叶覆其背。按：《古今注》"鹧鸪"前有"南方有"三字，"长"作"常"，"夜飞"之后复有"出则飞"三字，"背"下有"上"字，由异文可见，甲申本引《古今注》属意引，故当去引号，"鹧鸪"之后加一逗号为宜。

（33）"禾虫"条（170页）：《岭南杂记》："禾虫身软如虫，小如箸，长二寸余，中有白浆，状甚可恶，海滨田中禾根所产，缕缕如血丝，随水而出，漾至海滨，寸寸自断，即为此虫，土人取而食之，一名水蚓。"按：《岭南杂记》"禾虫"下有"形如百脚，又如马蝗"二句，"如虫"作"如蚕"，"小"作"细"，"寸余"下有"青黄色相间"一句，"海滨田中禾根所产"作"产海滨田中禾根，长数尺，或至丈余"，"土人取而食之"作"土人网而取之"。以下复有甲申本所省略文字，然内无"一名水蛭"一语，可见以上引文皆属意引，当去引号，"禾虫"下加一逗号，"食之"下用句号为宜。

（34）"蝴蝶"条（172 页）：《古今注》："一名野蛾，一名风蝶。其大如蝙蝠者，名凤子。"按："风蝶"下《古今注》作："江东人谓之挞末，色白而背青者也，其有大如蝙蝠者，或黑色，或青斑，名曰风车，一名鬼车，生江南柑桔园中。"据此可知，下引号当上移至"风蝶"之后，或去掉引号亦可。"凤子"疑为"风车"之误。

（35）"水母"条（170 页）：故《江赋》谓水母"目虾"。按：《江赋》曰："璅蛣腹蟹，水母目虾。""水母"二字当置之引号内。

（36）"乌贼鱼"条（170 页）：一名乌鲗。《埤雅》曰："遇大鱼则吐墨周波以卫身，小鱼过，其吐墨迷取之，腹中有骨如舟形，名海鳔蛸。"《南越志》："乌鲗怀墨而知礼。"又名墨斗。按：《埤雅》卷二"乌鲗"条云："（乌鲗）每遇大鱼，辄噀墨周其波，以卫身害。若小虾鱼过其前，即吐墨涎惹之。《南越志》曰：'乌鲗怀墨而知礼。'"甲申本盖约取《埤雅》为文，引文当至"之"字止，"之"字下当用句号。"腹中"二句非出自《埤雅》，故当去其引号。

（37）"榕"条（163 页）：《南方草木状》：榕树叶大如麻，实如冬青，树干拳曲，不可以为器也。其本棱理而深，不可以为材也。烧之无焰，不可以为薪也。以其不材，故能久而无伤。大者荫十余亩，离奇偃蹇，备木之异。按：《草木状》"榕树"下有"南海桂林多植之"句，"麻"字前有"木"字，三"不"字前有"是"字，引文乃至"伤"字止。"大者"句以下，盖以《岭南杂记》为文，唯"偃蹇"本作"古怪"耳。当在引自《草木状》部分加引号。

2. 书名号失误。

（1）"粟"条（158 页）、"蒜"条（159 页）、"兰蕙"条（163 页）、"水母"条（170 页）、"鲨"条（171 页）、"鼋"条（171 页）：《尔雅·翼》按：皆误，当作《尔雅翼》。《尔雅翼》是宋代罗愿所撰，此书亦仿《尔雅》，分《释草》《释木》《释鸟》《释兽》《释虫》《释鱼》六类，"翼"是辅翼之意，非《尔雅》之篇名。

（2）"麻布"条（173 页）：《尔雅·疏》按：当作《尔雅疏》。《尔雅疏》是宋代邢昺等奉诏所作，以郭注为主，成书 10 卷。"疏"亦作"义疏"，有疏证之义，非《尔雅》之篇名。

3. 其他标点失误。

(1) "越瓜"条（160页）：俗名竹瓜，就地引蔓，花叶如冬瓜，而小瓜有青白二色。按："而小"二字当从上读，"小"状越瓜之叶，言越瓜叶如冬瓜叶而略小。

(2) "茯苓"条（167页）：又松脂入地，久为琥珀。按："久"当从上读，状"入地"时间之长，言松脂入地久则为琥珀也。

(3) "白头翁"条（167页）：潮以产沧洲者尤细软，可贵人家每和米碾末炊之。按："可贵"二字当从上读，谓沧洲所产白头翁（俗称"酒壳茸"）尤为细软可贵。

(4) "鹩鹆"条（168页）：似鹊，黄色燕项，因风飞，疾击鸠鸽燕雀食之。按："黄色"之后当为一逗，"燕项"自为一读，意为项如燕，"疾"字当从上读，状"飞"之疾速，谓乘风飞而疾。

(5) "鳖"条（171页）：《埤雅》云："其甲以赤苋包置湿地者，化生如细蚕，然谓之种鳖。"按："然"字当从上读，为比喻之词，非转折之词。

(6) "芥蓝"条（160页）：甘、辛，如芥叶，蓝色。按："甘辛如芥"连读，"叶"字从下读，谓其味甘辛如芥，叶蓝色。

(7) "白菜"条（159页）：潮人呼菘为白菜，有二种：一曰箭竿白，茎圆厚，微青；一曰黄牙白，茎扁薄而白叶。皆淡，青白色。按：《本草纲目》卷二十六"菘"条："菘（即今人呼为白菜者）有二种：一种茎圆厚微青，一种茎扁薄而白。其叶皆淡青白色。"甲申本盖以《本草》为文，点校本误解文意，标点欠妥。"茎扁"以下当读作：茎扁薄而白。叶皆淡青白色。

(8) "桃李花"条（164页）：《会稽风俗赋》云："桃李漫山臧，获视之，盖言其多而不足贵也。"按："臧"字当从下读，"臧获"为词，奴婢之贱称。扬雄《方言》曰："荆淮海岱杂齐之间，骂奴为臧，骂婢为获；燕之北鄙，凡民男而婿谓之臧，女而妇奴谓之获；亡奴谓之臧，亡婢谓之获；皆异方骂奴婢之丑称也。"

(9) "蚬"条（172页）：又俗曰蜎字，书无此字。按："字"字当从下读，"字书"指字典。

(10) "蒟酱"条（165页）：《通志》："蒟酱，曰浮留。"按："酱"字不当断。

（11）"柚"条（161页）：惟花白、瓣如初月者味最佳。按："者"字后当一逗，方与顿号相应。

（12）"橄榄"条（161页）：《齐东野语》一名青果，一名谏果，一名忠果，树耸枝高而直，其实尖，而小者为美。按：《齐东野语》卷十四"谏笋谏果"条："涪翁在戎州日，过蔡次律家，小轩外植余甘子，乞名于翁，因名之味谏轩。其后王宣子予以橄榄送翁。翁赋云：'方怀味谏轩中果，忽见金盘橄榄来。想见余甘有瓜葛，苦中真味晚方回。'然则二物亦可名之为谏果。"仅见《齐东野语》名橄榄为"谏果"，未见其"青果""忠果"之称。又及："尖"字不当断。

（13）"蒲"条（165页）：似莞而褊，有脊生于水涯，滑而温者，可以为席。按："有脊"二字当作一读，"生于水涯"者是"蒲"，而非"有脊"。

（14）"石麻竹"条（166页）：石麻之竹劲而利，削以为刀，可切象皮。按："竹"字后当作一读。

（15）"苎布"条（173页）：潮无不绩之妇，其细者价倍纱罗。按："妇"字后当作句号。

（16）"蚬"条（172页）：肉色深黄或红白不一，生溪中，壳微长而薄者曰薄壳，又别名凤眼，潮人以盐腌食之，曰凤眼酱。按："中"字后当作句号。

（17）"锁管鱼"条（170页）：字典初生曰麇，盖状其极小。按："字典"二字后当有冒号，以示其所自。

（18）"龙眼"条（160页）：潮之龙眼处处有之，味甘，香而清甜。按："甘香"当连读。

（19）"蒙果"条（162页）：实生则青，味酸可止吐，治船晕及孕妇呕恶；腌盐可以久贮；熟则色黄味甜。按："实生则青味酸"与"熟则色黄味甜"相对为文，"熟则"句疑当紧随"实生"句后，拟改作：实生则青，味酸；熟则色黄，味甜。可止吐，治船晕及孕妇呕恶，腌盐可久贮。

（20）"龙船花"条（164页）：《岭南杂记》谓"龙髯花"也。花如秋海棠，色深红，中心垂丝，袅袅如龙髯。潮俗以其开于端午，故谓之龙船花。按："袅袅"当从上读，为形容"垂丝"之词。又及："髯"字《岭南杂记》作"鬚"。

点校本"物产卷"所阐释词目共241条，而校勘失误有24条，标点失误有56条（未计文中谈校勘时连带而及标点失误部分），可见失误比重不小，这就使点校本的学术价值大打折扣，同时足以启发我们，在进行潮汕文化的研究中，尤其是在整理、研究、应用古代文献中，特别要注意准确性，否则难免有诬古人、误今人之嫌。

《潮阳县志》"风俗""纪事"等卷校议[*]

潮阳市志办据光绪甲申年（1884）知县周恒重主持重修的《潮阳县志》（下简称"甲申本"）于 2000 年整理出版了简化字点校本《潮阳县志》（下简称"点校本"）。笔者曾就其中难度较大，致使点校本中存在校勘粗疏、标点失误最为突出的"物产"卷草就《〈潮阳县志〉"物产"卷校议》一文，提交第五届潮学国际研讨会（2003 年 11 月揭阳市），会后拙文收入《第五届潮学国际研讨会论文集》（公元出版有限公司 2005 年 3 月版）。今复以"风俗"卷、"纪事"卷以及"宦绩""人物""方技""列女"诸卷中可议之处为文，与整理者商榷，并就正方家。

一、校勘之失误

1. 因字形相似而误改。

（1）153 页倒 4 行：烝畀祖妣，旅集宾筵。按："畀"字甲申本作"畁"是，点校本误改之，畀畁形似而音义有别。"烝畁祖妣"，语出《诗·丰年》。烝，进也。畁，给也。

（2）154 页 15 行：惟有士者，礼义千橹。按："千"字甲申本作"干"是，语本《礼记·儒行》："礼义以为干橹。"干橹即大楯小楯也。

（3）195 页倒 9 行：六年（1801）春二月初五夜戊（戌）时太白星犯月。按：括号内的"戌"字是整理者所加，以为甲申本作"戊"是误字，其实甲申本本来就作"戌"字，字迹可征。

（4）207 页"雀户"条 1 行："雀字当作畬，《元史本纪》作畬或作畲，读如斜，雀畬皆俗字。"按：甲申本原作"雀字当作畬，《元史本纪》作畬或作畲，读如斜，雀、畬皆俗字"。本来是用以说明"雀""畬""畲"三字音同形异的关系的，由于后二字形体极其相似，点校本合二为

---

[*]《〈潮阳县志〉"风俗""纪事"等卷校议》，初稿载于陈春声、陈伟武主编《地域文化的构造与播迁》（第八届潮学国际研讨会论文集），中华书局 2012 年版。结集时作若干修改。

一，皆以"畬"字出之，有违原编者本意。

2. 误以音义皆通之异体而改之。

（1）202页"钟元浚"条2行：我郡人钟元浚也。4行：既觉第记元浚一人。按：二"浚"字，甲申本都作"濬"，"濬"和"浚"作为疏通义虽可通用，但二者也有音义不同的情况，作为人名，以不改易为宜。

（2）411页2行：是日俟闲（间），各引绳自经。按："闲"字甲申本原作"閒"，义与"间"同，读 jiàn，非读 xián，因此不能以"闲"字代之，"俟间"就是伺机的意思。括号内的"间"字是整理者所加的注。

3. 不明何故而妄改之。

（1）356页倒10行：通判有声之乃孙也。按："乃"字甲申本作"仍"是，仍孙，见于《尔雅·释亲》："子之子为孙，孙之子为曾孙，曾孙之子为玄孙，玄孙之子为来孙，来孙之子为晜孙，晜孙之子为仍孙，仍孙之子为云孙。"据《尔雅》注，仍孙亦即重孙。

（2）184页5行：蠢顽慴栗。按："慴栗"甲申本作"讋慄"，"讋"读 zhé，有惧义，与"慄"同义复合，简化字为"䜉"，"慄"和"栗"音义在此虽可通用，但把"讋慄"径改为"慴栗"，不知何故。

4. 不明其"俗"而改之。

205页"蒟"条1行：蒟俗作蒌。按：这是点校本以小字注位于正文之首，甲申本原以小字注位于条目之后，并且其"蒌"字作"荖"，当以不改置注文为宜，"荖"字亦不当改易。此条1行"广东之蒌以潮阳生者为嘉"，其中"蒌"字甲申本原作"蒟"，不得改。2行"俗称蒌叶"以及3行"以蒌叶裹嚼之"，其中二"蒌"字当仍作"荖"为好，原注曰："蒟俗作荖。"其"俗"是以潮汕方言"老"作声符的，"老"与"荖"同音。

5. 注文误入正文。

（1）336页10行：死之俱同上。按："俱同上"三字甲申本原为小字注文，注明以上各条资料来源都同上文一样出自《林志》及《宋史·忠义传》。点校本误注文为正文。句号当紧随"之"字后。点校本中类似误标出处者颇多，下不一一指出。

（2）339页"许申"条6行：在柳多所兴建有。按："有"字甲申本原为小字注文，连下读作："有《待苏楼记》，见《艺文》。"这是对正文的补充说明。"建"字之后当加句号。

（3）352 页 14 行：易箦多格言《臧志》。按："臧志"二字甲申本原为小字注文，是对正文出处的注解。句号当在"言"字之后。"易箦"是死的别称，意为死后有很多格言遗世。

（4）357 页 1 行：卒年 53《唐志》。按："唐志"二字甲申本原为小字注文，而点校本以大字误入正文。句号当在 53 之后。

（5）360 页倒 1 行：年 69 卒于官《采访册》。按："采访册"三字甲申本原为小字注文，而点校本以大字误入正文。句号当加"官"字之后。

（6）362 页 17 行：议者以龄故讲学于白鹿洞《林志》。按："林志"二字甲申本原为小字注文，点校本以大字误入正文。句号当在"洞"字之后。

（7）363 页倒 10 行：以里人吴向为师《林志》。按："林志"二字甲申本原为小字注文，而点校本以大字误入正文。句号当在"师"字之后。

（8）365 页 1 行：身体力行《荐举档册》，按："荐举档册"四字，甲申本原为小字注文，而点校本以大字误入正文。逗号当在"行"字之后。

（9）368 页倒 9 行：子五俱诸生《臧志》。按："臧志"二字甲申本原为小字注文，点校本以大字误入正文。"子五"，一逗。"诸生"下加句号。

（10）387 页 1 行：门外车马声，若来迓者，遂卒。《林志》祀乡贤。按："林志"二字甲申本原为小字注文，点校本以大字误入正文。

（11）391 页 2 行：途人称便据按："据"字甲申本原为小字注文，当与"《唐志·津梁》"连读，点校本误之为正文。

（12）398 页 1 行：偕甘泉、东所往来，辨复阐明性道，缅缅皆体认至到语《潮州耆旧·周大理集》，按："潮州耆旧周大理集"诸字，甲申本原为小字注文，而点校本以大字误入正文。"语"字后当加句号，"集"字后之逗号当去之。"辨复"犹"辩答"，"辩对"，当属上读。

（13）398 页 5 行：所著有《鲁庵逸稿》，周光镐为之补序《潮州耆旧·周大理集》。按："潮州耆旧周大理集"诸字，甲申本原为小字注文，点校本以大字误入正文。"序"字之后当加句号。"集"字后之句号去之。

（14）407 页 5 行：乡士大夫共谥之曰"全《臧志》作金质贞姑"。按："臧志作金"四字，甲申本皆为小字注文，而点校本"臧志"二字作小字注文，"作金"二字却为大字误入正文。

（15）407页倒7行：和平里若纲之女而萧璟《府志》作璟之妻也。按："府志作璟"四字，甲申本皆为小字注文，而点校本"府志"二字作小字注文，"作璟"二字却以大字误入正文。

（16）408页15行：正德《通志》作万历误丁丑（1507）家被寇掠。按："通志作万历误"诸字，甲申本皆为小字注文，而点校本除"通志"二字作小字外，"作万历误"四字皆作大字误入正文。又及，注文当读为：《通志》作万历，误。"丁丑（1507）"下一逗。

（17）420页10行：郑氏，黄作人《通志》作乂妻按："通志作乂"四字，甲申本原皆为小字注文，而点校本除"通志作"三字为小字注文外，却以"乂"为大字误入正文。

（18）420页14行：陈育按：《胡志》作肖轩妻"胡志作肖"四字，甲申本原皆为小字注文，而点校本除"胡志作"三字作小字注文外，"肖"字却作大字误入正文。

6. 正文误入注文。

（1）365页倒10行：论者谓得范希文岳阳楼笔意记详《通志》。按："岳阳楼笔意记"疑当作"《岳阳楼记》笔意"。甲申本"记详通志"四字为小字注文，而点校本"记"字亦错置于后，且误入注文。

（2）409页倒10行：莆人余谦为作《苦节行》《唐志》。"苦节行"三字，甲申本为大字正文，"唐志"二字为小字注文，而点校本却以此五字皆作小字注文。其实正文原意是莆人余谦为之作《苦节行》，注文说明出自《唐志》。

二、标点之失误

除了上文连带而及标点问题之外，下面唯以标点之失误条陈之：

（1）153页1行：自昌黎刺潮，以赵德为师，士始知学按："学"字下当加句号。

（2）153页2行：李士淳书院记，按："书院记"当加书名号，"记"下逗号去之。点校本中注明出处的书名号下标点不规范者甚多，下不一一条列。

（3）153页2行：冠婚丧祭多用文公家礼，故曰"海滨邹鲁"。按："文公家礼"当用书名号。

（4）153页8行：今晦庵家礼一书，与蒙谷所定宗法，潮人遵行之不废，二先生之力也。按："家礼""宗法"皆当加书名号。

（5）153页14行：广东旧通志。按：当作广东旧《通志》，指旧编（与新编者相对）之《广东通志》。

（6）154页17行：迄于我朝《臧志》既多沿旧，《唐志》又不能道其详，此亦纂修者之阙事也。按："我朝"下当一逗，即读为：迄于我朝，《臧志》既多沿旧，《唐志》又不能道其详，此亦纂修者之阙事也。

（7）156页1行：观者塞涂，土牛过争掷以豆谷。按："土牛过"之后当一逗，表示土牛经过之时，"争掷以豆谷"之主语为上文之"观者"，读为：观者塞涂，土牛过，争掷以豆谷。

（8）156页14行：腊月二十四日，祀灶及诸神，谓之送神朝天。按："送神朝天"与上文（冬至……谓之"饲耗"）及下文（除夕……谓之"围炉"）同例，表示特殊称谓当加引号。

（9）156页2行：届期鞭春，或拾土牛碎片归投豕圈中，祈豕肥硕；按："归"字后当一逗，使语意更明确。

（10）156页倒2行：士人竞治诗书、文艺间，亦尚名节。按："诗书"当指《诗经》《尚书》，加书名号。拙文初稿以为"间"字当从下读，念去声，欠妥，今正之。

（11）156页倒1行：至于巨商逐海洋之利，往来燕、齐、吴、越。号富室者，颇多工有金石草木之类，皆极精致，而铜、锡器之雕镂，尤通行宇内。按："颇多"当从上读，以免破句，即读为：至于巨商逐海洋之利，往来燕、齐、吴、越，号富室者颇多。工有金、石、草、木之类，皆极精致，而铜、锡器之雕镂，尤通行宇内。

（12）175页倒9行：兵事略：（《潮府胡志·兵事》略）按：括号内文字是整理者所加夹注。"略"是述略之意，是地方史志中之体式之一，如本志中之《贞节略》。故当加书名号作：《兵事略》：（《潮府胡志·兵事略》）

（13）175页倒8行：义谋不轨，词连昱、勇皆弃市，忠死岳州，举家歼灭。按：句意是陈"五虎"兄弟陈义谋不轨之事，口供连及陈昱、陈勇，致使义、昱、勇都获弃市之刑（死刑），陈忠死于岳州，全家歼灭（陈懿为其子所杀）。故当读为：义谋不轨，词连昱、勇，皆弃市，忠死岳州，举家歼灭。

（14）177页倒11行：吾邑人之为生计至拙矣，游谈公卿以取连城之赐，不能矣；逃名海上以致千重之赏，不能矣；商旅京洛以侔猗顿（战国富商）之富，不能矣。按：首句"矣"字之后逗号当改为冒号（或叹号），是对下文起提示总述的作用，三个"……不能矣"为并列式分句。

（15）178页4行：《广东阮志》：前事略。"前事略"为《广东阮志》之结构内容，当标点为《广东阮志·前事略》。

（16）179页7行：《广东阮志》前事略。四十一年（1562），冕以监军讨饶平张琏，《潮府周志·职官》注：冕剿海贼吴平，独不志守潮阳事，乃合诸说衷之。按："前事略"当置于书名号内，其下之句号改为冒号，"琏"字下之逗号改为句号，标读如下：《广东阮志·前事略》：四十一年（1562），冕以监军讨饶平张琏。《潮府周志·职官》注：冕剿海贼吴平，独不志守潮阳事，乃合诸说衷之。

（17）179页16行：《广东阮志》：前事略。按：当改为：《广东阮志·前事略》：

（18）179页倒14行：郡国利病书吴平以小舟得脱。按："郡国利病书"当加书名号，下加冒号。

（19）179页倒5行：《广东阮志》前事略。按：改同（17）。

（20）182页倒10行：仁与其党余钦、刘亮俱弃市籍，其产于官，按："籍"是登记没收之意，当从下读，"籍其产于官"，即把他们的财产登记没收归公。整理者误以"籍"的簿籍义而"市籍"连读，其实应当"弃市"连读，"弃市"是古代的死刑。改读于下：仁与其党余钦、刘亮俱弃市，籍其产于官。

（21）183页倒3行：条列《学准》，萃十三都文行之士讲学其中。按：《学准》即《棉阳学准》，初稿以为可免书名号，不妥。

（22）184页3行：详艺文。按："艺文"当加书名号。

（23）184页4行：先是和平里有丛词曰下宫者，日附狂民，以言屡导乡人斗，俊剖其木偶毁之。按："先是"一逗。

（24）193页7行：揭阳令陈树芝赈济碑记略云：按："赈济碑记"当加书名号。

（25）193页14行：邑令闵黯塔馆赈济碑记略云：按："塔馆赈济碑记"当加书名号。

（26）200页"和平旧为蚝墩"条1行：文信国在军恒不寐，及讨刘兴，至蚝墩安寝信宿，询居人以何地？或告之。曰："地气和平，甚何不名和平。"遂改称焉。按:"至蚝墩"三字当属上读"甚"字亦当属上读,句号改问号。此句乃文信国问曰。

(27) 202 页"钟元浚"条 2 行:一夕梦武人,状貌甚伟,按:"武人""状貌甚伟"当连读,故改为:一夕,梦武人状貌甚伟。

(28) 202 页"乡厉坛誓文"条 2 行:或贫无可赡,周给其家 3 年,不立不使与会。按:"3 年"当从下读,"立"后一逗:或贫无可赡,周给其家,3 年不立,不使与会。

(29) 202 页"乡厉坛誓文"条 3 行:婚姻、丧葬,有乏随力相助,按:"有乏"当从上读作:婚姻、丧葬有乏,随力相助。

(30) 203 页"井丹"条倒 1 行:《林大春井丹集》按:林大春为《井丹集》作者,故改为:林大春《井丹集》。

(31) 203 页"周大令"条 4 行:明诗综按:"明诗综"当加书名号。

(32) 204 页"灵芝"条 3 行:丙申之秋刘介宅产灵芝一本,两茎朱柯紫盖连 7 岁皆然,癸卯科其子中应天乡试。按:"一本""两茎"当连读,可与本条上文"产灵芝一株二本"作比较,"朱柯紫盖"一逗,"癸卯科"一读,改读如下:丙申之秋,刘介宅产灵芝一本两茎,朱柯紫盖,连 7 岁皆然。癸卯科,其子中应天乡试。

(33) 327 页 12 行:后贼果从海道至谍,知备严,遁去。按:"谍"不是地名,当从下读。"谍知"就是刺探得知。改读为:后贼果从海道至,谍知备严,遁去。

(34) 332 页 13 行:盛大士有七子诗选,按:"七子诗选"当加书名号。

(35) 334 页倒 11 行:作元公书院于郡学,右并祀张、程、朱四贤。按:"右"当从上读,意为在郡学右边建立元公书院。

(36) 334 页倒 9 行:据唐志《茔墓》。按:"唐志"指唐氏《县志》,"茔墓"为其组成部分,宜作:《唐志·茔墓》。

(37) 335 页 11 行:天祥不寝,处坐达旦,遂移兵马司设卒以守。按:"处"字当从上读,"兵马司"后一逗。

(38) 338 页 1 行:时同死事者千总陈胜华、朱英超,把总廖振康、邱腾刚,外委刘裕泰、叶瑞元,额外黄恩超、张云龙等并兵勇 90 名。按:"时同死事者"下、"张云龙等"下各一逗。

(39) 342 页倒 4 行:端蒙自劾监临无状,上原之诸司得不坐。按:

"上原之"后当一逗。

（40）342页倒12行：少嗜史汉，工古文辞。按："史""汉"当分别加书名号，为《史记》《汉书》之简称。

（41）354页倒7行：寻以不乐阿附忤监司意，力请归田。赋独鹤叹以见志，时同门友龙溪吕雯以宫谕谪居于家，感慨赋别，有"明甫居官不索钱，担头潇洒似神仙"之句。按：细推上下文语意，"赋独鹤叹以见志"当与上文关联，故"田"字后句号当用逗号，"志"字后逗号当用句号。又及："独鹤叹"当加书名号，"附"字后加一顿号以便诵读。即改为：寻以不乐阿附、忤监司意，力请归田，赋《独鹤叹》以见志。

（42）355页倒13行：在官捐俸修文庙，新襄阳岳祠刻《杜子美全集》。按："捐俸修文庙""新襄阳岳祠""刻《杜子美全集》"为并列之事，故"祠"字后当加逗号。

（43）358页倒6行：少从兄英猷游淹通载籍，工诗文。按："淹通载籍"指博通群书，故当在"游"字后加一逗号。

（44）361页"郑南生"条2行：南生潜心语孟，多所发明。按："语""孟"当分别加书名号，为《论语》《孟子》之简称。

（45）363页倒7行：比归，怀劝之仕，弗应别去。按："应"字后当加逗号，以免歧义。

（46）364页8行：秩满迁琼州教授，参订文公家礼、邱文庄仪节，衷以己意，曰《谕琼礼要》。按："文公家礼""邱文庄仪节"皆当加书名号。

（47）364页倒10行：尤精于易，以为疑义殊多，既观其象，玩其辞，当极其数。按："易"字当加书名号，《易》即《周易》。

（48）403页7行：巩曰："看箭！"忠拨开胸曰："此是杀人箭、活人箭，又怎么生。"按："胸"下一逗，"杀人箭"顿号改逗号，"生"是语气词，其下句号改为问号。意谓此箭无论杀人、活人，皆不能奈我何也。

（49）406页9行：庄氏者即郭之长、栖霞令彦敬妇也彦敬即碏，以字行，读书知大义，居常以礼自持。按："庄氏者"一逗，"也"字下加句号。

（50）407页倒6行：曰："妾所为不死者以萧生未嗣也，今妾自知有身幸，而生男可以下报矣，又何敢二焉！"按："不死者"一逗，"未嗣也"逗号改句号。"幸"字当从下读。"有身"为辞,指怀孕。"幸而生男"一逗,意为有幸生了男儿。

（51）410 页 16 行：幼娴,内则尝割股以疗亲疾。"内则"当从上读,且须加书名号,《内则》是《礼记》的篇名。故改为：幼娴《内则》,尝割股以疗亲疾。

文中分两方面细列《潮阳县志》"风俗"卷、"纪事"卷以及"宦绩""人物""方技""列女"诸卷中校勘、标点可议之处。校勘失误者,有字形相似而误、不审异体而误、不明何故而误、不明其"俗"而误、注文与正文互误等。标点失误者,除校勘失误中连带而及若干条外,仍有 51 条之多。究其致误之由,盖以不明字词义而误尤甚,以致破句突出,当断不断,不当断而断之；复有不明语法结构及语意关联,以致语句支离,层次不清,条理失当；又有不熟悉古文献而致误者,其中误用或缺失书名号者殊多；标点符号不规范亦不少见。总之,地方史志之整理是一项艰苦细致之工作,涉及知识面极广,其辛劳又是不足为"外人"道者。拙文不留情面,甚至近乎苛刻挑刺其中,然恐仍难免有遗漏或不当之处,唯望整理者及方家赐正。

顽石隐良玉，寒灰寓星火

——评介《格言联璧》*

"格言"是可为法式的言简意赅的熟语。既可以自勉，又可以勉人；既可以自警，又可以警人。其由来已久。"格言"二字最早见于三国崔琰《谏世子丕书》："周孔之格言，二经之明训。"至晋潘岳《闲居赋》："奉周任之格言。"李善注引《论语考比谶》："赐问曰：'格言成法，亦可以次序也。'"由此可知，格言见诸谶纬之书，出自孔门，行于周代，皆圣贤之所述作。后世复有所出，且言语自古奥趋于浅近，便于诵习，广为流传。清咸丰元年（1851年）金缨编撰的《格言联璧》就是其中流传久远的格言作品。

《格言联璧》是金缨选录其所辑《觉觉录》中浅近格言另刻之单行本。该书刊行之后，民间有异本流布，"惜坊本刊印草率，讹夺滋多，附刻喧宾夺主，传本各异"。潮阳郭辅庭有感于此，取旧所校定《格言联璧》，"就正通人，复加雠勘，端楷书写，重付精刊"。岳麓书社出版的《格言联璧》，即以上述郭氏刊本为据，于格言原文原注之外，复加今注今译，以利一般读者理解其意旨。

《格言联璧》全书以类编次，计有"学问""存养""持躬"（附"摄生"）、"敦品""处事""接物""齐家""从政""惠吉""悖凶"，凡十类。各类之间，并非泾渭分明，而是有所交错，要之皆以"修己、行仁、省躬、察物为归"。

古代格言是我国古代精神文明的组成部分，是值得珍惜的文化遗产。其中不乏至理名言，历代口耳相传，于今尤足为训。

金缨所辑录的《格言联璧》，正是历代格言作品中较为优秀的一种。

---

* 《顽石隐良玉，寒灰寓星火——评介〈格言联璧〉》，原是笔者注译《格言联璧》时所写的前言，后另加标题提交第七届国际潮学研讨会，并收入《论文集》，花城出版社2009年版。结集时加以"补白"。

该书所辑录各类格言，都有可以引为镜鉴之论，今择其要者条陈如下：

一、论读书治学：重人品，讲方法，敢存疑

《格言联璧》之编次，以"学问类"为卷首，多少透露出编撰者以学为重的意识。从其辑录的条目内容来看，十分重视人品和学问的关系："天地间第一人品，还是读书"；"读书即未成名，究竟人高品雅"；"至乐无如读书"。所论不是把读书作为获取功名的阶梯，而是把读书作为陶冶性情、熔铸品行的途径。论学问与品行的关系，即论智与德的关系，强调以德为本："士虽有学，而行为本。"文人学士，即使学富五车，也要以德行为本。"人以品为重"，"品以行为主"。"品"指的是思想品质，道德观念。"行"指的是行为举止，实际才干。"品"与"行"的有机结合，学问与才干的高度统一，方是国家所需之材。"治国经邦谓之学，安危定变谓之才。"才学、聪明还要用于正路，不能用于邪路："聪明用于正路，愈聪明愈好，而文学功名益成其美；聪明用于邪路，愈聪明愈谬，而文学功名适济其奸。"一个人的聪明能用在正义的事业上，越聪明越好，越能成就他的理想，如果用在不正义的事业上，越聪明越糟糕，正好实现他的野心。

读书治学既要重视人品，又要讲究方法。读什么书，如何读书？《格言联璧》强调"熟读五经诸史"，经史结合，先后有序："先读经，后读史，则论事不谬于圣贤；既读史，复读经，则观书不徒为章句。""读经传则根底厚，看史鉴则议论伟"。这种提倡以经论史，以史证经的读书方法，不仅是前人读书治学的经验总结，而对于当代学者而言仍可引以为鉴。至于说"六经以外，别无奇书"，则未免有失偏颇，更不合当今时宜。经典著作地位的确立，总是离不开当时政治、学术等需求的。中国古代经典自五经至六经、九经、十二经、十三经的定位，正反映了学术是随时代的变迁而变迁的。随着时代的前进和社会的发展，学科门类相应增多，学术领域不断扩展，读书的视野也理所当然要相应开阔。在当前学校提倡素质教育的形势下，只读经书的办法显然是行不通的了。其实，《格言联璧》也有提倡多读书之论："读未见书，如得良友；见已读书，如逢故人。"这里以交友为喻，提倡以广交益友的态度多读好书，以重逢故人的喜悦读已读过的书。多读书并不是乱读书，而是有所选择，尤其要注意"勿展无益身心之书"。

读书治学还有一个心态的问题。《格言联璧》多处告诫读书人切忌浮躁，而是要沉得住气，要静心、专心、学得活，劳逸结合，勤而不倦。其中曰"居心当如止水"，"为学当如流水"；"心不欲杂，杂则神荡而不收；心不欲劳，劳则神疲而不入"。静心、专心才能"入神"，勤而不倦才不"苦神"，能入神、不苦神，方能聪慧有余，领悟透彻。关于读书治学，《联言格璧》还强调必须独立思考，敢于存疑："读书有四个字最要紧，曰阙疑好问。"既要读书，又不能迷信书本，有疑问方能增进对事物的了解；既要多读书，又要循序渐进，才能有收获。《格言联璧》曰："读书贵能疑，疑乃可以启信；读书在有渐，渐乃克底有成。"

二、论修身养性：谨言行，节饮食，寡嗜欲，守廉全节，养心安性

所谓"谨言行"，《格言联璧》中有两句话说得很白："话休不想便说，事休不想便做。"至于如何谨言慎行则曰："放言当矫之以缄默，好动当矫之以镇静。"就是说言语不谨应当以缄默矫正，轻举妄动应当以镇静矫正。谨言行、节饮食、寡嗜欲，又是与养德、养身密切相关的："人知言语足以彰吾德，而不知慎言语乃所以养吾德。人知饮食足以养吾身，而不知节饮食乃所以养吾身。"心境、言行、饮食、情欲都关系到身心的健康。《孟子·尽心下》曰："养心莫善于寡欲。"《格言联璧》则具体地说："人之心胸，多欲则窄，寡欲则宽。人之心境，多欲则忙，寡欲则闲。人之心术，多欲则忧，寡欲则乐。人之心气，多欲则馁，寡欲则刚。"就是说，一个人心胸的狭窄与宽广，心境的忙乱与清闲，心术的忧虑与乐观，心气的软弱与刚强，都与欲望多少相配。多欲之弊端大矣！故曰："多欲为养生第一病。"寡欲则俭约，多欲则侈肆。"俭则约，约则百善俱兴；侈则肆，肆则百恶俱纵。"

《格言联璧》论修身养性的另一要义就是：守廉全节、养心安性："贪饕以招辱，不若俭而守廉。干请以犯义，不若俭而全节。侵牟以聚怨，不若俭而养心。放肆以遂欲，不若俭而安性。"贪污而受辱，不如俭约而守廉洁。徇私而失节，不如俭约而全节。妄取而结怨，不如俭约而养心。纵情而满足私欲，不如俭约而安分守己。总而言之，"律身惟廉为宜"。

三、论待人接物：真诚宽厚，取长补短，不没是，不饰非

《格言联璧》中的"接物"即所谓"待人接物"，讲的是如何与人相处。其中说到待人要真诚宽厚："严著此心以拒外诱，须如一团烈火，遇物即烧；宽著此心以待同群，须如一片阳春，无人不暖。"对待自己，思想要高度警惕，抵御外物的诱惑，必须像一团烈火，遇物即烧；而对待他人，心地要宽容和善，宽厚待人就像一片和暖春光。严以责己，宽以待人，就能免患解怨："待己当从无过中求有过，非独进德，亦且免患；待人当于有过中求无过，非但存厚，亦且解怨。"

取人之长补己之短，这是待人接物必须记取的。《格言联璧》曰："宽厚之人，吾师以养量。缜密之人，吾师以炼识。慈惠之人，吾师以御下。俭约之人，吾师以居家。明通之人，吾师以生惠。质朴之人，吾师以藏拙。才智之人，吾师以应变。缄默之人，吾师以存神。谦恭善下之人，吾师以亲师友。博学强识之人，吾师以广见闻。"人各有所长，与人交往，不可求全责备，应当略其所短，取其所长，不可忌长以摘短。《格言联璧》曰："取人之直，恕其戆。取人之朴，恕其愚。取人之介，恕其隘。取人之敬，恕其疏。取人之辩，恕其肆。取人之信，恕其拘。"这就是说：取他人的直率，宽恕他的戆厚。取他人的质朴，宽恕他的愚钝。取他人的耿介，宽恕他的狭隘。取他人的恭敬，宽恕他的疏忽。取他人的善辩能言，宽恕他的肆无忌惮。取他人的诚信，宽恕他的拘谨。不同性情的人有不同气质，要因其人而耐其气。凡此种种人，都要正确面对他们，都要能胸怀宽广，正所谓"虚其心，受天下之善"。

总而言之，待人接物，宜其真诚宽厚，取人之长补己之短，不没人之是，亦不饰人之非。

四、论凭理处事：急缓相济，大小互应，取义舍利

急事宜缓，缓事宜急，急缓相济。这是《格言联璧》中提出的一条办事原则："处难处之事愈宜宽，处难处之人愈宜厚，处至急之事愈宜缓，处至大之事愈宜平，处疑难之际愈宜无意。"说的是：处理难以处理的事情越要舒缓，对待难以相处的人越要宽厚，处理极其紧急的事情越要从容，处理极其重大的事情越要心平气和，处于疑难之时越要胸无成见。又有论曰："缓事宜急干，敏则有功；急事宜缓办，忙则多错。"舒缓的

事情应当急速处置，因为只要勤快就能成功。对于紧急的事情反而应当稳妥细心处理，否则匆忙粗疏，就容易出差错。

《格言联璧》另一条处事原则是："应小事宜以应大事之心应之"，"处大事宜以处小事之心处之"。事无大小，都有是非邪正，要善于条分缕析，"但凭理之是非以处之便得"。《格言联璧》还说：在平常的时候，对待小事应像对待大事一样慎重，因为天地之间的道理不分大小，从目前来看，都有一个邪恶和正义的界限，不能疏忽怠慢、苟且敷衍，必须辨明道理的邪恶正义来对待才行；等到意外事故发生时，处理大事，应当用处理小事一样平静的心态去处理。因为人世间的事情无论大小，但从道理来看，只有一个正确和错误的区别，不能惊惶失措，只要根据道理的正确和错误去处理就行了。

贵明理，贵公心，取义舍利，是《格言联璧》第三条处事原则。无论急事缓事、大事小事、公事私事、人事己事，都存在一个道德观念与价值取向的问题，即所谓"义"与"利"的问题。人的道德观念不同，价值取向就不一样。当"义"与"利"发生矛盾的时候，有人取义舍利，有人取利舍义，这是因为人们见事处事的是非标准不同。《格言联璧》论曰："见事贵乎明理，处事贵乎心公。""处事不可任己见，要悉事之理。"看待事情贵在辨明事理，处理事情贵在出以公心。行事不能固执己见，要明白事理。怎样才能"明理"，怎样才能"心公"？《格言联璧》曰："无心者公，无我者明。""无心""无我"就是没有私心杂念，没有个人成见。心无成见，不为自我的利害得失所左右，分析事情的是非才能合乎情理，处理事情才能大公无私、刚正不阿。

五、论居官从政：勤政亲民，洁己守身，宽刑罚，省财用

居官从政者，古谓之百姓父母官，今称之人民公仆。《格言联璧》曰："堂上一官称父母，漫道一官好做，还尽些父母恩情"。说的是：衙堂上官员自称是百姓的父母，不要以为一官好做，还要尽到父母的责任与恩情。又曰："善体黎庶情，此谓民之父母。"居官从政者能善于体察民情，这才是百姓的父母。然而格言作者针对当时的社会现实发出了这样的慨叹："古之从仕者养人，今之从仕者养己。古之居官也，在下民身上做工夫。今之居官也，在上官眼底做工夫。"古代做官的人抚恤百姓，现在做官的人只关心自己。古代做官的人，心中装的是老百姓，操心的是如何

为老百姓出力气、办实事、谋福利，在老百姓身上下功夫；现在做官的人眼里只有其上司，尽在上司眼皮底下做些阿谀奉承、谄言媚色的功夫。居官从政，本叫尽责尽力、勤政亲民，总有做不完的事。但是也有居官者，不尽其责，不尽其力，只知尽其权尽其势，"苟禄营私"，"意在利己"。《格言联璧》曰："职业是当然底，每日做他不尽，莫要认作假；权势是偶然底，有日还他主者，莫要认作真。"这是告诫居官者，应当尽忠职守，认真做好本职工作，而权势是偶然的、短暂的，有朝一日会失去，所以不必把权势太当真。然而官场的习气，认真的是"权势"，而不是"职业"，不是"为官一日，要行一日好事"，而是念念不忘权势、财利，终归成为"贼臣"！

居官从政者必须洁己守身，而洁己守身与勤政亲民又是密切相关的。《格言联璧》曰："洁己方能不失己，爱民所重在亲民。"自己廉洁，才能保持气节清名，不至于迷失自己，爱护人民，重在与民亲近无间。居官者要洁己守身，就必须勤俭："勤能补拙，俭以养廉"。如果以安逸享乐的心态做官，政事没有不荒废的。如果以自家经营产业的心态做官，没有不贪婪的。《格言联璧》原注引陈榕门云："居官者洁己以爱民，毋剥民以益己，若竟当作治生营产，是必日在小民分上较锱铢。知有己不知有民，吝于出复奢于人，其始也鄙，其继也必至于贪。"

宽刑罚，省财用。这是《格言联璧》又一从政主张。其中曰："严以驭役而宽以恤民，极于扬善而勇于去奸，缓于催科而勤于抚字。"又曰："催科不扰，催科中抚字；刑罚不差，刑罚中教化。""催科""抚字""刑罚""教化"四者皆政事之举措。"催科"指的是催收租税。"抚字"指的是安抚、养育百姓。催收租税要宽缓，抚恤百姓要勤勉。刑罚要得当，不能有所偏差，要通过刑罚教化百姓。这是提倡仁政法治，以民为本。当今之居官从政者不知作何感想？是否尽了人民公仆的本分？

《格言联璧》"接物类"有一条格言："顽石之中，良玉隐焉；寒灰之中，星火寓焉。"本用以喻人，笔者用以喻书，喻《格言联璧》一书。该书难免有瑕疵存焉，但它就像顽固古朴的石头，其中隐藏着宝贵的精神良玉；它就像寒冷的灰烬，其中仍寄寓着闪光的思想星火。读者诸君，如果您精心细读这部古代格言集，就会惊叹其中许多话语是多么贴近时人、切中时弊，可以古为今用啊！

附记：

　　拙文原是笔者注译《格言联璧》时所写的"前言"（见〔清〕金缨编撰、陈焕良注译《格言联璧》，岳麓书社2003年10月第1版），今另加标题，并对个别文字加以改动，作为论文参加潮学研讨会，虽有滥竽之嫌，但主旨在于讨教，尤其是要讨教有关《格言联璧》旧本刊刻者郭辅庭的情况，如郭氏除了刊刻《格言联璧》之外，是否有其他著作遗世。这应该也是在"潮学文献的发掘与研究"的范畴之中吧。郭辅庭乃潮阳人氏，鄙人悉属同籍，遗憾的是至今未详其人其事，希望与会通人有以告焉。

补白：

　　承潮阳高级中学（现潮阳一中）校友郭大新惠贻郭大利主编《铜钵盂掇英录》，其《名人篇》有"郭辅庭"条，可以补苴罅漏。谨转述于下，并致谢忱。

　　郭辅庭，潮阳铜钵盂人，近代出版家。光绪年间创办"双百鹿斋"书房，并在光绪年间校刻清代学者惠栋等《太上感应篇集传》，1938年刊行明隆庆林大春主编《潮阳县志》《井丹林先生诗文集》及翁万达《东涯集》，1931年所精刊"双百鹿丛书"，多为佛学经典及乡邦文献（书目从略），其中不乏珍善古籍。民国十九年（1930年）开雕清金缨《格言联璧》。

2017年11月13日

《农政全书》(校注)前言[*]

《农政全书》,作者徐光启,字子先,号玄扈先生,嘉靖四十一年(公元1562年)出生于上海,进士出身,先后任翰林院检讨、内书房教习、翰林院纂修、左春坊赞善、少詹事、河南道监察御史、礼部右侍郎、礼部尚书,崇祯六年(公元1633年)终于宰相位。《明史·徐光启传》称:"光启雅负经济才,有志用世。及柄用,年已老。值周延儒、温体仁专政,不能有所建白。"这是对徐光启一生政治生涯的简要概括。

徐光启政治上虽然无所建树,但却以其杰出之科学成就彪炳于中国历史上。他是我国明代末年杰出的科学家,也是我国近代科学先驱者之一。他在数学、天文历法、军事方面都有著述,但其平生用功最勤、影响尤为深远,是对农业和水利的研究。诚如陈子龙所言:"其生平所学,博究天人,而皆主于实用。至于农事,尤所用心。"其中主要代表作就是《农政全书》。它在中国农学史上,如同《诗经》之于古典诗歌,《本草纲目》之于古代医药一样,成为我国传统农学的代名词,可与后魏贾思勰《齐民要术》同悬诸日月,并列为我国农学著述之两大丰碑。

《农政全书》共60卷,内容宏富,计有农本、田制、农事、水利、农器、树艺、蚕桑、蚕桑广类、种植、牧养、制造、荒政共12目。全书既大量考证收录前代有关农业的文献,又有徐氏自己在农业和水利方面的科研成果和译述,堪称当时祖国农业科学遗产的总汇。

徐氏编撰《农政全书》的主导思想是"富国必以本业",所以他把《农事》三卷放在全书之前。其中《经史典故》引经据典阐明农业为立国之本;《诸家杂论》则引诸子百家言证明古来以农为重;此外兼收冯应京《国朝重农考》,其意皆在"重农"。徐光启的"农本"思想,不但符合泱泱农业大国既往之历史,而且未必无补于今时。当前,农业问题和农民问题仍然是国家决策的重要内容。从这一点出发,徐光启的"农本"思

---

[*]《〈农政全书〉(校注)前言》,岳麓书社2002年版。

想仍有合理因素可取用于现时。

本书《凡例》言："水利者，农之本也，无水则无田矣。水利莫急于西北，以其久废也；西北莫先于京东，以其事易兴而近于郊畿也。"因地制宜兴修水利，并以此与屯垦储粮、安边保民、增强国力等措施紧密结合在一起，这是徐光启农政思想又一重要方面。书中"水利"一目，根据"西北""东南"地理之不同，提出一系列水利工程规划及措施，并引王祯《农书》的水利图谱以及熊三拔口述、徐氏本人笔记的《泰西水法》，这都是我国古代水利建设的经验总结，是值得认真发掘和利用的历史文化遗产。

书中"田制"之目有《井田考》一卷。本书《凡例》云："井田之制，不可行于今，然川遂沟浍，则万古不易也。今西北之多荒芜者，患正坐此。故玄扈先生作《井田考》，著古制以明今用。"徐氏征引历代文献，研究田亩制度，并引王祯《农书》，介绍各种"田制"的不同特点及其利用情况，目的是为了提倡因地制宜、充分利用土地资源，以期富国利民。这些历史的经验，于今仍然有启迪意义。

书中"荒政"一目，约占全书1/3以上，可见备荒救灾又是徐氏农政思想的重要内容。徐氏如此重视荒政，出发点虽然是站在维护封建统治者的立场上，但其主张"预弭为上，有备当中，赈济为下"之救灾方针，于国计民生不无好处。徐氏所录之《救荒本草》与《野菜谱》，无论是饥馑之岁，抑或丰穰之年，于拓展人世养生资源方面，功德无量，意义久远。

全书最有学术价值的是"树艺""种植"等目所记载的植物及其栽培方法。据统计，《农政全书》目录上记有栽培植物159种，皆国人千百年来衣食住行取资之源。徐氏以其审慎之科学态度，广征历史文献，加之实地调查，乃至亲自试验，因此书中所记植物之形态、特征、价值及栽培方法，大多信而有征。根据历史文献，发掘濒临绝种的珍稀植物，总结历史上遗留下来的各种有用植物的栽培方法，至今仍为农学研究之重要课题。从这一点来说，《农政全书》这部历史文献的实用价值是不言而喻的。诚如辛树帜、王作宾先生在《〈农政全书〉一百五十九种栽培植物的初步探讨》一文中所言："徐光启氏生于明末，汇集了诸家的栽培方法，又记载了当时群众与自己试种的经验。我们若说《氾胜之书》为历史上作物栽培各论形成的开始，《齐民要术》为奠定基础之书，把《农政全书》视为集大成之作是很合理的。"

　　总而言之,《农政全书》是我国农业科技史上一部重要的历史文献,又是至今仍有实用价值的"经济之书"。本书贵州粮署刻本任树森《序》曰:"书为天下之民言,尤为天下之长民者言。"从事农学研究的高等院校师生固然要把它作为一部重要的历史文献来阅读,从事农村工作或农业生产领导工作者尤应研读此书,从中总结、发掘历史经验,借鉴徐光启重农业、重科学、重实践、重考察的精神,为实现我国农业现代化,为广大农民群众早日脱贫致富,尽忠职守。即使是一般农业科技爱好者,读一读《农政全书》,或许也能从中获取宝贵之矿藏,寻找以农致富的捷径。徐氏的"首富为上,末富次之,奸富最差"思想,首次给农工商业以明确的定位,在当时乃至现在对人们的价值取向,都具有非常积极的意义。

　　正因为《农政全书》是一部很有价值的古农书,犹如一座含金量很高的富矿有待进一步开发和利用,所以,岳麓书社适应形势发展之需要,决定刊行以简体字排版的新校注本《农政全书》。为广大读者提供一个既便于阅读与研究,又便于收藏的古典名著新版本,为弘扬优秀的传统文化做实实在在的工作,这无疑是有益于社会的事。

《史记·张仪列传》译后记*

由台湾60位教授合译的《白话史记》（岳麓书社1988年3月出版，简称"台湾本"），是出版较早、影响颇广的《史记》今译本。尔后，又有甚为畅销的古典名著今译本《白话史记》（岳麓书社1994年7月出版，简称"岳麓本"，杨燕起、陈焕良等9人译）。如果把这两版《白话史记》作全面、仔细的比对分析，就会发现其中许多异同。这里仅以《张仪列传》两篇译文为例（见附录一），并对译文差异较为明显的地方于原文相应之处加注序码，条列于后，作为古文今译的实例。（原文见附录一，选自古典名著普及文库《史记》，李全华标点，岳麓书社1988年10月出版）至于孰是孰非，唯读者是听。古文今译的基本原则要求"信达雅"，基本方法即直译与意译相结合。实际中不同译者会有不同的结果，或者迥异，或者微殊，不一而足。译文一：译者颜昆阳，"台湾本"译者之一。译文二：译者陈焕良，"岳麓本"译者之一。陈译以直译为主，原文中的字词今语有相应者，译文中都有所体现，原文语句的结构古今相同者，尽量维持原文的语句结构，特殊情况下，方调整语句结构，并且力求保留原文的修辞手法。总体而言，颜译意译成分较陈译多多。因此有时距离原意较远，有乖原意者亦有之。举例如下：

（1）张仪于是之赵，上谒求见苏秦。

颜译：

于是，张仪到了赵国去，呈上名刺，求见苏秦。

陈译：

张仪就在这时候前往赵国，他呈上名片要求见苏秦。

按："于是"：在此时，不同于今语关联词"于是"。

（2）然贫，无因以进。

颜译：

---

* 《〈史记·张仪列传〉译后记》，2017年10月完稿，未曾发表。

但他很贫穷，没有什么凭藉足以使他受到进用。

陈译：

然而张仪贫穷，没有机会去进见秦王。

按：译文差异在"因"字。

（3）子为我阴奉之。

颜译：

您替我暗中奉送些钱财给他。

陈译：

您替我暗中关照他。

按：译文差异在"奉"字，一详一略。

（4）且苏君在，仪宁渠能乎！

颜译：

只要苏先生在的时候，我怎么敢奢谈攻赵！

陈译：

况且苏先生在位，我难道能做什么吗？

按："宁渠"，司马贞索隐："渠音讵。古字少，假借耳。"陈据以为同义复词，表反问，译为"难道"。"在"，在位，不是与"亡"相对。

（5）苴蜀相攻击，各来告急于秦。

颜译：

这时，苴、蜀一带的蛮族互相攻击，他们都各自来向秦国告急，请求帮助。

陈译：

苴和蜀两国互相攻击，分别来向秦国告急。

按：陈译不添加原文所无的意思。

（6）欲先伐蜀，恐韩袭秦之敝。犹豫未决。

颜译：

想要先攻打蜀地，却又恐怕韩国趁秦国久战疲敝时来偷袭。因此，秦惠王心中犹豫不决。

陈译：

想先攻打蜀国，又恐怕韩国袭击秦国的薄弱环节，秦惠王因此犹豫不决。

按：译文殊异在"敝"字，一实一虚。

(7) 司马错与张仪争论于惠王之前。

颜译：

司马错与张仪为了这件事，在惠王面前争论起来。

陈译：

司马错跟张仪在秦惠王面前争论起来。

按：译文相异在于"争"字。所争何事，不言而喻。

(8) 王曰："请闻其说。"

颜译：

惠王说："我愿意听听你的说法。"

陈译：

秦惠王说："让我听听你的说法。"

按：译文差异在"请"字。"请"，表谦副词，意为请让我，请允许我。

(9) 塞什谷之口，当屯留之道。

颜译：

堵绝了什谷的进出口，并守住屯留一带太行山中狭窄的阪道。

陈译：

堵截什谷的路口，封锁屯留的道路。

按："道"原无修饰语。

(10) 秦攻新城、宜阳，以临二周之郊。

颜译：

秦国则自己进攻韩国新城和宜阳，进而把军队开到东西二周的城郊。

陈译：

秦国亲自攻打新城和宜阳，以便逼近东周和西周的城郊。

按："以"连词，表目的。陈译用"以便"对译。"临"译为"逼近"。颜译于"以临"二字恐辞繁而未确。

(11) 据九鼎，案图籍，挟天子以令天下，天下莫敢不听，此王业也。

颜译：

秦国据有九鼎及天下的地图户籍，便可挟持周天子而向天下发号施令，天下各国莫有敢不听从的，这是称王的大功业啊！

陈译：

我们占据九鼎，掌握地图户籍，假托天子来号令天下，天下没有哪个国家敢不听从，这是称王的大业。

按：原文三个关键词"据""案""挟"，陈分别译为"占据""掌握""假托"，并保留原文语句结构。颜合并前二句为一句，并以"据有"译"据""案"二词。"挟"译为"挟持"。

（12）今夫蜀，西僻之国而戎翟之伦也。

颜译：

再谈到当今的蜀地，它是西方一个偏僻的国家，也是戎狄的族类。

陈译：

再说蜀国，是西边偏僻的国家，又是戎狄一类的地区。

按："今夫"（"且夫""夫"），发语词，表示发议论，无实义。颜译以"当今"译"今"，陈不译。"伦"，陈译为"类"，颜译为"族类"。

（13）敝兵劳众不足以成名，得其地不足以为利。

颜译：

我们若攻打它，即使把军队部众弄得疲劳不堪，也不可能建立什么声名。夺得它们的土地，也不算是什么利益。

陈译：

即使兴师动众也不可能成就功名，夺取它们的土地也不能当作有利的事。

按：颜译凭空加"我们若攻它"一语。"敝兵劳众"，"敝""劳"本来都是形容词的使动用法，为语句简洁，陈以"兴师动众"意译之。

（14）夫蜀，西僻之国也，而戎翟之长也，有桀、纣之乱。

颜译：

说到蜀地，它是西方一个偏僻的国家，也是戎狄的族类，现在又因为国君不贤能而产生变乱。

陈译：

蜀国是西边偏僻的国家，却又是戎狄的首领，国内有夏桀和商纣一样的叛乱危机存在。

按："长"，首领。颜译盖因上文"族"而误。"桀纣之乱"，两译有已然和将然之别。

（15）今攻韩，劫天子，恶名也，而未必利也，又有不义之名，而攻天下所不欲,危矣。

颜译:

现在,假如去攻打韩国,劫持天子,那是很坏的名声,而且未必能得到什么利益。冒着不义的名声,而发动天下各国所不乐意的战争,这就很危险了。

陈译:

如果攻打韩国,劫持天子,这是坏名声,而且未必有利,又有不义的罪名。因此攻打天下人所不希望攻打的国家,那就很危险了。

按:句首"今",表假设,颜译为"现在"不妥,去之可也,有"假如"一词足矣。

(16) 臣请论［谒］其故:周,天下之宗室也;齐,韩之与国也。

颜译:

请让我再说明它的原故:周,是天下诸侯的宗室,也是和齐、韩交往密切的国家。

陈译:

请让我论述其中的原因:周是天下诸侯的宗室;齐国是韩国的盟国。

按:两者歧异主要在末句。这显然是因为句读不同,因而译文也就有别。颜盖作一句读:周,天下之宗室也,齐韩之与国也。中华书局本也读作:齐,韩之与国也。

(17) 仪因说魏王曰:"秦王之遇魏甚厚,魏不可无礼。"

颜译:

然后,张仪借这机会就劝魏王,说:"秦王对待魏国非常优厚,魏国不能不在礼貌上作个回报呀!"

陈译:

张仪趁机游说魏王道:"秦王对待魏国很优厚,魏国不能够失礼。"

按:译文于"因""说""失礼"有所不同,有简洁与繁复之别。"说",颜往往译作"劝",陈多作"游说"。

(18) 魏因入上郡、少梁,谢秦惠王。惠王乃以张仪为相,更名少梁为夏阳。

颜译:

因此,魏国就将上郡、少梁献给秦国,以答谢秦惠王,惠王很高兴,便用张仪为相,并将少梁改名夏阳。

陈译：

魏国便把上郡和少梁进献秦国，来答谢秦惠王。秦惠王就用张仪做宰相，并把少梁改名为夏阳。

按：颜译中"因此""惠王很高兴"，皆为添加之辞。

（19）仪相秦四岁，立惠王为王。居一岁，为秦将，取陕。筑上郡塞。

颜译：

张仪作了四年的秦相，正式立秦惠王为王。过了一年，他又替秦将取得陕州，并建造了上郡的防塞。

陈译：

张仪担任秦相四年之久，扶持秦惠王为王。过了一年，他又做了秦国的将领，夺取了陕州，并在上郡建筑要塞。

按：颜译"立"为"正式立"，似乎"秦惠王为王"乃张仪一人之力，与陈译为"扶持"语意悬殊。颜译"他又替秦将取得陕州"，显然是因为句读不同，因而译文歧异。颜作一句读："为秦将取陕。"中华书局本亦作二句读："为秦将，取陕。"

（20）魏地方不至千里，卒不过三十万。地四平，诸侯四通辐凑，无名山大川之限。

颜译：

魏国的土地不到一千里，兵卒不超过三十万，地势又四面平坦，像车轴中心一样，可以畅通四方的诸侯，国内没有名山大川的遮挡。

陈译：

魏国土地纵横不到一千里，士兵不超过三十万人。地势平坦，诸侯四面辐凑而来，没有高山大河的阻隔。

按：译文差异在"地方""辐凑"。"地方"是古文中计算土地面积的习惯用语，相当于"土地面积多少见方"，即纵横相乘。颜未译"方"字，以"地方"为一词。陈译为"纵横"，严格地说是纵横各不足千里，或者说不足一千里见方。"辐凑"，"辐"是车轮上的条辐，名词作状语，表示比喻，意为像车轮上的条辐聚集到车辐的中心一样。陈不译，保留原来的语句结构。颜虽用了比喻的说法，但主语由"诸侯"变成"魏国"。

（21）从郑至梁二百馀里，车驰人走，不待力而至。

颜译：

从郑到魏，只有二百多里，车子可以奔跑，人可以行走，不需用什么力量就到达魏国。

陈译：

从郑国到魏国只有两百多里，车奔驰，人行走，不很费力就可以到达。

按：陈译言简意赅。

（22）且夫秦之所欲弱者莫如楚，而能弱楚者莫如梁。

颜译：

而且，秦国所最想要削弱的国家，就是楚国。而最能使楚国的力量削弱的国家，就是魏国。

陈译：

况且秦国想要削弱的国家，没有哪一个像楚国一样；而能够削弱楚国的国家，没有哪一个像魏国一样。

按：差异主要在两个"莫"字。"莫"是无指代词，作主语，意为"没有哪一个"。陈直译，字字对应，维持原文语句结构。颜意译，改变语句结构。

（23）是故天下之游谈士莫不日夜搤腕瞋目切齿以言从之便，以说人主。

颜译：

所以天下间那些游谈的人，没有不日夜地扼着手腕，瞪着眼睛，磨着牙齿，而大谈合纵的好处，以劝说各国的国君。

陈译：

因此天下的说客没有谁不日夜扼着手腕，瞪着眼睛，咬牙切齿地游说合纵的好处，来取悦于君主。

按："以说人主"，颜作"游说"解，陈作通"悦"解。

（24）楚怀王闻张仪来，虚上舍而自馆之。

颜译：

楚怀王听说张仪来，便空出最好的宾馆让他居住，并且亲自到宾馆去接见他。

陈译：

楚怀王听说张仪到来，特地空出上等宾馆，并亲自安排他住宿。

按：两个关键词"虚""馆"。"虚"是形容词的使动用法，"馆"是名词的使动用法。颜译"便空出最好的宾馆让他居住"，一句语意已足。下句"并且亲自到宾馆去接见他"，有蛇足之嫌。

（25）张仪至秦，详失绥堕车，不朝三月。

颜译：

张仪回到秦国，在途中，上车时挽着绳索，假装不小心跌落车下，因此，三个月都不上朝。

陈译：

张仪回到秦国，假装车绳失手，坠落车下，三个月没有上朝。

按："详失绥堕车"，颜意译，略嫌太随意。陈直译，省却些许文字。

（26）凡天下强国，非秦而楚，非楚而秦，两国交争，其势不两立。

颜译：

算起来，天下的强国，不是秦国，便是楚国，不是楚国，便是秦国，两个互相争斗，它的情势无法让两国都存在下去。

陈译：

大凡天下的强国，不是秦国就是楚国，不是楚国就是秦国，两国相争，其势不能两立。

按：陈以单音同义词"相"译"交"，"势不两立"，现代汉语常用，不译。这是与颜相异之处。

（27）夫从人饰辩虚辞，高主之节，言其利不言其害。

颜译：

说起这些主张合纵的人，他们专会讲一些美丽而不实在的言辞，抬高他们国君不事秦的节行。只说不事秦的好处，却不说它的坏处。

陈译：

主张合纵的人，粉饰巧言，专说假话，吹捧国君的气节，只说那有利的一面，却不说那不利的一面。

按：颜译"夫"为"说起这些"，陈以"夫"为发语词，无实义，不译。

（28）秦兵之攻楚也，危难在三月之内。

颜译：

秦兵攻打楚国，在三个月内可以造成楚国的危难。

陈译：

秦国军队攻打楚国的时候，三个月内就可以造成楚国的危难。

按：颜译没有注意到"之""也"两个虚词的用法，因而把前半句作为一个完整的句子翻译。其实"之"是结构助词，起着取消句子的独立性，化句子为句子成分的作用，与"也"配合使用，"秦兵之攻楚也"作时间状语。

（29）楚尝与秦构难，战于汉中。

颜译：

楚国曾与秦国造成祸难，在汉中交战。

陈译：

楚国曾经跟秦国结怨，在汉中交战。

按："构难"颜译为"造成祸难"，陈作"结怨"，意思不一样。

（30）计无危于此者矣。

颜译：

算起来没有比这更危险的作法了。

陈译：

计谋没有比这更危险的了。

按：颜以"计"为动词，解为"算起来"，陈以为名词"计谋"。

（31）大王诚能听臣，臣请使秦太子入质于楚，楚太子入质于秦，请以秦女为大王箕帚之妾，效万室之都以为汤沐之邑，长为昆弟之国，终身无相攻伐。臣以为计无便于此者。

颜译：

大王若真能听从我的建议，我愿意请秦王派太子到楚国当人质，楚王也派太子到秦国当人质。并且，愿意以秦王的女儿作为侍候大王的姬妾。再奉上有一万户人家的大都邑，作为大王征取赋税以供给汤沐之具的地方。两国结为兄弟之邦，终身不互相攻伐。我认为没有比这更好的策略了。

陈译：

大王如果能听从我，我将请求让秦国的太子到楚国做人质，让楚国的太子到秦国做人质,并请求用秦国的女子作大王的侍妾,奉献拥万户的都城作为汤沐所需的城邑,长久成为兄弟关系的国家,世代互不侵犯。我认为计策没有比这更好的了。

按:请注意译文中"秦王的女儿"与"秦国的女子","终身"与"世代"之别。"计无便于此者"与上句"计无危于此者"相类,"计"亦是名词。

(32) 一岁不收,民不餍糟糠。

颜译:

一年无收获,人民连糟糠都不厌弃了。

陈译:

一年失收,人民连糟糠都吃不饱。

按:"餍",餍足,满足,不是"厌弃"。

(33) 今王西面而事秦以攻楚,秦王必喜。

颜译:

如今,假如大王能向西面臣事秦国,而攻打楚国,秦王必定很高兴。

陈译:

如果大王向西服事秦国来攻打楚国,秦国一定很高兴。

按:"今",假如、如果。颜译去"如今"可也。

(34) 秦赵战于河漳之上,再战而赵再胜秦;战于番吾之下,再战又胜秦。四战之后,赵之亡卒数十万,邯郸仅存。

颜译:

秦赵在漳水边上交战,打了两次战而赵国两次都胜了。又有一次,两国在番吾城下交战,打了两次战而赵国又都胜了秦。但等到第四次交战后,赵国损失的军队几十万,最后仅存了首都邯郸。

陈译:

秦国和赵国在黄河、漳河边上交战,两次交战而赵国两次战胜秦国。两次在番吾城下交战,两次交战而赵国又战胜秦国。四次战争以后,赵国死亡的士兵有几十万,邯郸才保存下来。

按:"亡卒数十万",颜译为"损失的军队有几十万",陈译为"死亡的士兵有几十万"。"卒"当是"士兵",而不是"军队"。原文"河漳"陈以黄河、漳河并称译为"黄河、漳河",不及颜以专指漳河译为"漳水"。

(35) 愁居慴处，不敢动摇，唯大王有意督过之也。

颜译：

忧愁害怕地生活着，简直动摇一下都不敢，只恐大王有意严责我们的过失啊！

陈译：

举止诚惶诚恐，不敢轻举妄动，唯恐大王存心监督我国的过失。

按：前二句，颜直译，陈意译。

(36) 今以大王之力，举巴蜀，并汉中，包两周，迁九鼎，守白马之津。

颜译：

如今，依靠大王这份督促之力，我们秦国已攻下巴、蜀，兼并了汉中，占取周天子所在的东西两周，搬移了传国的宝物九鼎，防守着河南的白马津。

陈译：

现在凭大王的威力，秦国攻占了巴蜀，兼并了汉中，夺取了西周和东周，迁移了九鼎，守卫着白马渡口。

按："津"，陈译为"渡口"，颜不译。

(37) 愿以甲子会战，以正殷纣之事，敬使使臣先闻左右。

颜译：

并且希望效武王伐纣之事，在甲子这一天，与赵国交战。因此，秦王很慎重地派遣我为使臣，先来敬告大王您。

陈译：

希望在甲子日会战，来仿效武王伐纣的故事。因此特地派遣使者我先告知大王左右。

按："以"是表目的关系的连词，陈用"来"译之，并遵循原文语句结构。颜译调整了语句结构。

(38) 乃令工人作为金斗，长其尾，令可以击人。

颜译：

便令工人打造一个金斗，加长它的柄，使能用来击人。

陈译：

他就叫工匠制作铜匙子，加长它的尾柄，让它可以击杀人。

按："金斗"译为"铜匙子"，因为"金"并非黄金。

（39）张仪惧诛，乃因谓秦武王曰："仪有愚计，愿效之。"

颜译：

张仪恐怕被杀，因此便告诉秦武王，说："我有个计策，希望能够献给大王。"

陈译：

张仪惧怕被杀，就趁机对秦武王说："我有个不成熟的计策，希望奉献它。"

按："因"，趁机。颜未译，若以"因此"对译尤非是。

（40）为秦社稷计者，东方有变，然后王可以多割得地也。

颜译：

为了整个秦国着想，必须使东方能发生大变，然后大王才能够多取得土地。

陈译：

替秦国国家着想的话，东方各国有大乱，然后大王才能够多割得土地。

按："者"，助词，表假设，故译为"替秦国国家着想的话"，如同说"如果替秦国国家着想"，颜译未审"者"字的用法。

（41）故仪愿乞其不肖之身之梁，齐必兴师而伐梁。

颜译：

所以，我乞求让我这不肖之身到魏国去，齐国必定会发动军队加以攻伐。

陈译：

所以我张仪希望让我这个不成器的人到魏国去，齐国一定会出兵攻打魏国。

按："不肖之身"，颜不译，陈译为"不成器的人"。

（42）梁、齐之兵连于城下而不能相去，王以其间伐韩，入三川。

颜译：

魏齐的军队会聚集城下交战，而彼此都无法抽身离开。大王趁这空隙攻打韩国，进入三川。

陈译：

魏国和齐国的军队在城下交战，彼此都不能离开。大王就趁机进攻韩国，进入三川。

按:颜译"间"为"空隙",未免坐实,当用引申义"时机"。

(43)秦王以为然,乃具革车三十乘,入(仪)之梁。

颜译:

秦王认为他说得对,所以备妥了三十辆兵车,而将他送入魏国去。

陈译:

秦王认为是这样,因此准备三十辆兵车,把张仪送到魏国。

按:"然",指示代词,如此,这样。不是形容词对错。

(44)王勿患也,请令罢齐兵。

颜译:

大王您不要担忧,我愿意使齐国停止军队。

陈译:

大王不要忧虑,请让我退却齐军。

按:"请",表敬副词,请让我。"罢",动词的使动用法,"退却齐军",即"使齐军退却"。颜译末句不成话。

(45)"……此臣之所谓'托仪'也。"

颜译:

"……这就是我所说使张仪更得信赖的道理。"

陈译:

"……这就是我所说的'让张仪得以安身'。"

按:原文"托仪"二字,颜不用单引号,陈用之。而且译文颇悬殊。

(46)今楚不加善于秦而善轸者,轸自为厚而为王薄也。

颜译:

如今,楚国却未曾对秦国更加亲善,反而对陈轸个人很好。可见陈轸为自己打算的多,为大王打算的少。

陈译:

现在楚国对秦国不很友好而对陈轸很好的原因,就在于陈轸为自己打算多而替大王着想少。

按:"者",助词,表原因。陈译明确显示因果关系。颜译不明"者"的表因用法,为自圆其说,而节外生枝。

(47)轸曰:"吾为事来,公不见轸,轸将行,不得待异日。"

颜译:

陈轸说:"我为了要事而来,您不见我,我就要走了,不能等到第二天呢。"

陈译：

陈轸说："我有事而来，您不愿见我，我就要走了，不能等到另一日。"

按：原文是"异日"，不是"翌日"。

（48）燕、赵客闻之，驰车告其王，使人迎犀首。

颜译：

作客在魏国的燕、赵人士听了这消息，急忙驱车回去报告他们的国君，而派人迎接犀首。

陈译：

燕国和赵国的宾客听到了消息，驱车回国告诉他们的国君，派人迎接犀首。

按：依照原文的语序翻译就行。

（49）韩、魏相攻，期年不解。秦惠王欲救之，问于左右。左右或曰救之便，或曰勿救便，惠王未能为之决。

颜译：

这时，韩、魏互相攻伐，战事经过一年，还没有解除。秦惠王想要解救他们，问左右群臣的意见，左右群臣有的说救他们比较好，有的说不救他们比较好。惠王不能为此事作下决定。

陈译：

韩、魏两国交战，整整一年不能和解。秦惠王想制止它，询问左右大臣的意见。左右大臣有人说制止它为好，有人说不制止为好，秦惠王未能决断它。

按：译文差异在"救"字。引文之"救"及下文之"救"，皆用"止"义，如"救火"之"救"，因此陈译为"制止"，而颜作"解救"，恐不确。

（50）越人庄舄仕楚执珪，有顷而病。

颜译：

越人庄舄在楚国作了执珪那种爵位的官职。不久，生了病。

陈译：

越国人庄舄在楚国当执珪，不久病了。

按："执珪"，官名，陈不译。

(51)"……中谢对曰：'凡人之思故，在其病也。彼思越则越声，不思越则楚声。'使人往听之，犹尚越声也。今臣虽弃逐之楚，岂能无秦声哉！"

颜译：

"……中谢回答说：'一个人最想念故国，都在他生病的时候。假如他思念越国，那么呻吟的声音便是越国的腔调；假如他不思念越国，那么呻吟的声音便是楚国的腔调。'楚王便派人去偷听，结果他的呻吟声还是越国的腔调。如今，我虽然是被遗弃驱逐去楚国，怎么能够不因思念秦国而发出秦声呢？"

陈译：

"……侍从回答说：'大凡人们思念故乡，都是在他生病的时候。他想念越国，就会操越国的口音；不想念越国，就会操楚国的口音。'楚王派人去听，庄舄还是操越国的口音。如今我虽然是被弃逐到了楚国，难道不能操秦国的口音吗？"

按："中谢"，司马贞索隐：盖谓司从之官。颜不译，陈作"侍从"。"声"，一作"呻吟的声音"，一作"口音"。

(52) 犀首闻张仪复相秦，害之。

颜译：

犀首听说张仪又作了秦相，并且迫害义渠国。

陈译：

犀首听说张仪又做了秦国的宰相，妒忌他。

按："害之"，颜以"之"指代义渠国，前后文不相应。陈以"之"指代"犀首"，则与上文"（犀首）与张仪不善"呼应。

2017年10月完稿

附录一

《史记·张仪列传》原文

司马迁 著

张仪者,魏人也。始尝与苏秦俱事鬼谷先生学术,苏秦自以不及张仪。

张仪已学而游说诸侯。尝从楚相饮,已而楚相亡璧,门下意张仪,曰:"仪贫无行,必此盗相君之璧。"共执张仪,掠笞数百,不服,醳之。其妻曰:"嘻!子毋读书游说,安得此辱乎?"张仪谓其妻曰:"视吾舌尚在不?"其妻笑曰:"舌在也。"仪曰:"足矣。"

苏秦已说赵王而得相约从亲,然恐秦之攻诸侯,败约後负,念莫可使用於秦者,乃使人微感张仪曰:"子始与苏秦善,今秦已当路,子何不往游,以求通子之愿?"张仪于是之赵,上谒求见苏秦。[1]苏秦乃诫门下人不为通,又使不得去者数日。已而见之,坐之堂下,赐仆妾之食。因而数让之曰:"以子之材能,乃自令困辱至此。吾宁不能言而富贵子,子不足收也。"谢去之。张仪之来也,自以为故人,求益,反见辱,怒,念诸侯莫可事,独秦能苦赵,乃遂入秦。

苏秦已而告其舍人曰:"张仪,天下贤士,吾殆弗如也。今吾幸先用。而能用秦柄者,独张仪可耳。然贫,无因以进。[2]吾恐其乐小利而不遂,故召辱之,以激其意。子为我阴奉之。"[3]乃言赵王,发金币车马,使人微随张仪,与同宿舍,稍稍近就之,奉以车马金钱,所欲用,为取给,而弗告。张仪遂得以见秦惠王。惠王以为客卿,与谋伐诸侯。

苏秦之舍人乃辞去。张仪曰:"赖子得显,方且报德,何故去也?"舍人曰:"臣非知君,知君乃苏君。苏君忧秦伐赵败从约,以为非君莫能得秦柄,故感怒君,使臣阴奉给君资,尽苏君之计谋。今君已用,请归报。"张仪曰:"嗟乎,此在吾术中而不悟,吾不及苏君明矣!吾又新用,安能谋赵乎?为吾谢苏君,苏君之时,仪何敢言。且苏君在,仪宁渠能乎!"[4]张仪既相秦,为文檄告楚相曰:"始吾从若饮,我不盗而璧,若笞我。若善守汝国,我顾且盗而城!"

苴蜀相攻击,各来告急于秦。[5]秦惠王欲发兵以伐蜀,以为道险狭难至,而韩又来侵秦。秦惠王欲先伐韩,后伐蜀,恐不利,欲先伐蜀,恐韩袭秦之敝。犹豫未能决。[6]司马错与张仪争论於惠王之前,[7]司马错欲伐蜀,张仪曰:"不如伐韩。"王曰:"请闻其说。"[8]

仪曰:"亲魏善楚,下兵三川,塞什谷之口,当屯留之道,[9]魏绝南阳,楚临南郑,秦攻新城、宜阳,以临二周之郊,[10]诛周王之罪,侵楚、魏之地。周自知不能救,九鼎宝器必出。据九鼎,案图籍,挟天子以令于天下,天下莫敢不听,此王业也。[11]今夫蜀,西僻之国而戎翟之伦也,[12]敝兵劳众不足以成名,得其地不足以为利。[13]臣闻争名者于朝,争利者于市。今三川、周室,天下之朝、市也,而王不争焉,顾争于戎翟,去王业远矣。"

司马错曰:"不然。臣闻之,欲富国者务广其地,欲强兵者务富其民,欲王者务博其德。三资者备而王随之矣。今王地小民贫,故臣愿先从事于易。夫蜀,西僻之国也,而戎翟之长也,有桀、纣之乱。[14]以秦攻之,譬如使豺狼逐群羊。得其地足以广国,取其财足以富民缮兵,不伤众而彼已服焉。拔一国而天下不以为暴,利尽西海而天下不以为贪,是我一举而名实附也,而又有禁暴止乱之名。今攻韩,劫天子,恶名也,而未必利也,又有不义之名,而攻天下所不欲,危矣。[15]臣请论[谒]其故:周,天下之宗室也;齐,韩之与国也。[16]周自知失九鼎,韩自知亡三川,将二国并力合谋,以因乎齐、赵而求解乎楚、魏,以鼎与楚,以地与魏,王弗能止也。此臣之所谓危也。不如伐蜀完。"

惠王曰:"善,寡人请听子。"卒起兵伐蜀,十月,取之,遂定蜀,贬蜀王更号为侯,而使陈庄相蜀。蜀既属秦,秦以益强,富厚,轻诸侯。

秦惠王十年,使公子华与张仪围蒲阳,降之。仪因言秦复与魏,而使公子繇质于魏。仪因说魏王曰:"秦王之遇魏甚厚,魏不可以无礼。"[17]魏因入上郡、少梁,谢秦惠王。惠王乃以张仪为相,更名少梁曰夏阳。[18]

仪相秦四岁,立惠王为王。居一岁,为秦将,取陕。筑上郡塞。[19]

其後二年,使与齐、楚之相会啮桑。东还而免相,相魏以为秦,欲令魏先事秦而诸侯效之。魏王不肯听仪。秦王怒,伐取魏之曲沃、平周,复阴厚张仪益甚。张仪惭,无以归报。留魏四岁而魏襄王卒,哀王立。张仪复说哀王,哀王不听。于是张仪阴令秦伐魏。魏与秦战,败。

明年,齐又来败魏于观津。秦复欲攻魏,先败韩申差军,斩首八万,诸侯震恐。而张仪复说魏王曰:

"魏地方不至千里,卒不过三十万。地四平,诸侯四通辐凑,无名山大川之限。[20] 从郑至梁二百馀里,车驰人走,不待力而至。[21] 梁南与楚境,西与韩境,北与赵境,东与齐境,卒戍四方,守亭鄣者不下十万。梁之地势,固战场也。梁南与楚而不与齐,则齐攻其东;东与齐而不与赵,则赵攻其北;不合于韩,则韩攻其西;不亲于楚,则楚攻其南:此所谓四分五裂之道也。

"且夫诸侯之为从者,将以安社稷尊主强兵显名也。今从者一天下,约为昆弟,刑白马以盟洹水之上,以相坚也。而亲昆弟同父母,尚有争钱财,而欲恃诈伪反覆苏秦之馀谋,其不可成亦明矣。

"大王不事秦,秦下兵攻河外,据卷、衍、酸枣,劫卫取阳晋,则赵不南,赵不南而梁不北,梁不北则从道绝,[燕]、从道绝则大王之国欲毋危不可得也。秦折韩而攻梁,韩怯于秦,秦韩为一,梁之亡可立而须也。此臣之所为大王患也。

"为大王计,莫如事秦。事秦则楚、韩必不敢动;无楚、韩之患,则大王高枕而卧,国必无忧矣。

"且夫秦之所欲弱者莫如楚,而能弱楚者莫如梁。[22] 楚虽有富大之名而实空虚;其卒虽多,然而轻走易北,不能坚战。悉梁之兵南面而伐楚,胜之必矣。割楚而益梁,亏楚而適秦,嫁祸安国,此善事也。大王不听臣,秦下甲士而东伐,虽欲事秦,不可得矣。

"且夫从人多奋辞而少可信,说一诸侯而成封侯,是故天下之游谈士莫不日夜搤腕瞋目切齿以言从之便,以说人主。[23] 人主贤其辩而牵其说,岂得无眩哉。

"臣闻之,积羽沈舟,群轻折轴,众口铄金,积毁销骨,故愿大王审定计议,且赐骸骨辟魏。"

哀王于是乃倍从约而因仪请成于秦。张仪归,复相秦。三岁而魏复背秦为从。秦攻魏,取曲沃。明年,魏复事秦。

秦欲伐齐,齐楚从亲,于是张仪往相楚。楚怀王闻张仪来,虚上舍而自馆之。[24] 曰:"此僻陋之国,子何以教之?"仪说楚王曰:"大王诚能听臣,闭关绝约于齐,臣请献商、於之地六百里,使秦女得为大王箕帚之妾，秦楚娶妇嫁女，长为兄弟之国。此北弱齐而西益秦也，计无便此者。"

楚王大说而许之。群臣皆贺，陈轸独吊之。楚王怒曰："寡人不兴师发兵得六百里地，群臣皆贺，子独吊，何也？"陈轸对曰："不然，以臣观之，商、於之地不可得而齐秦合，齐秦合，则患必至矣。"楚王曰："有说乎？"陈轸对曰："夫秦之所以重楚者，以其有齐也。今闭关绝约于齐，则楚孤。秦奚贪夫孤国，而与之商、於之地六百里？张仪至秦，必负王，是北绝齐交，西生患于秦也，而两国之兵必俱至。善为王计者，不若阴合而阳绝于齐，使人随张仪。苟与吾地，绝齐未晚也；不与吾地，阴合谋计也。"楚王曰："愿陈子闭口毋复言，以待寡人得地。"乃以相印授张仪，厚赂之。于是遂闭关绝约于齐，使一将军随张仪。

张仪至秦，详失绥堕车，不朝三月。(25)楚王闻之，曰："仪以寡人绝齐未甚邪？"乃使勇士至宋，借宋之符，北骂齐王。齐王大怒，折节而下秦。秦齐之交合，张仪乃朝，谓楚使者曰："臣有奉邑六里，愿以献大王左右。"楚使者曰："臣受令于王，以商、於之地六百里，不闻六里。"还报楚王，楚王大怒，发兵而攻秦。陈轸曰："轸可发口言乎？攻之不如割地反以赂秦，与之并兵而攻齐，是我出地于秦，取偿于齐也，王国尚可存。"楚王不听，卒发兵而使将军屈匄击秦。秦齐共攻楚，斩首八万，杀屈匄，遂取丹阳、汉中之地。楚又复益发兵而袭秦，至蓝田，大战，楚大败，于是楚割两城以与秦平。

秦要楚欲得黔中地，欲以武关外易之。楚王曰："不愿易地，愿得张仪而献黔中地。"秦王欲遣之，口弗忍言。张仪乃请行。惠王曰："彼楚王怒子之负以商、於之地，是且甘心于子！"张仪曰："秦强楚弱，臣善靳尚，尚得事楚夫人郑袖，袖所言皆从。且臣奉王之节使楚，楚何敢加诛。假令诛臣而为秦得黔中之地，臣之上愿。"遂使楚。楚怀王至则囚张仪，将杀之。靳尚谓郑袖曰："子亦知子之贱于王乎？"郑袖曰："何也？"靳尚曰："秦王甚爱张仪而（不）［必］欲出之，今将以上庸之地六县赂楚，以美人聘楚，以宫中善歌讴者为媵。楚王重地尊秦，秦女必贵而夫人斥矣。不若为言而出之。"于是郑袖日夜言怀王曰："人臣各为其主用。今地未入秦，秦使张仪来，至重王。王未有礼而杀张仪，秦必大怒攻楚。妾请子母俱迁江南，毋为秦所鱼肉也。"怀王后悔，赦张仪，厚礼之如故。

张仪既出，未去，闻苏秦死，乃说楚王曰：

"秦地半天下，兵敌四国，被险带河，四塞以为固。虎贲之士百馀万，车千乘，骑万匹，积粟如丘山。法令既明，士卒安难乐死，主明以严，将智以武，虽无出甲，席卷常山之险，必折天下之脊，天下有後服者先亡。且夫为从者，无以异于驱群羊而攻猛虎，虎之与羊不格明矣。今王不与猛虎而与群羊，臣窃以为大王之计过也。

"凡天下强国，非秦而楚，非楚而秦，两国交争，其势不两立。(26)大王不与秦，秦下甲据宜阳，韩之上地不通。下河东，取成皋，韩必入臣，梁则从风而动。秦攻楚之西，韩、梁攻其北，社稷安得毋危？

"且夫从者聚群弱而攻至强，不料敌而轻战，国贫而数举兵，危亡之术也。臣闻之，兵不如者勿与挑战，粟不如者勿与持久。夫从人饰辩虚辞，高主之节，言其利不言其害，(27)卒有秦祸，无及为已。是故愿大王之孰计之。

"秦西有巴蜀，大船积粟，起于汶山，浮江已下，至楚三千馀里。舫船载卒，一舫载五十人与三月之食，下水而浮，一日行三百馀里，里数虽多，然而不费牛马之力，不至十日而距扞关。扞关惊，则从境以东尽城守矣，黔中、巫郡非王之有。秦举甲出武关，南面而伐，则北地绝。秦兵之攻楚也，危难在三月之内，(28)而楚待诸侯之救，在半岁之外，此其势不相及也。夫（侍）[待] 弱国之救，忘强秦之祸，此臣所以为大王患也。

"大王尝与吴人战，五战而三胜，阵卒尽矣；偏守新城，存民苦矣。臣闻功大者易危，而民敝者怨上。夫守易危之功而逆强秦之心，臣窃为大王危之。

"且夫秦之所以不出兵函谷十五年以攻齐、赵者，阴谋有合天下之心。楚尝与秦构难，战于汉中，(29)楚人不胜，列侯执珪死者七十馀人，遂亡汉中。楚王大怒，兴兵袭秦，战于蓝田。此所谓两虎相（搏）[据] 者也。夫秦楚相敝，而韩魏以全制其後，计无危于此者矣。(30)愿大王孰计之。

"秦下甲攻卫阳晋，必大关天下之匈。大王悉起兵以攻宋，不至数月而宋可举，举宋而东指，则泗上十二诸侯尽王之有也。

"凡天下而以信约从亲相坚者苏秦，封武安君，相燕，即阴与燕王谋伐破齐而分其地；乃详有罪出走入齐，齐王因受而相之；居二年而觉，齐王大怒，车裂苏秦于市。夫以一诈伪之苏秦，而欲经营天下，混壹诸侯，其不可成亦明矣。

"今秦与楚接境壤界,固形亲之国也。大王诚能听臣,臣请使秦太子入质于楚,楚太子入质于秦,请以秦女为大王箕帚之妾,效万室之都以为汤沐之邑,长为昆弟之国,终身无相攻伐。臣以为计无便于此者。"(31)

于是楚王已得张仪而重出黔中地与秦,欲许之。屈原曰:"前大王见欺于张仪,张仪至,臣以为大王烹之;今纵弗忍杀之,又听其邪说,不可。"怀王曰:"许仪而得黔中,美利也。後而倍之,不可。"故卒许张仪,与秦亲。

张仪去楚,因遂之韩,说韩王曰:

"韩地险恶山居,五谷所生,非菽而麦,民之食大抵(饭)菽[饭]藿羹。一岁不收,民不餍糟糠。(32)地不过九百里,无二岁之食。料大王之卒,悉之不过三十万,而厮徒负养在其中矣。除守徼亭鄣塞,见卒不过二十万而已矣。秦带甲百馀万,车千乘,骑万匹,虎贲之士跿跔科头贯颐奋戟者,至不可胜计。秦马之良,戎兵之众,探前趹後蹄间三寻腾者,不可胜数。山东之士被甲蒙胄以会战,秦人捐甲徒裼以趋敌,左挈人头,右挟生虏。夫秦卒与山东之卒,犹孟贲之与怯夫;以重力相压,犹乌获之与婴儿。夫战孟贲、乌获之士以攻不服之弱国,无异垂千钧之重于鸟卵之上,必无幸矣。

"夫群臣诸侯不料地之寡,而听从人之甘言好辞,比周以相饰也,皆奋曰'听吾计可以强霸天下'。夫不顾社稷之长利而听须臾之说,诖误人主,无过此者。

"大王不事秦,秦下甲据宜阳,断韩之上地,东取成皋、荥阳,则鸿台之宫、桑林之苑非王之有也。夫塞成皋,绝上地,则王之国分矣。先事秦则安,不事秦则危。夫造祸而求其福报,计浅而怨深,逆秦而顺楚,虽欲毋亡,不可得也。

"故为大王计,莫如为秦。秦之所欲莫如弱楚,而能弱楚者如韩。非以韩能强于楚也,其地势然也。今王西面而事秦以攻楚,秦王必喜。(33)夫攻楚以利其地,转祸而说秦,计无便于此者。"

韩王听仪计。张仪归报,秦惠王封仪五邑,号曰武信君。

使张仪东说齐湣王曰:"天下强国无过齐者,大臣父兄殷众富乐。然而为大王计者,皆为一时之说,不顾百世之利。从人说大王者,必曰'齐西有强赵,南有韩与梁。齐,负海之国也,地广民众,兵强士勇,虽有百秦，将无奈齐何'。大王贤其说而不计其实。夫从人朋党比周，莫不以从为可。臣闻之，齐与鲁三战而鲁三胜，国以危，亡随其後，虽有战胜之名，而有亡国之实。是何也？齐大而鲁小也。今秦之与齐也，犹齐之与鲁也。秦赵战于河漳之上，再战而赵再胜秦；战于番吾之下，再战又胜秦。四战之後，赵之亡卒数十万，邯郸仅存，(34)虽有战胜之名而国已破矣。是何也？秦强而赵弱。

"今秦楚嫁女娶妇，为昆弟之国。韩献宜阳；梁效河外；赵入朝渑池，割河间以事秦。大王不事秦，秦驱韩、梁攻齐之南地，悉赵兵渡清河，指博关，临菑、即墨非王之有也。国一日见攻，虽欲事秦，不可得也。是故愿大王孰计之也。"

齐王曰："齐僻陋，隐居东海之上，未尝闻社稷之长利也。"乃许张仪。

张仪去，西说赵王曰：

"敝邑秦王使使臣效愚计于大王。大王收率天下以宾秦，秦兵不敢出函谷关十五年。大王之威行于山东，敝邑恐惧慴伏，缮甲厉兵，饰车骑，习驰射，力田积粟，守四封之内，愁居慑处，不敢动摇，唯大王有意督过之也。(35)

"今以大王之力，举巴蜀，并汉中，包两周，迁九鼎，守白马之津。(36)秦虽僻远，然而心忿含怒之日久矣。今秦有敝甲凋兵，军于渑池，愿渡河逾漳，据番吾，会邯郸之下，愿以甲子合战，以正殷纣之事，敬使使臣先闻左右。(37)

"凡大王之所信为从者恃苏秦。苏秦荧惑诸侯，以是为非，以非为是，欲反齐国，而自令车裂于市。夫天下之不可一亦明矣。今楚与秦为昆弟之国，而韩、梁称为东藩之臣，齐献鱼盐之地，此断赵之右臂也。夫断右臂而与人斗，失其党而孤居，求欲毋危，岂可得乎？

"今秦发三将军：其一军塞午道，告齐使兴师渡清河，军于邯郸之东；一军军成皋，驱韩、梁军于河外；一军军于渑池。约四国为一以攻赵，赵（服）[破]，必四分其地。是故不敢匿意隐情，先以闻于左右。臣窃为大王计，莫如与秦王遇于渑池，面相见而口相结，请案兵无攻。愿大王之定计。"

赵王曰："先王之时，奉阳君专权擅势，蔽欺先王，独擅绾事，寡人居属师傅，不与国谋计。先王弃群臣，寡人年幼，奉祀之日新，心固窃疑焉，以为一从不事秦，非国之长利也。乃且愿变心易虑，割地谢前过以事秦。方将约车趋行，適闻使者之明诏。"赵王许张仪，张仪乃去。

北之燕，说燕昭王曰：

"大王之所亲莫如赵。昔赵襄子尝以其姊为代王妻，欲并代，约与代王遇于句注之塞。乃令工人作为金斗，长其尾，令可以击人。(38)与代王饮，阴告厨人曰：'即酒酣乐，进热啜，反斗以击之。'于是酒酣乐，进热啜，厨人进斟，因反斗以击代王，杀之，王脑涂地。其姊闻之，因摩笄以自刺，故至今有摩笄之山。代王之亡，天下莫不闻。

"夫赵王之很戾无亲，大王之所明见，且以赵王为可亲乎？赵兴兵攻燕，再围燕都而劫大王，大王割十城以谢。今赵王已入朝渑池，效河间以事秦。今大王不事秦，秦下甲云中、九原，驱赵而攻燕，则易水、长城非大王之有也。

"且今时赵之于秦犹郡县也，不敢妄举师以攻伐。今王事秦，秦王必喜，赵不敢妄动，是西有强秦之援，而南无齐、赵之患，是故愿大王孰计之。"

燕王曰："寡人蛮夷僻处，虽大男子裁如婴儿，言不足以采正计。今上客幸教之，请西面而事秦，献恒山之尾五城。"

燕王听仪。仪归报，未至咸阳而秦惠王卒，武王立。武王自为太子时不说张仪，及即位，群臣多谗张仪曰："无信，左右卖国以取容。秦必复用之，恐为天下笑。"诸侯闻张仪有郤武王，皆畔衡，复合从。

秦武王元年，群臣日夜恶张仪未已，而齐让又至。张仪惧诛，乃因谓秦武王曰："仪有愚计，愿效之。"(39)王曰："奈何？"对曰："为秦社稷计者，东方有大变，然後王可以多割得地也。(40)今闻齐王甚憎仪，仪之所在，必兴师伐之。故仪愿乞其不肖之身之梁，齐必兴师而伐梁。(41)梁、齐之兵连于城下而不能相去，王以其间伐韩，入三川，(42)出兵函谷而毋伐，以临周，祭器必出。挟天子，按图籍，此王业也。"秦王以为然，乃具革车三十乘，入（仪）之梁。(43)齐果兴师伐之。梁哀王恐。张仪曰："王勿患也，请令罢齐兵。"(44)乃使其舍人冯喜之楚，借使之齐，谓齐王曰："王甚憎张仪；虽然，亦厚矣王之讬仪于秦也！"齐王曰："寡人憎仪，仪之所在，必兴师伐之，何以讬仪？"对曰："是乃王之讬仪也。夫仪之出也，固与秦王约曰：'为王计者，东方有大变，然后王可以多割得地。今齐王甚憎仪，仪之所在，必兴师伐之。故仪愿乞其不肖之身之梁，齐必兴师伐之。齐、梁之兵连于城下而不能相去,王以其间伐韩,入三川,出兵函谷而无伐,以临周,祭器必出。挟天子,案图籍,此王业也。'秦王以为然,故具革车三十乘而入之梁也。今仪入梁,王果伐之,是王内罢国而外伐与国,广邻敌以内自临,而信仪于秦王也。此臣之所谓'讬仪'也。"(45)齐王曰:"善。"乃使解兵。

张仪相魏一岁,卒于魏也。

陈轸者,游说之士。与张仪俱事秦惠王,皆贵重,争宠。张仪恶陈轸于秦王曰:"轸重币轻使秦、楚之间,将为国交也。今楚不加善于秦而善轸者,轸自为厚而为王薄也。(46)且轸欲去秦而之楚,王胡不听乎?"王谓陈轸曰:"吾闻子欲去秦之楚,有之乎?"轸曰:"然。"王曰:"仪之言果信矣。"轸曰:"非独仪知之也,行道之士尽知之矣。昔子胥忠于其君而天下争以为臣,曾参孝于其亲而天下愿以为子。故卖仆妾不出闾巷而售者,良仆妾也;出妇嫁于乡曲者,良妇也。今轸不忠其君,楚亦何以轸为忠乎?忠且见弃,轸不之楚何归乎?"王以其言为然,遂善待之。

居秦期年,秦惠王终相张仪,而陈轸奔楚。楚未之重也,而使陈轸使于秦。过梁,欲见犀首。犀首谢弗见。轸曰:"吾为事来,公不见轸,轸将行,不得待异日。"(47)犀首见之。陈轸曰:"公何好饮也?"犀首曰:"无事也。"曰:"吾请令公厌事可乎?"曰:"奈何?"曰:"田需约诸侯从亲,楚王疑之,未信也。公谓于王:'臣与燕、赵之王有故,数使人来,曰:"无事何不相见",愿谒行于王。'王虽许公,公请毋多车,以车三十乘,可陈之于庭,明言之燕、赵。"燕、赵客闻之,驰车告其王,使人迎犀首。(48)楚王闻之大怒,曰:"田需与寡人约,而犀首之燕、赵,是欺我也。"怒而不听其事。齐闻犀首之北,使人以事委焉。犀首遂行,三国相事皆断于犀首。轸遂至秦。

韩、魏相攻,期年不解。秦惠王欲救之,问于左右。左右或曰救之便,或曰勿救便,惠王未能为之决。(49)陈轸适至秦,惠王曰:"子去寡人之楚,亦思寡人不?"陈轸对曰:"王闻夫越人庄舄乎?"王曰:"不闻。"曰:"越人庄舄仕楚执珪,有顷而病。(50)楚王曰:'舄故越之鄙细人也,今仕楚执珪,贵富矣,亦思越不?'中谢对曰:'凡人之思故,在其病也。彼思越则越声,不思越则楚声。'使人往听之,犹尚越声也。今臣虽弃逐之楚,岂能无秦声哉!"(51)惠王曰:"善。今韩、魏相攻,期年不解,或谓寡人救之便,或曰勿救便,寡人不能决,愿子为子主计之馀,为寡人计之。"陈轸对曰："亦尝有以夫卞庄子刺虎闻于王者乎？庄子欲刺虎，馆竖子止之，曰：'两虎方且食牛，食甘必争，争则必斗，斗则大者伤，小者死，从伤而刺之，一举必有双虎之名。'卞庄子以为然，立须之。有顷，两虎果斗，大者伤，小者死。庄子从伤者而刺之，一举果有双虎之功。今韩、魏相攻，期年不解，是必大国伤，小国亡，从伤而伐之，一举必有两实。此犹庄子刺虎之类也。臣主与王何异也。"惠王曰："善。"卒弗救。大国果伤，小国亡，秦兴兵而伐，大克之。此陈轸之计也。

犀首者，魏之阴晋人也，名衍，姓公孙氏。与张仪不善。

张仪为秦之魏，魏王相张仪。犀首弗利，故令人谓韩公叔曰："张仪已合秦魏矣，其言曰'魏攻南阳，秦攻三川'。魏王所以贵张子者，欲得韩地也。且韩之南阳已举矣，子何不少委焉以为衍功，则秦魏之交可错矣。然则魏必图秦而弃仪，收韩而相衍。"公叔以为便，因委之犀首以为功。果相魏。张仪去。

义渠君朝于魏。犀首闻张仪复相秦，害之。⁽⁵²⁾ 犀首乃谓义渠君曰："道远不得复过，请谒事情。"曰："中国无事，秦得烧掇焚杅君之国；有事，秦将轻使重币事君之国。"其後五国伐秦。会陈轸谓秦王曰："义渠君者，蛮夷之贤君也，不如赂之，以抚其志。"秦王曰："善。"乃以文绣千纯，妇女百人遗义渠君。义渠君致群臣而谋曰："此公孙衍所谓邪？"乃起兵袭秦，大败秦人李伯之下。

张仪已卒之後，犀首入相秦。尝佩五国之相印，为约长。

太史公曰：三晋多权变之士，夫言从衡强秦者大抵皆三晋之人也。夫张仪之行事甚于苏秦，然世恶苏秦者，以其先死，而仪振暴其短以扶其说，成其衡道。要之，此两人真倾危之士哉！

《史记·张仪列传》译文一

颜昆阳 译

张仪，魏国人，以前曾经和苏秦一起跟随鬼谷先生学习术业。苏秦自认为自己的才学比不上张仪。

张仪已学成术业之后，便去游说诸侯。有一次，曾经陪伴楚国的宰相喝酒。不久，楚相遗失了一块玉璧。楚相门下的客人怀疑是张仪偷去的，说："张仪贫穷，品行又不好，必定是他偷了楚相的玉璧。"大家一起将张仪拘捕起来，并且鞭打了几百下。张仪不屈服，最后，只好将他释放了。张仪的妻子责怪他说："唉！您假如不去读书游说，又怎么会受到这样的侮辱呢？"张仪问他妻子说："你看看我的舌头，还在吗？"他的妻子笑着说："舌头还在啦。"张仪说："这就够了！"

那时，苏秦已说服了赵王，受赵王资助而得以去邀约各诸侯联合抗秦，但恐怕秦国抢先攻打诸侯，在盟约还没有完成之前就破坏了。他正忧念没有人能被派遣去阻止秦国发动战争，便派人暗中指引张仪，说："您以前和苏秦交情很好，现在苏秦已很有地位了，您为什么不走访他，以求达成您的愿望呢？"

于是，张仪到了赵国去，呈上名刺，求见苏秦。苏秦却命令他的门客，不许为张仪引见，又想办法留住张仪几天。不久，苏秦接见了他，让他坐在堂下，并赐给他与仆妾同样的酒食。接着，又责备他，说："以您的材能，却让自己落得这样困辱。我难道是不能推荐您而使您富贵吗？只是您不值得我收留罢了。"苏秦拒绝了张仪，并将他遣走。张仪这次来见苏秦，自以为可向老朋友求得好处，没想到反而受到侮辱，心中非常愤怒。他盘算各诸侯没有一个值得他侍奉的，只有秦国能使赵国受苦，便进入秦国。

张仪去后不久，苏秦告诉他的门客，说："张仪，是天下的贤士，我恐怕不如他。现在，我侥幸地先受到重用，而能掌握秦国政权的人，便只有张仪而已。但他很穷困，没有什么凭藉足以使他受到进用。我恐怕他沈溺于一些小利益上，而不能成就大功业，所以召他来加以侮辱，用以激发他的心志。您替我暗中奉送些钱财给他。"

苏秦便向赵王禀明这件事，发送许多金币车马，派人暗中跟随张仪，和他投宿在同一个客舍，慢慢地接近他，并奉送车马金钱。凡是他所需要的财物，都供给他，而不告诉他是谁给的。

张仪得到帮助，终于能够见到秦惠王，惠王待他为客卿，和他一起计划攻打诸侯，苏秦的门客见任务达成了，便向他告辞，张仪说："依靠您的帮助，我才能够显贵起来。我正要报答您的恩情，您为什么要离开呢？"门客说："并不是我能这样知遇您，知遇您的人是苏先生。苏先生忧虑秦国攻打赵国，而破坏合纵的盟约，他认为非您不能掌握秦国的政权，所以才激起您发愤的心志。并派我暗中奉给您钱财，以达成苏先生的计谋。现在，您已得秦国重用，就请让我回去复命吧！"张仪感叹地说："唉呀！这些都是我所学习过的术业，苏先生用来对我，而我却一直都没有悟解过来，我不如苏先生，这是很明显了，我刚刚被任用，又怎能图谋攻打赵国呢？请您为我谢谢苏先生，只要苏先生在的时候，我怎么敢奢谈攻赵！而且苏先生在，我张仪又怎么有能力和他作对呢？"

张仪已当了秦相之后，写了一封书信警告楚相，说："以前我陪伴你喝酒，我并没有偷去你的玉璧，你却鞭打我。你现在要好好守住你的国家，我将打算劫取你们的都城呢！"

这时，苴、蜀一带的蛮族互相攻击。他们都各自来向秦国告急，请求帮助，秦惠正想派出军队攻打蜀地，却又认为道路狭窄危险，不容易到达。而且，恰好韩国又来侵扰秦国，秦惠王想先攻打韩国，然后攻打蜀地，却又恐怕这样做，会有不利的地方。想要先攻打蜀地，却又恐怕韩国趁秦国久战疲惫时来偷袭。因此，秦惠王心中犹豫不决。司马错与张仪为了这件事，在惠王面前争论起来。司马错主张先攻蜀地。张仪却主张说："不如先攻打韩国。"惠王说："我愿意听听你的说法。"张仪说："我们先与魏、楚亲善，然后进兵到三川，堵绝了什谷的进出口，并守住屯留一带太行山中狭窄的阪道。接着，请魏兵断绝韩国南阳一带的交通，楚兵进击韩南的南郑。秦国则自己进攻韩国的新城和宜阳，进而把军队开到东西二周的城郊，声讨周王的罪过，最后再回头攻取楚、魏的领土。周王自知大势已去，无法挽救，必然献出传国的九鼎及珍贵的器物。秦国据有九鼎及天下的地图户籍，便可挟持周天子而向天下发号施令，天下各国没有敢不听从的,这是称王的大功业啊!

"再谈到当今的蜀地,它是西方一个偏僻的国家,也是戎狄的族类。我们若攻打它,即使把军队部众弄得疲累不堪,也不能建立什么声名。夺得它们的土地,也不算是什么利益。我听人说过:要争取名位的人,便应该在朝廷中;要争取利益的人,便应该在市场上。现在,三川、周室,可说是天下间的朝市,而大王不去争取它,却反而去争取戎狄。这样距离王业就太远了。"

司马错说:"道理不是这样的。我听说过,想要使国家富有,便必须扩大它的领土;想要使兵力强大,便必须先使民生富足;想要称王的人,就必须广施他的恩德。这三种凭藉都完备,王位便跟着实现了。

"如今,大王您的土地还小,人民还贫穷,所以我希望您先做一些比较容易的事。说到蜀地,它是西方一个偏僻的国家,也是戎狄的族类,现在又正因为国君不贤能而产生变乱。假如以秦国的兵力攻打它,就好像驱使豺狼去逐取群羊一样容易,得到了它的土地,可以使秦国的领土扩大。取得它们的财物,可以用来富足百姓,整治军备。不必损伤部众而对方便已屈服了;攻占一个国家,天下人都不认为我们残暴;将西方的利益取尽,而天下人都不认为我们贪心。这样,只要我们动用一下力量,名声实利便跟着得到,而且又有禁暴止乱的声名。

"现在,假如去攻打韩国,劫持天子,那是很坏的名声,而且未必能得到什么利益。冒着不义的名声,而发动天下各国所不乐意的战争,这就很危险了。请让我再说明它的原故:周,是天下诸侯的宗室,也是和齐、韩交往密切的国家。周自知要失去传国的九鼎,韩国自知要丧失三川,那么这二国必将合力共谋,而藉着齐、赵的力量,谋求和楚、魏先和解。假如它们答应将鼎送给楚国,以土地让给魏国,大王根本就阻止不了。这就是我所认为危险的道理。所以不如攻占蜀地那样完满。"

惠王说:"你的意见很好,寡人愿意听你的。"终于,惠王决定起兵攻打蜀地,到那年的十月就将蜀国攻了下来。最后平定了整个蜀国,并贬斥蜀王,改封为侯,而派陈庄作蜀国的宰相。蜀既已附属了秦国,秦国的国力因而更加强大,因为它的富足,也就更加轻视其他诸侯了。

秦惠王十年,派遣公子华和张仪攻魏的蒲阳,并将它降服了。张仪却接着劝说秦王,又将蒲阳还给魏国,而且派公子繇到魏国去当人质。然后,张仪藉这机会就劝魏王,说:"秦王对待魏国非常宽厚,魏国不能不在礼貌上作个回报呀!"因此,魏国就将上郡、少梁献给秦国,以答谢秦惠王。惠王很高兴,便用张仪为相,并将少梁改名为夏阳。

张仪作了四年的秦相,正式立秦惠王为王。过了一年,他又替秦将取得陕州,并建造了上郡的防塞。二年之后,他被派去与齐、楚的宰相在啮桑会谈。从东方回国之后,他被免去宰相的职位。为了秦国,他转到魏国去当宰相,想要使魏国能先臣侍秦国,而让诸侯来效法它,但魏王不肯听从张仪。秦王大怒,派兵攻占了魏国的曲沃和平周,暗中对张仪又更加优厚。张仪觉得很惭愧,没有完成任务,不能回去复命,便留在魏国四年。而魏襄王正好去世,哀王继立。张仪又劝说哀王臣侍秦国,哀王也同样不听从。于是,张仪暗中叫秦兵来攻打魏国。魏与秦交战,失败。明年,齐国又在观津打败了魏国。秦国又要乘机攻打魏国,首先将韩申差军打败,杀死了八万多兵卒,诸侯都非常震惊。而张仪再趁机劝魏王说:"魏国的土地不到一千里,兵卒不超过三十万,地势又四面平坦,像车轴中心一样,可以畅通四方的诸侯,国内没有名山大川的遮挡。从郑到魏,只有二百多里,车了可以奔跑,人可以行走,不需用什么力量就到达魏国。它的南边和楚国边境相接,西边和韩国边境相接,北面和赵国边境相接,东面和齐国的边境相接,所以必须派兵到四面边界去守卫,那些守在边塞上的军队就不少于十万人。魏国的这种地势,实在像是个战场啊!

"假如,魏国和南边的楚国交往,而不和齐国交往,那么齐国便攻打它的东界;和东边的齐国交往,而不和赵国交往,那么赵国便攻打它的北界;和韩国不合,那么韩国便攻打它的西界;不与楚国亲善,楚国便攻打它的南界。这真可说是个四分五裂的地方啊!

"而且,诸侯各国联合起来的目的,是想藉以安定国家,尊敬国君,增强兵力,显扬名声。现在,那些主张合纵的人,想使天下联合为一,让各诸侯约为兄弟一般,便在洹水的边上宰杀白马歃血为盟,以使彼此的盟约能坚定。但是,即使是同父母的亲兄弟,还会有争夺钱财的情形。何况依赖这种苏秦留下的机诈虚伪,反复不定的策略?它的失败是很明显的了。

"大王您若不臣事秦国,那么秦国必将派出军队攻取河外,占领卷、衍、燕、酸枣等地,并劫持卫国,以取得阳晋。这一来,赵国就无法南下,魏国也无法北上。赵国不能南下,魏国不能北上,那么,两国互相联合救援的道路便断绝了。互相联合救援的道路断绝,那么大王的国家想不遭受危险，也不可能啦！假如再进一步，秦国制服了韩国后，又攻打魏国。韩国害怕秦国，秦韩联合为一，那么魏国的灭亡，简直快得可以站着等待啊！这就是我最替大王担忧的事。所以为大王着想，不如就臣事秦国。假如您臣事秦国，那么楚、韩必不敢动。没有来自楚、韩的外患，大王就可以垫高枕头，安心地睡卧，国家再也不会有什么忧患了。

"而且，秦国所最想要削弱的国家，就是楚国。而最能使楚国的力量削弱的国家，就是魏国。楚国虽有富足强大的名声，但实际上非常空虚。它的部众虽多，但都很怯弱，常随便临阵逃走，不能艰苦作战。假如魏国派出所有的军队向南边攻打楚国，必定可以得到胜利。宰割楚国而使魏国得到利益，亏损楚国而归服秦国，将灾祸加到别国，而使自己国家安定，这是很好的事。假若大王不听我的建议，等到秦国派下军队向东攻打魏国，那时，纵使要臣事秦国，也没有机会了。

"而且，说到那些提倡合纵的人，大多只会讲大话，很少能让人信任的。他们只想游说一个诸侯，而使自己也能达成封侯的愿望。所以天下间那些游谈的人，没有不日夜地扼着手腕，瞪着眼睛，磨着牙齿，而大谈合纵的好处，以劝说各国国君。一般国君赞赏他们的善辩，而受到他们意见的影响，怎么能够不迷惑呢？我听说过：聚集许多羽毛，也能重到使船沈没。装载许多轻便的物品，也能使车轴断折。众人同口的指陈，可将硬如金属的事实熔解。集合许多人的毁谤，即使如骨头一般坚硬的真理也会被销毁。所以，我希望大王能仔细拟定正确的策略，并且允许我回去，帮魏国向秦国通好。"

于是，哀王违背了合纵的盟约，而藉着张仪的关系向秦国请求和解。

张仪回到秦国，又当了宰相。三年后，魏又背叛秦国而加入合纵的盟约。秦国便派兵攻打魏国，夺取曲沃。明年，魏又再臣事秦国。

秦王想要攻打齐国，但齐国和楚国相约合纵。于是，张仪出使到楚国去。楚怀王听说张仪来，便空出最好的宾馆让他居住，并且亲自到宾馆去接见他，说："这是个偏僻落后的国家，您有什么指教的呢？"张仪劝楚王，说："大王假如真能听从我，掩闭城关，断绝盟约，不和齐国来往。我们秦国愿意献出商、於一带六百里的土地给楚国，并且派遣秦国的女子，作为服侍大王的姬妾。秦、楚之间可以彼此娶妇嫁女，永远成为兄弟之国。这样，可以削弱北方的齐国，而对西方的秦国有益处。实在没有比这更好的计策了。"楚王听了非常高兴，便答允他。朝中所有的大臣都向楚王称贺，只有陈轸表示伤悼。楚王非常生气，说："寡人不必派遣军队，就可得到六百里的土地。所有的臣子都表示称贺，只有你表示伤悼，这是为什么？"陈轸回答说："我不认为这样。以我看来，商、於的土地根本不可能得到，而且齐、秦可能会联合起来。齐秦一旦联合，那么楚国的灾患必然到来了。"楚王说："有理由说明吗？"陈轸回答说："秦国之所以重视楚国，是因为楚国有联邦齐国。如今，楚国掩闭城关，断绝盟约，不与齐国往来。那么，楚国便孤立了。秦国怎么会去重视一个孤立的国家，而给它商、於六百里的土地呢？张仪回到秦国，秦国必然亏负了大王。这样，与北方的齐国绝交，又从西方的秦国招来灾患，两国的军队必然一起攻到楚国。我为大王作最好的打算，不如就暗中与齐国联合，而表面上却断绝交往。并派人跟随着张仪到秦国，假如给了我们土地，再与齐国断绝邦交，也还不晚啊！假如不给我们土地，暗中与齐国联合仍是我们的策略。"楚王说："希望陈先生闭起嘴来，不要再说了，等待寡人得到土地。"因此，楚王便将相印交给张仪，并且送给他许多财物。于是，就掩闭城关，断绝盟约，不与齐国来往，又派遣一个将军跟随张仪到秦国去。

张仪回到秦国，在途中，上车时挽着绳索，假装不小心跌落车下。因此，三个月都不上朝。楚王听了这消息，说："这难道是张仪认为寡人和齐国断交，还没作得彻底吗？"

因此，他就派遣勇士到宋国，借了宋国的信符，到北方的齐国去骂齐王。齐王非常愤怒，情愿降低自己的地位而与秦国交往。秦国与齐国邦交建立了，张仪才上朝，告诉楚国的使者，说："我有秦王所赐给的土地六里，愿意将它献给大王。"楚国的使者说："我奉大王的使命，接受商、於六百里的土地，没听说是六里。"

使者回报楚王，楚王大为生气，派出军队攻打秦国。陈轸说："我陈轸现在可以开口说话吗？我认为与其攻打秦国，倒不如反过来割地送给秦国，以求与秦国联合兵力攻打齐国。这等于是我割出土地给秦国，再从齐国得到补偿啊！如此，大王的国家还可以生存下去。"

楚王不听，终于派出军队，而令将军屈匄攻打秦国。秦、齐便联合起来攻打楚国，杀死八万的楚军，并杀了屈匄，最后夺取了丹阳、汉中一带的土地。

楚王又再派出更多的军队，去袭击秦国，在蓝田展开大战。结果，楚国遭受惨败。于是，楚国割让了两个城邑，以求与秦国讲和。秦国想得到楚国黔中一带的土地，便要挟楚国，要以武关外的土地和楚国交换。楚王说："我不愿交换土地，而愿意献出黔中地方，只求得到张仪。"

秦王想将张仪送过去，嘴上却不忍说出来。张仪就自己请求到楚国。惠王说："那个楚王怨愤你负约不给予商、於一带的土地。那么，必将杀了你，才觉得快意。"张仪说："秦国强大，楚国衰弱，我又和楚国的大夫靳尚交情很好，假如能奉承一下楚夫人郑袖，郑袖所说的话，楚王都听从。而且，我奉大王的命令出使楚国，楚国怎敢杀我。假若杀了我，而替秦国取得黔中地方，这也是我最大的心愿啊！"

于是，他就出使到楚国。到了之后，楚怀王就将他囚禁起来，并要将他杀掉。靳尚告诉郑袖，说："您知道您将会受楚王的鄙弃吗？"郑袖说："为什么？"靳尚说："秦王非常喜爱张仪，很不愿意让张仪出使楚国而受到杀害。如今，张仪被囚，秦王必将以上庸一带六个县送给楚国，并以美人嫁给楚王，又以秦宫中善于唱歌的女子作为陪嫁，以求赎回张仪。大王看重土地，又敬重秦国，秦女必将受到宠爱。而夫人也将被鄙弃了。不如替张仪说情，而将他放走。"

于是，郑袖日夜地向楚王说："作为臣子的人，各为他自己的国君所任用。现在，土地还没交给秦国，秦国便派张仪来，这可算是很尊重大王。大王不但没有回礼，而又杀了张仪，秦王必定大怒，攻讨楚国。请让我母子都搬到江南去住，不要被秦国像鱼肉般地宰割啊！"

楚王觉得非常后悔，便赦免了张仪，并对待他像以前一样的敬重。张仪已被释放出来，还没离开楚国，听到苏秦去世的消息，便劝楚王说："秦国的领土占了天下一半，兵力可以抵挡四方的邻国。据有险要的地势，又有大河川围绕着，四周都有关塞巩固边防。勇猛的战士一百多万，兵车一千辆，战马一万多匹，积存的粮食像山丘一样多。而且法令很严明，兵士都安于苦难，乐于牺牲。国君贤明而有威严，将领都有智谋而勇武。秦国不派出军队则已，一旦派出军队，必然轻易地就可夺得险要的常山，而截断天下的背脊。天下各国，有谁敢迟不屈服的，必定先被灭亡。

"而且，那些主张合纵的人，联合六国来与秦国争斗，这和赶着群羊去攻击猛虎实在没有什么不同。猛虎和羊不能成为相当的敌手，这是很明显的了。如今，大王不与猛虎交往，却反而和羊交往。我私下认为大王的打算实在错了。

"算起来，天下的强国，不是秦国，便是楚国。不是楚国，便是秦国。两个互相争斗，它的情势无法让两国都存在下去。假如大王不与秦国交往，秦国便派下军队先攻占韩国的宜阳，韩国的上郡之地便阻绝不通。秦兵再进攻河东，夺取成皋，韩国必然被迫向秦臣服。另外，魏国也将随着情势而采取事秦的行动。这时，秦国再进攻楚国的西界，韩、魏进攻楚国的北界。国家又怎能不危亡呢？

"而且，说起那些主张合纵的人，等于是聚集一群弱国去攻打最强大的国家。不衡量敌国的力量而轻易发动战争，国家贫穷而时常派兵作战，这简直是使国家危亡的作法啊！我听说过：兵力不如对方，就不要向对方挑战；粮食比不上对方，就不要和对方持久作战。说起这些主张合纵的人，他们专会讲一些美丽而不实在的言辞，抬高他们国君不事秦的节行。只说不事秦的好处，却不说它的坏处。最后受到秦国的祸患，却来不及去制止。所以，我希望大王仔细地考虑它。

"秦国拥有西方的巴蜀，大船载满了粮食，从汶山发出军队，顺着江水飘浮而下，到达楚国的都城只有三千多里。合并两船装载兵卒，一舫可以装载五十人和三个月的粮食。船顺水飘浮而下，一日能行三百余里。里数虽然很多，却不必使用牛马的力量，不需十天，便到达扞关。扞关一受到惊扰，那么从竟陵以东，所有的城邑都要修治守备了。最后，黔中、巫郡便不是大王所能拥有的。

"秦国派军队出武关，向南面攻打。楚国的北境便被断绝。秦兵攻打楚国，在三个月内可以造成楚国的危难。而楚国等待诸侯的援救，却必须在半年之后，照这情势看，根本来不及。等待弱国的援救，而忽略了来自强秦的祸患，这正是我为大王担忧的原因啊！

"大王曾经和吴人打战，战了五次，胜了三次，军队差不多用尽了。为了勉强守住新城，那些还留存的居民实在辛苦了。我听说过：功业太大，容易发生危险。而人民疲苦，必然怨恨它的国君。守着容易发生危险的功业，而背逆强秦的心意。我私下真为大王感到危险啊！

"而且，秦国之所以十五年不出兵函谷关，攻打齐、赵的原因，是因为秦国暗中计划，有一举吞并天下的意思。楚国曾与秦国造成祸难，在汉中交战，结果楚人没有得到胜利。那些被封为侯，或赐执圭爵位的大臣，有七十几个人战死。最后，丧失了汉中一带的土地。大王很生气，再派兵袭击秦国，大战于蓝田。这就是所谓两虎互相搏斗的情形。秦、楚互相斗得很疲困，而韩、魏却以完整的力量从后面加以制服。算起来没有比这更危险的作法了，希望大王能仔细地考虑它。

"假如，秦国派下军队攻取卫国的阳晋，必然好像锁住天下的胸膛一样，使诸侯各国都不能动弹。假如大王派出全部军队去攻打宋国，不到几个月便可以将宋国攻占下来。攻占了宋国，再将军队指向东边，那么邻近泗水旁边的十二个诸侯国，都被大王占有了。

"算起来，天下间以盟约联合诸侯，使他们互相坚守约定的人就是苏秦他受封为武安君，作了燕国的宰相，却暗中和燕王图谋攻破齐国，而分割它的土地。因此，便装作有罪，逃出燕国而进入齐国。齐王接受了他，而且命他作宰相。过了二年而被察觉，齐王大为愤怒，将苏秦车裂在刑场上。说起来，以一个变诈虚伪的苏秦，却想要经营天下，使诸侯联合为一，他的策略不会成功，那是很明显的了。

"现在，秦国和楚国的边境相接，形势上应该是很亲近的国家。大王若真能听从我的建议，我愿意请秦王派太子到楚国当人质，楚王也派太子到秦国当人质。并且，愿意以秦王的女儿作为侍候大王的姬妾。再奉上有一万户人家的大都邑，作为大王征取赋税以供给汤沐之具的地方。两国永远结为兄弟之邦，终身不互相攻伐。我认为没有比这更好的策略了。"

于是，楚王虽已得到张仪，却又难以让出黔中地给秦国，便想要答允张仪的建议。屈原说："以前，大王被张仪所欺骗。张仪到楚国，我以为大王会将他烹杀。如今却放了他，不忍杀害他，又听从他的邪说。大王千万不能这样做啊！"怀王说："答允张仪的建议而再得回黔中，这是很美好的利益。后来才又违背他，这是不可以的。"

因此，最后终于允许张仪的建议，和秦国亲近。张仪离开楚国，便藉这机会到韩国去，劝韩王说："韩国的地势险恶，人都住在山区。全国所生的五谷，不是菽就是麦，人民的食物，大都吃些菽豆作成的饭，豆叶煮成的汤。一年没有收获，人民连糟糠都不厌弃了。韩国土地不满九百里，无法积存二年的粮食。再算一算大王的部卒，全部不满三十万，而且那些砍柴煮饭的贱役还包括在内呢！除去防守驿亭边塞的兵卒，现有的军队只不过二十万罢了。

"秦国的军队却有一百多万，兵车一千辆，战马一万匹。那些勇猛的战士，动作灵活，不穿盔甲，轻装杀敌，力弯弓箭，奋挥戈戟的人，多到无法计算。而且，秦国战马的精良，军队的众多，奔驰非君迅速，一跃而两蹄间距离二丈一尺以上的马，也数不完。山东六国的兵士披戴甲胄会合作战。秦兵可以抛开战甲，袒露身子而应敌，必将大败六国的军队，左手提着人头，右手挟着生擒的战俘。说起来，秦兵和山东六国之兵相比，就好像勇士孟贲和怯弱的人相比。他们以最大的力量互相压迫，就好像勇士乌获对抗婴儿一样。以孟贲、乌获这种勇士来攻打不服从的弱国，简直和垂下三万斤的重量加在鸟卵上没有两样。必然不会有侥幸的结果了。

"说起那些群臣诸侯，不衡量自己土地的狭小，却听从别人的甜言蜜语，他们结党营私而互相掩饰，都振振有词地说：'听从我的计策，可以在天下称霸。'不顾虑到国家长远的利益，而听从短浅的意见，没有比这种作法更贻误国君了。

"假如，大王不臣事秦国，秦国派下军队占领宜阳，断绝韩国的上党之地。然后再向东取得成皋、荥阳，那么鸿台的宫殿，桑林的苑囿，就不再是大王拥有了。再说，阻塞成皋，断绝上党之地，大王的国家便被分割了。先臣事秦国，便得安定。不臣事秦国，便遭受危险。制造了祸端，却想求得吉善的回报，计谋那样短浅，而招来的仇怨那样深，背逆秦国，而顺楚国，纵然要国家不灭亡也不可能的。所以为大王着想，最好就是帮忙秦国。秦国所最希望的事，就是削弱楚国，而最能削弱楚国的国家，就是韩国。这并不是因为韩国强过楚国，而是因为地势的关系。如今，假如大王能向西面臣事秦国，而攻打楚国，秦王必定很高兴。攻打楚国而从它的领土得到利益，转移了自己的灾祸而使秦国愉快，实在没有比这更好的计策了。"

韩王听从张仪的策略，张仪回去向秦王报告这些情形。秦惠王便封赏了张仪五个都邑，并且封他为武信君。接着，又派张仪到东方的齐国劝湣王，说：

"天下间强大的国家，没有超过齐国的。朝中重要的大臣都是同姓父兄，人民又非常众多，富足安乐。但是，为大王出计策的人，都只为了暂时的愉快，而不顾国家百世的利益。那些主合纵的人游说大王，必定说：'齐国西面有强大的赵国，南面有韩国和魏国。齐是个背靠大海的国家，土地广大，人民众多，兵卒强健，战士勇敢，纵使有很多个秦国，也将对齐毫无办法。大王赞许他们的说法，却不衡量实际情形。那些主张合纵的人结党营私，没有不认为合纵是对的。

"我听说过：齐和鲁打了三次战，而三次都是鲁国胜利。但鲁国却因此而危险，随后就灭亡了。名义上虽战胜，但实际上却亡国。这是什么原因呢！那是因为齐国大而鲁国小啊！如今，秦国和齐国比较起来，就如同齐国和鲁国一样。

"秦、赵在漳水边上交战，打了两次战而赵国两次都胜了。又有一次，两国在番吾城下交战，打了两次战而赵国又都胜了秦国。但等到第四次交战后，赵国损失的军队几十万，最后仅存了首都邯郸。赵国虽有胜利的名义，但国家却已残破了，这是为什么呢？因为秦国强大而赵国衰弱啊！

"如今，秦、楚已相约嫁女娶妇，结为兄弟之国。韩国献上宜阳；魏国献上河外；赵国也在渑池之会时向秦国朝拜，割让河间一带地方，以臣事秦国。假如大王不臣事秦国，秦国必将驱使韩、魏攻打齐国南边的土地。并尽全部赵国的军队渡过清河，指向博关。这一来，临朐、即墨就不是大王所能拥有的。国家一旦受到攻击，虽想要臣事秦国，也不可能啦！所以，希望大王仔细考虑它。"

齐王说："齐国偏僻鄙陋，掩藏在东海的边上，从来就不曾知晓国家长远的利益。"

因此，他就答允张仪的建议。张仪离开齐国，向西去劝赵王，说：

"敝国的秦王派遣我这使臣，来献上一个策略给大王您。大王率领天下诸侯来共同抗拒秦国，使得秦兵有十五年之久，不敢走出函谷关。大王的权威畅行在山东各国之间，敝国非常恐惧而屈服不敢动。只能修治战甲，磨砺兵器，整顿兵车坐骑，练习跑马射箭；努力种田，积存粮食，防守在四面边疆之内，忧愁害怕地生活着，简直连动摇一下都不敢，只恐大王有意严责我们的过失啊！

"如今，依靠大王这份督促之力，我们秦国已攻下巴、蜀，兼并了汉中，占取周天子所在的东西两周，搬移了传国的宝物九鼎，防守着河南的白马津。秦国虽被迫在偏僻荒远的地方，但是内心满怀愤怒的日子已很久了。

"现在，秦国有一支不算精良的军队，屯驻在渑池，正想要渡过黄河，再越过漳水，进占番吾，而聚集到邯郸城下。并且希望效武王伐纣之事，在甲子这一天，与赵国交战。因此，秦王很慎重地派遣我为使臣，先来敬告大王您。

"算来，大王所最相信而依靠来倡行合纵政策的人，就是苏秦。苏秦炫惑诸侯，将对的道理说成错的，将错的道理说成对的，真是颠倒是非。他又想暗中倾覆齐国，却使自己被车裂在刑场上。

"说来，天下各诸侯无法联合为一，这是很明显的情形了。现在，楚和秦结为兄弟之国，而且韩、魏都已向秦称臣，作为东面的藩属国，齐国更献上盛产鱼盐的地方，这等于是截断了赵国的右臂。断去右臂而和人争斗，失去他的同党而孤立，想要不发生危险，又怎么可能呢？

"现在，假如秦国派出三支军队，其中一军堵住午道，再通知齐国，命它派出军队渡过清河，驻扎到邯郸的东面。另一军进驻成皋，再驱使韩、魏的军队进驻河外。另一军进驻渑池，联合四国的兵力为一，共同攻打赵国。赵国被迫屈服后，必定将它的土地四分给这几个参战的国家。所以，我不敢隐藏这实情，先将它告诉大王您。我私下为大王着想，最好的方法是和秦王在渑池会谈，互相见个面，在口头上作个约定，请求停住军队不要进攻。我希望大王决定一个最正确的策略。"

赵王说："先王的时候，奉阳君专权而掌握势力，蒙蔽欺压先王，独自统治一切政事。那时，寡人还深居宫内，跟随帅傅读书，不参与国家的计谋策略。等先王离开群臣而去世时，寡人年纪还小，继承君位的时间不久。后来，我心中实在暗自怀疑，以为诸侯联合为一而不臣事秦国，这并不是国家长远的利益。所以我将改变以前的心意割让土地赔偿以往的过错，而臣事秦国。我正要整备车辆，前去请罪的时候，却适好接到使者您明智的劝告。"

因此，赵王答允了张仪的建议。张仪便离去，又往北到燕国，劝燕昭王，说：

"大王所最亲近的国家，是赵国。以前，赵襄子曾经以自己的姊姊嫁给代王为妻。后来，赵国想并吞代，而邀约代王在句注山前城塞相会，便令工人打造一个金斗，加长它的柄，使能用来击人。赵王与代王饮酒，暗中嘱咐厨子，说：'等到酒已喝得酣畅欢乐的时候，便送上热羹，然后趁机将金斗反转过来击杀他。'

"于是，酒正喝得酣畅欢乐时，送上热腾腾的羹汁，厨子上来帮忙装盛，藉机反转金斗来击杀代王。代王惨死，脑浆溅满地上。赵襄子的姊姊听了这消息，便磨利了发簪来自杀。所以到现在还有一个山名叫摩筓山。代王的惨死，天下没有人不知道。说起来，赵王的狠毒暴戾，不认亲属，是大王所看得很清楚的事，那还能认为赵王可以亲近吗？

"又有一次,赵国发动军队攻打燕国,两次围困燕国的都城而劫持大王,逼得大王割让十城来请罪。如今,赵王已在渑池之会上向秦朝拜,献上河间一带土地来臣事秦国。现在,假如大王不臣事秦国,秦国必将派下军队进攻云中、九原,再驱使赵国攻燕。那么,易水、长城,就不再是大王所拥有了。

"而且,现在的赵国,好像是秦国的一个郡县,绝不敢随便发动军队去攻打别国。假如,大王能臣事秦国,秦王必定很高兴,赵国也不敢任意发动战争。那么,燕国等于西边有强秦的援助,而南边不会有齐、赵的侵犯。所以,我希望大王仔细地考虑它。"

燕王说:"寡人像蛮夷处在偏僻的地方一般,虽是个大男人,裁断事情却只像个婴儿。所说的话实在不足以求得最正确的计策。如今,真谢谢您这贵客的教导。我愿意向西面臣事秦国,献上恒山末端的五个城邑。"

燕王听从了张仪的劝导。张仪回去,将情形报告秦王。但他还没到咸阳时,秦惠王却已去世。武王继立。武王自从当太子的时候,就不喜欢张仪,等到继了王位后,群臣都毁谤张仪,说:"这个人不讲信用,反复不定地出卖了许多国家,以取得国君的善待。假如秦国一定再用他,恐怕会被天下人讥笑。"

诸侯听说张仪和武王之间有嫌隙,都背叛连横政策而又实行合纵政策。秦武王元年,群臣日夜不停地攻击张仪,而齐国又派遣使者责备秦国用张仪。张仪恐怕被杀,因此便告诉秦武王,说:"我有个计策,希望能献给大王。"武王说:"怎么办?"张仪回答说:"为了整个秦国着想,必须使东方能发生大变,然后大王才能够多取得土地。现在,我听说齐王很怨恨我,只要是我所在的地方,齐国必会发动军队加以攻讨。所以,我乞求让我这不肖之身到魏国去,齐国必定会发动军队攻打魏国。魏、齐的军队会聚在城下交战,而彼此都无法抽身离开。大王趁这空隙去攻打韩国,进入三川。然后,将军队开出函谷关而不攻打其他国家,直接进讨周都。这一来,周天子必献出祭器。大王便可挟持天下,据有天下的地图户籍。这是称王的最大功业啊!"

秦王认为他说得很对,便备妥三十辆兵车,送张仪进入魏国去,齐王果然发动军队攻打魏国。梁哀王很害怕。张仪说:"大王您不要担忧,我愿意使齐国停止军队。"

张仪便派遣他的门客冯喜到楚国去,借用楚国的使者去齐国,告诉齐王,说:"大王很怨恨张仪,您攻魏虽然是要惩罚张仪,但事实上大王却使张仪更受到秦王的信赖。"齐王说:"寡人很憎恨张仪,只要是张仪所在的地方,我必定发动军队攻讨它。为什么说是更使张仪受到信赖呢?"楚使者回答说:"这样做,的确就是更使张仪受到信赖。张仪出使时,本来曾与秦王约定说:'为大王着想,必须先使东方各国发生大变,然后大王可以多割得土地。现在齐王非常憎恨我,我所在的地方,齐王必发动军队攻讨。所以我乞求让我这不肖之身到魏国去,齐王必发动军队攻讨它。齐、魏的军队聚集在城下交战,而彼此无法脱身离去。大王趁这空隙攻打韩国,进入三川。然后,再将军队开出函谷关而不攻打其他国家,直接讨周都。这一来,周天子必献出祭器。大王便可以挟持天子,据有天下的地图户籍。这是称王的最大功业啊!'秦王认为他说得对,所以备妥了三十辆兵车,而将他送入魏国去。现在,张仪入魏,大王果然攻打魏国。那么,大王等于是对内使自己的国力疲困,而对外攻打与自己有邦交的国家。增加邻近的敌国,使自己国家也受制,而却让张仪更受到秦王的信任。这就是我所说使张仪更得信赖的道理。"齐王说:"你说得对。"于是,齐王便命令解除攻打魏国的战争。张仪在魏国作了一年的宰相,死在魏国。

陈轸也是个游说之士,曾与张仪一起侍奉秦惠王。他们两人都尊贵而得到重用,因此常常争宠。张仪在秦王面前毁谤陈轸,说:"陈轸持了贵重的财物,轻装出使秦、楚之间,将为国家作外交工作。如今,楚国却未曾对秦国更加亲善,反而对陈轸个人很好。可见陈轸为自己打算的多,为大王打算的少。而且陈轸想离开秦国而去楚国,大王为什么不听随他去呢?"

秦王向陈轸说:"我听说你要离开秦国而到楚国去,有这回事吗?"陈轸说:"的确如此。"秦王说:"张仪的话果然确实。"陈轸说:"不只是张仪知道这回事,即连走在路上的行人全都知道了。以前伍子胥忠于他的国君,而天下各国都争着聘他为大臣。曾参孝顺他的父母亲,而天下人都希望以他为儿子。所以将被出卖的仆人侍妾,还没走出邻里街巷就已被买走的,都是很好的仆妾。被离弃的女子,而还能在乡邻之间嫁出去的,都是很好的女人。如今,我陈轸不忠于自己的国君,楚王又怎么会以为我能尽忠他呢?尽忠还要被遗弃,我不去楚国,要到那儿去呢?"

秦王认为他说得对,便对待他很好。陈轸在秦过了一年,秦惠王终于任张仪为相。而陈轸只好投奔到楚国去,但楚王并未重用他,而且派遣他出使秦国。他经过魏国时,想见一见犀首。犀首辞谢不见他。陈轸说:"我为了要事而来,您不见我,我就要走了,不能等到第二天呢!"犀首便接见他,陈轸说:"您为什么这么喜欢喝酒?"犀首说:"闲着无事啊!"陈轸说:"我愿意替您找来很多事,可以吗?"犀首说:"怎么办?"陈轸说:"田需邀约各诸侯行合纵政策,楚王怀疑他而不相信。您可以告诉魏王说:'我与燕、赵的国君有旧交情,他们常常派人来说:闲着没事,为什么不彼此见个面。希望请您去探访我们大王。'魏王虽然允许您去,您也不需准备太多车子,只要将三十辆车子陈放在宫廷前,而明白宣布要到燕、赵去就行了。"

作客在魏国的燕、赵人士听了这消息,急忙驱车回去报告他们的国君,而派人迎接犀首。楚王听了这消息,大为生气,说:"田需和寡人结约,但犀首却去燕、赵,这简直是欺骗我啊!"楚王很生气,不听信合纵的事。齐王听说犀首到北方来,便派人将政事委任他,犀首便又到齐国去。于是,三国的宰相职务,都由犀首办理。

陈轸便到了秦国去。这时,韩、魏互相攻伐,战事经过一年,还没有解除。秦惠王想要解救他们,问左右群臣的意见,左右群臣有的说救他们比较好,有的说不救他们比较好。惠王不能为此事作下决定,正好陈轸到达秦国,秦惠王说:"你离开寡人而去楚国,还想念寡人吗?"陈轸回答说:"大王听过越人庄舄的故事吗?"秦王说:"没听过。"陈轸说:"越人庄舄在楚国作了执圭那种爵位的官职。不久,生了病。楚王说:'庄舄本来是越国一个低贱的平民,如今当了楚国执圭这种爵位的官职,可说很富贵了,不知还想念越国吗?'中谢回答说:'一个人最想念故国,都在他生病的时候。假如他思念越国,那么呻吟的声音便是越国的腔调;假如他不思念越国,那么呻吟的声音便是楚国的腔调。'楚王便派人去偷听。结果他的呻吟声还是越国的腔调。如今,我虽然是被遗弃驱逐去楚国。怎么能够不因思念秦国而发出秦声呢?"惠王说:"很好。现在,韩、魏互相攻伐,战事经过一年,还没解除。有人告诉寡人说解救他们比较好,有人告诉寡人说不解救他们比较好。寡人不能决定,希望你在为你自己的国君出计谋之余,也能为寡人出个主意。"陈轸回答说:"曾经有人将卞庄子刺虎的事说给大王您听吗?庄子要刺杀猛虎,旅舍中有一位童子阻止他,说:'那两只老虎正要吃牛,吃得痛快时必引起争夺。一发生争夺,就必定会打斗，一打斗，大的便会受伤，小的便被打死。这时，你再将那只受伤的老虎刺杀。如此一举必可得到刺杀双虎的名声。'卞庄子认为他说得对，便站在旁边等待。不久，两只老虎果然争斗起来，大的受伤，小的死去。卞庄子又将那只受伤的虎刺杀。果然一举而得到刺杀双虎的功劳。如今，韩、魏互相攻伐，战事连续一年而不停止。这样必定弄得大国损伤，小国破败不堪。那时，大王再针对受损伤的国家加以攻讨。一举之下，必能得到灭去两个国家的成果，这就好比庄子刺虎同样的事。您看，我为大王出主意，与为我自己的国君出主意，有什么不同呢？"惠王说："很好。"

终于，秦惠王决定不解救他们。最后，果然大国受了损伤，小国破败不堪。秦再趁机发动军队加以攻讨，得到极大的胜利。这就是陈轸的计策。

犀首，魏国的阴晋人，名叫作衍，姓公孙氏。他和张仪的交情不好，张仪为了秦国而到魏国来，魏王任用张仪当宰相。这对犀首很不利，因此，他派人告诉韩公叔说："张仪已使秦、魏联合了。他提议说：'魏攻打韩国的南阳，秦攻打韩国的三川。'魏王之所以重用张仪的原因，是想得到韩国的土地。而且，韩国的南阳已被占领。您为什么不稍微以一些政事委托我，以便我建立功劳，那么秦魏的交往便会停止了。这样一来，魏必定想图谋秦国，且废弃张仪，拉拢韩国，而任我为宰相。"

公叔认为这样做很好，因此就将政事委托犀首，以便他建立功劳。犀首果然作了魏国的宰相。张仪离开魏国。后来，西戎义渠国的国君来朝拜魏王，犀首听说张仪又作了秦相，并且迫害义渠国。犀首便告诉义渠君，说："贵国的路途遥远，今日别后，不容易再来相见。所以我想趁这机会告诉您有关秦国的事情。事情是这样的：山东各诸侯不联合攻打秦国，所以秦国才得焚烧侵掠您的国家。假如各诸侯一起攻打秦国，秦国为了求贵国相助，必将派遣轻装的使者携带贵重的财物，请求与您的国家亲善。"

以后，楚、魏、齐、韩、赵五国一起攻伐秦国。陈轸告诉秦王，说："义渠君，是蛮夷中贤能的君主，不如赠送给他财物，以安抚他的心志。"秦王说："很好。"

因此，便以一千匹华美的布帛，一百个漂亮的妇女赠送给义渠君。义渠君招集群臣而商议，说："这就是以前公孙衍所告诉我的情况吗？"于是，便起兵袭击秦国，在李伯附近大败秦兵。

张仪去世之后,犀首到秦国去当宰相。他曾经佩带五国的相印,成为盟约的首长。

太史公说:韩、赵、魏三晋有很多善于权变的人。说起来,那些提倡合纵、连横,使秦国强大的,大多是三晋的人士。论到张仪所作的事,比苏秦更不好,但世人都只厌恶苏秦,那是因为他先死,而张仪在后面振扬显露苏秦的短处,以支持他自己的说辞,而促成连横的政策。总而言之,这两个人真是使天下国家倾覆危亡的人士啊!

《史记·张仪列传》译文二

陈焕良　译

　　张仪是魏国人,开始时曾经跟苏秦一起师从鬼谷先生,就学习游说之术来说,苏秦自己认为比不上张仪。

　　张仪结束学业之后,就去游说诸侯。他曾经随从楚国的宰相喝酒,不久,楚国的宰相丢失了玉璧,门下的人怀疑是张仪偷去的,说:"张仪贫穷,品行不好,一定是他偷了相君的玉璧。"大家一起拘捕了张仪,鞭打了他几百下,但张仪始终不屈服,只好释放了他。他的妻子说:"唉!您如果不去读书游说,怎么会遭受这个耻辱呢?"张仪对他的妻子说:"您看我的舌头还在不在?"他的妻子笑着说:"舌头还在。"张仪说:"这就够了!"

　　苏秦已经说服了赵王,而使诸侯相互订立盟约,合纵相亲,但恐怕秦国攻打诸侯,使盟约无法实施,最终失败。苏秦正发愁没有人可以派遣到秦国,就叫人暗中劝说张仪道:"您原先跟苏秦友好,现在苏秦已经掌握政权,您为什么不前去巴结他,来争取实现您的愿望?"张仪就在这时候前往赵国,他呈上名片要求会见苏秦。苏秦就叮嘱他门下的人不要替张仪引见,又让张仪几天不能离开。后来,苏秦接见了他,让他坐在堂下,赐给他跟奴仆侍妾一样的食物。苏秦还趁机多次责备他说:"凭借您的才能,竟让自己困穷耻辱到这个地步。我难道不能说一说而使您富贵吗?只是您不值得收留。"苏秦推辞了张仪,把他打发走。张仪来的时候,自己认为是老朋友,可以得到好处,谁知反而被侮辱,十分恼火,心想诸侯国没有哪一个可以侍奉的,只有秦国能够给赵国苦头吃,于是就到秦国去。

　　苏秦过后告诉他的门下客说:"张仪是天下有才能的人,我几乎比不上他。如今我有幸先被任用,但能够掌握秦国政权的人,只有张仪才行呀。然而张仪贫穷,没有机会去进见秦王。我恐怕他贪图小利而不能成就功业,因此叫他来受辱,为的是激发他的志气。您替我暗中关照他。"苏秦就禀报赵王,发给张仪金钱和车马,并派人暗地里跟随张仪,跟他同住一个宿舍,逐渐接近他,然后把车马和金钱奉送给他,他所需要的用物,为他提供,但不告诉他是谁提供的。张仪于是能有机会见到秦惠王。秦惠王用他作客卿,跟他谋划攻打诸侯国的策略。

苏秦的门下客于是告辞张仪,就要离开秦国。张仪说:"我依靠您才能显贵起来,正当要报答您的恩德的时候,您为什么要离开我呢?"苏秦的门下客说:"我并不了解您,了解您的乃是苏先生。苏先生忧虑秦国攻打赵国,破坏了合纵盟约。他认为除了您没有谁能掌握秦国的政权,所以有意激发您,又派我暗中提供财物给您,这些都是苏先生的计谋,现在您已经得到秦国的重用,请求让我回去报告苏先生。"张仪说:"唉呀!这些都在我的学术范围以内,但我却没领悟到,我比不上苏先生是很清楚的啦!我又刚刚被任用,怎能谋取赵国呢?请替我向苏先生表示歉意,苏先生当政的时期,我还敢说什么!况且苏先生在位,我难道能做什么吗!"张仪做了秦国的相国以后,就写了声讨文书警告楚国的相国说:"当初我陪同你喝酒,我并没有偷你的玉璧,你却鞭打我。你要好好守卫你的国家,我将要偷你的城邑呢!"

苴和蜀两国互相攻击,分别来向秦国告急。秦惠王打算出兵去攻打蜀国,因为道路险要狭窄难以到达,而韩国又来侵扰秦国。秦惠王想先攻打韩国,然后攻打蜀国,但恐怕不利;想先攻打蜀国,又恐怕韩国袭击秦国的薄弱环节,秦惠王因此犹豫不决。司马错跟张仪在秦惠王面前争论起来,司马错主张攻打蜀国,张仪说:"不如攻打韩国。"秦惠王说:"让我听听你的说法。"

张仪说:"我们先亲善魏国和楚国,然后进兵三川,堵截什谷的路口,封锁屯留的道路。再请魏国断绝韩国南阳的交通,楚国兵临韩国的南郑。秦国亲自攻打新城和宜阳,以便逼近东周和西周的城郊,声讨周王的罪过,再去占领楚国和魏国的土地。周王自知不能挽救,必然要奉献出九鼎及宝贵器物。我们占据九鼎,掌握地图户籍,假托天子来号令天下,天下没有哪个国家敢不听从,这是称王的大业。再说蜀国,是西边偏僻的国家,又是戎狄一类的地区,即使兴师动众也不可能成就功名,夺取它们的土地也不能当作有利的事。我听说:争夺名位的人,应当在朝廷上;争夺利益的人,应当在市井上。如今的三川和周室,有如天下的朝廷和市井,但大王不去争夺它,却反而去争夺戎狄,这就距离称王大业太远了。"

司马错说:"不是这样。我听说:想使国家富裕就务必使国家的土地扩大；想使军队强大就务必使自己的百姓富有；想称王务必使自己的恩德博大。这三方面的条件都具备了，称王的大业也就跟着实现了。如今大王的土地窄小，百姓贫穷，因此我希望您先做容易的事。蜀国是西边偏僻的国家，却又是戎狄的首领，国内有夏桀和商纣一样的叛乱危机存在。用秦国攻打它，好像驱使豺狼追逐羊群一样容易。夺取它的土地足够来扩大自己的国土，夺取它的财富足够来使百姓富有，使军备改善，我方不损伤一兵一卒，而对方已经屈服了。攻占一个国家，天下人不会认为是残暴的行为；利益都是来自西边羌戎，天下人不会认为我们贪心。这样我们动一动，名声实利都跟随而来，同时又有禁止暴乱的好名声。如果攻打韩国，劫持天子，这是坏名声，而且未必有利，又有不义的罪名。因此攻打天下人所不希望攻打的国家，那就危险了。请让我论述其中的原因：周是天下诸侯的宗室；齐国是韩国的盟国。周自己知道要丧失九鼎，韩国自己知道将沦亡三川，这两个国家将协力合谋，来借助齐国和赵国的力量，谋求和楚国、魏国和解。假如周把九鼎送给楚国，韩国把三川之地送给魏国，大王是不能够阻止的。这就是我所说的危险。攻打韩国不如攻打蜀国完满。"

秦惠王说："您说得好，我愿意听从您的意见。"秦惠王终于出兵攻打蜀国。当年十月，攻占了蜀国，最后平定蜀国，并贬斥蜀王，改封为侯，同时派陈庄到蜀国做宰相。蜀国归附秦国以后，秦国因此更加强大、富裕，因而轻视其他诸侯国。

秦惠王十年，派遣公子华跟张仪围攻蒲阳，并将它降服了。张仪接着说服秦王把蒲阳归还魏国，一并派遣公子繇到魏国作人质。张仪趁机游说魏王道："秦王对待魏国很优厚，魏国不能够失礼。"魏国便把上郡和少梁进献秦国，来答谢秦惠王。秦惠王就用张仪做宰相，并把少梁改名为夏阳。

张仪担任秦相四年之久，扶持秦惠王为王。过了一年，他又做秦国的将领，夺取了陕州，并在上郡建筑要塞。

这以后两年，张仪被派去跟齐国、楚国的宰相在啮桑会谈。从东方回国之后，他被免去宰相的职位。他又转到魏国做宰相来替秦国着想，想要让魏国首先奉事秦国，然后其他诸侯国也效法它。但魏王不肯听从张仪。秦王大怒，派兵攻占魏国的曲沃和平周，暗中对张仪又更加优厚。张仪感到惭愧，因为他无法回报秦王。张仪留在魏国四年后魏襄王就去世了，魏哀王继位。张仪又游说魏哀王,魏哀王不听从他。因此张仪暗中指使秦国攻打魏国。魏国跟秦国作战,魏国失败。

第二年,齐国又派兵来在观津把魏国打败。秦国又想攻打魏国,首先将韩申差的军队打败,斩杀首级八万,诸侯国都震惊恐惧。而张仪又游说魏王道:

魏国土地纵横不到一千里,士兵不超过三十万人。地势四面平坦,诸侯四面辐辏而来,没有高山大河的阻隔。从郑国到魏国只有两百多里,车奔驰,人行走,不很费力就可以到达。魏国的南面跟楚国交界,西面跟韩国交界,北面跟赵国交界,东面跟齐国交界,兵卒守卫四方,驻守边防堡垒的不少于十万人。魏国的地势,本来像个战场。假如魏国在南方跟楚国交好而不跟齐国交好,那么齐国就要进攻它的东面;东面跟齐国交好而不跟赵国交好,那么赵国就要进攻它的北面;不和韩国合作,那么韩国就要进攻它的西面;不和楚国亲善,那么楚国就要进攻它的南面:这就是人们所说的四分五裂的处境呀。

再说诸侯各国的联盟,是为了安定国家,尊重君主,加强军队,显扬名声。现在,主张合纵的人统一天下,相约成为兄弟关系,便在洹水边上杀白马,歃血为盟,来表示彼此可靠。但是,同父母的亲兄弟,尚且有为钱财而互相争夺的情况,而想靠欺诈虚假的手段来反复推行苏秦遗留下来的谋略,这种做法不可行也是很明白的了。

大王如果不侍奉秦国,秦国就会进兵攻打河外,占据卷邑、衍邑、酸枣,并劫持卫国来夺取阳晋。这么一来,赵国就不能南下,赵国不能南下,魏国就不能北上;魏国不能北上,那么联合救援的道路就断绝了。联合救援的道路断绝了,那么大王的国家想没有危险,是不可能的。如果秦国折服了韩国,又攻打魏国,韩国害怕秦国,秦、韩两国联合成一个整体,那么魏国的灭亡就须臾可待了。这就是我替大王忧虑的事。

我替大王着想,不如侍奉秦国。如果侍奉秦国,楚国和韩国就一定不敢轻举妄动;如果没有楚国和韩国的灾祸,大王就可以垫高枕头睡觉,国家一定没有忧患了。

况且秦国想要削弱的国家,没有哪一个像楚国一样;而能够削弱楚国的国家,没有哪一个像魏国一样。楚国虽然有富裕强大的名声,但实际上是空虚的；它的士兵虽然多，但是容易败北，不能持久作战。如果出动魏国的全部士兵向南攻打楚国，那是一定能战胜它的。宰割楚国而有益于魏国，亏损楚国来归服秦国，转移祸害来使国家安定，这是好事。大王如果不听从我的意见，等到秦国出动武装部队从东面进攻魏国，那时尽管想侍奉秦国，也就不可能了。

况且主张合纵的人，大多只有奋激的言辞，却没有多少可以信赖的，他们游说一个诸侯就能达到封侯的目的，因此天下的说客没有谁不日夜扼着手腕，瞪着眼睛，咬牙切齿地游说合纵的好处，来取悦于君主。君主赞赏他们的善辩并且引用他们的言论，难道能够没有迷惑吗？

我听说，羽毛虽轻，但积聚在一起就能够使船沉没；再轻的东西，群集在一起也能够压折车轴；众人异口同声，可以销毁铁的事实；毁谤的话累积起来，就可以毁灭一个人的生命，因此希望大王审视地决定策略，并且请允许我乞身引退，离开魏国。

魏哀王从此背弃合纵盟约，并且通过张仪向秦国请求和解。张仪回国以后，又一次做秦国的宰相。三年后，魏国又背叛秦国成为合纵的盟国。秦国便攻打魏国，占领了曲沃。第二年，魏国又侍奉秦国。

秦国想攻打齐国，齐国便和楚国合纵相亲，于是张仪去辅佐楚国。楚怀王听说张仪到来，特地空出上等宾馆，并亲自安排他的住宿。楚怀王说："这里是个偏僻落后的国家，您用什么指教我呢？"张仪游说楚怀王道："大王如果能够听从我，就应当和齐国断绝往来，废除盟约，我会请求秦王献出商於一带六百里的土地，并派遣秦国女子做大王的侍妾。秦国和楚国嫁娶通婚，长久成为兄弟国家。这样，北面削弱齐国，西面加强秦国，策略没有比这更有利的了。"楚王非常高兴地答应了他。大臣们都表示祝贺，唯独陈轸表示不安。楚王发怒说："我用不着出动部队，就得到六百里的土地，大臣们都表示祝贺，唯独您表示不安，为什么呢？"陈轸回答说："不是这样。依我看来，商於一带的土地不能得到，而齐、秦两国倒能联合起来。如果齐、秦两国联合起来，那么祸害必然到来。"楚王说："有理由吗？"陈轸回答说："秦国之所以重视楚国，是因为它有齐国的联盟。如果同齐国断绝往来、废除盟约，那么楚国就会孤立。秦国何必贪图孤立无援的楚国，却送给我们商於六百里的土地呢？张仪回到秦国后，一定会辜负大王，这样，北面断绝了和齐国的交往，西面产生了来自秦国的祸患，因而两国的军队必然一起攻到楚国。我好好地替大王着想，不如暗中和齐国联合，而表面和齐国绝交，并派人跟随张仪到秦国去。假如秦国给我们土地，再跟齐国绝交也不迟；假如秦国不给我们土地，那就暗合我们的策略了。"楚王说："希望陈先生闭起嘴巴，不要再说了，就等待我来得到土地好了。"楚王便把将相的印授予张仪，并重重地赠送财物给他。同时和齐国断绝往来，废除盟约，并派遣一名将军跟随张仪到秦国去。

张仪回到秦国，假装车绳失手，坠落车下，三个月没有上朝。楚王听说这件事以后，说："张仪认为我和齐国绝交还不够坚决吗？"于是他派遣勇士到宋国，借用宋国的符信，北上辱骂齐王。齐王非常愤怒，情愿委屈自己来向秦国退让。秦国和齐国联合以后，张仪就去上朝，他对楚国的使者说："我有受封的城邑六里，愿意把它奉献给大王。"楚国的使者说："我奉我们国王的使命，来接受商於一带六百里的土地，没有听说是六里地。"使者回国报告楚王，楚王非常愤怒，要出动军队进攻秦国。陈轸说："我陈轸可以开口说话吗？进攻秦国，不如反过来割地贿赂秦国，跟它联合出兵攻打齐国，这样，等于我们让出土地给秦国，然后向齐国索取赔偿，这样大王的国家还可以保存。"楚王不听从陈轸的意见，终于出动军队，并派遣将军屈匄进击秦国。秦国和齐国一起攻打楚国，八万楚兵被杀头，屈匄也被杀。秦、齐两国于是占领了丹阳和汉中的土地。楚国又再增派兵力袭击秦国，楚军到了蓝田，和秦军展开激烈的战斗。结果楚军打了大败仗，于是楚国割出两个城邑来跟秦国议和。

秦国要挟楚国，想得到黔中这个地方，并愿意用武关外的土地换取它。楚王说："我不愿交换土地，而愿意得到张仪，然后奉献黔中这个地方。"秦王心想派张仪到楚国去，但口头不忍心说出来。张仪就自愿请求到楚国去。秦惠王说："那楚王怨恨您不履行议约献出商於一带的土地，这样，他将把您置于死地而后快！"张仪说："秦国强盛，楚国衰弱，我和楚国大夫靳尚很友好，靳尚侍奉楚夫人郑袖，郑袖说的话，楚王都听从。况且我奉大王的命令出使楚国，楚国哪里敢加害我？假使杀了我而替秦国得到黔中这个地方，这是我最好的愿望。"于是张仪出使楚国。楚怀王见张仪来到楚国，就要囚禁他，并准备把他杀掉。靳尚对郑袖说："您知道您也将被大王看不起吗？"郑袖说："为什么呢？"靳尚说："秦王非常喜欢张仪,而不愿意让他出使楚国受害,今后将用上庸一带六个县贿赂楚国,并用秦国的美女嫁给楚王,用宫廷里能歌善舞的女子作陪嫁。楚王一重视土地和尊重秦国,秦国的女子就必定得宠而夫人将被排斥了。您不如替张仪说情而让他出狱。"于是郑袖日夜劝说楚怀王道:"臣子各自替他的君主效劳。现在,土地还没有给秦国,秦国便派张仪来,可见极为重视大王。大王不但没有回礼,反而要杀掉张仪,这样,秦国必然愤怒,必然攻打楚国。我请求让我们母子都迁徙到江南去,以免被秦王当鱼肉宰割。"楚怀王终于后悔了,赦免张仪,如同以前一样客气地以礼相待。

张仪被释放以后,还没有离开楚国,便听说苏秦死了,就游说楚王道:

> 秦国的领土占天下的一半,兵力可以抵挡四个国家,背靠天险,又有黄河环绕,四周都是要塞,牢不可破。秦国拥有勇猛的兵士一百多万人,兵车一千辆,战马一万匹,粮食堆积如山。法令既已严明,士兵安于苦难,乐于牺牲,君主贤明而且威严,将帅机智而且勇武。秦国虽然没有出兵,但是一出兵就会席卷常山的天险,必然折断天下的脊梁,天下有迟臣服的一定先灭亡。况且主张合纵的,跟驱使羊群去攻击猛虎没有什么不同,牛羊斗不过老虎那是很显然的了。如今大王不跟猛虎交往,却跟群羊交往,我私下认为大王的策略是错的。
>
> 大凡天下的强国,不是秦国就是楚国,不是楚国就是秦国,两国相争,其势不能两立。大王如果不跟秦国亲善,秦国就会出兵占据宜阳,这样一来韩国的上党郡一带地区就不能畅通。如果秦国出兵河东,夺取成皋,韩国就必定向秦国臣服,魏国也就随从韩国而动。秦国攻打楚国的西部,韩国和魏国攻打楚国的北部,国家哪能不危险?
>
> 况且主张合纵者聚集一群弱小的国家去攻打最强大的国家,不估计敌人的实力却轻易地交战,国家贫穷却多次发动战争,这是使国家危亡的做法。我听说,兵力比不上敌方,就不要向敌方轻易挑战,粮食比不上敌方,就不要跟敌方持久作战。主张合纵的人,粉饰巧言,专说假话,吹捧国君的气节,只说那有利的一面,却不说那不利的一面,最终如果有秦国的祸害,就来不及去应付了。希望大王仔细考虑它。
>
> 秦国西面拥有巴蜀,大船堆积着粮食,从汶山出发,沿着长江而

下，到楚国只有三千多里。两船相并装载士兵，每两船可以载五十人和三个月的粮食。船沿水飘浮而下，一天行驶三百多里，里程数目虽然多，但是不用花费牛马的力气，不到十天就到达扞关。扞关受到惊扰，那么从过境以东都要据城守御了。黔中和巫郡便不是大王拥有的。秦国发动军队从武关出发，向南面攻打，那么楚国北面的土地就被断绝了。秦国军队攻打楚国的时候，三个月以内就可以造成楚国的危难，但楚国要等待诸侯的救援，却要在半年以后，这种情势必然来不及了。等待弱国的救援，而忘记了强秦的祸害，这是我替大王忧虑的原因。

大王曾经跟吴国人打仗，五次战争三次胜利，但临阵士卒几乎牺牲殆尽了；偏师守战新城，留存的百姓也够苦了。我听说功业太大就容易产生危险，而人民疲惫就容易怨恨君上。守着容易产生危险的功业，而违背强秦的心意，我私下替大王感到危险。

况且秦国十五年不出兵函谷关来攻打齐国和赵国的原因，是因为秦国有企图合并天下的野心。楚国曾经跟秦国结怨，在汉中交战，楚国未能取胜，列侯和执圭官员战死的达七十多人，汉中终于沦陷了。楚王非常愤怒，又出兵袭击秦国，在蓝田交战。这就叫作两虎相斗。秦楚两国都疲惫不堪，而韩魏两国凭借自己的完固无损而从后面乘虚而入，计谋没有比这更危险的了。希望大王仔细地考虑这些。

如果秦国出兵攻打卫国的阳晋，就必定会堵塞天下的胸膛。大王出动全部军队去攻打宋国，不到几个月宋国就可以攻下来，攻下宋国以后一直向东挺进，那么泗水边的众多诸侯国就都归大王所有了。

全天下能通过盟约使诸侯合纵相亲、团结一致的人是苏秦，他被封为武安君，做了燕国的相国以后，就暗地里跟燕王策划攻破齐国，再瓜分它的土地。于是苏秦假装犯罪外逃到齐国，齐王便接纳了他，并让他做相国。过了两年以后被发觉，齐王极其愤怒，在市集上把苏秦五马分尸。靠一个欺诈虚伪的苏秦，却要治理天下，统一诸侯，那显然是不能成功的。

如今秦国和楚国边界相接壤，本来就是地形上亲近的国家。大王如果能听从我，我将请求让秦国的太子到楚国做人质，让楚国的太子到秦国做人质，并请求用秦国的女子作大王的侍妾，奉献拥有万户的都城作为汤沐所需的城邑，长久成为兄弟关系的国家，世代互不侵犯。我认为计策没有比这好的了。

当时楚王虽然已经得到张仪，但是难于让出黔中的土地给秦国，就想答应张仪。屈原说："以前大王被张仪欺骗了，张仪一来，我以为大王会烹杀他；现在舍弃而不忍心杀他，却又听信他的胡言，不行。"楚怀王说："我答应张仪就保住黔中，这是最大的好处。既然答应了又要背弃他，不行。"因此终于答应了张仪，跟秦国亲善。

张仪离开楚国以后，接着就到韩国去，他游说韩王道：

韩国领土险恶，并且地处山区，生产的粮食不是豆就是麦，人民吃的大都是豆子饭、豆叶汤。一年失收，人民连糟糠都吃不饱。土地不超过九百里，没有两年的粮食积蓄。估计大王的士兵，充其数不超过三十万，并且后勤人员都包括在内。除去守卫边疆的堡垒要塞，现有士兵不过二十万人罢了。秦国有武装士兵一百多万，兵车一千辆，战马一万匹，勇猛的战士，冲锋陷阵、奋不顾身、轻装杀敌的，多到数也数不完。秦国战马的精良，前蹄一跃，后蹄一蹬，腾空而起，前后蹄相距两丈多的，数也数不尽。山东的战士披着铁甲、戴着头盔去会战；秦国人可以脱去甲衣，赤膊上阵去追逐敌人，他们左手提着敌人的头颅，右手活捉俘虏。秦国的士兵跟山东的士兵相比，有如孟贲这样的勇士和胆小鬼相比一样；用巨大的威力压下去，就像乌获这样的大力士对付婴儿一样。用孟贲、乌获这样的勇士参战去攻打不归服的弱小国家，跟把千钧的重量压在鸟蛋上没有什么不同，一定没有幸存的了。

大臣们和诸侯王不估量国土这样的少，却听从主张合纵的人的甜言蜜语，他们彼此勾结，互相掩饰，都振振有词地说："听从我的计策可以在天下称霸。"不考虑国家的长远利益而听信顷刻间的言论，贻误国君，没有比这更厉害的了。

大王如果不服事秦国，秦国将出兵占据宜阳，断绝韩国的上地，东进夺取成皋、荥阳，那么鸿台的宫殿和桑林的花园就不是大王所有的了。成皋被阻塞，上地被断绝，那么大王的国家就被分裂了。先服事秦国就安全，不服事秦国就危险。制造灾祸却想得到福报，计谋浅陋而结怨很深，违背秦国而归顺楚国，即使想不灭亡，也是办不到的。

因此我替大王着想，不如帮助秦国。秦国所希望的无非是削弱楚国，而能削弱楚国的无非是韩国。这并不是因为韩国能够比楚国强大，而是它的地势是这样。如果大王向西服事秦国来攻打楚国，秦王一定很高兴。攻打楚国是为了利用它的土地，转嫁祸害而使秦国高兴，计策没有比这更合适的了。

韩王听信了张仪的计策。张仪回国报告秦惠王，秦惠王赏赐他五个城邑，封号叫武信君。又派张仪往东去游说齐湣王道：

天下的强国没有能超过齐国的，大臣是父兄关系，广大民众富足安乐。但是替大王谋划的，都是一时之说，没有考虑长远的利益。主张合纵的人游说大王的，一定说："齐国西边有强大的赵国，南边有韩国和魏国。齐国是靠海的国家，土地广阔，人民众多，军队强大，士兵勇敢，即使有一百个秦国，对齐国也将无可奈何。"大王称赞这种说法，但没有考虑它的实际。主张合纵的人结党营私，彼此勾结，没有谁不认为合纵是可行的。我听说，齐国跟鲁国三次交战，鲁国三次取胜，国家却因此而危险，随后就灭亡了。虽然得到战胜的虚名，却得到亡国的现实。这是为什么呢？这是因为齐国强大而鲁国弱小。今天的秦国跟齐国，正像齐国跟鲁国一样。秦国和赵国在黄河、漳河边上交战，两次交战而赵国两次战胜秦国。四次战争以后，赵国死亡的士兵有几十万，邯郸才保存下来，虽然有战胜的名声，但是国家已经残破了，这是为什么呢？因为秦国强大而赵国弱小。

现在秦、楚两国通婚，结成兄弟国家。韩国奉献宜阳，魏国敬送河外；赵王到渑池朝见秦王，割让河间来奉事秦国。如果大王不奉事秦国，秦国驱使韩国、魏国攻打齐国的南部，赵国军队全部出动，渡过清河，直指博关，那么临淄、即墨就不是大王所有的了。国家一旦被进攻，即使想奉事秦国，也不可能了。所以希望大王仔细地考虑这个问题。

齐王说："齐国偏僻落后，远在东海之滨，不曾听到国家长远利益的高见。"于是答应了张仪。

张仪离开了齐国，往西去游说赵王道：

敝国秦王派遣使者我向大王呈献不成熟的意见。大王召令天下来抵制秦国，秦军不敢出兵函谷关有十五年了。大王的声威流传到山东各国，我国恐惧畏服，修造武器装备，整治兵车战马，练习骑马射箭，勤力耕作，积蓄粮食，守卫四周疆域，举止诚惶诚恐，不敢轻举妄动，唯恐大王存心监督我国的过失。

现在凭大王的威力，秦国攻占了巴蜀，兼并了汉中，夺取了西周和东周，迁移了九鼎，守卫着白马渡口。秦国虽然偏僻遥远，但是内心不满、积怨已经很久了。现在秦国有残兵败将驻扎在渑池，打算渡过黄河，跨越漳河，占据番吾，聚兵在邯郸城下，希望在甲子日会战，来仿效武王伐纣的故事。因此特地派遣使者我事先告知大王左右。

大概大王之所以信赖合纵联盟的原因是依靠苏秦。苏秦迷惑各国诸侯，把对的当作错的，把错的当作对的，想反对齐国，反而自己被五马分尸在集市上。天下不能统一也够明白的了。现在楚国和秦国成为兄弟国家，而韩国和魏国自称为秦国东方的臣属，齐国献出了盛产鱼盐的土地，这是斩断了赵国的右臂。右臂被斩断却要跟人家争斗，丧失了自己的朋党而独处，想要国家不危险，难道可能吗？

现在秦派遣了三位将军：其中一个方面的军队阻塞午道，告知齐国让它出动军队渡过清河，驻扎在邯郸的东面；一个方面的军队驻扎在成皋，驱使锦、魏两军驻扎在河外；一个方面的军队驻扎在渑池。约定四国团结一致来攻打赵国，赵国破灭以后，一定由四国瓜分它的土地。因此不敢隐瞒秦国的意图，事先把它告知大王左右。我私下替大王着想，不如跟秦王在渑池会晤，当面交谈，请求按兵不动，希望大王拿定主意。

赵王说："先王在世的时候，奉阳君垄断政权，滥用威势，瞒骗先王，独断专行地处理政务。那时，我正跟随老师学习，不参与国家大事的策划。先王离开人世时，我年纪还小，继承君位的日子不长，心里本来就有疑惑，认为统一合纵不奉事秦国，不是国家的长远利益。于是准备改变心意，割让土地，对以前的过失表示歉意，来奉事秦国。我正要套车出发,刚好听到您的高明教诲。"赵王答应了张仪,张仪才离开。

张仪往北到燕国,游说燕昭王道:

> 大王亲近的国家无非是赵国。从前赵襄子曾经用他的姐姐作代王的妻子,企图吞并代国,就约定跟代王在勾注山要塞会晤。他就叫工匠制作铜匙子,加长它的尾柄,让它可以击杀人。赵襄子跟代王喝酒时,暗中告诉厨工说:"如果酒喝到酣畅欢乐的时候,你就送上热汤,然后趁机反转铜匙子来击杀他。"就在酒喝得正酣畅欢乐的时候,厨工送上热汤,并送上匙子,趁机反转匙子来击杀代王,杀死了他,代王的脑浆淌在地上。赵襄子的姐姐听到了这个消息,便磨利簪子而自杀了,因此到现在还有摩笄山的名称。代王的死,天下没有谁不曾听说。

> 赵王的狠毒暴戾,六亲不认,是大王亲眼看到的,难道还认为赵王可以亲近吗?赵国曾经出动部队攻打燕国,两次围困燕都来胁迫大王,大王割让十个城邑去谢罪。现在赵王已经到渑池朝见秦王,献出河间来奉事秦国。如果大王不奉事秦国,秦国将出兵云中和九原,驱使赵国进攻燕国,那么易水和长城就不是大王所有的了。

> 况且现时赵国对于秦国来说如同郡县一样,不敢随便出兵去攻打别国。如果大王奉事秦国,秦国一定高兴,赵国也不敢轻举妄动。这样,燕国西面就有强秦的援助,而南面没有齐、赵两国的祸患,所以希望大王仔细地考虑这个问题。

燕王说:"我如同蛮夷一样身处偏僻之地,尽管是个男子汉,也才像婴儿一样,说话没有正确的意见可取。今天幸蒙贵客指教我,我愿意向西奉事秦国,并奉献恒山脚下的五个城邑。"

燕王听从了张仪。张仪回国报告秦王,还没到达咸阳,秦惠王便去世了,由武王继承君位。秦武王自从做太子的时候就不喜欢张仪,到登位后,大臣们常诽谤张仪说:"张仪不诚实,到处卖国来谋取私利。秦国如果再任用他,恐怕被天下人取笑。"各诸侯国听说张仪跟秦武王有嫌隙,都背叛连横路线,又实行合纵外交。

秦武王元年,大臣们日夜不停地诋毁张仪,同时齐国的责备也跟着而来。张仪惧怕被杀,就趁机对秦武王说:"我有个不成熟的计策,希望奉献它。"秦武王说:"怎么样?"张仪回答说:"替秦国国家着想的话,东方各国有大乱,然后大王才能多割得土地。现在听说齐王非常憎恨我张仪,我张仪所在的国家,一定会出兵攻打它。所以我张仪希望让我这个不成器的人到魏国去,齐国一定会出兵攻打魏国。魏国和齐国的军队在城下交战,彼此都不能离开,大王就趁机进攻韩国,进入三川,出兵函谷而不进攻,以进逼周京,周朝的祭器一定会交出来。大王就能假托天子,掌握地图和户籍,这是帝王的大业啊!"秦王认为是这样,因此准备三十辆兵车,把张仪送到魏国。齐国果然出兵攻打魏国。魏哀王恐惧。张仪说:"大王不要忧虑,请让我退却齐军。"张仪就派遣他的家臣冯喜到楚国去,作为楚国的使者前往齐国,对齐王说:"大王非常憎恨张仪,虽然这样,但大王让张仪寄身在秦国也做得够周到了。"齐王说:"我憎恨张仪,张仪所在的国家,我一定出兵攻打它,还有什么地方让张仪寄身呢?"冯喜回答说:"这就是大王让张仪有安身之处呢。张仪从秦国出来时,本来就跟秦王约定说:'替大王着想的话,东方有大乱,然后大王才能够多割得土地。现在齐王非常憎恨我张仪,我张仪所在的国家,他一定出兵攻打它。因此我张仪希望让我这个不成器的人到魏国去,齐国一定出兵进攻它。当齐国和魏国的军队在城下交战,彼此都不能离开的时候,大王趁机攻打韩国,进入三川,出兵函谷而不要进攻,以进逼周京,周朝的祭器一定会交出来。大王就能够假托天子,掌握地图和户籍,这是帝王的大业啊。'秦王认为是这样,因此准备三十辆兵车,把张仪送到魏国。现在张仪到了魏国,大王果然进攻它,这是大王对内使国家疲惫,对外攻打友邦,扩充邻近敌人给自己内部造成威胁,而使张仪得到秦王的信任。这就是我所说的'让张仪得以安身'。"齐王说:"好。"就派人撤退军队。

张仪担任魏国宰相一年,死在魏国。

陈轸,是个游说的辩士。跟张仪一起服事秦惠王,都受到尊重,因而互争宠幸。张仪在秦王面前诋毁陈轸说:"陈轸用丰厚的礼物频繁地来往于秦国和楚国之间,本该为国家的外交事务出力。现在楚国对秦国不友好而对陈轸很好的原因,就在于陈轸为自己打算多而替大王着想少。况且陈轸想要离开秦国到楚国去,大王为什么不随他的便呢?"秦惠王对陈轸说:"我听说您想离开秦国到楚国去,有这回事吗?"陈轸说:"有。"秦惠王说:"张仪的话果然可信了!"陈轸说:"不仅张仪知道这回事,而且过路的人都知道这回事。从前伍子胥忠于他的国君,天下的国君便都争着要他做臣子；曾参孝敬他的父母，天下的父母便都希望要他做儿子。因此被贩卖的奴仆、侍妾，不出里巷就卖掉了的，是好奴仆、好侍妾；被遗弃的妇女能嫁在本乡本土的，是好妇女。如果陈轸不忠于他的国君，楚国又凭什么认为陈轸是忠臣呢？忠于国君还要被摈弃，我陈轸不到楚国去到哪里去呢？"秦惠王认为陈轸的话是对的，就友好地对待他。

陈轸在秦国逗留了一年，秦惠王终于让张仪做宰相，而陈轸就投奔楚国。楚国没有重用他，却派遣陈轸出使秦国。陈轸经过魏国，想要会见犀首，犀首谢绝不见。陈轸说："我有事而来，您不愿见我，我就要走了，不能等到另一日。"犀首只好见了他。陈轸说："您为什么喜欢喝酒呢？"犀首说："没有事情。"陈轸说："我请您多做事可以吗？"犀首说："怎么办？"陈轸说："田需（魏相）约定诸侯合纵相亲，楚王怀疑他，不相信。您对魏王说：'我跟燕、赵两国的国王有交情，他们多次派人来说："您没有事为什么咱们不彼此见见面？"希望拜见大王以后能让我成行。'魏王即使允许您前去，也请您不要多用车辆，只用三十辆车，可以陈列在庭院里，公开说要到燕国和赵国。"燕国和赵国的宾客听到了消息，驱车回国告诉他们的国君，派人迎接犀首。楚王听到这件事以后非常愤怒，说："田需跟我约盟，而犀首前往燕国和赵国，这是欺骗我。"楚王发怒，不听信田需合纵的事。齐国听说犀首到北方去，便派人把国家大事委托给他。犀首终于成行，齐、燕、赵三国宰相的事务都由犀首决断。陈轸这才到秦国去。

韩、魏两国交战，整整一年不能和解。秦惠王想制止它，询问左右大臣的意见。左右大臣有人说制止它为好，有人说不制止为好，秦惠王未能决断它。陈轸刚好到秦国来，秦惠王说："您离开我到楚国去，也想念我不？"陈轸回答说："大王听说过越国人庄舄吗？"秦惠王说："没有听说过。"陈轸说："越国人庄舄在楚国当执珪，不久病了。楚王：'庄舄原是越国乡下的小人物，如今在楚国担任执珪，富贵了，也还思念越国不？'侍从回答说：'大凡人们思念故乡，都是在他生病的时候。他想念越国，就会操越国的口音；不想念越国，就会操楚国的口音。'楚王派人去听，庄舄还是操越国口音。如今我虽然被弃逐到了楚国，难道能不操秦国口音吗？"秦惠王说："好。现在韩、魏两国交战，整整一年不能和解，有人说我制止它为好，有人说不制止为好，我不能决定，希望您在替楚国出谋划策之余，也替我考虑考虑。"陈轸回答说："也许曾经有人把那下庄子刺虎的故事告诉大王了吧。卞庄子想去刺杀老虎，旅馆的小伙计制止他，说：'两只老虎正在吃牛，吃到甘美有味的时候，一定会相争，一相争就一定要斗，争斗的结果就会大的伤，小的死。趁大虎受伤的时候去刺死它，一举两得一定有杀二虎的名声。'卞庄子认为有道理，便站着等待。过了一会，两只老虎果然争斗起来，大的受伤，小的死亡。卞庄子趁势把那只受伤的老虎刺杀了，果然一举而有杀两虎的功名。如今，韩、魏两国互相攻伐，经历了一整年还不能平息，这样必然是大国受伤，小国灭亡，大王趁机攻打那受伤的大国，必然有一举两得的实利。这好比卞庄子刺杀老虎一样。我的君主与大王都应当等待韩、魏两国的疲惫而进击它们，又有什么不同呢？"秦惠王说："好。"

终于决定不制止韩魏之战。大国果然受伤，小国果然灭亡，秦国出兵加以攻伐，彻底地战胜了它们。这是陈轸的计谋。

犀首是魏国的阴晋人，名叫衍，姓公孙氏。他跟张仪不相好。

张仪为了秦国而到魏国去，魏王任用张仪做宰相。犀首对此感到不利，因此叫人对韩公叔说："张仪已经使秦、魏两国联合了。他主张说'魏国攻打南阳，秦国攻打三川'。魏王之所以看中张仪的原因，是想得到韩国的土地。况且韩国的南阳已经被占领了，您为什么不稍微让我有立功的机会，那么秦、魏两国的交往就可以停止了。这样那么魏国必定图谋秦国而且废弃张仪，收买韩国而让我做宰相。"公叔认为有理，就把政事委托给犀首来让他立功。犀首果然做了魏国的宰相，张仪便离开了魏国。

义渠君到魏国朝见。犀首听说张仪又做了秦国的宰相，妒忌他。犀首就对义渠君说："您远道而来，难以再相见。请允许我告诉您一件事。"他接着说："中原各国不共同进攻秦国，秦国就会焚烧、侵掠您的国家。如果各国一起共同进攻秦国，秦国将频繁地派遣使者，带着丰厚的礼物来亲善您的国家，想得到救助。"这以后，楚、魏、齐、韩、赵五国进攻秦国。正好陈轸对秦王说："义渠君是蛮夷中贤明的君主，不如赠送他财物来安定他的情志。"秦王说："好。"就把一千匹锦绣和一百个美女送给义渠君。义渠君召集大臣们商议说："这是公孙衍所说的情况吗？"于是出动军队袭击秦国，在李伯城下把秦军彻底打败。

张仪去世以后，犀首到秦国做宰相。他曾佩带五国的相印，成为联盟的首领。

太史公说：三晋地方有很多善于权谋机变的策士，那些主张合纵连横促使秦国强大的，大体上都是三晋的人。张仪的所作所为超过苏秦，然而世人之所以厌恶苏秦，是因为他先死，使张仪能够宣扬暴露苏秦合纵外交的短处，从而扶植自己的说辞，促成自己连横的外交主张。总之，这两个人真是险诈的人啊！

附录二

古词语丛谈(29则)*

一、古汉语中的礼貌词语

古汉语中有不少对人表示尊敬、对己表示谦让的习惯用语,我们称之为礼貌词语。除了一般语法书所谈的礼貌名词(如"陛下""君""臣""子""仆"等)以外,常见的还有礼貌形容词、礼貌副词和礼貌动词。

礼貌形容词 在称人或对人自称自己的亲属、居处、事物、容貌等名词之前,不用表示领属关系的"你的""我的"作定语,而用表示谦敬的形容词作定语,这一类表谦敬的形容词就是礼貌形容词。称人用表敬形容词,自称则用表让形容词。

表敬形容词一般有尊贵、贤惠之类的意义,表让形容词一般有卑贱、愚蠢之类的意义。如称人以"尊""贵",自称以"贱",称人以"贤",自称以"愚";称人之妻为"贵妻""贤夫人"等,称己之妻则为"贱内""愚妻"等;称人之居处为"尊府""尊门""贵府""贵寓"等,称己之居处则为"敝舍""敝庐"等。

礼貌形容词大多数是本来的形容词,如上面所举的"尊""贤""贵""贱"。又如称人之著作为"大著""大作",自己之著作为"拙著""拙作";称人之评论为"高论",称己之意见为"卑见"。"大""拙""高""卑"也都是本来的形容词。

有一部分礼貌形容词本来是名词,但它们起了形容词的语法作用,因

---

* 附录二:《古语词丛谈(29则)》,所收29则短文,皆曾发表于报刊上,其中《古汉语中的礼貌词语》,原载于《语文月刊》1982年第8期;《浅谈和人体有关的成语》,原载于《语文教学》(江西)1983年第5期;《几个容易误解为动物的词——首鼠·狼狈·犹豫》,原以《几个与动物无关的词——首鼠·狼狈·犹豫》为题,载于《科学文化报》1988年3月1日"古语趣谈"专栏。其余不一一说明出处。

此归之于礼貌形容词。最常见的有"玉"字：称人容貌为"玉面""玉貌"；称人步履为"玉步"；称人之足为"玉趾"；称人书信为"玉音""玉札""玉章"；称人之女为"玉女"；称人照片为"玉照"。

不管是本来的形容词，还是名词转化来的形容词，其词义都不是原来的词义。如："大客"不是"大的客人"，而是提及对方宾客时的一种表敬说法；"小儿"不是"小的儿子"，而是对人谦称自己的儿子；"玉女"不是"玉质女儿"，"豚儿"不是"豚的儿子"，都是客气的说法而已。但也并不是说与原来的词义无关，而是有一定的联系，其词义往往是原形容词意义的外延引申。至于名词转化来的礼貌形容词，则多半是原名词的比喻义，如"玉"是比喻像宝玉一样贵重，"豚"便是像小猪一样下贱。

礼貌副词 在称人的动作行为或心理活动等动词之前冠以尊人的表敬副词，在称己的动作行为或心理活动的动词之前冠以谦己的表让副词，统称为礼貌副词。

尊人的表敬副词常见的有"辱""惠""幸""枉""垂""光"。

"辱"，有委屈、使受耻辱之意。"惠"，意为恩爱。"幸"，有幸之意。"枉"，曲就的意思。"垂"，自上施于下。"光"，即荣光，如"荣分右职，光贲遐藩。"（刘禹锡《谢兵马使朱郑等官表》）称人的来临为"光贲"，与"光临""光顾""光降"同义。

谦己的表让副词常见的有"伏""窃""忝""敢""奉"。

"伏"，原是跪伏之意。"窃"，意为私下。"忝"，羞辱的意思。"敢"，冒昧的意思。"奉"，原意是双手恭敬地奉持。如"臣质言，奉读手命"。（吴质《答魏太子笺》）他如书信常用的"谨""拜""恭""敬"，都是恭敬的意思。

礼貌动词 礼貌副词是在动词前头附加敬让副词来体现礼貌，礼貌动词则在于选择恰如其分的动词或动词性词语来体现礼貌，实际上是同义词或同义语的灵活运用。

古汉语中有一类同义词有贵贱尊卑、感情色彩的区别，这是古代等级观念在语言上的反映，也是礼貌动词滋生的因素。为了区别贵贱，或者褒贬善恶，同一个动作行为的概念，对于不同的对象，就用不同的词来表示。例如：

表示相互往来的词就有"幸""临""登"的区别："幸"，特指天子的行动。天子动身到某地就叫"幸"。"临"，原意为居高视下，引申为从上面到下面来，故"光临""照临""莅临"至今还沿用为敬称他人的来到。与"临"相对的"登"则用以自称到他人处，犹如今语"登门拜访"。

表示授受关系的动词就有"赐""贡""献""承""蒙""奉"的异同：上授下，尊授卑，皆言"赐"。天子为臣下设宴叫"赐宴"。天子所送书叫"赐书"。甚至天子叫臣死也叫"赐死"。"赐"用为一般的敬词就有"赐示""赐教""赐复"等。与"赐"相对的是"贡"和"献"。把物品进献给天子叫"贡"，只能用于下奉上，卑奉尊的场合。"献"，与"贡"同义。古代送物于人，尊称叫"献"，通行叫"馈"。"承""蒙""奉"同义，意为"承蒙""承受"，用于在下者接受在上者的命令（承命、奉旨）、恩惠（蒙恩）等，可作为礼貌动词，用于通类。

表示人生死这一自然现象也因人而异，以别贵贱。一般人的出生叫"生"或"产"，但在《尚书》和《诗经》中，天子的出生叫"降"。在春秋以前，一定是帝王才能用"降"。"降"字与天有关，是自天而降的意思。称"死"更是等级森严：天子死叫"崩"，诸侯死叫"薨"，大夫曰"卒"，士曰"不禄"，庶人曰"死"。称说不当，重则不合"礼法"，轻则不礼貌。

礼貌动词还表现在雅俗之分上。大凡文雅的词语比粗俗的词语来得礼貌。今语"上厕所"，古语叫"如厕"，但出自礼貌，一般叫"更衣"。大概因为宾主相见，不宜言秽亵之事，故"如厕"，皆托言"更衣"。"如厕"又雅称"出恭"：元明时代考试，设有"出恭入敬"牌，以防考生擅离座位，凡考生上厕所须领此牌，因此谓上厕所为"出恭"。曰"更衣"、曰"出恭"，较之"如厕"文明，犹今语还称大小便为"解手"一样。在公共场合或宾主相见时不谈论秽亵之事，不使用容易使人恶心的言词，当然是礼貌的表现。

古汉语中的礼貌词语，有一部分反映封建统治阶级的意识形态，今天不能乱用。也有相当大一部分是汉民族讲究文明礼貌、提倡语言美的反映，其历史由来已久，早在《论语》中就有"言之无文，行而不远"的说法。所谓"文"，即文采、辞藻，用现在的话说就是"语言美"。礼貌词语就是有"文"之言。因此检讨古汉语中的礼貌词语，批判继承其中有生命的部分，对于继承发扬汉民族讲究文明礼貌的优良传统仍然是有现实意义的。

二、浅谈和人体有关的成语

翻开成语词典，可以发现有相当数量的词条嵌镶着和人体或人体器官有关的词语（姑且称为人体词），如"手舞足蹈""出头露面""张口结舌""沁人心脾"等。

成语中的人体词都是基本词汇，当它们单独使用时，古今意义没有什么变化，容易理解掌握。但当它们嵌入成语之后，有的意义就有所变化。因此，探讨这类成语，对阅读或写作是有帮助的。

成语中的人体词以属头部的"头""面""口""耳""目""鼻"和四肢的"手""足"居多，只有少数属于内脏，如"心""肝""脾""肠""胆"。这些人体词嵌入成语后，它们的词义有时用其本义，有时用其引申义，有时却另有所指。如"手""足"，在"手舞足蹈"中用的都是本义，但在"心狠手辣"中，"手"指的是"手段"，在"一失足成千古恨"中，"足"指的是"步子"，"失足"指摔跤，比喻犯错误。又如"胆"，在"胆战心惊""闻风丧胆"中，用的是本义，但又作"胆量"解，如"浑身是胆""胆大妄为""胆小如鼠"。又如"胸"，几乎在所有成语中都不是指胸部，而是指心里，如"胸有成竹""胸有朝阳""胸中有数"，因此"胸中有数"也作"心中有数"。至于"心"，有关的词条不少，只有少数情况与心脏有关，如"呕心沥血""铁石心肠""心胆俱裂""推心置腹"。但在大多数情况下，与其说与"心"有关，不如说与"脑"有关。这是因为古人局限于医学水平，对人体器官的功能缺乏正确的认识，把许多本来是脑的思维活动都归之于心，因此反映在成语中的"心"，意思常常是心思、理智、精神等，如"苦心孤诣""处心积虑""丧心病狂""心劳日拙"等。

上面说到，本来是与脑有关的成语，却成为与心有关，但这并不意味着可以把它们改换过来。因为成语是约定俗成的，具有相对稳固性，随意改换反而别扭。即使是成语中的同义人体词也不能随意替换。如在"拾人牙慧"和"不足挂齿"中，不能因为牙、齿同义而相互替换。

探讨和人体有关的成语，固然要弄清人体词在成语中的实际意义，但其最终目的是完整准确地理解整个成语的意义。总的来说，和人体有关的成语其意义都是与人有关；或者状写人的形貌（如"青面獠牙""大腹便便"），或者状写人的品性（如"心直口快""口蜜腹剑"），或者状写人的才智（如"目不识丁""独出心裁"）等等。但是，这些成语的具体意义又各有不同，在运用时必须弄清原意和转意、古义和今义、褒义和贬义，切忌望文生义。试举例，略加分析如下。

"明目张胆"。这个成语在《史记·张耳陈馀列传》中作"瞋目张胆"。"瞋目"是睁大眼睛，"张胆"是放大胆子的意思。《唐书·韦思谦传》就正式出现了"明目张胆"的说法。韦思谦是唐高宗时的监察御史，据说"为人刚直，直言无忌。"他说过："大丈夫必须'明目张胆'，报效国家，岂能庸庸碌碌，只图保住自己和一家大小的安全呢！"由此可见，"明目张胆"原来是指眼明胆大，敢说敢干，敢于同恶势力公开斗争。但是，现在我们引用时，却是用它反面的意思，形容坏人公开地、大胆地做坏事。

"洗耳恭听"。请人讲话时说的客气话，形容恭敬地听别人讲话，元朝周权的《此山集·秋霁诗》："酒醒谁鼓《松风操》，炷罢炉熏洗耳听"。（《松风操》，琴曲名；炷罢炉熏，形容点上香，把房间熏得香喷喷的，非常清雅）这里的"洗耳"，就是把耳朵洗干净，准备领教，表示恭敬的意思。但是"洗耳"一词的出处和原意并非如此。据晋人皇甫谧《高士传·许由》所载：传说尧要把帝位让给许由。许由却逃隐箕山不出。尧又想请他当"九州长"。不料许由听到这个消息更加厌恶，立刻跑到山下的颍水边去，掬水洗耳。正巧遇上他的朋友巢父牵着一条小牛来饮水，便问其故。原来许由害怕尧的话会弄脏自己的耳朵。巢父听了，却害怕沾污小牛的嘴，连忙牵起小牛，径自走向水流的上游去了。"洗耳"一词的出处，就在这里。可见后来人们所说的"洗耳"，和许由的"洗耳"含意完全不同。

和人体有关的成语条目甚多，限于篇幅，不能一一备述。总而言之，为了正确地理解和运用这类成语，其一，要弄清人体词在成语中的实际意义，即注意本义、引申义的区别；其二，要弄清这类成语的原意和转意、古义和今义、褒义和贬义的关系。

三、几个容易误解为动物的词
—— 首鼠·狼狈·犹豫

《史记·灌夫传》有"首鼠两端"这句话，《埤雅·释虫》解释说：老鼠性多疑，走出洞外时，总是两头观望，畏首畏尾，所以叫作"首鼠两端"。

李密《陈情表》说:"我之进退,实为狼狈",其中的"狼狈",古人认为是两种奇异的野兽:狼前腿长,后腿短;狈则相反,前腿短,后腿长。狼和狈必须互相搭档,才能行动、站立。

屈原《离骚》有"以犹豫而狐疑兮,欲自息而不可"。成语"犹豫不决","犹豫"当何解释?《尔雅》说:犹是一种野兽,猴类,形状像麂,善于爬树,生性多疑。《颜氏家训·书证篇》则认为犹为狗之别名。以为狗随主人出行,往往跑到前面去预先等着,等一会不见主人来到,便又急着回来迎候,所以叫作"犹豫"。还有以豫为象类,以犹为鼬(俗名黄鼠狼)者。

上述都是从字形上来解释"首鼠""狼狈""犹豫"这几个词的。但是这几个词的意义与动物都没有关系。而其中的"狈"这种动物,从古至今还没有发现过。原来,它们都是古汉语中的联绵词。对联绵词的解释,必须坚持因声求义的原则,不能割裂开来分析。联绵词中的每一个字都是一个音节的书写符号,这个音节也可以用别的书写符号(字)代替,同一个联绵词可以有多种写法。如"首鼠"也可以写作"首施""首尾"。"狼狈"亦作"狼跋""狼狈""躃躃"。"犹豫"亦作"犹与""由豫""优与""由与""容与""犹予""夷犹"等等。其形体尽管多种多样,其音义则无大差别。

四、谈"左"说"右"

乍看题目,或许有人以为在下要作"路线斗争"的文章了,其实与"路线斗争"毫无关系,只是漫话古人的左右观念而已。

古代以右为尊,《左传·昭公二十五年》有言曰:"宋公使昭子右坐。"意思是,宋公让昭子坐在右边,表示尊重。又《史记·陈涉世家》说:"发闾左谪守渔阳九百人"。就是说,征发闾左的贫民九百人,罚他们去守卫渔阳。"闾左",指里巷大门左侧的贫苦人民,秦代贵右贱左,让穷困的百姓住在闾门左边。闾右当然为富贵者所居。

由于左右有贵贱之分,引申之就有上位下位的意思。秦汉以前,用右为上。职位高者名录在上,居人之右。职位低者名录在下,居人之左。《史记·蔺相如列传》上文言蔺相如"位在廉颇之右",下文廉颇言"位居我上。"联系上下文,"位在右"与"位在上"同义。

古代"降秩""下迁",即降职、贬官,也叫"左迁"。《史记·韩信传》写韩信随从刘邦入汉中之后,对刘邦说:"项王王诸将近地,而王独远居此,此左迁也。"意思是,项王让各将领在内地称王,但唯独刘邦远居汉中,这如同贬官一样。

至此能否说,古代总是右比左好呢?非也。《史记·魏公子列传》写魏公子信陵君礼贤下士,亲迎隐士侯嬴的故事说:"公子从车骑,虚左,自迎夷门侯生……""虚左",就是空出左边的座位,让侯生坐,表示对他的器重。原来,一般的座次以右为尊,但古代车战时却是尊者居车的左边,御者居中,骖乘居右。这就是左比右好了!

五、人也是"虫"

这个题目也许会有人觉得荒唐,人怎么能跟虫划等号呢?

难怪,因为现在大家熟悉的"虫"的含义就是昆虫。如果用以喻人,含贬义,如广州方言的"鼻涕虫"(常流鼻涕的小孩)、潮汕方言的"孽虫"(恶作剧的小孩),他如"懒虫""害人虫""小爬虫",都是带有讽刺、挖苦的意味。没有谁甘愿称自己为"虫"的,只有阿Q在挨打时,打他的人说:"自己说:'人打畜生!'"阿Q哀求说:"打虫豸,好不好?我是虫豸——还不放么?""虫豸"是虫子的通称,有脚为虫,无脚为豸。阿Q也懂得,"虫豸"是与"人"相对的,但总比"畜生"光彩点儿。

如果从"虫"字的古义出发,阿Q不愧是"胜利"者,因为"虫"的古义比今义广得多:爬行的、飞动的、有毛的、无毛的、有甲的、有鳞的,都可以叫作虫。如鱼叫"水虫"(见《说文》)、马叫"龙虫"(见《淮南子》)、老虎叫"大虫"(见《水浒传》二十三回)。今北京人也有叫蛇为"长虫"的,大概属古语之遗。古语连人也叫"虫",《大戴礼·曾子·天圆》:"倮虫之精者曰圣人。"由此可知,"倮虫"是人之通称,倮虫之中的精明者叫"圣人"。如此,阿Q还不"胜利"么?但笔者并不主张在运用语言时当阿Q,而应注意词义的发展变化,尽管古代可以把人叫作"虫",但"虫"的词义发展到现在,其基本意义是指昆虫。就是阿Q的时代,"虫"仍然指昆虫,这是连阿Q也明白的。

补记:

《大戴礼·易本命》"五虫"说:羽虫,凤凰为之长;毛虫,麒麟为之长；甲虫，神龟为之长；鳞虫，蛟龙为之长；倮虫，圣人为之长。这实际上是古人把动物分为五大类，人类归于倮虫。因此古语中连人亦称虫就不足为怪了。王充《论衡·自纪》："人亦虫物，生死一时。"至于古诗词中称清酒为圣人，浊酒为贤人，那是修辞手法，不能把酒作为人通称。是为后话。

时在1986年6月21日《科学文化报》刊登拙文之后。

六、说"肥"道"瘦"

"肥"与"瘦"是一对反义词，如成语"挑肥拣瘦"。"知否？知否？应是绿肥红瘦。"这是李清照《如梦令》词咏海棠的名句，"绿"指海棠之叶，"红"指其花，"肥""瘦"相对成义。

"肥"与"胖"同义，构成同义复合词，如说"这个人长得肥胖"。但"肥"和"胖"单用时就有差异了，在现代汉语中，有时用"肥"去说人，表示亲昵，如说"肥佬""肥仔"，但一般用"胖"，不用"肥"，如说"你近来胖了"，而不说"肥了"，说"肥"则带有讽刺的意味了。对于动物则用"肥"，不用"胖"，如"牛肥马壮"。

可是在古代汉语中对人对物都用"肥"，唐明皇宠爱的贵妃杨玉环长得胖，汉成帝喜爱的皇后赵飞燕长得瘦，因此，人们用"环肥燕瘦"来形容古代的这两个美人，并没有讽刺的意味。历史上还有以"肥"作为名字，刘肥就是一例。潮汕方言还用肥瘦称人，这是古语之遗。在"减肥""肥缺""肥美""肥沃""损公肥私"等词语中，"肥"已经具有相对的稳定性，是"胖"所不能替代的。

七、不能吃的"豆"

白豆、黑豆、黄豆、蚕豆、地豆（花生的别称），所有这些豆，哪有不能吃的？常言说"种瓜得瓜，种豆得豆。"所得之豆，如不能吃，那是何苦来呢？

现代汉语中的"豆"通常作为豆类的总称，当然是能吃的。而古代汉语中常出现的"豆"，就有不同的情况。有人用"豆"的今义去理解古书，往往闹出望文生义的笑话。有个学生在翻译《韩非子·外储篇》中的"令籩豆捐之"和"咎范曰：'籩豆，所以食也'"两句时，分别译为"文公命令人们把吃剩下的籩豆丢掉"；"籩豆是您过去用来吃的食物，而您现在把它扔了"。译文的错误,在于不懂得原文中的"豆"用的是本义,与通常的豆子的意义不一样。原来,"豆"是个象形字,像高脚盘一样,是古代用来盛肉类食物的器皿,竹子做的叫"笾",木头做的叫"豆"。《论语·泰伯》:"笾豆之事,则有司存。"朱熹注:"笾,竹豆。豆,木豆。"《尔雅·释器》曰:"木豆谓之豆,竹豆谓之笾,瓦豆谓之登。"木制的豆,古书或作"梪"。瓦豆即陶豆,"登"本字作"豋",用以盛肉祭神。

"豆"还作为容量的单位。《左传·昭公三年》:"齐旧四量:豆、区(ōu)、釜、钟。四升为豆,以登于釜,釜十则钟。"〔齐国过去有四种容量单位:豆、区、釜、钟。四升是一豆,(由豆到区,由区到釜)各以四为进位,就成为一釜;十釜为一钟。〕知道"豆"的这一意义,就好理解《周礼·考工记·梓人》"食一豆肉,饮一豆酒",而不至于误解为"吃一碗豆肉汤,饮一杯豆酒"了。

八、"羹汤"一味吗?

在现代汉语的某些方言中,"羹"和"汤"是同义词,比如"调羹"也叫"汤匙";再如,菜谱里的"羹"和"汤",都属于汤类,有差别的是"羹"比较稠,"汤"比较稀,羹汤并不同味。

古代汉语中的"羹"和"汤"之区别更是明显。上古的"羹",一般是带汁的肉,而不是汤。《史记·项羽本纪》:"吾翁即若翁,必欲烹而翁,则幸分我一杯羹。"这是刘邦对项羽说的话,有人翻译为:我的父亲就是你的父亲,如果一定要煮熟你的父亲,就希望分给我一杯汤。这就是用"羹"的今义去理解其古义,其实原文中的"羹"就是肉羹,即带汁的肉,相当现在的红烧肉。《左传·隐公元年》:"公赐之肉。食舍肉。公问之。对曰:小人有母,皆尝小人之食矣,未尝君之羹,请以遗之。"这段话中,下文的"羹"与上文的"肉"同义,意思是,庄公请他(颍考叔)吃饭。颍考叔吃饭时把肉放着。庄公问他,他回答说:"小人有老母,我的食物她都尝过了,还未曾吃过君王赏赐的肉,请让我留给她。"原文中的"羹"也不能解释为汤。郑玄《仪礼·乡饮酒礼》《礼记·礼器》说得更清楚:"肉谓之羹"。

古语的"汤"与如今的菜汤之汤也不同。"汤"在唐以前一般只指热水、开水。如晁错《言守边备塞疏》"赴汤火,视死如生。"又如《孟子·告子上》"冬日则饮汤,夏日则饮水。"这里的"汤"和"水"相对而别。"汤"还指汤药。如《三国志·华佗传》"其疗疾,合汤不过数种。""汤"的古义在成语"赴汤蹈火""固若金汤"中还保留着,广东丰顺有温泉叫"汤坑",也是"汤"的古义之例证。

"羹"和"汤"同义,用如现在的菜汤,那是中古以后的事,如唐王建《新嫁娘》诗:"三日入厨下,洗手作羹汤。"必须注意"羹"和"汤"古今的异同,才能正确地理解古书。

九、从"华表"讲到"诽谤"

天安门前的那一对汉白玉雕刻的华表,已经成为我们中华的标志。然而,你可知道,华表的远祖叫"诽谤木"吗?

这就得从"诽谤"一词的原义说起。诽谤这个词在古代是指议论是非,指责过失,即现代的提意见,特别是针对在上位的人提意见。古代的统治者在交通要道的桥头、十字路口设置木柱,"以横木交柱头"(崔豹《古今注·问答释义》),类似现在的指路标,让人们在横木板上刻写意见。这就是"诽谤",或叫"谤木"。据《淮南子·主术训》说:"尧置谏之鼓,舜立诽谤之木。"《后汉书·杨震传》也说:"臣闻尧舜之时,谏鼓谤木,立之于朝。"这说明诽谤之木在尧舜时代就已经有了。然而历代的统治者给人民的民主,毕竟是有限度的。人民的言论难免使统治者视为洪水猛兽,所谓"防民之口难于防川"。因此到了秦代,便实行"诽谤者族",诽谤木也就取消了。西汉初,曾一度恢复,但谤木的作用主要还是指路,并且逐渐发展为装饰性的建筑;也不再叫谤木,而叫作"表木""桓表""和表"或"华表"了。现在的华表即由此而来。

但"诽谤"一词到了唐代以后变为贬义词,指在背后说别人坏话甚至造谣诬蔑。明白"诽谤"一词古今的变化,在读古书时才能正确理解它的含义。例如《汉书·贾山传》有"(秦)退诽谤之人,杀直谏之士"的话,"退诽谤之人"就是指斥退提意见的人。如果用今天的"诽谤"去理解的话,就会想不通:为什么"诽谤之人"只是被斥退,而"直谏之士"却要杀头呢!

十、"弄璋"和"弄瓦"

古人生了男孩就让他玩弄玉器,这种玉器叫"璋",形似半圭,顶端作斜锐形；生了女孩就让她玩弄纺线时用的陶锤。《诗经·斯干》："乃生男子，载弄之璋"；"乃生女子，载弄之瓦"。后人便以生男儿为"弄璋"，生女儿为"弄瓦"。贺人"弄璋之喜"，意为希望儿子将来有玉一样的品德；"弄瓦之喜"则有希望女儿将来胜任女工之意。

"弄璋""弄瓦"在古诗文中常用，但也有用错了的，成为笑话。唐时李林甫的舅子姜度生了个男孩，李林甫写信祝贺说："闻有弄獐之庆。"客人看了掩口而笑。"璋"为玉器名，"獐"乃野兽名，差之毫厘，失之千里。"璋"和"獐"之别，不能不辨。"弄瓦"之"瓦"也不能理解为盖屋顶的建筑材料。"瓦"的古义比今义要广，相当于我们现在所说的"陶器"，因此，古时陶制的纺锤叫"瓦"。

弄清了"璋""獐"之别和"瓦"的古义，用起来就不至于弄错了。

十一、努力加餐

古往今来，亲友通信，少不了相互劝勉。如今说"努力学习""努力工作"，这都是人家习知的用语，不过未见"努力吃饭"的说法。古代的文言书信中，则可见到用"努力加餐"这样的话劝对方。然而这并不是"努力吃饭"的意思。古今之"努力"意义有所不同。

"努力"一词，在汉魏六朝以至隋唐时期，除了有与今常用的"勉力""用力"的意义之外，还有犹今言"保重""自爱"的意思，而这后一层意思如今已不常用了。"努力加餐"中的"努力"用的正是"保重""自爱"之意。古诗十九首《行行重行行》末尾有几句话说："思君令人老，岁月忽已晚。弃捐勿复道，努力加餐饭"。写的是思妇怀念丈夫作客不归，因而自我告慰：过去的事不再提起吧，还是保重、自爱，多吃点儿饭好。《敦煌变文集·张淮深变文》有"归程保重加餐饭"之句，以与"努力加餐饭"相比，这正好证明"努力"就是保重之意。

"努力"作保重、自爱讲，在唐人诗文中也不少见。如杜甫《别赞上人》诗："相看俱衰年，出处各努力"。说的是故友重逢，相互哀叹年老体衰，去就进退必须各自保重。这里的"努力"并不是发愤努力，建功立业的意思。今人有用"少壮不努力，老大徒伤悲"者，理解为年轻时如果不发愤努力，到老了就只有悲伤，似乎也能圆通，但对"努力"一词的理解，仍欠准确，这个"努力"用的还是"自爱"的意思。杜甫《寒山》诗云："黄泉前后人，少壮须努力。"说的是趁年轻时好生保重身体。"少壮须努力"与"少壮不努力"正好是同一个意思从正反面来说的。

十二、"菜"的古今义

从前有个笑话,说有个客人看见席上没有什么佳肴,便故意感谢主人,说他太破费了。主人说:"一些菜也没有,哪里说得上太破费。"客人说:"满盘都是,为什么还说没有?"主人说:"菜在哪里?"客人指盘内说:"这不是菜,难道是肉不成?"

这个笑话说明,"菜"这个词可以有不同的理解。主人所说的"菜",指鱼肉之类,客人所指是蔬菜。也可以说,主人用的是"菜"的今义,客人用的是古义。

那么古今之"菜"所表示的意义范围不一样吗?很不一样。古代的"菜"是专指蔬菜,不包括肉类、蛋类在内。《说文》:"菜,草之可食者。"这是"菜"的古义。因此古书上出现的"荤菜",也叫"辛菜",是指葱蒜之类,跟今天的"素菜"相对的"荤菜"又不一样。另外,古书上常见的"菜羹""菜色",这些"菜"都是指的蔬菜。直至宋代,"菜"还是不包括肉类等副食品。罗大经在《鹤林玉露》中记载了这样一则故事,仇泰然对一幕僚说:"某为太守,居常不敢食肉,只是吃菜;公为小官,乃敢食肉,定非廉士。"这里,"肉"和"菜"的区分是非常清楚的。

后来,"菜"的词义范围扩大了,其古义包括在今义之中。我们平常说买菜,当然包括买肉类、蛋类在内;说加菜,主要是增加鱼肉之类荤菜,如果所加光是蔬菜,也就不足饱口福了。总之,现在所说的"菜",既包括古代蔬菜的意义,也可扩大到鱼肉类、蛋类等意义。这就是"菜"的古今义之差异。

十三、"遗矢"岂作"失箭"解

《史记·廉颇蔺相如列传》记载了这样的故事:赵国因为多次受秦国军队的围困,赵王想重新起用老将廉颇,便派使者前往大梁考察廉颇是否还能重用。廉颇的仇人郭开却用钱财收买使者,指使他说廉颇的坏话。赵国的使者见廉颇一顿饭用了一斗米,十斤肉,还能披甲上马,回去禀报赵王,说了这样的话:"廉将军虽老,尚善饭,然与臣坐,顷之三遗矢矣。"

使者的话，前面都好懂，最后一句容易使人望文生义，因而有位考生把它翻译成"一会儿三次遗失弓箭"。"遗"与"失"同义，如说"遗失声明"；"矢"作"箭"解，如成语"有的放矢"。这似乎成了这位考生的依据。但是，错了！"遗矢"的"矢"用的是通假字，本字作"屎"，"遗矢"就是排解大便。

原来，古人也有写别字的。或者由于一时之仓促忘了本字，姑且用同音字代替；或者为了书写的方便，用笔画简单的同音字代替笔画繁难的字。这样的别字有的广为流传，使之除了本义之外，还有假借义。像"矢"的本义是箭，又通"屎"，假借义作粪便解，在古籍中颇通行。《左传·文公十八年》说："杀而埋之马矢之中"。"马矢"即马粪。是说襄仲杀了惠伯之后把他埋在马粪之中。

由此可见，"三遗矢"的"矢"用的是假借义，而不是本义。另外，"三"是虚数，多次的意思，并非实指三次。因此"三遗矢"旧注曰："谓数起便也。"虽然现当代一般不再用"矢"作"屎"的借字，但毛泽东词句"千村薜荔人遗矢，万户萧疏鬼唱歌"却显得典雅，避免粗俗。

十四、宋江"破腹"

孕妇有因难产而破腹者，日本武士也有破腹自杀者。破腹也即剖腹，就是在肚子上动刀，难免鲜血淋漓。可是《水浒传》第三十九回写张顺"却见宋江破腹"，并无白刀子进去、红刀子出来的惊险镜头。岂不令人疑团顿生？

《水浒传》第三十九回说，张顺送了两尾鲤鱼给宋江，宋江把一尾送与管营，留一尾自吃。宋江因见鱼鲜，多吃了些，至夜四更，肚子绞痛；天明时，一连泻了二十来回，昏倒房中。次日，张顺因见宋江爱吃鱼，又送来两尾鲜美的大鲤鱼，"却见宋江破腹，泻倒在床。"张顺见了，要请医生调治。宋江说："自贪口腹，吃了些鲜鱼，坏了肚腹，你只与我赎一贴止泻六和汤来吃便好了。"细读原文，便可释疑。原来上文"破腹"即下文"坏了肚腹"之意，即拉肚子。

"破腹"一词，在宋元时代有腹泻之意。《水浒传》用的正是此意。《夷坚丙志》卷十七"刘夷叔"条说："夷叔因食冷淘破腹，一夕卒。""冷淘"，相当于现在的"凉粉"（详郭在贻《训诂丛稿·太平广记词语考释》"冷淘"条）。是说刘夷叔因吃了凉粉而腹泻，一夜之间就死了。

并不是说他吃得过量涨破了肚皮而死。《朱砂担》一折:"我不去,我有些破腹,你替我一替。"这个"破腹"也是腹泻之意,可不是肚子有点儿破裂。"破腹"也作"坏腹",如《清平山堂话本·戒指儿记》:"小僧前已坏腹,至今未好,借解一解。"说的是和尚拉肚,要借地方解手。

"破"与"坏"同义,因此现在"破坏"连言。今言"吃坏了肚子",与古所谓"破腹",意思差不离。

十五、何为"要斩"

《汉书·杨恽传》有"廷尉当恽大逆不道,要斩"一句,某生练习译作"廷尉当杨晖大逆不道之时,就要斩他的头"。这样理解,有三处明显的错误:"当"作"正当"解,此其一也;"要"作"要不要之要"解,此其二也;"斩"作"斩首"解,此其三也。

"廷尉"就是法官,不译无大误。"当"是"判罪"的意思,姑且勿论。"要斩"就是"腰斩",意为拦腰斩断,是古代的一种酷刑,并不是要不要斩的问题。"腰斩"与"斩首"虽然都能置人于死地,但是所斩部位毕竟不同,唯有"腰斩"与"要斩"是一回事。

原来"要"是"腰"的古字,古文"要"像一个人两手叉腰形,表示腰部之所在。因此《说文》曰:"要,身中也。"即是说,"要"就是身体的中部。

古籍中用"要"表示腰部这样的例子很多。《战国策·楚策一》:"灵王好细要,楚士约食"。这是说,楚灵王喜欢细腰,因此楚国士兵节食。《史记·陈丞相世家》:"疑其亡将,要中当有金玉宝器。"意思是,怀疑那逃跑的将领,腰中可能有金玉宝物。《汉书·贾谊传》:"胫之大几为要"。这是形容小腿像腰一样粗。所有这些"要"字,都是"腰"的古字。

但"要"除了表示腰部的意义以外,还被借作"需要""重要"等义,后来另造"腰"字表示本义,以区别假借义。这样现代人对"要"的本义反而生疏了,才会把"要斩"解作要砍头。

十六、"昌为人吃"

《汉书·周昌传》有"昌为人吃"一语,孤立地看,很像古汉语的被动句式。诸如"而身为宋国笑"。(《韩非子·五蠹》)"身客死于秦,为天下笑。"(《史记·屈原贾生列传》)都是用为表示被动,"为宋国(天下)笑"就是被宋国(天下)人取笑,那么"昌为人吃",岂不是说周昌被人吃掉？可是细读《周昌传》全文,此语前文说"昌为人强力,敢直言"。后文说:"(昌)又盛怒曰:'臣口不能言,然臣期期知其不可,陛下欲废太子,臣期期不奉诏。'"原来是说,周昌敢直言而谏,但又不善辞令,说话结结巴巴,"期期"二字,惟妙惟肖,极其不善辞令之状。

"为"表示被动时读去声,而在"昌为人吃"之中,并不表示被动,而是作为动词,读阳平。"吃"也不是用其常用的吃食义,而是用其本义口吃之意。

"为人"有作人之义,往往用于表现人的某种品质特征,如"昌为人强力,敢直言"。又如《左传·僖公二年》:"宫之奇为人也,懦而不能强谏"。《战国策·魏策四》:"信陵君为人,悍而自用也。"这种用法在古籍里很普遍,现代还沿用,如"为人正派""为人老实""为人阴险"等等。

"为人"还可以用于指人的形貌或生理特征。如《史记·秦始皇本纪》"秦王为人,隆准长目",说的是秦王的形貌:高鼻子大眼睛。《史记·陈丞相世家》"平为人长(大),美色",说的是陈平的形貌:高大漂亮。而"昌为人吃",正是属于生理特征的用例,是说周昌生来口吃,说话结结巴巴。"为人吃"也作"为人口吃",《老子韩非子列传》:"非为人口吃,不能道说,而善著书。"

"为人"用于指人的形貌或生理特征;"口吃"单言"吃"。这都是现代汉语所没有的。"昌为人吃"容易误为周昌被人吃掉,原因也在此。

十七、"不快"非慢

现代汉语"快"与"慢"常作反义词使用,"不快"也就是"慢",但我们不能以今例古,古语则有"不快"非慢之说。

《战国策·秦策》记载这样的故事:文信侯亲自聘请张唐往相燕国,企图与燕国共同攻取赵国,来扩大河间的土地。张唐推辞说:"往燕必经赵,赵人得到张唐,可受赏百里之地。"言下之意,是不愿冒险。接着说了这样一句话:"文信侯去而不快。"这是说,文信侯离开张唐后很不高兴。下文又说:"少庶子甘罗曰:'君侯何不快甚也？'"——甘罗问文信侯为什么不高兴。"快"与"乐"同义,非与"慢"反义。如今犹言

"心中不快""置人于死地而后快"。不过现代经常是"快乐"连言,古代则以单言"快"为常。

"不快"不但指精神上的不乐,还可指身体上的不适。例如《后汉书·华佗传》说:"体有不快"。是说身体有不舒服的时候。

"不快"还可以指人与人之间的关系不和睦、不融洽。例如《后汉书·何进传》:"先帝尝与太后不快,几至成败。"

古语里诸多"不快",都得慢慢琢磨,不能快快放过,方知其慢也。

十八、有疑"丈夫"

《战国策·赵策·触龙说赵太后》有一句:"太后曰:'丈夫亦爱怜其少子乎?'"某生有疑而问:"触龙和赵太后不是夫妻关系,为什么称触龙为丈夫呢?"

原来"丈夫"在古代指成年男子。《左传·哀公十一年》:"武叔曰:'是谓我不成丈夫也。'"武叔言下之意是"这是说我不算个男子汉"。《孟子·滕文公上》:"彼,丈夫也;我,丈夫也,吾何畏彼哉?"这是说:"他是男子汉;我也是男子汉,我为什么害怕他呢?"

"丈夫"有时也泛指男人(包括小孩)。《列子·黄帝》:"天下丈夫、女子莫不欢然。"这里"丈夫"就泛指男人。《国语·越语上》记载越王实行奖励生育的政策,其中说:"生丈夫,二壶酒,一犬;生女子,二壶酒,一豚。"这里的"丈夫"即指男孩。

既然古今"丈夫"的含义不同,那么古时候怎么称丈夫的呢?

古代妇女称夫为"良人",或单言"良","良"声转为"郎","郎"与"君"同义,又合称"郎君"。古代也有称夫为"先生"的,于今粤语仍沿用。而古今通用者则单言"夫"。《国语·越语上》:"国人皆劝,父勉其子,兄勉其弟,妇勉其夫。""父子""兄弟""夫妇"之称,古今皆有之。由此可见,于今"丈夫"与"夫"同义,古则有别。但古代"夫"也有泛指男子的。如贾谊《论积贮疏》:"古人曰:'一夫不耕,或受之饥,一女不织,或受之寒'。"这里"夫"与"女"对言,即男人与女人。这又是古今不同的地方。

十九、"剥枣"和"断壶"

《诗经·七月》是一首描写奴隶一年中的劳动过程与生活情况的诗。

其中写到八月的农事有"剥枣""断壶"之语。

"剥枣"者，是剥去枣子的皮吗？枣子乃常见之果，食其肉，去其核，未见剥其皮者。宋代著名学者王安石著有《诗经新义》，对此曾曲其说曰："剥者，剥其皮而进之，所以养老也。"后来，王安石在钟山散步，到一个居民家里，问他家翁在哪里，回答说："去剥枣"。王安石才醒悟前说之非，立即上奏，请删去这十三个字的注文（见《容斋续笔》卷十五"注书难"）。原来剥是攴（扑）的借字，"剥"字在这里标志的词义是扑打的扑，不是剥皮的剥。还是东汉毛亨的解释对，"剥"是"击"，"剥枣"就打枣子。

"断壶"又是什么呢？这个"壶"是水壶、茶壶、酒壶，还是溺壶？都不是。原来它借作"瓠"，所表示的词义是葫芦之类。摘葫芦要弄断它的蔓，所以说"断壶"。"壶"借作"瓠"，也见于其他典籍，如《鹖冠子·学问》："中河失船，一壶千金，贵贱无常，时使物然。"这是说：在河中心失足落水，平时不值钱的葫芦成了救命之物，价值千金，十分宝贝，物价贵贱无常，视时而定。

识得"剥"和"壶"二字，就可以弄清，"剥枣"和"断壶"之语，是指扑打枣子，折摘葫芦了。

二十、"饭疏食"

闽南方言说"食饭"，"食"位于所食物之前。这是符合汉语语法结构的：宾语置于述语之后。但如果依此类推，把《论语·宪问》"饭疏食"一语当作"食疏饭"，那就错了。上古"食"正当名词"饭"讲：据古文字，"食"本像食具之形。《说文》释"食"为"亼米也"。段注："亼，集也。集众米而成食也。"皆非。上古"饭"正当动词"食"讲，即《说文》所说："饭，食也。""疏"即"蔬"，素食。"饭疏食"等于说"吃粗饭"。《论语·述而》有"饭疏食饮水"一句，意思是"吃粗饭喝冷水"。

上古"饭"当动词用，在古籍中很常见。除上述例子以外，还有《礼记·曲礼上》："饭黍毋以箸"，等等。当然，上古"饭"也有作名词的，如《礼记·玉藻》："执饭与酱。"现代汉语的"饭"一般作名词用，偶尔用作动词，如"茶余饭后"。

与"饭"一样，"食"在古籍中也是名词、动词并见的。《论语·颜渊》"足食足兵"，这里的"食"作名词，"吃的东西""粮食"。《礼记·丧大记》"食肉饮酒"，这里的食作动词"吃"解。此外，《仪礼·丧服》"食疏食，水饮""食菜果，饭素食"都是"饭""食"名词动词并用的例子。

二十一、古人有"双脸"

题曰《古人有"双脸"》，莫非说古人都是两面人？非也。古代诗文诚然有"双脸"的描写。如："笑从双脸生"（晏殊《破阵子》）；"芳莲九蕊开新艳，轻红淡白匀双脸。"（晏殊词）"双脸"又作"两脸"："轻匀两脸花，淡扫双眉柳。"（晏几道词）但例句中的"双脸""两脸"并不是如今两副面孔的形象说法，其中的"脸"也不是"脸红""丢脸""不要脸""厚脸皮"等口语中的"脸"。否则，就会以古人有两个"脸"为古怪了。

其实，古今"脸"的意义是不同的。上古用"面"表示"脸部"，如《战国策·触龙说赵太后》："老妇必唾其面。"再如成语"青面獠牙""面红耳赤""面黄肌瘦""面如土色""满面春风"等，其中的"面"都是现代汉语的"脸"。"洗脸"方言叫作"洗面"，正是古语之遗。

那么古诗文中的"脸"是什么意思呢？东汉许慎《说文》无"脸"字，大约在魏晋以后才产生"脸"字，最初指颊，常常用来指妇女搽胭脂的地方。如陈后主《紫骝马乐府》："红脸桃花色，客别重差眉。""红脸"古代是指搽了胭脂的颊。今言"脸红"则指整个面部发红。再如白居易《昭君怨》："满面胡沙满面风，眉消残黛脸消红。"句中的"面"等于现代汉语的"脸"，而"脸"则仅指脸颊。由此可见，古语中的"面"与"脸"有区别，而古今的"脸"又有别。"脸"由原指脸颊，引申到整个脸部，这是词义扩大的典型例子。可见，读古书要弄清古今字义的区别，才能真正读懂古书。否则，就会曲解原意，甚至闹出笑话来。

二十二、"行人"为何人

"清明时节雨纷纷，路上行人欲断魂"语出唐代诗人杜牧《清明》诗。杜诗明白如话，其中"行人"一词，与今天城市交通规则用语"行人请走人行道"之"行人"，意思完全相同，都是指来往的人。

但是古书中有些"行人"，是需要细心体会，方知为何人。

《左传·哀公十二年》："吴征会于卫。初，卫人杀吴行人且姚而惧，谋于行人子羽。子羽曰：'吴方无道，无乃辱吾君，不如止也'"。沈玉成《左传译文》译为："吴国召集卫国参加诸侯会见。起初，卫国人杀了吴国的行人且姚因而害怕，就和行人子羽商量。子羽说：'吴国正在无道的时候，恐怕会羞辱我们国君，不如不干。'"又《左传·宣公十二年》："行人失辞。"沈译："行人的辞令不恰当。"原文的"行人"视为专用名词不译，那是无可厚非的，如果以为与现在的"行人"同词同义，那就错了。但不论是哪种情况，都要求读者独立思考，方免为"行人"所惑。

原来，古代的"行人"是外交官名，即使者的通称。《左传·哀公十二年》"行人且姚""行人子羽"，表明且姚、子羽的身份都是外交官。"行人"之官有专官，如《左传·襄公二十八年》有行人子员、行人子朱，都是专官，也有兼官，乃一时奉使兼职，如《左传·宣公十二年》"行人失辞"中的"行人"，指随季，他的本职为上军帅，临时接待楚国的少宰，与之应对，因为应对过程中辞令不恰当，故传书"行人失辞"。

然则"失辞"之"行人"，不管失至何等田地，与"欲断魂"之"行人"，终非一路人。读古书，不可不辨"行人"之庐山面目。

二十三、读书不识"字"

从"上大人，孔乙己"认起，读书总是为了识字，识字然后方能读书。然而，汉字繁多，辨认为难。光是这个"字"字，读书人谁都认得其形，能读其音，但未必咸解其义。此乃以《读书不识"字"》为题之由也。

"字"之文字义，人尽知之。然古书里有些"字"，却不能照此理解。请看：

（1）女子贞不字，十年乃字。（《易·屯》）
（2）楚虽大，非吾族也。其肯字我乎？（《左传·成公四年》）
（3）其僚无子，使字敬叔。（《左传·昭公十一年》）

三例中的"字"，显然都不能作文字解。原来，秦汉之前，文字之字不叫"字"，而叫"名"，如《论语·子路》："必也正名乎？"郑玄注："正名谓正书字也，古者曰名，今世曰字。"又《周礼·大行人》："谕书名。"郑玄注："书名，书文字也。古曰名。"郑玄是汉代人，可见"字"之文字义流行于汉代，那么汉以前"字"是什么意思呢？

东汉许慎《说文解字》曰："字，乳也。"清人段玉裁注："人及鸟生子曰乳。"据此，例（1）的"字"当作"生育"解，大意是，女子久不生育，十年之后才生育。"字"和"乳"，也可以连言曰"字乳"，如王充《论衡·气寿》："妇女疏字者子活，数字者子死。"又曰"所产子死，所怀子凶者，字乳亟数，气薄不能成也。"这是古人关于计划生育的议论，大意是，妇女生育间隔时间长，子女成活率就高，生育过于频繁，成活率就低。

"字"由"生育"的意义又可引申为"爱"，如例（2），大意是，楚虽然是大国，但不是我们的同族类，难道会爱我们吗？

"字"还可以引申出"养"义，如例（3），说的是，泉丘人有一个女儿，和她的同伴一起私奔孟禧。后来，泉丘女生了懿子和南宫敬叔。她的同伴没有儿子，就让她抚养敬叔。

可见对古书里的"字"，必须审视明辨，不能以今概古，方知此字非彼字。不识字者，固然要读书，识字者，仍然要读书，尤其要读古书，方能掌握古书里的"字"。

二十四、"家人"不是家里人

"家人"不是家里人，岂不令人困惑？诚然，今语"家人"是指一家之人，但在先秦两汉的古籍中，常见的"家人"这一说法，意思却不是家里的人。

《史记·齐悼惠王世家》："惠帝与齐王燕饮，亢礼如家人"，有人译为："惠帝与齐王饮酒，彼此平等，像一家人一样。"这便是误解"家人"古义之一例。其实，"家人"本意是庶人，即平民百姓。说的是：彼此以平等礼节相待，不分君臣，像平民百姓一样。

《左传·哀公四年》记载：四年春，蔡昭公打算去吴国。大夫们尾随公孙翩追赶蔡昭公并用箭射他，蔡昭公"入于家人而卒"。这里不能理解为走进家里人当中就死了，而是说蔡昭公逃进百姓家里就死了。

《韩非子·说林下》："尧以天下让许由，许由逃之，舍于家人，家人藏其皮冠。夫弃天下而家人藏其皮冠，是不知许由者也。"说的是：尧要把天下禅让许由，许由为了逃避这件事，住进百姓家里，百姓把皮帽收藏起来（害怕许由盗窃）。许由舍弃天下而百姓收藏自己的皮帽，这是不了解许由的缘故。

正因为"家人"是指平民百姓，因此可与"县官"对言，如《盐铁论·崇礼》："家人有客，尚有倡优奇变之乐，而况县官乎？"平民百姓有客人，尚且有艺人变把戏助兴，何况是县官呢？

以上例子说明"家人"是秦汉时熟语，但随着时间推移，词义已并非读者尽知。《汉书·董贤传》："此岂家人子所能堪邪"。颜师古注："家人，犹庶人也。"又《栾布传》："彭越为家人时"，注："家人：言编户之人也。"可见"家人"的"庶人"义在唐时已不通用了，因此才需要加注，以免读者误解。

二十五、话能吃吗？

话如不能吃，古语却说"食言而肥"，不仅能"食"，且"食"而能肥；倘若能吃，古语又说"言不可食"。这莫非是古人自相矛盾之说吗？非也！

"食言而肥"，语出《左传·哀公二十五年》的一段记载：

春秋时，鲁国大夫孟武伯，说话从来不算数。引起鲁哀公的不满。有一次，鲁哀公在五梧地方举行宴会。宴会上，孟武伯借着向哀公敬酒的机会，讽刺在座的大臣郭重长得肥胖，说："你为什么这样肥胖呢？"鲁哀公代替郭重答道："是食言多矣，能无肥乎？"这句话分明是反过来讽刺孟武伯惯于说话不算数的。

可见"食言"之"食"，与古语或方言"食饭""食茶"之"食"不同。《尔雅·释诂》："载、谟、食、诈、伪也。"邢昺疏引孙炎的解释："食，言之伪也。……言而不行，如食之消尽，后终不行，前言为伪，故通称伪言为食言。"因此，凡假话都可以叫作"食言"。话说过之后，不认账，不实行，有如食物食而化之。《汉书·匈奴传》："朕闻古之帝王约，分明而不食言。"颜师古注："食言者终为不信，舍其前言，如食而尽。"颜注正是本《尔雅》之解释的。

明白"食言而肥"的意思之后，"言不可食"也就好懂了。

据《国语·晋语二》记载：晋献公攻克骊戎之后，获取骊戎君之女骊姬而归，后来立她为夫人。骊戎为了谋害献公的嫡夫人所出之太子申生，曾对献公进谗言：我听说，申生为人诚实，说话算数，但曾失言于众,即使想反悔,众人将会责怪他。"言不可食,众不可弭(止)",因此申生正在加紧畜谋弑君。君王如果不做好准备,大难就会临头了。"言不可食"由此而来。

"言不可食",如同说不可食言,也即言必行之。言必行之,这就是"信"。《尚书·汤誓》曰:"尔无不信,朕无食言。"你没有不诚实的地方,我也不说假话。而今表示坚决履行诺言,说话一定算数,仍说"决不食言"。

二十六、颠倒衣裳

"颠倒衣裳",也作"颠倒裳衣",皆出《诗·东方未明》:

东方未明,颠倒衣裳。颠之倒之,自公召之。
(章一)
东方未晞,颠倒裳衣。倒之颠之,自公令之。
(章二)

这首诗叙述奴隶们在天未明就起床为奴隶主服役的情况。"衣裳"和"裳衣"都是一个意思。"衣"指上衣,"裳"指下衣,即《诗》毛传所谓"上曰衣,下曰裳"。

"颠倒衣裳"与"颠倒裳衣",都是说把衣裳穿颠倒了,即把上衣与下衣互换穿了。下衣也就是裙子,古代男女都穿裙子。因此两章诗的大意是:东方的太阳还未升起,农奴主就命令农奴们起身干话,以致农奴们因天黑把衣裳都穿颠倒了。

颠倒衣裳是一种错乱的行为,因此引申开来,凡是举止失措也谓之"颠倒衣裳"。《世说新语·言语》说,"边文礼见袁奉高,失次序。"奉高问他说:"先生何为颠倒衣裳?""失次序",就是举止失措的意思。边文礼初见奉高,精神过于紧张,以致举止失措,但他并没有真的把衣裳颠倒了,"颠倒衣裳"是"失次序"的形象说法,也是《世说新语》对《诗经》语言的活用。

二十七、说"生"字

未识之字叫"生字",而"生"字并非"生字",连小学生也认得,还有何说头？

然而字有假借，义有引申，"老生"尚须"常谈"，方能弄清此"生"与彼"生"之异同。诸如"生人"是指不熟悉的人，非与"死人"相对而言；"生猪"指活的猪，则是对"死猪"来说的；"他生气了"是说他不愉快，"他有生气"是说他有活力；"生计"指谋生的办法，与"心生一计"是两码事；"生鱼"指未经煮熟的鱼，"生火"却是点火的意思，并非指火有生熟之分；"别开生面"的"生面"也不是生的面；"生死不明"，"生"与"死"相对，"不管死活"的"死"又与"活"相对，可见"生"与"活"同义，因此古语"生擒"相当今语的"活捉"；"先生"和"后生"有时确指具体人出生的先后，但"先生"通常作敬称，不拘于出生的先后，如旧时称老师为先生，"后生"常泛指年轻人，如"后生可畏"；"生产"使用的场合不同，意义也不一样，"她生产了"，其"生产"不同于"工农业生产"，凡此等等，生发开去，都存在此"生"不同彼"生"的问题。

此"生"与彼"生"或者义有微殊，或者义有迥别，其间有本义与引申义的关系，又有本义和假借义的关系。草木生长是"生"的本义（见《说文》），由此引申为凡人之出生、物之产出皆曰生，这是动词的"生"；"生"又引申为与死相对，这是形容词的"生"。"生"还有"不熟"的意思，也是作形容词用，但如果从字（词）义演变的角度来考察，就很难找到它和本义之间的内在联系，也就是说，不容易找到字（词）义引申的轨迹。

原来，《说文》中另有"胜"字，并说"一曰不孰（熟）也。"段注："《论语》：'君赐腥，必熟而荐之。'字当作胜。今经典膏胜、胜肉字通腥为之而胜废矣，而腥之本义废矣。"从《说文》及段注可知，表示"不熟"这一词义的字本作"胜"，尔后古籍通用"腥"字，而现代"胜"只作"勝"的简体，"腥"只表示腥臭（如鱼腥）这一词义，都不再表示"不熟"这一词义，而"生"则兼有"不熟"的意思。这样从字形的历史演变来看，就知道"生"是"胜"的借字，"不熟"是它的假借义，而不是引申义。

借"生"字表示"不熟"的意思由来已久，《说文》"脏"下曰："生肉酱也。"即不称"胜"而用"生"。由此可见借"生"为"胜"，东汉已如此，假借一久，便习以为常了。

"生"的假借义"不熟",又引申为凡事之不熟练皆曰生,如"生疏""生硬""生涩";从不熟悉、不熟练到熟悉、熟练,要经过学习的过程,"学生"是也,于是有了名词的"生",古代的读书人叫"生",《史记·儒林传》司马贞《索隐》:"自汉以来儒者皆号生。"王充《论衡·语增》:"诸生不师今而学古。""诸生"就是指当时的读书人。"生"在古代汉语中还作语助词,用于形容词之后,如李白《戏杜甫》诗:"借问别来太瘦生,总为从前作诗苦。"又如辛弃疾《御街行》词:"怕君不饮太愁生,不是苦留君住。"此等"生"字,都没有实在的意义,不能望文生义,"太瘦生"可不是生得太瘦的意思,"太愁生"也非产生大愁。辛弃疾《江神子》词:"酒兵昨压愁城,太狂生。""太狂生"即"太狂"。"好生奇怪"即"好奇怪"。"怎生是好?"即"怎是好?"可见"生"字虽熟悉,但还有其生疏的一面,古书中一"生"多任,同形异义,尤为突出,不能不辨。

二十八、"假"字实义

说起"假"字,一般人首先想到的是其常用义,即与"真"相对。阅读古书时便常为"假"之假象所迷惑,而误解文义。

《后汉书·边韶传》有这么一段话:"(韶)曾昼日假寐,弟子私嘲之曰:'边孝先,腹便便,懒读书,但欲眠。'……"有人把"假寐"理解为装着睡觉的样子,这显然是把"假"字理解为非真了。其实"假寐"是不脱衣帽而睡的意思。《左传·宣公二年》说赵盾"盛服将朝,尚早,坐而假寐。"指的是不脱衣帽坐着打盹儿。

《隋唐嘉话》说,高齐兰陵王长恭,因为长得像美妇人,因此打仗时"乃著假面而对敌","假面"就是假的面,即面具。可是"假手"并不是假的手,而是指借他人之力来达到自己的目的。如《后汉书·吕布传》:"诸将谓布曰:'将军常欲杀刘备,今可假手于术。'"这里的"假"实际上是借的意思。"假"作为"借"用,在古书中很普遍,如"假道"不是假的路而是借路的意思,《左传·僖公二年》:"晋荀息请以屈产之乘与垂棘之璧,假道于虞以伐虢。"从晋往虢,途经虞,故借道。"假马"不是假的马,而是借马。《荀子·劝学》:"假舟楫者,非能水也,而绝江河。君子生非异也,善假于物也。"这两个"假"字都是凭借的意思。

"假"就是"借",故"假借"成词。汉字的造字法有所谓的"六书","假借"是其中之一。《南史·袁峻传》:"家贫无书,每从人假借。"这里的"假借"同义复合,也就是借的意思。可见古书里的"假"字随文而异,必须细心体会,才能得其真义。

二十九、说"齿"

古体的"齿"是个象形字,在甲骨文和金文中,完全像一个张开着的口露出了牙齿的形状。后来加了声旁"止",才变成形声字"齿"。

"齿"和"牙"是同义词。笼统地说,"齿"和"牙"都可以叫作"齿",也都可以叫作"牙",统称为"牙齿"。分开来说,"齿"的本义是指门牙。成语"唇亡齿寒"的"齿"就是专指门牙。意思是说,口唇没了,那么门牙就要受寒。而"牙"的本义指口腔后部的槽牙。成语"犬牙交错",语出《汉书·中山靖王传》,原作"犬牙相错"。比喻交界线很曲折,像狗牙那样参差不齐。

"齿"除了和"牙"同义之外,还可以表示岁数、年龄。这是由马齿引申而来的,因为马的牙齿是随着年龄增加的,一年增一个,数一数马的牙齿,就能推算出马的年龄。因此古人用"犬马之齿"作为自称年岁之词。如《汉书·赵充国传》:"臣位至上卿,爵位列侯。犬马之齿七十六。""犬马之齿"是赵充国对自己的年龄的谦称。又如成语"马齿徒增",则自谦年岁徒然增长而未有成就。

"齿"表示年龄的意义从而又引申为并列、排列的意思。《左传·隐公十一年》:"寡人若朝于薛,不敢与诸任(rén,薛任姓)齿。"孔颖达疏:"齿是年之别名,人以年齿相次列,以爵位相次列,亦名为齿。"

"齿"的本义一直沿用到现在,古今没有什么变化,与"牙"同义通用。而表示年龄以及并列、排列的意思,古有今无,而且这等意义是"牙"所没有的,不能通用。"不齿于……"不能说成"不牙于……",因为"不齿"的"齿"是并列、排列的意思,而"牙"字没有这个含义。

后　　记

　　拙著锓梓之际，慨叹系之。慨岁月之蹉跎，叹人生之易老。负笈康乐洎今，康乐园里叹"康乐"，五十有四秋，马齿徒增，年逾悬车矣！

　　承蒙母系谬爱，不弃老朽，欲出论集，且惊且喜。一番筛选，长篇短什，萃聚成册，窃喻之为"谏果"。谏果乃橄榄雅称。宋人陈从易《寄荔枝与盛参政诗》，有"橄榄为下辈"，盛问其说，云："橄榄初涩后甘，下辈也。"（〔宋〕吴曾《能改斋漫录》）既为"下辈"，则非上乘珍果。品者或恶其涩，或爱其甘。吾若果农，自珍其果。

　　不才承乏，效力母校，主业舌耕，兼务笔耘。自知生性鲁钝，用力虽勤，终难补拙。中年眼疾，发未苍苍，视已茫茫。幸遇名医妙手，尚能看书写字，辨人"面目"。吾有一言：有生常问学，自愧无学问。一路行之，战战兢兢，如履薄冰。

　　追思自1976年，尾随弢庵潘允中老先生、蜗庐赵仲邑老先生、星桥李新魁先生、罗伟豪先生，忝列古代汉语教席。愚最年少，多亏师长关爱，一程携行，蜗庐星桥两师，俱尽心力，恩德难忘。

　　教学之余，点校注译古籍，屈指可数，论著无几。荟诸是集篇什，除《〈史记·张仪列传〉译后记》未曾发表以外，其余皆为已刊旧作。原刊之中，鲁鱼亥豕有之，衍夺互乙有之。今趁结集，匡正讹误，删削衍羡，增补脱夺，乙正倒颠，乃至附记补白。而《〈史记·张仪列传〉译后记》一文，乃承吴国钦教授善意而为之。吴师曾建言撰文，比对两版本《白话史记》，列举其殊异短长。全书比对，非不为也，是无能为也，故第以《张仪列传》为例。拳拳师友情，尽在焉。附录一，以备读《译后记》之所需。附录二，于今未忘，报刊专栏连载之中，曾请益陈炜湛教授。《为何"要斩"》等则，乃其命题为文；《人也是"虫"》一则之"补记"，即应其质疑。当其时，彼此未老，曾相邻为居，时称"七十二家房客"（东二舍），实乃"文虎堂"也。

　　不敏落伍，工以笔头，拙于指头。其艰其辛，且迟且缓。幸赖爱女枫红，东床伟强，拨冗援手，弹指录入，免却笔头辛劳。岂能省一谢字？

尤应致谢者：曾师经法宪通先生，题签增色。王彦坤教授，审读全稿，为序扬言，惠益良多。中文系资助出版。出版社精心策划，劳神编排，设计精致，校对谨严。相关诸君，恕不一一具名，例当一并鸣谢。

陈焕良　时在戊戌年荷月，岁次 2018 年 7 月

红，东床伟强，拨冗援手，弹指录入，免却笔头辛劳。岂能省一谢字？

尤应致谢者：曾师经法宪通先生，题签增色。王彦坤教授，审读全稿，为序扬言，惠益良多。中文系资助出版。出版社精心策划，劳神编排，设计精致，校对谨严。相关诸君，恕不一一具名，例当一并鸣谢。

陈焕良　时在戊戌年荷月，岁次 2018 年 7 月